Die Außenhaftung von Managern bei Kartellrechtsverstößen

Europäische Hochschulschriften Recht

European University Studies in Law

Publications Universitaires Européennes de Droit

Band/Volume **6222**

Felix R. Werner

Die Außenhaftung von Managern bei Kartellrechtsverstößen

PETER LANG

Bibliografische Information der Deutschen Nationalbibliothek
Die Deutsche Nationalbibliothek verzeichnet diese Publikation in der Deutschen Nationalbibliografie; detaillierte bibliografische Daten sind im Internet über http://dnb.d-nb.de abrufbar.

Zugl.: Berlin, Freie Univ., Diss., 2020

D 188
ISSN 0531-7312
ISBN 978-3-631-84018-4 (Print)
E-ISBN 978-3-631-84296-6 (E-PDF)
E-ISBN 978-3-631-84297-3 (EPUB)
E-ISBN 978-3-631-84298-0 (MOBI)
DOI 10.3726/b17888

Peter Lang – Berlin · Bern · Bruxelles · New York · Oxford · Warszawa · Wien

Diese Publikation wurde begutachtet.

www.peterlang.com

Meiner Frau und meinen Kindern

Vorwort und Danksagung

Die vorliegende Arbeit wurde im Jahr 2017 von der juristischen Fakultät der Freien Universität Berlin als Dissertation angenommen. Literatur und Rechtsprechung sind bis zum Dezember 2017 berücksichtigt.

Ohne die Unterstützung zahlreicher Personen hätte sie in dieser Form nicht realisiert werden können. Für die vielfältig erfahrene Hilfe möchte ich mich an dieser Stelle sehr herzlich bedanken.

Mein Dank gilt meinem Doktorvater, Herrn Prof. Säcker, für die Betreuung dieser Arbeit sowie Herrn Prof. Rödl für die Übernahme der Zweitkorrektur.

Für das mehrmalige Korrekturlesen gebührt mein Dank Herrn Stephan Laude sowie meinem ehemaligen Kollegen aus Wiener Zeiten, Herrn Fabian Zimmerer, LL.M. BSc.

Mein besonderer Dank gilt schließlich meinen Eltern, die meinen Werdegang mit großem Engagement unterstützt haben.

Der größte Dank gebührt meiner Frau, ohne deren unermüdliche Unterstützung die vorliegende Arbeit, insbesondere nach der Geburt unseres ersten Sohnes, nicht möglich gewesen wäre. Ihr und unseren Kindern ist diese Arbeit gewidmet.

Inhaltsverzeichnis

A. Einleitung und Gegenstand der Untersuchung

1 Allein in den letzten zehn Jahren seit dem Ausbruch der Finanzkrise im Jahr 2007 wird die Wirtschaft mit wiederkehrender Regelmäßigkeit von größeren Skandalen heimgesucht, die große gesamtwirtschaftliche und gesamtgesellschaftliche Implikationen haben. Ausgangspunkt für diese Skandale sind oftmals Rechtsverstöße, wobei es sich nicht zwingend um Kartellrechtsverstöße handeln muss. Als Beispiele aus letzter Zeit lassen sich die Finanzkrise selbst, die LIBOR- und EURIBOR-Manipulationen[1], der Diesel-Skandal[2] sowie das Lkw-Kartell[3] und die Kartelle bezüglich Zucker, Bier und Wurst[4] nennen. Zeitgleich ist das regulatorische Umfeld schärfer geworden, beschränkte sich in der Praxis aber (vor allem in Deutschland) zumeist auf die Sanktionierung des Unternehmens bzw. des Unternehmensträgers. So wurden bspw. im Nachgang der Finanzkrise trotz der großen Verwerfungen äußerst wenige natürliche Personen persönlich sanktioniert.[5] Mittlerweile ist auch hierzulande eine leichte Trendwende zu beobachten, wie z. B. die Ermittlungen der Staatsanwaltschaften in der Diesel-Affäre belegen. Auch nahmen die Compliance-Bemühungen

---

1 Siehe dazu *EU-Kommission*, Pressemitteilung vom 4. Dezember 2013, Kartellrecht: Kommission verhängt Geldbußen in Höhe von 1,49 Mrd. Euro für Teilnahme an Zinskartellen in der Derivatebranche und *EU-Kommission*, Pressemitteilung vom 7. Dezember 2016, Antitrust: Kommission verhängt Geldbußen gegen Crédit Agricole, HSBC und JPMorgan Chase in Höhe von 485 Mio. Euro für Euro-Zinsderivatekartell; vgl. allgemein zur Anwendung des Kartellrechts auf Finanzarktmanipulationen *Zimmer*, WuW 2013, 811.

2 Zu den Ermittlungen der *Staatsanwaltschaft Braunschweig* siehe Presseinformation vom 20. Juni 2016, VW-Abgasaffäre: Verdacht der Marktmanipulation.

3 Siehe dazu *EU-Kommission*, Pressemitteilung vom 19. Juli 2016, Kartellrecht: Kommission verhängt Geldbuße in Höhe von 2.93 Mrd. Euro gegen Lkw-Hersteller.

4 Siehe zur Höhe der verhängten Bußgelder in diesen Fällen *BKartA*, Jahresbericht 2016, S. 39.

5 Soweit ersichtlich, wurde in den USA lediglich ein Manager wegen Anlagebetrugs zu einer Geldstrafe i. H. v. 825.000 US-Dollar verurteilt, siehe dazu *Spiegel Online*, Meldung vom 12. März 2014, 'Fabelhafter Fab' muss hohe Geldstrafe zahlen. In Deutschland verhängte das *LG Düsseldorf*, Urteil vom 14. Juli 2010 – Az. 14 KLs 6/09, 14 KLs – 130 Js 54/07 – 6/09, eine zehnmonatige Freiheitsstrafe auf Bewährung wegen vorsätzlicher Marktmanipulation gegen den ehemaligen Vorstandssprecher der IKB AG. Die dagegen vom Angeklagten eingelegte Revision wurde vom *BGH*, Beschluss vom 20. Juli 2011 – Az. 3 StR 506/10, verworfen.

der Unternehmen zu. Nichtsdestoweniger lässt sich angesichts der großen Skandale als Befund festhalten, dass die Rechtsbefolgung und damit auch die Rechtsdurchsetzung trotz des schärferen regulatorischen Umfelds und trotz der verstärkten Compliance-Bemühungen seitens der Unternehmen im unternehmerischen Verkehr nicht immer hinreichend ausgeprägt sind. Die Gründe dafür müssen nicht stets verwerflich sein. So ist es auch möglich, dass Rechtsverstöße trotz großer Bemühungen zur Vermeidung derselben begangen werden. Jedoch wird dadurch ein Bedürfnis nach stärkerer Verhaltenssteuerung durch das Recht indiziert.

2 Ungeachtet des Grundes für den Rechtsverstoß im Einzelfall, ist dieser Befund jedoch besonders mit Blick auf die Bedeutung des Kartellrechts, auf das sich die Ausführungen im Rahmen der vorliegenden Arbeit beschränken sollen, bedauernswert. Denn dem Kartellrecht kommt in einer freien und sozialen Marktwirtschaft eine überragende Bedeutung zu. Es schützt den freien Wettbewerb.[6] Daher verbietet das Kartellrecht insbesondere wettbewerbsschädliche horizontale und vertikale Wettbewerbsbeschränkungen.[7] Telos für das Verbot der Wettbewerbsbeschränkungen – aber auch für das Marktmachtmissbrauchsverbot und die präventive Fusionskontrolle – ist der Umstand, dass dem Wettbewerb gesamtwirtschaftliche Vorteile zugeschrieben werden.[8] Bezweckt ist demnach der Schutz des Wettbewerbs als Institution.[9] Neben den gesamtwirtschaftlichen Schäden (mitunter auch als *deadweight loss* bezeichnet[10]), die durch Kartellrechtsverstöße eintreten, haben Kartellrechtsverstöße regelmäßig unmittelbare Schäden zur Folge, die entweder die Marktgegenseite oder letztlich die Verbraucher tragen müssen, da der Preis durch den Kartellrechtsverstoß im Vergleich zum Preis bei unbeschränktem Wettbewerb höher ist.[11] Das Kartellrecht verfolgt neben dem Schutz des freien Wettbewerbs noch einen zweiten Schutzzweck, namentlich den Schutz der Handlungsfreiheit der Marktbeteiligten als gesellschaftspolitische Funktion (Individualschutz).[12] Mit dem von der *EU-Kommission* verfolgten sogenannten *more economic approach*[13]

---

6 Definitionen bei *Bunte*, in: Langen/Bunte, Einführung Rn. 78 ff.

7 *Bechtold/Bosch*, GWB, § 1 Rn. 1; *Bulst*, Schadensersatzansprüche der Marktgegenseite, S. 101; *Lober*, in: KartellR, § 1 Rn. 2; *Lettl*, Kartellrecht, § 8 Rn. 1; *Nordemann*, in: Loewenheim/Meesen/Riesenkampff/Kersting/Meyer-Lindemann, § 1 Rn. 12.

8 Für das Kartellverbot *Roth*, in: FK-GWB, § 33 Rn. 25; *Lettl*, Kartellrecht, § 7 Rn. 5; *Nordemann*, in: Loewenheim/Meesen/Riesenkampff/Kersting/Meyer-Lindemann, § 1 Rn. 7; vgl. *Röhling*, in: Festschrift für Huber, S. 1117.

9 *Topel*, in: Handbuch des Kartellrechts, § 50 Rn. 75; siehe auch *Schulte/Just*, in: Schulte/Just, Einleitung Rn. 18; dort auch zur historischen Entwicklung.

10 *Mestmäcker/Schweitzer*, Europäisches Wettbewerbsrecht, § 8 Rn. 11.

11 *Kainer/Persch*, WuW 2016, 2 m.w.N.

12 *Nordemann*, in: Loewenheim/Meesen/Riesenkampff, § 1 Rn. 7.; *Zimmer*, in: Immenga/Mestmäcker, § 1 Rn. 15 m.w.N; ferner *Lettl*, Kartellrecht, § 7 Rn. 5.

13 Vgl. zum *more economic approach Schmidt*, in: Festschrift für Bechtold, S. 409 ff.

wurden zudem die Verbraucherinteressen bzw. die Konsumentenwohlfahrt stärker in den Fokus der kartellrechtlichen Durchsetzung gerückt[14], sodass insbesondere die Handlungsfreiheit der Verbraucher und deren Interessen nunmehr schützenswert sind.[15]

3 Das GWB sieht verschiedene Sanktionen für Kartellrechtsverstöße vor. Neben die mit der öffentlichen Durchsetzung des Kartellrechts (sog. *public enforcement*) verbundenen öffentlich-rechtlichen Sanktionen treten die mit der privaten Durchsetzung des Kartellrechts (sog. *private enforcement*) verbundenen Sanktionen wie Beseitigungs-, Unterlassungs- und Schadensersatzansprüche. Nach dem gesetzgeberischen Willen sollen seit der 7. GWB-Novelle nun neben die von staatlichen Stellen zu verhängenden Sanktionen vermehrt privatrechtliche Ansprüche treten, um ein „effektives zivilrechtliches Sanktionensystem" zu schaffen, welchem spürbare Abschreckungswirkung beigemessen werden kann.[16] Letztlich ist eine Verhaltenssteuerung mit Mitteln des Kartelldeliktsrechts bezweckt. Diese stärkere Betonung des *private enforcement* war bedingt durch das Inkrafttreten der Verordnung (EG) Nr. 1/2003 und dem darin enthaltenen und nunmehr Art. 101 Abs. 3 AEUV und § 2 GWB verankerten Prinzip der Legalausnahme, wodurch absehbar war, dass die behördliche Kontrolldichte abnehmen würde.[17] Diese Lücke sollte durch das *private enforcement* geschlossen werden. Im Zentrum der 7. GWB-Novelle stand dabei die Neugestaltung des Schadensersatzanspruches nach § 33 Abs. 3 GWB a. F. (dem heutigen § 33a Abs. 1 GWB n. F.)[18], gerade auch, da die Durchsetzung des Kartellrechts mit den Mitteln des Zivilrechts keine Tradition hatte.[19]

---

14 *Schmidt*, in: Festschrift für Bechtold, S. 409; *Schulte/Just*, in: Schulte/Just, Einleitung Rn. 18; *Zimmer*, in: Immenga/Mestmäcker, § 1 Rn. 13 ff.

15 Vgl. *Zimmer*, in: Immenga/Mestmäcker, § 1 Rn. 14.

16 Gesetzesbegründung zur 7.GWB-Novelle, BT-Drs. 15/3640, S. 35; *Loewenheim*, in: Festschrift für Riesenkampff, S. 87; *Lübbig*, in: Münchener Kommentar zum WettbR, § 33 Rn. 20; zum europarechtlichen Abschreckungsgrundsatz *Roth*, in: FK-GWB, § 33 Rn. 12; aus europäischer Sicht *Chalmers/Davies/Monti*, European Union Law, S. 952, 956.

17 *Roth*, in: Festschrift für Westermann, S. 1355; ferner Lübbig, in: Münchener Kommentar zum WettbR, § 33 Rn. 1; zu den Zielen der Legalausnahme *Röhling*, in: Festschrift für Huber, S. 1117, 1119.

18 *Roth*, in: Festschrift für Westermann, S. 1355, 1356.

19 *Lübbig*, in: Münchener Kommentar zum WettbR, § 33 Rn. 6; *Monopolkommission*, Sondergutachten, Rn. 37; *Röhling*, in: Festschrift für Huber, S. 1117; ferner *Koch*, WuW 2005, 1210; statistische Daten bei *Hempel*, WuW 2004, 362, 365; anders stellt sich die Situation in den USA dar; allgemein zu den Gründen für die größere Bedeutung von privaten Schadensersatzklagen in den USA *Salaschek*, Die kartellrechtlichen Sanktionssysteme der USA und der EU, S. 122–136 m.w.N.; aus den dortigen Ausführungen ergibt sich, dass 95 % aller Kartellrechtsstreitigkeiten privatrechtlicher Natur sind und dass von den kartellrechtlichen Schadensersatzklagen nach

4 Das *private enforcement* des deutschen und europäischen Kartellrechts hat seitdem in jüngerer Vergangenheit an Bedeutung gewonnen.[20] Standen zunächst Fragen der Unternehmenshaftung[21] im Fokus der wissenschaftlichen Diskussion und Rechtsprechung, so gewinnen mittlerweile auch Fragen der persönlichen Haftung von Managern an Bedeutung. Dies betrifft sowohl die Innenhaftung, welche maßgeblich durch das *ARAG/Garmenbeck*-Urteil des *BGH* geprägt wurde[22] – allerdings noch wenig entwickelt ist[23] –, als auch die Außenhaftung.[24]

5 Es ist trotz dieses Bedeutungsgewinns des *private enforcement* zu konstatieren, dass die Anzahl der Kartellrechtsverstöße bzw. die Zahl der abgeschlossenen Kartellverfahren im Wesentlichen auf gleibleibend hohem Niveau verharrt.[25] Dies betrifft ebenso öffentlichkeitswirksame Fälle. Auch die internen Compliance-Bemühungen scheinen – wie bereits angedeutet wurde – diesbezüglich noch keine nachhaltige Änderung bewirkt zuhaben, wobei zugestanden werden muss, dass solche Bemühungen Zeit benötigen. Daraus folgt jedoch *prima facie* auch, dass das gesetzgeberische Ziel, ein „effektives zivilrechtliches Sanktionensystem" mit spürbarer Abschreckungswirkung zur Verhaltenssteuerung zu schaffen, bislang (noch) nicht (in ausreichendem Maße) erreicht wurde. Offensichtlich wirken auch die öffentlich-rechtlichen Sanktionen nicht ausreichend abschreckend, um Kartellrechtsverstöße zu verhindern. Ein Grund dafür, dass die Zahl der Kartellrechtsverstöße trotz des *public enforcement* mit steigenden Bußgeldern und des sich entwickelnden *private enforcement* gleichbleibend hoch ist, liegt möglicherweise darin, dass der Schwerpunkt der Sanktionierung, der bislang auf den Unternehmen bzw. Unternehmensträgern als Adressaten lag, falsch gesetzt ist. Mithin stellt sich die Frage, ob neben den Unternehmen bzw. Unternehmensträgern nicht auch

---

aktuellen Studien sogar eine größerer Abschreckungswirkung als von den strafrechtlichen Sanktionen für Kartellrechtsverstöße ausgeht.

20 Vgl. *Kainer/Kersch*, WuW 2016, 2, 3 f. m.w.N., die darauf hinweisen, dass private Klagen zur Geltendmachung von Kartellschäden mittlerweile im Zentrum des praktischen Interesses stehen.

21 So war bspw. lange strittig, wer i. R. v. § 33 Abs. 3 GWB aktivlegitimiert ist und ob die *passing on defence* zulässig ist. Eine Klärung beider Fragen brachte das Urteil des *BGH* im Fall ORWI – *BGH*, Urteil vom 28. Juni 2011 – Az. KZR 75/10.

22 *BGH*, Urteil vom 21. April 1997 – Az. II ZR 175/95 = BGHZ 135, 244–257 – ARAG/Garmenbeck.

23 *Bien*, WuW 2015, 331; *Bayer*, in: Festschrift für Schmidt, S. 85, 86 weist darauf hin, dass solche Klagen in der Vergangenheit höchst selten waren.

24 Vgl. dazu die aktuelle Entscheidung des *OLG Düsseldorf*, Urteil vom 13. November 2013 – Az. VI U (Kart) 11/13 – Badarmaturen.

25 Siehe *BKartA*, Erfolgreiche Kartellverfolgung, Abbildung auf S. 7 und *EU-Kommission*, Arbeitsunterlage der Kommissionsdienstellen zum Bericht über die Wettbewerbspolitik 2016, Abbildung auf S. 15.

Manager als natürliche Personen (verstärkt) sanktioniert werden sollten, um die Rechtsbefolgung und auch die Rechtsdurchsetzung u. a. mittels Prävention und Abschreckung zu verbessern. Die vorliegende Arbeit setzt sich zum Ziel, diese Frage begrenzt auf den Schadensersatzanspruch für das *private enforcement* zu untersuchen und zu beantworten.

6 Doch warum sollte ein Kartellgeschädigter ein Interesse daran haben, neben dem Unternehmen bzw. dem Unternehmensträger als vermeintlich finanziell potenterem Schuldner auch den einzelnen Manager als natürliche Person auf Schadensersatz in Anspruch nehmen zu können? Diesbezüglich sind im Wesentlichen zwei Dimensionen zu unterscheiden. Hinsichtlich der mit dem Kartellrechtsverstoß verbundenen unmittelbaren Schäden der Marktgegenseite oder dem Endabnehmer kommen als Gründe in Betracht: **(1)** Die Ausübung von Druck auf den Manager, etwa um Informationen zu gewinnen, Aufmerksamkeit zu erregen, die Lästigkeit der Klage und das Kostenrisiko zu verstärken, die Wiederholung des Verhaltens durch Schwester- oder Tochtergesellschaften zu verhindern oder kooperatives Verhalten zu erreichen[26]; **(2)** Soweit eine D&O-Versicherung besteht, existiert ein (weiterer) solventer Schuldner, der zur Befriedigung der Ansprüche herangezogen werden kann; **(3)** Im Falle der (drohenden) Insolvenz bzw. unzureichender Kapitalausstattung des Unternehmens bzw. des Unternehmensträgers ist der Manager möglicherweise der einzige solvente Schuldner.[27] Daneben treten als zweite Dimension hinsichtlich der mit dem Kartellrechtsverstoß verbundenen gesamtwirtschaftlichen Schäden (sog. *deadweight loss*) generalpräventive Erwägungen, nach denen die drohende Außenhaftung als zu berücksichtigender Faktor im Rahmen des unternehmerischen Handelns zur verbesserten Rechtsbefolgung und Rechtsdurchsetzung führt, da die drohende Haftung geeignet ist, den Manager zu sorgfältigerem und risikoärmeren Verhalten anzuhalten.

7 Präventive und abschreckende Gesichtspunkte können im Kartelldeliktsrecht namentlich durch die Statuierung einer persönlichen Außenhaftung berücksichtigt werden. Gegenstand der Untersuchung der vorliegenden Arbeit ist mithin – nachdem bereits ausgeführt wurde, dass Abschreckung und damit auch Prävention anerkannte Ziele des Kartelldeliktsrechts sind – die Frage, ob und ggf. wie mit den Mitteln des Kartelldeliktsrechts zur Erreichung dieser Ziele durch die Statuierung einer persönlichen Außenhaftung von Managern als natürliche Personen beigetragen werden kann. Entscheidend ist insoweit, ob die Passivlegitimation natürlicher Personen i. R. v. § 33 Abs. 3 GWB a. F. bzw. § 33a Abs. 1 GWB n. F. zu bejahen ist oder nicht. Soweit in der vorliegenden Arbeit von Managern die Rede ist, sind stets zunächst der

26 Vgl. *Messer*, in: Festschrift für Ullmann, S. 769.
27 Vgl. *Brüggemeier*, AcP 191 (1991), 33, 65; vgl. *Messer*, in: Festschrift für Ullmann, S. 769.

Vorstand einer Aktiengesellschaft und der Geschäftsführer einer Gesellschaft mit beschränkter Haftung als Organwalter gemeint. Allerdings ist es geboten, den Gegenstand der Untersuchung nicht auf diesen von den Zahlen her verhältnismäßig kleinen Personenkreis zu beschränken, da (Kartell)Rechtsverstöße oftmals auch auf mittleren und unteren Unternehmensebenen begangen werden. Insofern wird der Begriff „Manager" in der vorliegenden Arbeit auch mit Blick auf den erweiterten Personenkreis verwendet werden.[28] Haftungsbegründend können dabei sowohl unmittelbare Verletzungshandlungen (durch aktives Tun) als auch mittelbare Verletzungshandlungen (durch Unterlassen) bzw. Aufsichtspflichtverletzungen sein.

I. Grundsätzliche Erwägungen zur Rechtsdurchsetzung

„Das Zusammenleben der Menschen bedarf einer Ordnung. [...] Die Vorschriften des Rechts erreichen eine gerechte Gemeinschaftsordnung, wenn alle Menschen das Recht beachten. Aber nicht jedermann hält freiwillig die rechtlichen Regeln ein. Deshalb setzt der Staat gegen Rechtsbrecher Zwang ein, damit die Vorschriften befolgt werden."[29]

8 Rechtsnormen sollen als Organisations- und Herrschaftsinstrument das menschliche Verhalten steuern und so zu gemeinwohlförderndem Verhalten anreizen.[30] Das Recht dient also der sozialen Steuerung und Kontrolle.[31] *Eidenmüller* bezeichnet das Recht als „vielleicht sogar das wichtigste"

28 Die Rechtslage bezüglich Personengesellschaften bzw. betreffend die Haftung der (geschäftsführenden) Gesellschafter und die Freistellungsansprüche derselben wird in der vorliegenden Arbeit nur am Rande behandelt werden, da diese bereits nach § 128 HGB persönlich haften und auch hinsichtlich der Freistellungsansprüche besondere, aber im Ergebnis vergleichbare Regelungen gelten. Auf leitende Angestellte von Personengesellschaften, bspw. Prokuristen, sind die Ausführungen jedoch anwendbar.

29 *Brox/Walker*, Allgemeiner Teil des BGB, Rn. 1.

30 *Jost*, Die Effektivität von Recht aus ökonomischer Sicht, S. 57 f. m.w.N.; dort kann man eine Definition des Begriffs „gemeinwohlförderndes Verhalten" ableiten: Ein Verhalten ist gemeinwohlfördernd, soweit der daraus resultierende erwartete soziale Vorteil den erwarteten sozialen Schaden übersteigt; *Krüger*, Öffentliche und private Durchsetzung des Kartellverbots, S. 5; *Rüthers/Fischer/Birk*, Rechtstheorie, S. 48 ff.; ausführlich zum theoretischen Fundament auch aus ökonomischer Sicht *Adams*, Ökonomische Theorie des Rechts, S. 25–60.

31 *Rüthers/Fischer/Birk*, Rechtstheorie, S. 51 f.; zu den anderen rechtstheoretischen Funktionen des Rechts siehe *diesselben*, a. a. O., S. 58 f.

Steuerungsinstrument in einer „hochkomplexen Industriegesellschaft".[32] Mithin ist das Recht ein Mittel zur Verhaltenssteuerung und entfaltet eine Präge- und Erziehungswirkung.[33] Die inhaltlichen Entscheidungen, wie dieses Ziel erreicht werden soll, obliegen dabei dem materiellen Recht, mittels dessen der Gesetzgeber demokratisch legitimiert festlegt, welches Verhalten sozial erwünscht ist und welches nicht.[34] Im materiellen Recht werden zudem die Rechtsfolgen festgelegt, die zum Kernbestand des Deliktsrechts zählen.[35] Denn mittels der Rechtsfolgen wird eine Wirkung des materiellen Rechts hervorgerufen.[36] Das materielle Recht als solches genügt jedoch nicht, um eine Verhaltenssteuerung zu erzielen und einen Zustand gemeinwohlfördernden Verhaltens zu schaffen.[37] Denn es ist Teil der menschlichen Natur, Regeln nur dann zu befolgen, wenn im Falle der Nichtbefolgung eine Sanktion droht, die mit hinreichend hoher Wahrscheinlichkeit durchgesetzt wird.[38] Anderenfalls werden keine Sorgfaltsmaßnahmen ergriffen werden.[39] Mithin müssen Mechanismen bereitgestellt werden, durch die das materielle Recht durchgesetzt werden kann. Insoweit hängt die praktische Wirksamkeit des materiellen Rechts immer von dem Verfahrensrecht ab, welches der Durchsetzung dient.[40] Nur durch das Zusammenspiel von materiellem Recht und seiner Durchsetzung setzen Rechtsnormen Anreize zum gewünschten Verhalten und können eine abschreckende und präventive Wirkung entfalten, was letztlich zu Gesetzbefolgung führt.[41]

9 Als ökonomische Steuerungsinstrumente kommen dabei Kriminalstrafen, Bußgelder und Schadensersatzansprüche in Betracht.[42] Der Schadensersatz als nachteilige Folge wirkt quasi als ökonomische Strafe und wird so zur Prävention und Erzwingung sozialgerechten Verhaltens nutzbar gemacht.[43]

---

32 *Eidenmüller*, Effizienz als Rechtsprinzip, S. 490.
33 *Rüthers/Fischer/Birk*, Rechtstheorie, S. 51 ff.
34 *Krüger*, Öffentliche und private Durchsetzung des Kartellverbots, S. 5.
35 Vgl. *Dreier*, Kompensation und Prävention, S. 1.
36 So kann eine Rechtsnorm wiedergutmachend, ausgleichend oder präventiv wirken, *Dreier*, Kompensation und Prävention, S. 1.
37 *Krüger*, Öffentliche und private Durchsetzung des Kartellverbots, S. 5.
38 *Wagner*, ZHR 178 (2014), 227, 255; vgl. auch *Krüger*, Öffentliche und private Durchsetzung des Kartellverbots, S. 7 ff., 9.
39 Vgl. *Wagner*, ZHR 178 (2014), 227, 255.
40 *Mestmäcker/Schweitzer*, Europäisches Wettbewerbsrecht, § 7 Rn. 5; *Schmidt*, BB 2003, 1237; vgl. ferner *Veljanovski*, in: Enforcing Regulation, S. 171; siehe ferner spezifisch zum Kartellrecht *Posner*, Antitrust Law, S. 266 ff.
41 *Veljanovski*, in: Enforcing Regulation, S. 171.
42 *Bohn*, Der Sanktionsgedanke im Bürgerlichen Recht, S. 194 f.
43 *Bohn*, Der Sanktionsgedanke im Bürgerlichen Recht, S. 195; vgl. auch *Dreier*, Kompensation und Prävention, S. 4 und *Spindler*, in: Festschrift für Canaris, S. 403.

Mithin ist der Vollzug eine notwendige Voraussetzung für rechtspolitische Programme.[44]

10 Eine solche Wirkung kann das Recht jedoch nur erzielen, wenn es auch gegen Widerstand durchgesetzt werden kann. Denn nur dann kann die Lenkungsaufgabe der Rechtsordnung, deren zu erreichendes Ziel sich in der Zuweisung sinnvoll festgelegter subjektiver Rechte widerspiegelt, verwirklicht werden.[45] *Blair* formuliert äußerst passend:

> „It cannot be denied that actions speak louder than words. Decision makers will not respond to the statutory penalties. Instead, they will respond to penalties actually imposed."[46]

11 Tatsächlich eröffnet die Androhung der zwangsweisen Durchsetzung dem Bürger eine hinreichend ungünstigere Alternative zum rechtmäßigen Verhalten.[47] Die Durchsetzung der Rechtsordnung beeinflusst mithin die Erwartungen der Bürger über die jeweiligen Vor- und Nachteile des rechtmäßigen oder rechtswidrigen Verhaltens, weswegen auch die Aktivitäten der Vollzugsinstanzen relevante Faktoren bei der Betrachtung sind.[48] Das Zwangsmoment wurde bereits in der Vergangenheit als entscheidendes Kriterium des Rechts bezeichnet.[49] Bereits *Kant* schrieb, dass „das Recht [...] mit der Befugnis zu zwingen verbunden [ist]".[50] Man könnte das Recht als Verhaltensanordnungen beschreiben, welches aus der Summe der geltenden Normen bestehen, die zwangsweise durchgesetzt werden können.[51] Zu berücksichtigen ist, dass beim Vollzug Probleme auftreten können, bspw. aufgrund von Problemen der Vollzugsbehörde oder eines Geschädigten beim Nachweis eines Normverstoßes oder aufgrund von Solvenzproblemen beim Adressaten.[52] Die Vollzugsprobleme können im schlechtesten Fall dazu führen, dass der Adressat sich aus tatsächlichen Gründen (etwa weil die Aufdeckungs- oder Überführungswahrscheinlichkeit zu gering ist) nicht an die Rechtsnorm hält, obwohl die

---

44 Vgl. *Jost*, Die Effektivität von Recht aus Ökonomischer Sicht, S. 9.
45 *Adams*, Ökonomische Theorie des Rechts, S. 19; vgl. auch *Dreier*, Kompensation und Prävention, S. 14.
46 *Blair*, The Antitrust Bulletin 30 (1985), 433, 448.
47 *Adams*, Ökonomische Theorie des Rechts, S. 19.
48 *Adams*, Ökonomische Theorie des Rechts, S. 19; vgl. *Jost*, Die Effektivität von Recht aus ökonomischer Sicht, S. 10.
49 Vgl. *Rüthers/Fischer/Birk*, Rechtstheorie, S. 37 f. m.w.N.
50 *Kant*, Die Metaphysik der Sitten, Einleitung, § D., S. XXXV.
51 Vgl. *Rüthers/Fischer/Birk*, Rechtstheorie, S. 34 ff.
52 *Jost*, Die Effektivität von Recht aus ökonomischer Sicht, S. 58; mögliche Vollzugsprobleme zählt *ders.*, a. a. O., S. 80 ff. m.w.N. auf.

Sanktion an sich so gewählt ist, dass sie – bei fehlender Existenz des Vollzugsproblems – die Rechtsbefolgung bewirken würde.[53] Dies gilt es zu verhindern. Einerseits darf der Staat die Missachtung seiner Normbefehle nicht hinnehmen, da dann das mit der Norm verfolgte Regelungsziel nicht erreicht würde.[54] Andererseits ist eine Rechtsnorm nur dann effektiv, wenn sie unter Beachtung der Vollzugsprobleme wirksam durchgesetzt werden kann[55], da sie anderenfalls ihren gesetzlichen Zweck nicht erreichen kann.[56] Im Falle eines vorgesehenen Schadensersatzanspruches bedeutet das, dass die Haftungsregel effektiv ist, wenn der Geschädigte tatsächlich eine entsprechende Kompensation erhält.[57]

12 Bislang stand in der rechtswissenschaftlichen Literatur die gerechte Aufteilung der Schäden im Fokus, während in wirtschaftswissenschaftlichen Abhandlungen die anreiz- und risikoallokativen Aspekte von Haftungsregeln betont wurden.[58] Meiner Ansicht nach ist es angezeigt, alle Aspekte unvoreingenommen zu betrachten und zu kombinieren, um zu einer möglichst optimalen Rechtsdurchsetzung zu gelangen.

---

53 *Jost*, Die Effektivität von Recht aus ökonomischer Sicht, S. 58.

54 *Dreier*, Kompensation und Prävention, S. 4; *Dreier* weist ferner darauf hin, dass die Missachtung ferner nicht hinnehmbar sei, soweit die verletzte Norm selbst effizient nach ökonomischen Kriterien ist.

55 Vgl. *Jost*, Die Effektivität von Recht aus ökonomischer Sicht, S. 59; vgl. ferner *Dreier*, Kompensation und Prävention, S. 14.

56 *Dreier*, Kompensation und Prävention, S. 14, der jedoch nicht nur auf rechtstatsächliche Befunde abstellen, sondern die Effektivität einer Rechtsfolge in der Gesamtheit betrachten möchte.

57 *Jost*, Die Effektivität von Recht aus ökonomischer Sicht, S. 59.

58 *Jost*, Die Effektivität von Recht aus ökonomischer Sicht, S. 76 m.w.N.; nach *Jost*, Die Effektivität von Recht aus ökonomischer Sicht S. 75 f. existieren drei wesentliche Zielsetzungen bei der Gestaltung einer Haftungsregel: **(1)** Eine gerechte Aufteilung der Schäden (distributiver Aspekt); **(2)** Beeinflussung der Vorsorgemaßnahmen des potenziellen Schädigers mit dem Ziel, das sozial optimale Vorsorgeniveau zur Prävention zu erreichen (anreizallokativer Aspekt); **(3)** Aufteilung des Schadens entsprechend der Risikoneigung der Parteien (risikoallokativer Aspekt); nach *Jansen*, Die Struktur des Haftungsrechts, S. 152 f. m.w.N. wirkt sich die Haftungsregel auf das Sorgfalts- und das Aktivitätsniveau des potenziellen Schädigers im Rahmen der Schadensprävention aus oder führt dazu, dass er eine Versicherung zur Abdeckung des erwarteten Schadens abschließt.

II. Funktion des Schadensersatzes

13 Aus der vom Gesetzgeber vorgesehenen Funktion[59] des Schadensersatzes lassen sich Rückschlüsse ziehen, ob eine Außenhaftung von Manager aus Rechtsgründen zur Stärkung dieser gesetzgeberischen Ziele geboten ist. Aus ökonomischer Sicht sind das Kartellrecht und damit auch das Kartelldeliktsrecht die Mittel, um ökonomische Effizienz und somit den sozialen Wohlstand zu fördern.[60] Der Kartellrechtsdurchsetzung wohnen zwei Ziele inne: Abschreckung und Prävention sowie Ausgleich.[61] Durch die Schadensersatzhaftung wird ein Anreiz zu gesetzeskonformem Verhalten gesetzt, weswegen der Schadensersatz an sich Abschreckungsinstrument ist.[62] Im Folgenden wird daher die Funktion des Schadensersatzes im allgemeinen Zivilrecht und im Kartellrecht untersucht und für die weitere Abhandlung nutzbar gemacht.

1. Im allgemeinen Zivilrecht

14 Das Schadensrecht der §§ 249 ff. BGB regelt die Haftungsausfüllung[63] und folgt dem Grundsatz der Totalreparation[64], § 249 S. 1 BGB. Moralisierende oder strafrechtliche Gesichtspunkte sollten nach Auffassung des historischen Gesetzgebers ausdrücklich keine Rolle spielen, sodass bspw. der durch die Verletzungshandlung vom Schädiger gezogene Gewinn oder der Grad des Verschuldens nicht berücksichtigungsfähig sind.[65] Auch eine Besserstellung

---

59 Ausführlich zu den Begrifflichkeiten und zum Verhältnis von Zweck und Wirkungsweise *Dreier*, Kompensation und Prävention, S. 122 ff.; siehe ferner *Dreier*, Kompensation und Prävention, S. 144 ff. zum Zwecke der Rechtsfolgen bei unerlaubten Handlungen.

60 *Hoseinian*, World Competition 28 (2005), 3, 6; im Wesentlichen existieren drei Ansichten zur Aufgabe von Haftungsregeln: Schadensüberwalzung, Prävention oder die Repatriierung der gesamtgesellschaftlichen Schadenssumme, so *Adams*, Ökonomische Analyse der Gefährdungs- und Verschuldenshaftung, S. 8 ff; *ders.*, Ökonomische Theorie des Rechts, S. 140 ff. m.w.N.

61 *Hoseinian*, World Competition 28 (2005), 3, 6; dies erkennt auch *Crane*, The Antitrust Bulletin 61 (2016), 357 an, spricht sich aber dafür aus, einem der Ziele in der Gewichtung den Vorrang zu geben, da es anderenfalls zu einem Zielkonflikt komme.

62 *Hempel*, Privater Rechtsschutz im Kartellrecht, S. 279.

63 *Oetker*, in: Münchener Kommentar zum BGB, § 249 Rn. 1; *Rüßmann*, in: jurisPK BGB, § 249 Rn. 3, 12; *Schubert*, in: Beck'scher Onlinekommentar BGB, §249 Rn. 1; *Zetzsche*, ZHR 179 (2015), 490, 494 f.

64 *Schäfer*, AcP 202 (2002), 397, 414; *Teichmann*, in: Handkommentar BGB, Vorbemerkungen zu §§ 249–253 Rn. 2; zu den verfassungsrechtlichen Bedenken gegen die Totalreparation *Canaris*, JZ 1987, 993, 1002.

65 *Krüger*, Öffentliche und private Durchsetzung des Kartellverbots, S. 112 ff., der jedoch darauf hinweist, dass es aus ökonomischer Sicht auch denkbar wäre, die

des Geschädigten durch den Schadensfall soll ausgeschlossen sein (sog. schadenrechtliches Bereicherungsverbot).[66] Ziel des Schadensersatzes ist somit die Kompensation erlittener Verluste (Ausgleichsfunktion).[67] Da die §§ 249 ff. BGB grundsätzlich nur die Haftungsausfüllung regeln, dienen sie nach bisherigem Verständnis für sich genommen nicht der Prävention gegen schädigendes Verhalten.[68] Soweit der Aspekt der Prävention im Rahmen der ökonomischen Analyse des Rechts betont wird (dazu unten B. I.) erlangt dieser Punkt nach traditioneller Auffassung im Rahmen der Bestimmungen Bedeutung, die die Haftungsbegründung regeln.[69] Denn die Verpflichtung zum Schadensersatz wirkt bereits an sich präventiv, in dem der (potenzielle) Schädiger zur Sorgfalt angehalten wird.[70] Den §§ 249 ff. BGB kommt lediglich eine dienende Funktion im Verhältnis zu den die Haftungsbegründung regelnden Normen zu, sodass für die Anwendung der §§ 249 ff. BGB stets

---

Sanktion anhand des rechtswidrig erlangten Vorteils zu bestimmen, was die Regelung in § 33 Abs. 3 S. 3 GWB berücksichtige und teilweise bereits im Immaterialgüterrecht durch die Rechtsprechung praktiziert werde; *Logemann*, Der kartellrechtliche Schadensersatz, S. 325; *Schäfer*, AcP 202 (2002), 397, 398 und 415; zum Fehlen des Strafcharakters *Oetker*, in: Münchener Kommentar zum BGB, § 249 Rn. 8 m.w.N. und *Rüßmann*, in: jurisPK BGB, § 249 Rn. 15.

66 *Flume*, in: Beck'scher Onlinekommentar BGB, § 249 Rn. 48 ff.; *Oetker*, in: Münchener Kommentar zum BGB, § 249 Rn. 20; *Schäfer*, AcP 202 (2002), 397, 414; der BGHZ 118, 312, 338 ff. sieht das Bereicherungsverbot als Teil des *ordre public* an.

67 *BGH* NJW 2004, 2526, 2528; *BGH* NJW 2004, 3324, 3325; *Jansen*, JZ 2005, 160, 162 f.; *Oetker*, in: Münchener Kommentar zum BGB, § 249 Rn. 8 m.w.N.; *Rüßmann*, in: jurisPK BGB, § 249 Rn. 15; *Schäfer*, AcP 202 (2002), 397, 414; *Teichmann*, in: Handkommentar BGB, Vorbemerkungen zu §§ 249–253 Rn. 2; *Wagner*, AcP 206 (2006), 352, 361.

68 *Flume*, in: Beck'scher Onlinekommentar BGB, § 249 Rn. 53 f.; *Lange/Schiemann*, Schadensersatz, S. 11 f.; *Oetker*, in: Münchener Kommentar zum BGB, § 249 Rn. 9, 12; siehe ferner monographisch *Bohn*, Der Sanktionsgedanke im Bürgerlichen Recht; *Dreier*, Kompensation und Prävention; *Möller*, Das Präventionsprinzip des Schadensersatzrechts; *Sailer*, Prävention im Haftungsrecht; *Schlobach*, Das Präventionsprinzip im Recht des Schadensersatzes; ferner *Wagner*, in: Festschrift für Koziol, S. 925 ff.

69 *Oetker*, in: Münchener Kommentar zum BGB, § 249 Rn. 9.

70 *Müller-Laube*, Der private Rechtsschutz gegen unzulässige Beschränkungen des Wettbewerbs, S. 21; *Schäfer*, AcP 202 (2002), 397, 399; im kartellrechtlichen Kontext bereits *Witthuhn*, Die Ausgestaltung der privaten Klage im Wirtschaftsrecht, S. 133 m.w.N., der die damit einhergehende präventive Wirkung jedoch nicht besonders hoch veranschlagt; kritisch auch *Dreier*, Kompensation und Prävention, S. 132, der darauf hinweist, dass diese Prämisse insbesondere dann nicht gilt, wenn der Gewinn aus der Verletzung des Schaden nach der Differenzhypothese übersteigt und/oder die Wahrscheinlichkeit der Entdeckung gering ist. Beide Ausnahmen treffen insbesondere auf das Kartellrecht zu.

auch auf den jeweiligen Einzelfall, die Haftungsnorm und deren Zweck abzustellen ist.[71] Andere Zwecke als den Ausgleich erlittener Schäden können nach bisheriger Auffassung lediglich im Rahmen eines möglichen Ausgleichs Wirkung entfalten.[72] Eine präventive Wirkung geht von den §§ 249 ff. BGB allerdings auch nach traditionellem Verständnis insofern aus, als dass im Rahmen der Haftungsausfüllung garantiert werden muss, dass der Schadensersatz mehr als nur symbolischen Charakter aufweist und somit der Schwere des Verstoßes gerecht wird.[73] Der *BGH* betont insofern in ständiger Rechtsprechung, dass die Prävention eine nützliche Folge der Kompensation ist.[74] Griffig wurde bereits 1987 formuliert: „Prävention bleibt [...] Sekundärzweck ohne bestimmenden Einfluss auf die Schadenshöhe", woran sich bislang – trotz einiger Ausnahmen – im Wesentlichen nichts geändert hat.[75] Mithin wirkt sich das Schadensrecht der §§ 249 ff. BGB nach traditioneller Auffassung präventiv aus, als dass das Zurechnungssubjekt die potenzielle Ersatzpflicht in sein Handlungskalkül einbeziehen und seine Entscheidung danach ausrichten kann, ob eine Schadensverhütung weniger kostet als der Schadensersatz.[76] Diese Überlegung dürfte jedoch nur im wirtschaftlichen

---

71 *Oetker*, in: Münchener Kommentar zum BGB, § 249 Rn. 1, 12; vgl. in diesem Sinne auch *Dreier*, Kompensation und Prävention, S. 152 f., der ausführt, dass – soweit der Gesetzgeber mit dem Schadensersatzanspruch auch eine präventive Wirkung bezweckt hat (wie dies im Kartellrecht sei der 7. GWB-Novelle nunmehr ausdrücklich der Fall ist) – der Ausgleichsgedanke effektiv durch den Präventionsgedanken ergänzt werden müsse, da sonst Zweck und Wirkungsweise der Norm auseinanderfielen, was jedoch so vom Gesetzgeber nicht gewollte sein könne. Auch sei es keine Option, den ausdrücklich benannten Zweck der Wirkungsweise der Norm in dem Sinne anzupassen, dass man – entgegen dem ausdrücklichen Willen des Gesetzgebers – auf die präventive Wirkung verzichtet.

72 *Grüneberg*, in: Palandt, BGB, Vorbemerkungen zu § 249 Rn. 2; *Rüßmann*, in: jurisPK BGB, § 249 Rn. 15; abweichend *Müller*, Punitive Damages und deutsches Schadensersatzrecht, *passim*, der aufgrund der vielfältigen Durchbrechungen der Ausgleichsfunktion der Ansicht ist, dass das moderne Schadensrecht daher auch der Sanktion missbilligten Verhaltens dient, was die Schadensrechtsdogmatik nachvollziehen müsse.

73 *Oetker*, in: Münchener Kommentar zum BGB, § 249 Rn. 9; vgl. *Motsch*, JZ 1984, 211 ff. zur erzieherischen Funktion der Schadensersatzpflicht; zum Verbot der Reduzierung des Schadensersatzanspruchs auf einen bloß symbolischen Betrag i. R. v. Entschädigungen für Nichtvermögensschäden BGHZ 120, 1, 6 ff. = NJW 1993, 781.

74 BGHZ 190, 145 Rn. 62 = NJW 2012, 928, wo diese Aussage im kartellrechtlichen Kontext im Rahmen eines Schadensersatzanspruches, gestützt auf § 823 Abs. 2 BGB i. V. m. Art. 101 AEUV, gemacht wurde; weitere Nachweise bei *Schäfer*, AcP 202 (2002), 397, 415 Fn. 70.

75 *Wagner*, AcP 206 (2006), 352, 388 f.; dazu kritisch *Kötz/Schäfer*, AcP 189 (1989), 501, 502 ff.

76 Vgl. *Rüßmann*, in: jurisPK BGB, § 249 Rn. 20.

Verkehr zutreffen.[77] Insofern steht der Betonung des Aspekts der Prävention im vorliegenden Zusammenhang nichts entgegen. Unabhängig von der überkommenen Ansicht zur Berücksichtigung der Prävention als Zweck des Schadensersatzes ist jedoch festzuhalten, dass ein Präventionsbedürfnis vor allem dann besteht, wenn die Verletzung von unkörperlichen Schutzgegenständen und wirtschaftlichen vermögenswerten Interessen im Raum steht und diese vom Gesetz geschützt werden.[78]

15 Ob darüber hinaus eine eigenständige Präventionsfunktion – gerade auch vor dem Hintergrund der ökonomischen Analyse des Rechts – anzuerkennen ist, die bspw. eine überkompensatorische Entschädigung zu Abschreckungszwecken zulassen würde, ist Gegenstand der Diskussion.[79] Seitdem die ökonomische Analyse des Rechts[80] an Bedeutung gewonnen hat, werden Rechtsnormen daraufhin untersucht, ob und wie sie zur sozialen Wohlfahrtssteigerung beitragen.[81] Ziel ist es, das Haftungsrecht als Steuerungsinstrument menschlichen Verhaltens nutzbar zu machen.[82] Da schädigendes Verhalten zu Wohlfahrtsverlusten führt, konzentriert man sich im Rahmen der ökonomischen Analyse des Rechts auf die Schadensvermeidung[83] und

---

77 *Koch*, in: Compensation of Private Losses, S. 19, 23; *Rüßmann*, in: jurisPK BGB, § 249 Rn. 20; vgl. ferner *Steindorff*, ZHR 138 (1974), 504, 508 ff. zur Auswirkung des Präventionsziels auf die Einführung von Kollektivklagen als Instruments des Verbraucherschutzes.

78 *Dreier*, Kompensation und Prävention, S. 4 f.

79 *Bohn*, Der Sanktionsgedanke im Bürgerlichen Recht; *Möller*, Das Präventionsprinzip des Schadensersatzrechts; *Sailer*, Prävention im Haftungsrecht; *Schäfer*, AcP 202 (2002), 397, 419 ff. legt mit Blick auf immaterielle Schäden dar, dass pönale und präventive Aspekte auch in der Rechtsprechung berücksichtigt werden; *Schlobach*, Das Präventionsprinzip im Recht des Schadensersatzes; ausführlich und instruktiv *Wagner*, AcP 206 (2006), 352 ff.; mit der Thematik hat sich auch der 66. Deutsche Juristentag im Jahr 2006 in Stuttgart befasst; dazu *Wagner*, in: Verhandlungen des sechsundsechzigsten Deutschen Juristentages, A 1 bis A 135 ein umfassendes Gutachten vorlegte.

80 Siehe dazu unter B. I.; dazu im Allgemeinen bspw. *Wagner*, in: Münchener Kommentar zum BGB, Vorbemerkungen zu § 823 Rn. 39; *ders.*, in: Verhandlungen des sechsundsechzigsten Deutschen Juristentages, A 20 ff.; ferner *Kötz/Wagner*, Deliktsrecht, Rn. 59 ff.; *Schäfer/Ott*, Ökonomische Analyse des Zivilrechts, S. 121 ff.

81 *Logemann*, Der kartellrechtliche Schadensersatz, S. 327; vgl. auch *Elzinga/Breit*, Antitrust Penalties, S. 7 ff.

82 *Logemann*, Der kartellrechtliche Schadensersatz, S. 327; *Wagner*, in: AcP 206 (2006), 352, 363 ff., wo auch bereits bestehende Normen auf ihre verhaltenssteuernde Wirkung untersucht werden; in diesem Sinne bereits *Diederichsen*, AcP 182 (1982), 101, 112, der Schadensersatz als Mittel der Prävention zur Erzwingung sozialgerechten Verhaltens einsetzen möchte; so auch bspw. *Dreher*, Kompensation und Prävention, S. 19.

83 *Logemann*, Der kartellrechtliche Schadensersatz, S. 327.

verhilft dem alten Sprichwort „Schadensverhütung ist besser als Schadensvergütung“[84] zu aktueller Bedeutung. Anders als die vorherrschende juristische Ansicht, nach der die Aufgabe von Haftungsregeln die Verteilung des vom Haftungsrecht kaum zu beeinflussenden Schadenaufkommens ist und eine Anreizwirkung nicht anerkennt oder daraus jedenfalls keine praktischen Schlussfolgerungen zieht, ist die generalpräventive Wirkung von Haftungsregeln in der ökonomischen Literatur anerkannt (sog. *General Deterrence*).[85] Ökonomische Modelle zur Rechtsdurchsetzung verfolgen die Prämisse, dass das Rechtssystem anhand von ökonomischen Überlegungen überprüft und an die Ergebnisse dieser Überprüfung angepasst werden soll.[86] Dabei werden zwei Ziele verfolgt: **(1)** Abschreckung des potenziellen Schädiger nur soweit, dass sozialschädliches (= ineffizientes) Verhalten unterlassen und sozial erwünschtes (= effizientes) Verhalten weiterhin vorgenommen wird bei **(2)** gleichzeitiger Wahl des kostengünstigsten Mittels der Abschreckung.[87] Die traditionelle, dem Ausgleichsprinzips mittels Schadensersatzzahlungen folgende Auffassung bewirkt hingegen eine Schadensverlagerung, was ebenfalls Wohlfahrtsverluste impliziert.[88] Jedoch ist die Schadensvermeidung auch mit Kosten verbunden, sodass es Ziel der ökonomischen Analyse ist, Schäden solange zu vermeiden, wie die Kosten der Schadensvermeidung geringer sind als der mit dem Eintritt des Schadens verbundene Wohlfahrtsverlust.[89] Mittels der drohenden Sanktionen des Haftungsrechts werden aus ökonomischer Sicht Anreize zur Vermeidung von Schäden gesetzt.[90] Übersteigen die befürchteten Schadensersatzleistungen den erwarteten Nutzen, wird der potenzielle Schädiger von seinem Handeln absehen, sofern die Wahrscheinlichkeit der Inanspruchnahme nicht zu gering ist.[91] Insoweit ist die bezweckte Verhaltenssteuerung durch Prävention von pönalen Aspekten zu trennen, welche der Vergeltung dienen und im Gegensatz zur Prävention vergangenheitsgerichtet sind.[92] Wenngleich sich

84 Zitiert nach *Kötz/Schäfer*, AcP 189 (1989), 501, 502.

85 *Adams*, Ökonomische Analyse der Gefährdungs- und Verschuldenshaftung, S. 17 ff.; *ders.*, Ökonomische Theorie des Rechts, S. 145 ff. m.w.N.

86 *Werden/Simon*, The Antitrust Bulletin 32 (1987), 935, 937.

87 *Werden/Simon*, The Antitrust Bulletin 32 (1987), 935, 937.

88 *Dreier*, Kompensation und Prävention, S. 415; *Logemann*, Der kartellrechtliche Schadensersatz, S. 327.

89 *Dreier*, Kompensation und Prävention, S. 19, *Kötz/Wagner*, Deliktsrecht, Rn. 64; vgl. *Hempel*, Privater Rechtsschutz im Kartellrecht, S. 259.

90 *Kötz/Wagner*, Deliktsrecht, Rn. 76 ff.; *Kötz/Schäfer*, AcP 189 (1989), 501, 502.

91 *Logemann*, Der kartellrechtliche Schadensersatz, S. 327.

92 *Logemann*, Der kartellrechtliche Schadensersatz, S. 327; für eine striktere semantische Trennung auch *Wagner*, AcP 206 (2006), 352, 361; ausführlich zum Verhältnis von Zivil- und Strafrecht aus Präventionsgesichtspunkten *Dreier*, Kompensation und Prävention, S. 515 ff.; gegen die Anerkennung der Verhaltenskontrolle unter Verweis auf den immanenten Schutzzweck des privaten Deliktsrecht, welches auf

Kritiker an der ausschließlichen Orientierung im Rahmen der Haftungsausfüllung am Ausgleichsprinzip bislang nicht durchsetzen konnten, sind die Bestrebungen hin zur Berücksichtigung von präventiven Aspekten zu begrüßen. Es leuchtet mithin ein, dass die Rechtsordnung Präventionszwecke verfolgen sollte, um die Schadensentstehung zu verhindern, anstatt sich auf den Ausgleich erlittener Schäden zu konzentrieren.[93]

a) Prävention in der Rechtsprechung und neueren Gesetzgebung

16 Trotz der soeben dargestellten häufig geäußerten dogmatischen Bedenken hinsichtlich der Einbeziehung präventiver Elemente in der Schadensrechtsdogmatik, finden sich in der neueren Rechtsprechung und Gesetzgebung erstaunlicherweise viele Beispiele, in denen präventive Ansätze dennoch berücksichtigt wurden.[94] Im Haftungsrecht sind präventive Aspekte im Rahmen der Umwelt-, Produkt- und Arzneimittelhaftung und der dort statuierten Gefährdungshaftung relevant. Trotzdem spielt die Prävention und Abschreckung jedoch keine Rolle bei der Bemessung des Schadensersatzes, dessen Bestimmung sich weiterhin dem Ausgleichsprinzip folgend an der erlittenen Einbuße orientiert.

17 Etwas anderes gilt jedoch im Bereich des Schadensersatzes bei immateriellen Schäden und im gewerblichen Rechtsschutz. Dort spielen nach der Rechtsprechung auch bei der Bemessung des Schadensersatzes präventive und abschreckende Elemente eine Rolle.[95] Am signifikantesten ist die Betonung des Abschreckungsgedankens im Rahmen der Rechtsprechung zu Verletzungen des allgemeinen Persönlichkeitsrechts im Zusammenhang mit dem Schadensersatzanspruch nach § 823 Abs. 1 BGB i. V. m. Artt. 2 und 1 GG.[96] Dort hat sich bei den Gerichten die Auffassung durchgesetzt, dass den schwerwiegenden Verletzungen des allgemeinen Persönlichkeitsrecht durch die Presse (namentlich aus wirtschaftlichen Gründen zur Steigerung der Auflagen) – bspw. durch die Verbreitung erfundener Interviews

---

Ausgleich angelegt sei, *Müller-Laube*, Der private Rechtsschutz gegen unzulässige Beschränkungen des Wettbewerbs, S. 20 f.

93 So überzeugend auch *Kötz/Schäfer*, AcP 189 (1989), 501, 502.

94 Vgl. auch *Bohn*, Der Sanktionsgedanke im Bürgerlichen Recht, S. 24, der daher von einem reinen Lippenbekenntnis spricht, da der Gesetzgeber immer öfter offen auf den Sanktionsgedanken Bezug nimmt; ähnlich *Hösch*, Der schadensrechtliche Innenausgleich, S. 46 f. unter Verweis auf die Arbeit von *Ebert*, Pönale Element im deutschen Privatrecht, 2004.

95 *Logemann*, Der kartellrechtliche Schadensersatz, S. 328; *Möller*, Das Präventionsprinzip des Schadensrechts, S. 240.

96 Dazu ausführlich *Bohn*, Der Sanktionsgedanke im Bürgerlichen Recht, S. 102–116.

und unwahrer Behauptungen oder die Veröffentlichung heimlich aufgenommener Fotos – ein „echter Hemmungseffekt" gegenüber der Vermarktung der Persönlichkeit entgegengesetzt werden muss, um solche Verletzungen zu vermeiden.[97] Diese Erkenntnis, der durch die Caroline-von-Monaco-Entscheidung zum Durchbruch verholfen wurde, ist als Meilenstein der Entwicklung der Rechtsprechung bei der Verletzung des allgemeinen Persönlichkeitsrechts anzusehen, wozu schon zuvor zahlreiche Entscheidungen ergangen waren.[98] In der Caroline-von-Monaco-Entscheidung erkannte der *BGH* ausdrücklich an, dass präventive und abschreckende Aspekte nicht nur bei der Haftungsbegründung, sondern auch bei der Haftungsausfüllung (also bei der Höhe der Geldentschädigung) zu berücksichtigen sind.[99] Eine Doppelfunktion hat der *BGH* auch dem Schmerzensgeld zuerkannt, welches neben dem Ausgleich erlittener Schäden auch der Genugtuung dient.[100] Zudem sind andere Teile der Rechtsprechung zum Schmerzensgeld (bspw. die Berücksichtigung des Verschuldensgrads bei der Höhe des Schmerzensgelds) nicht mit dem Ausgleichsgedanken, sondern nur mit Präventionsaspekten, die letztlich eine Verhaltenssteuerung bezwecken, zu erklären.[101] Auch § 611a BGB a. F. ist von Präventionszielen geprägt, insbesondere mit Blick auf den europarechtliche Ursprung der Norm und den vom *EuGH* betonten *effet utile* bezüglich des Diskriminierungsverbot.[102]

18 Eine große und bedeutende Rolle spielt der Präventionsgedanke bereits seit längerem im Bereich des gewerblichen Rechtsschutzes.[103] Die Rechtsprechung hat Sonderregeln bezüglich des Haftungsumfangs entwickelt. Ausdruck findet diese Entwicklung in den Grundsätzen der dreifachen Schadensberechnung.[104] Diese Grundsätze der dreifachen Schadensberechnung scheinen

---

97 BGHZ 128, 1, 16 – Caroline von Monaco.

98 BGHZ 26, 349 –Herrenreiter; BGHZ 35, 363 – Ginseng; BVerfGE 34, 269 –Soraya.

99 BGHZ 128, 1, 16 – Caroline von Monaco.

100 BGHZ 18, 149, 157 ff.

101 *Wagner*, AcP 206 (2006), 352, 382 f.; siehe zur Entwicklung des Schmerzensgelds durch die Rechtsprechung auch *Bohn*, Der Sanktionsgedanke im Bürgerlichen Recht, S. 84–102.

102 Ausführlich *Logemann*, Der kartellrechtliche Schadensersatz, S. 329 f. und *Wagner*, AcP 206 (2006), 352, 389 ff.; siehe ferner *Bohn*, Der Sanktionsgedanke im Bürgerlichen Recht, S. 125–134.

103 Hierzu *Möller*, Das Präventionsprinzip des Schadensrechts, S. 117 ff.; *Wagner*, AcP 206 (2006), 352, 373 ff.

104 Dazu *Logemann*, Der kartellrechtliche Schadensersatz, S. 330; *Wagner*, AcP 206 (2006), 352, 373; nach den Grundsätzen der dreifachen Schadensberechnung hat der Geschädigte bei der Berechnung des Schadens die Wahl, **(1)** den ihm konkret entstandenen Vermögensschaden einschließlich des entgangenen Gewinns auf der Grundlage der §§ 249 ff. BGB liquidieren oder **(2)** mit dem Schädiger auf Basis einer hypothetischen Lizenzanalogie abrechnen, von diesem also die Zahlung desjenigen Betrags fordern, der für den Erhalt einer die Verletzungshandlung

nicht mehr alleiniger Ausfluss des Ausgleichsprinzips zu sein, sondern stellen vielmehr eine präventiv motivierte Sanktion dar.[105] Dies hat der *BGH* für den Teilbereich der Gewinnabschöpfung nunmehr ausdrücklich klargestellt, in dem die präventiven Ziele der Gewinnabschöpfung als Mittel zur „Sanktionierung des schädigenden Verhaltens" bezeichnet werden.[106] Im Kontext der GEMA-Rechtsprechung dagegen war der Präventionsgedanke von vornherein prägend, weil dort die Höhe der Entschädigung substantiell oberhalb einer hypothetischen Lizenzgebühr – nämlich pauschal auf die doppelte Höhe der hypothetischen Lizenzgebühr[107] – festgesetzt wurde, was nicht mehr mit dem Ausgleichsprinzip begründet werden kann.[108] Anfänglich tat dies der *BGH* jedoch, bevor er auf die Kritik des Schrifttums[109] reagierte und urteilte, dass sich allein mit der Verpflichtung zur Herausgabe des Verletzergewinns „in der Mehrzahl der Fälle in diesem Bereich nicht der zum Schutz dieser Rechte notwendige Anreiz gewinnen [lässt], ordnungsgemäß die Aufführungsgenehmigung einzuholen."[110] Mithin bezweckt der *BGH* mit dieser Linie, die Abschreckung von rechtswidrigem Verhalten, um dadurch Fehlanreize abzubauen.[111]

19 Wenngleich der *BGH* in seinen Begründungen nicht immer explizit auf den Präventionsgedanken Bezug nahm oder sich dogmatisch nicht abschließend festlegte[112], so ist doch festzuhalten, dass es in der Sache oftmals um Abschreckung, Prävention und Verhaltenssteuerung geht.[113]

---

legalisierenden Lizenz üblicherweise gezahlt worden wäre oder **(3)** von dem Verletzer die Herausgabe des erzielten Gewinns und zu diesem Zweck Auskunft und Rechnungslegung über die erzielten Umsätze verlangen.

105 *Logemann*, Der kartellrechtliche Schadensersatz, S. 331; *Möller*, Das Präventionsprinzip des Schadensrechts, S. 148; ausführlich *Wagner*, AcP 206 (2006), 352, 373 ff.

106 BGHZ 145, 366, 372 ff.; *Wagner*, AcP 206 (2006), 352, 376.

107 BGHZ 17, 376, 383; BGHZ 59, 286, 287 f.; BGHZ 97, 37, 49 ff.

108 *Logemann*, Der kartellrechtliche Schadensersatz, S. 331; *Wagner*, AcP 206 (2006), 352, 376 f. m.w.N.; siehe zur GEMA-Rechtsprechung auch *Bohn*, Der Sanktionsgedanke im Bürgerlichen Recht, S. 116–125.

109 Es wurde angeführt, dass die vom *BGH* zur Begründung der doppelten Höhe der hypothetischen Lizenzgebühr angesetzten Überwachungskosten nicht durch die einzelne Verletzung verursacht und somit dieser auch nicht zuzuordnen seien, *Loewenheim*, JZ 1972, 12, 14; *Lange/Schiemann*, Schadensersatz, S 296 ff.

110 BGHZ 59, 286, 288 f.

111 *Logemann*, Der kartellrechtliche Schadensersatz, S. 331.

112 In BGHZ 59, 286, 288 f. wurde die Entscheidung zugunsten der pauschalierten doppelten Höhe der hypothetischen Lizenzgebühr im Rahmen der Angemessenheit der Lizenzgebühr getroffen, ohne explizit auf präventive Gesichtspunkte abzustellen. Maßgeblich waren ausweislich der Entscheidungsgründe vielmehr Billigkeitsüberlegungen.

113 Vgl. *Wagner*, AcP 206 (2006), 352, 377.

20 Aus den obigen Ausführungen ergibt sich, dass es sowohl im Rahmen gesetzgeberischer Aktivitäten als auch in der Rechtsprechung des *BGH* zu Durchbrechungen des Ausgleichsprinzips zugunsten von Präventionsaspekten kommt.[114] Solche Durchbrechungen erfolgten bislang jedoch nur punktuell und wurden nicht allumfassend in die Schadensrechtsdogmatik eingebettet – ein Grund dafür dürfte die hartnäckige Kritik an grundsätzlichen Überlegungen diesbezüglich und den Durchbrechungen im Einzelfall sein. Daher erfolgten Durchbrechungen stets nur immer dann, wenn die besonderen Umstände eine solche nötig machten und besonders leicht verletzbare Rechtsgüter (wie das allgemeine Persönlichkeits- oder die Immaterialgüterrechte) betroffen waren. Eine solche dogmatisch geprägte Sicht behindert jedoch ohne sachlichen Grund Bemühungen, die Effizienz des Rechts zu steigern.[115] Maßgeblich bleibt daher das Ausgleichsprinzip, wodurch der Schadensersatzanspruch durch seine Existenz und die damit einhergehende Kompensation bereits präventiv wirkt. Unternimmt man den Versuch, anhand der bisherigen Ausnahmen von dieser Regel eine Typisierung durchzuführen, dann ist festzuhalten, dass das Präventionsprinzip Vorrang genießt, wenn der aus der Verletzungshandlung gezogene Nutzen den Schaden nach dem Ausgleichsprinzip übersteigt.[116] Anders ausgedrückt ist das Präventionsprinzip aus ökonomischer Betrachtung vorrangig, wenn die Kosten der drohenden Sanktion geringer sind als der erwartet Gewinn aus dem Verstoß und dies maßgeblich aus Anwendungsschwierigkeiten des Ausgleichsprinzips bspw. bei der Bezifferung von immateriellen Einbußen resultiert.[117] Folgende Fallgruppen lassen sich identifizieren[118]: **(1)** Die Verletzung führt zu keinem oder nur einem geringen Schaden nach dem Ausgleichsprinzip, sodass eine abschreckende Wirkung nach der überkommenen Dogmatik nicht eintritt (§ 611a BGB a. F.); **(2)** Durch die Verletzungshandlung zieht der Schädiger unmittelbar einen Gewinn, der den Schaden übersteigt (so im Immaterialgüterrecht); **(3)** Das Risiko einer Sanktion ausgesetzt zu sein ist (aufgrund schwieriger Überwachung) sehr gering (GEMA-Rechtsprechung). In diesem Fällen gewinnt das Präventionsprinzip auch bei der Bestimmung des Haftungsumfangs stärker

---

114 Vgl. auch *Bohn*, Der Sanktionsgedanke im Bürgerlichen Recht, S. 24 f., der daher plädiert, die Entwicklung nicht zu leugnen und stattdessen unvoreingenommen an die Thematik heranzugehen; siehe ferner *Hösch*, Der schadensrechtliche Innenausgleich, S. 49 ff.

115 Vgl. *Bohn*, Der Sanktionsgedanke im Bürgerlichen Recht, S. 25.

116 *Logemann*, Der kartellrechtliche Schadensersatz, S. 332.

117 Vgl. *Dreier*, Kompensation und Prävention, S. 142 f.

118 Fallgruppen nach *Möller*, Das Präventionsprinzip des Schadensrechts, S. 242 ff. mit ökonomischer Begründung auf S. 274 ff.; vgl. auch *Monopolkommission*, Sondergutachten Nr. 41, Rn. 81 mit ökonomischer Begründung in Rn. 76 und *Wagner*, in: Verhandlungen des sechsundsechzigsten Deutschen Juristentages, A 23, 82 ff.

an Bedeutung, um die Defizite des Ausgleichsprinzips zu kompensieren.[119] Insbesondere die letzte Fallgruppe ist im vorliegenden Zusammenhang von Bedeutung, da die Aufdeckungswahrscheinlichkeit von kartellrechtswidrigem Verhalten bereits sehr gering ist und darüber hinaus noch andere Hindernisse bei der Geltendmachung und Durchsetzung von Ersatzansprüchen bestehen – namentlich die geringe Zahl erfolgreicher Schadensersatzklagen bedingt durch Probleme beim kollektiven Rechtsschutz, bei Beweisnot und Problemen beim Schadensnachweis sowie bspw. Unklarheiten bezüglich der Ersatzfähigkeit von Bußgeldern im Innenverhältnis von juristischer Person und handelndem Manager[120] (ausführlich zum Bestehen einer Schutzlücke, die eine Außenhaftung der Manager jedenfalls bei Kartellrechtsverstößen geboten erscheinen lässt unter B. II. 2.). In der Summe führen diese Punkte dazu, dass der handelnde Manager bislang faktisch keine Sanktionierung seines kartellrechtswidrigen Verhaltens fürchten muss. Umso wichtiger ist die Betonung des Präventionsaspekts im Rahmen des Untersuchungsgegenstandes.

b) Zwischenergebnis

21 Ob eine eigenständige Präventionsfunktion im Rahmen der §§ 249 ff. BGB anzuerkennen ist, kann im Zusammenhang mit dem Untersuchungsgegenstand jedoch letztlich dahinstehen, soweit der Zweck der haftungsbegründenden Norm auf die §§ 249 ff. BGB durchschlägt. Daher ist es angezeigt, sich mit der Funktion des kartellrechtlichen Schadensersatzes auseinanderzusetzen.

2. Im Kartellrecht

22 Genau wie im allgemeinen Schadensrecht wurde der Prävention bis zur 7. GWB-Novelle rein faktische Bedeutung zugemessen.[121] Prävention an sich als eigenständige Zwecksetzung war nicht anerkannt.[122] Hintergrund

---

119 *Logemann*, Der kartellrechtliche Schadensersatz, S. 332 f.; dahingehend auch *Wagner*, AcP 206 (2006), 352, 469 f.; vgl. auch *Dreier*, Kompensation und Prävention, S. 132.

120 Siehe dazu *LAG Düsseldorf*, Teilurteil vom 20. Januar 2015 – 16 Sa 459/14, nicht rechtskräftig, welches sich gegen die bisher herrschende Rechtsprechung und Literatur stellt; siehe dazu ausführlich unter B. II. 2. a) aa), S. 65 ff., Rn. 55.

121 *Logemann*, Der kartellrechtliche Schadensersatz, S. 333.

122 *Baur/Weyer*, in: FK GWB, Art. 81 Rn. 110; *Roth*, in: FK-GWB, § 33 Rn. 16; *Müller-Laube*, Der private Rechtsschutz gegen unzulässige Beschränkungen des Wettbewerbs, S. 21 („[...] private Rechtsbehelfe können nicht als Mittel eingesetzt werden, Verstöße zum Schutze der Wettbewerbsordnung im Allgemeininteresse

der damaligen Auffassung war die Ausgestaltung der kartellrechtlichen Schadensersatzhaftung, die an § 823 Abs. 2 BGB angelehnt war, weswegen die Diskussion über die Funktion des § 33 GWB a. F. von allgemeinen schadensrechtlichen Erwägungen geprägt war.[123] Zentrale Funktion des § 33 GWB a. F. sei der Ausgleich erlittener Schäden.[124] Abschreckung stellte allenfalls einen Nebenzweck des Kartelldeliktsrechts dar.[125] Lediglich der behördlichen Aufsicht in Form des Verwaltungs- und Bußgeldverfahrens wurden präventive oder pönale Aspekte beigemessen.[126] Dies ist vor dem Hintergrund der Gesetzesmaterialien zum GBW a. F. erstaunlich. Denn dort wird Prävention auch bezüglich der Ausgestaltung des zivilrechtlichen Sanktionensystems erwähnt. Mit Blick auf Kartelle gab bspw. der Abgeordnete *Böhm* zu Protokoll, dass diese durch das zivilrechtliche Sanktionensystem „unter denkbar größtes Risiko gestellt“ werden sollten.[127] Daher gab es in der Literatur zum GWB a. F. Autoren, die die Steuerungsfunktion des Kartelldeliktsrechts stärker betonten.[128]

23 Diese kartelldeliktsrechtliche Auffassung wurde durch das Europarecht in den letzten Jahren geändert. Die *EU-Kommission* hat der Abschreckungs- und Präventionsfunktion – flankiert vom *EuGH* – in Anlehnung an die Rechtslage

---

zu unterbinden.“); kritisch speziell bezüglich Schadensersatz *Witthuhn*, Die Ausgestaltung der privaten Klage im Wirtschaftsrecht, S. 132 ff; gar als „wesensmäßig fremd“ wurde der Präventionsgedanke im Zivilrecht von *Scholz*, Wirtschaftsaufsicht und subjektiver Konkurrentenschutz, S. 100 bezeichnet; ferner *Soell*, in: Festschrift für Wahl, S. 439, 443 ff.

123 *Logemann*, Der kartellrechtliche Schadensersatz, S. 333.

124 *Logemann*, Der kartellrechtliche Schadensersatz, S. 333; *Müller-Laube*, Der private Rechtsschutz gegen unzulässige Beschränkungen des Wettbewerbs, S. 20 f.; *Witthuhn*, Die Ausgestaltung der privaten Klage im Wirtschaftsrecht, S. 133. Nach Witthuhn, Die Ausgestaltung der privaten Klage im Wirtschaftsrecht, S. 135 m.w.N. wurde präventive Wirkung stattdessen allenfalls dem quasi-negatorischen Unterlassungsanspruch nach § 35 Abs. 1 GWB a. F. beigemessen; dagegen wiederum *Scholz*, Wirtschaftsaufsicht und subjektiver Konkurrentenschutz, S. 99 f.; *Crane*, The Antitrust Bulletin 61 (2016), 357 ff. weist jedoch nach, dass das am Kompensationsziel ausgerichtete Schadensersatzsystem für den Ausgleich der durch Kartellrechtsverstöße überwiegend hervorgerufenen Schäden nicht geeignet ist und insofern wirkungslos ist, weswegen dem Abschreckungs- und Präventionsziel Vorrang gegeben werden sollte.

125 *Logemann*, Der kartellrechtliche Schadensersatz, S. 333.

126 *Logemann*, Der kartellrechtliche Schadensersatz, S. 333.

127 Ausschuss für Rechtswesen und Verfassung, Protokoll 2/211, S. 48.

128 *Hempel*, Privater Rechtsschutz im Kartellrecht, S. 243 ff.; *Lukes*, Der Kartellvertrag, S. 189; *Müller*, Punitive Damages und deutsches Schadensersatzrecht, S. 187 ff.; *Schmidt*, Kartellverfahrensrecht, S. 324 ff.; vgl. *Koch*, Schadenersatz bei unerlaubten wettbewerbsbeschränkenden Handlungen, S. 46.

im US-amerikanischen Kartellrecht[129] zum Durchbruch verholfen.[130] Maßgeblich waren die Entscheidungen in den Rechtssachen *Courage* und *Manfredi*.[131] Dort spielte der *effet utile*-Grundsatz maßgeblich eine Rolle (vgl. dazu unten C. I. 4. a) cc) (3)). Der *effet utile*-Grundsatz ist entscheidend dafür, dass das europäische Recht dem Gedanken der Prävention und Abschreckung offener gegenübersteht als das deutsche Recht.[132] Im europäischen Recht halten einige Autoren die Abschreckung und Prävention daher als vorrangig gegenüber dem Ausgleich.[133] Der *EuGH* betrachtete die wirksame Durchsetzung des Gemeinschaftsrechts stets als wesentlich bei der Anwendung europäischer Rechtsnormen und wandte diese Maxime ohne weiteres auf zivilrechtliche Normen an.[134] So verwundert es nicht, dass der *EuGH* in seinen Entscheidungen forderte, dass die von den Mitgliedsstaaten bei Verstößen gegen Gemeinschaftsrecht gewählten Sanktionen wirksam und abschreckend sein müssen.[135] Wörtlich hieß es in der Entscheidung Kommission/Griechenland[136]:

> „Dabei müssen die Mitgliedstaaten, denen allerdings die Wahl der Sanktionen verbleibt, namentlich darauf achten, daß Verstöße gegen das Gemeinschaftsrecht nach ähnlichen sachlichen und verfahrensrechtlichen Regeln geahndet werden wie nach Art und Schwere gleichartige Verstöße gegen nationales Recht, wobei die Sanktion jedenfalls wirksam, verhältnismäßig und **abschreckend** sein muß [sic!]." [Hervorhebungen durch den Verfasser]

24 In der Entscheidung in der Rechtssache *Courage* wurde dieses Verdikt explizit auf den kartellrechtlichen Kontext übertragen, wenn es dort heißt, dass „Schadensersatzansprüche die Durchschlagskraft der gemeinschaftlichen Wettbewerbsregeln [erhöhten und geeignet seien, von] Vereinbarungen und

---

129 Dort dienen Schadensersatzklagen anerkanntermaßen der Abschreckung. Siehe nur *Illinois Brick Co. et altri v. Illinois et altri*, 431 U.S. 720, 746, 97 S. Ct. 2061, 2075 (1977).

130 Vgl. allgemein zu den mit der privaten Rechtsdurchsetzung verfolgten Zielen *Crane*, The Institutional Structure of Antitrust Enforcement, S. 163 ff.

131 *EuGH*, Urteil vom 20. September 2001 – Rs. C-453/99, Slg. 2001 – Courage; *EuGH*, Urteil vom 13. Juli 2006 – Rs. C-295/04 bis C-298/04, Slg. 2006 – Manfredi.

132 Vgl. *Logemann*, Der kartellrechtliche Schadensersatz, S. 334; vgl. ferner *Wagner*, Verhandlungen des sechsundsechzigsten Deutschen Juristentages, A 18 ff. zum Auslegungsgrundsatz des *effet utile*.

133 *Hoseinian*, World Competition 28 (2005), 3, 7 m.w.N.

134 *Logemann*, Der kartellrechtliche Schadensersatz, S. 334.

135 *EuGH*, Rs. 68/88, Slg. 1989, 2965, Rn. 24 – Kommission/Griechenland; *EuGH*, Rs. 217/91, Slg. 1993, I-4367, Rn. 27 – Marshall II; *EuGH*, Rs. C-180/95, Slg. 1997, I-2195, Rn. 25 – Draehmpaehl.

136 *EuGH*, Rs. 68/88, Slg. 1989, 2965, Rn. 24 – Kommission/Griechenland.

Verhaltensweisen abzuhalten, die den Wettbewerb beschränken oder verfälschen könnten."[137] Dem schloss sich die Kommission in der Folgezeit an und entwickelte großen Eifer, die Geltendmachung von Schadensersatzklagen im kartellrechtlichen Kontext zu erleichtern, wovon zahlreiche Kommissionsdokumente zeugen.[138] Es ist mithin festzuhalten, dass der Schadensersatz im Europarecht nicht lediglich der Wiedergutmachung des Schadens dient, sondern dass mittels des dem Schadensersatz innewohnenden Abschreckungsgedankens aktiv die Erreichung der Ziele des Gemeinschaftsrechts verfolgt wird.[139]

25 Angesichts der europarechtlichen Vorgaben und der Umstellung auf das System der Legalausnahme mit Inkrafttreten der VO (EG) Nr. 1/2003 und die damit einhergehende Notwendigkeit der Stärkung der privaten Durchsetzung des Kartellrechts zur Kompensation der abnehmenden Abschreckungswirkung der behördlichen Aufsicht durch die abnehmende und geringere Kontrolldichte, sah sich auch der deutsche Gesetzgeber dazu veranlasst, dem Kartelldeliktsrecht neue Konturen zu geben. Der Abschreckungs- und Präventionsgedanke wurde dabei ausdrücklich betont. So wurde neben dem Ausgleichsgedanken anerkannt, dass der Schadensersatz „gleichermaßen der Abschreckung und der Herausgabe des zu Lasten Dritter erzielten Vorteils diene."[140] Ziel der Neujustierung des Kartelldeliktsrecht – insbesondere der des § 33 GWB – war es, „ein effektives zivilrechtliches Sanktionensystem" zu schaffen, von dem eine „zusätzliche spürbare Abschreckungswirkung" ausgeht.[141] Dieses Bestreben schlägt sich deutlich in § 33 GWB nieder, wo der Gesetzgeber vom Ausgleichsprinzip abwich.[142] Gemäß § 33 Abs. 3 S. 3 GWB soll bei der Bemessung des Umfangs des Schadensersatzes auch der anteilige Gewinn des Schädigers Berücksichtigung finden. Auch die Regelungen zur Verzinsung in § 33 Abs. 3 S. 4 und 5 GWB a. F. (der dem heutigen § 33a Abs. 4 GWB n. F. entspricht) dienen der verstärkten Abschreckung nach der Intention des Gesetzgebers.[143]

---

137 *EuGH*, Rs. C-543/99, Slg. 2001, I-6297, Rn. 27 – Courage.

138 *EU-Kommission*, Weißbuch, S. 3 f.; *EU-Kommission*, Grünbuch, S. 4 und Arbeitspapier, Rn. 5 f.; ferner *EU-Kommission*, Bekanntmachung: Zusammenarbeit mit nationalen Gerichten, ABl. EG 2004, C 101/54, Rn. 10 lit. a sowie Kommissarin *Kroes*, Rede vom 22.9.2005, S. 2.

139 *Wagner*, AcP 206 (2006), 352, 421.

140 Gesetzesbegründung zur 7. GWB-Novelle, BT-Drs. 15/3640, S. 60 zu § 33 Abs. 3 S. 2 GWB.

141 Gesetzesbegründung zur 7. GWB-Novelle, BT-Drs. 15/3640, S. 35.

142 So auch *Logemann*, Der kartellrechtliche Schadensersatz, S. 335.

143 Vgl. Gesetzesbegründung zur 7. GWB-Novelle, BT-Drs. 15/3640, S. 54 unter Verweis auf § 288 BGB.

26 Festzuhalten ist, dass der Präventionsgedanke mit Verabschiedung der 7. GWB-Novelle im deutschen Kartelldeliktsrecht fest verankert ist.[144] Er ist zumindest gleichberechtigt mit dem Ausgleichsprinzip, teilweise sogar vorrangig, was den Unterschied zum allgemeinen Schadensrecht darstellt.[145] Denn anderenfalls ließe sich keine Verhaltenssteuerung bewirken. Insbesondere die Präventionsfunktion ist wichtig für die Wirksamkeit der Kartellrechtsdurchsetzung.[146] Dies ist jedoch das erklärte Ziel der Betonung des Präventionsgedankens. Das Kartellrecht fügt sich dabei in die bislang vom Gesetzgeber und Rechtsprechung anerkannten Fallgruppen (insbesondere gewerblicher Rechtsschutz und Persönlichkeitsrechtsverletzungen) ein, wo eine präventive Wirkung anerkannt ist (vgl. dazu schon oben A. II. 1. a)).[147] Gerechtfertigt ist dies durch die Vergleichbarkeit der Sachverhalte: Der Schädiger zieht auch bei Kartellrechtsverstößen regelmäßig einen Gewinn aus seinem Handeln und es ist nicht unbedingt damit zu rechnen, dass die Geschädigten den Schädiger in Anspruch nehmen (Problem der Streuschäden).[148] Ferner tritt das Kompensationsbedürfnis den Einzelnen zumindest neben das andere Schutzziel des GWB, namentlich den Schutz des freien Wettbewerbs, welcher präventiven Schutzes bedarf.[149] Letztlich wird das Kartelldeliktsrecht zur Effektivierung des Wettbewerbs fruchtbar gemacht.[150] Wer es ernst meint mit dem Rechtsgüterschutz im Allgemeinen und der effektiven und effizienten Durchsetzung des Kartellrechts im Speziellen, ist gehalten, die Haftung so zu gestalten, dass der Verursacher erreicht wird und sich die Rechtsverletzung nicht lohnt.[151] Dies ist – wie noch gezeigt werden

---

144 *Bornkamm*, in: Langen/Bunte, § 33 Rn. 107; *Bulst*, Schadensersatzansprüche der Marktgegenseite, S. 127 ff.; *Keßler*, BB 2005, 1125, 1127; vgl. auch *Hempel*, Privater Rechtsschutz im Kartellrecht, S. 244, 254 f. und *Rehbinder*, in: Festschrift für Loewenheim, S. 513, 516.

145 *Logemann*, Der kartellrechtliche Schadensersatz, S. 335; kritisch *Hösch*, Der schadensrechtliche Innenausgleich, S. 54 ff.

146 *Hempel*, Privater Rechtsschutz im Kartellrecht, S. 254.

147 *Logemann*, Der kartellrechtliche Schadensersatz, S. 335.

148 *Logemann*, Der kartellrechtliche Schadensersatz, S. 335.

149 *Dreier*, Kompensation und Prävention, S. 309, 488 ff., der diese Aussage zwar in Bezug auf Unterlassungsansprüche trifft. Gleiches gilt jedoch auch für den Anspruch auf Schadensersatz.

150 Vgl. *Basedow*, ZWeR 2006, 294, 304.

151 Vgl. *Logemann*, Der kartellrechtliche Schadensersatz, S. 335; in Übereinstimmung mit *Dreher*, Kompensation und Prävention, S. 152 ff. wäre es aus rechtstheoretischer Sicht paradox, die Rechtsanwendung nicht dem ausdrücklichen Willen des Gesetzgebers anzupassen, um so Zweck und Wirkungsweise der Norm in Einklang zu bringen. Die Durchsetzung dieser Rechte, die durch den Gesetzgeber ja erst gewährt werden, ist essentiell und bedeutet Prävention, welcher in diesem Fall auch als Zweck der Rechtsfolge anzusehen ist und somit Maßgabe für die Rechtsanwendung sein muss. Es ist davon auszugehen, dass es für den Gesetzgeber nicht

wird – der handelnde Manager.[152] Denn letztlich hängen die Reichweite und die Wirksamkeit des verfolgten präventiven Zwecks maßgeblich davon ab, wer für den Rechtsverstoß haftet.[153] Die unter Geltung des GWB a. F. von der behördlichen Aufsicht ausgehende Präventionswirkung wurde durch den Umstieg auf das dezentrale System der Legalausnahme geschwächt, weshalb die entstandene Lücke durch die von der privaten Rechtsdurchsetzung ausgehende Präventionswirkung geschlossen werden muss.[154] Denn letztlich ist es Aufgabe des Kartellsanktionenrechts, schädliche Auswirkungen auf Dritte von kartellrechtswidrigen Verhaltensweisen zu internalisieren und dazu abschreckende Sanktionen zur Verfügung zu stellen.[155]

III. Zwischenergebnis

27 Abschreckung und Prävention sind neben dem Ausgleich anerkannte Ziele des Kartelldeliktsrechts. Insbesondere die Präventionsfunktion ist wichtig für die Wirksamkeit der Kartellrechtsdurchsetzung.[156] Nach überzeugender Auffassung gilt dies auch für das allgemeine Schadensrecht der §§ 249 ff. BGB. Es ist daher zur Erreichung dieser Ziele ein Haftungsregime – entweder innerhalb des bestehenden normativen Rahmens durch entsprechende Anwendung oder Auslegung der Normen oder durch Anpassung desselben – zu etablieren, welches in der Realität geeignet ist, seinen Beitrag zu leisten. Insofern ist es angezeigt, die Rechtsanwendung anhand dieser Ziele auszurichten. Übergeordnetes Ziel muss es sein, dass von den Rechtsfolgen eine hinreichend präventive Wirkung ausgeht.[157] Dies betrifft sowohl Art und Umfang als auch den Adressaten der Haftung. Von erheblicher Bedeutung dafür sind auch ökonomische Überlegungen (dazu unter B. I. und B. II.).

---

akzeptabel ist, den existierenden materiellen Rechtsrahmen durch unzureichende Rechtsfolgen und unzureichende Rechtsanwendung zu unterlaufen, selbst wenn eine Regelung im Detail fehlen sollte.

152 Vgl. auch *Hempel*, Privater Rechtsschutz im Kartellrecht, S. 244; für einen weiten Kreis an Haftungsschuldnern plädiert (zwar im Rahmen des negatorischen Unterlassungsanspruches) *Dreier*, Kompensation und Prävention, S. 466 ff.

153 *Dreier*, Kompensation und Prävention, S. 465.

154 So auch *Hempel*, Privater Rechtsschutz im Kartellrecht, S. 244, 279, 286 und *Logemann*, Der kartellrechtliche Schadensersatz, S. 335.

155 *Wagner-von Papp*, WuW 2010, 268, 270 f.

156 *Hempel*, Privater Rechtsschutz im Kartellrecht, S. 254.

157 So auch *Dreier*, Kompensation und Prävention, S. 52.

IV. Gang der Untersuchung

28 Nachdem nunmehr der Gegenstand der Untersuchung definiert wurde, bereits erste grundlegende Erwägungen zur Rechtsdurchsetzung angestellt wurden und herausgearbeitet wurde, dass Abschreckung und Prävention neben dem Ausgleich anerkannte Ziele des Kartelldeliktsrechts und für die Wirksamkeit der Kartellrechtsdurchsetzung wichtig sind, soll im Folgenden der Gang der weiteren Untersuchung skizziert werden.

29 Unter Gliederungspunkt B. werden ökonomische Überlegungen zur persönlichen Haftung von Managern angestellt werden. Dabei wird insbesondere auf die ökonomische Theorie zur Abschreckung als Sanktionsziel zwecks Verhaltenssteuerung eingegangen werden. Im Rahmen dieser Ausführungen stellt sich die Frage nach der optimalen Sanktion für Kartellrechtsverstöße, wobei das *Optimal Deterrence Model* (ODM) prägend für die Beantwortung dieser Frage ist. Im Anschluss daran werden die gefundenen Ergebnisse auf den Untersuchungsgegenstand übertragen werden, wobei der Fokus der Untersuchung auf der Frage nach der Art und Weise der Kartellrechtsdurchsetzung und nach dem Adressaten der Haftung liegt. Im Rahmen der Erörterungen zum Adressaten der Haftung wird u. a. ein Seitenblick auf das gesellschaftsrechtliche Innenhaftungsregime geworfen werden, wobei insbesondere das *Principal-Agent*-Problem und der Problemkreis rund um die Reichweite der Legalitätspflicht (im Außenverhältnis) im Spannungsverhältnis zur *Business Judgement Rule* berücksichtigt werden. Auch rechtsstaatliche Grundsätze hinsichtlich der Höhe der Sanktion werden berücksichtig. Zuletzt werden weitere positive Auswirkungen persönlicher Sanktionen dargestellt werden.

30 Gliederungspunkt C. stellt den Kern der vorliegenden Abhandlung dar und stellt die Außenhaftung von Managern bei Verstößen gegen deutsches und europäisches Kartellrecht umfassend dar. Die Darstellung beginnt mit der Anspruchsgrundlage aus dem Kartelldeliktsrecht, namentlich § 33 Abs. 3 GWB a. F. bzw. § 33a Abs. 1 GWB n. F. Da den Unternehmen die Handlungsfähigkeit fehlt, können sie Kartellrechtsverstöße nicht selbst begehen. Dies können nur die für sie handelnden natürlichen Personen, denen jedoch regelmäßig die Unternehmenseigenschaft fehlt.

31 Mithin ist zunächst abzustecken, wann eine kartellrechtlich erhebliche Pflichtverletzung des handelnden Managers vorliegt, wobei es maßgeblich auf die Zurechnung der Handlungen zum Unternehmen einerseits und auf die Zurechnung der Unternehmenseigenschaft zur natürlichen Person andererseits ankommt. Daher wird die Rechtslage nach Kartellordnungswidrigkeitenrecht bezüglich der Haftung für Kartellrechtsverstöße durch aktives Tun und durch die Verletzung von Aufsichtspflichten umfassend beleuchtet werden. Im Anschluss wird die Zurechnung gemäß § 31 BGB gegenüber dem Unternehmen dargestellt.

32 Um eine fundierte dogmatische Grundlage für die Frage nach dem Bestehen einer persönlichen Außenhaftung im Kartelldeliktsrecht zu legen, folgen Ausführungen zur Außenhaftung im allgemeinen Deliktsrecht unter Berücksichtigung der überkommenen Dogmatik und der maßgeblichen höchstrichterlichen Judikatur des *BGH* in Zivil- und Strafsachen.

33 Vor dem Hintergrund des dogmatischen Fundaments und der Berücksichtigung der maßgeblichen Judikatur wird im Anschluss die Frage nach der Passivlegitimation im Kartelldeliktsrecht erörtert. Dafür werden die Argumente für und gegen die Zurechnung der Unternehmenseigenschaft im Kartelldeliktsrecht gemäß § 81 GWB i. V. m. § 9 OWiG gegenübergestellt und diskutiert. Dabei sind auch europarechtliche Implikationen zu berücksichtigen. Auch die Rechtslage im gewerblichen Rechtsschutz ist von Bedeutung. Zusätzliche Argumente lassen sich aus der 9. GWB-Novelle und der Funktion des Unternehmensbegriffes gewinnen.

34 Nachdem zur zentralen Streitfrage zur Passivlegitimation Stellung bezogen wurde, werden im Anschluss die weiteren Anspruchsvoraussetzungen dargelegt. Ein Schwerpunkt der Darstellung liegt auf dem Tatbestandsmerkmal des Verschuldens. Ausführlich werden dort die Voraussetzungen dargelegt, unter denen sich der Manager mit verschuldensausschließender Wirkung auf Irrtümer berufen kann. Dies ist von besonderer praktischer Relevanz, um eine überbordende Haftung zu vermeiden. Zudem wird mit der Implementierung von qualifizierten Compliance-Programmen auf eine weitere Möglichkeit zur Enthaftung bei Aufsichtspflichtverletzungen hingewiesen, wobei diesbezüglich Voraussetzungen formuliert werden. Im Anschluss wird die Aktivlegitimation thematisiert. Dabei stellt sich insbesondere die Frage nach der Aktivlegitimation von Aktionären und Gesellschaftern vor dem Hintergrund der Jedermann-Rechtsprechung des *EuGH*.

35 Nach der Darstellung der kartelldeliktsrechtlichen Anspruchsgrundlage folgen Abhandlungen zu Anspruchsgrundlagen nach allgemeinem Deliktsrecht, wobei insbesondere das Konkurrenzverhältnis thematisiert wird.

36 Nachdem die Frage nach der Passivlegitimation natürlicher Personen und damit auch die Frage nach dem Bestehen einer Außenhaftung bei Kartellrechtsverstößen geklärt wurde, wenden sich die Ausführungen dem Gesamtschuldnerausgleich zu. Es wird überprüft, ob der Kriterienkatalog, der in der Gesetzesbegründung zur 9. GWB-Novelle enthalten ist, ohne Einschränkungen auf den Gesamtschuldnerausgleich unter Beteiligung einer natürlichen Person anwendbar ist. Hierbei sind insbesondere Besonderheiten wegen der anwendbaren Figur der Haftungseinheit zu berücksichtigen. Zudem wird u. a. die Privilegierung durch die Teilnahme am Kronzeugenprogramm thematisiert.

37 An die Ausführungen zum Gesamtschuldnerausgleich schließt sich die Darstellung weiterer rechtlicher Möglichkeiten zur Haftungsreduzierung

zugunsten des Managers an. An dieser Stelle wird die Teilnahme am Kronzeugenprogramm gemäß § 33e GWB n. F. erörtert werden. Zudem werden Freistellungsansprüche gegen das Unternehmen bzw. den Unternehmensträger und der innerbetriebliche Schadensausgleich als weitere Möglichkeiten der Haftungsreduzierung eingeführt.

38 Abschließend werden unter Gliederungspunkt D. die Ergebnisse der vorliegenden Arbeit zusammengefasst und ggf. Empfehlungen formuliert.

B. Ökonomische Überlegungen zur persönlichen Haftung von Managern

39 Bislang existieren nur wenige Fälle, in denen Schadensersatz gegen innerhalb von Unternehmen beteiligte Manager geltend gemacht wurde.[158] Dies betrifft sowohl Fälle des Innenregresses als auch des Außenregresses.[159] Zudem stand die Frage der persönlichen Haftung nicht im Zentrum der Diskussion.[160] Dies hat sich in jüngster Zeit jedoch etwas geändert. In Folge der Aufdeckung des Schienenkartells entschloss sich Thyssen Krupp dazu, gegen einen verantwortlichen Manager prozessual vorzugehen.[161] Diese Entwicklung ist sicherlich vor dem Hintergrund der verstärkten Compliance-Bestrebungen von Unternehmen zu sehen.[162] Begrüßenswert ist diese Entwicklung jedoch nur dann, wenn sie dazu beiträgt, ein wirksameres Haftungsregime zu etablieren, um dem Recht, insbesondere dem Kartellrecht, volle Geltung zu verschaffen, also soweit ein Anreiz zu gesetzeskonformen Handeln geschaffen wird. So wird dem Präventionsgedanken Rechnung getragen und der Kartellschadensersatz wird der Förderung öffentlicher Zwecke nutzbar gemacht.[163] Diese Überlegung ist anhand ökonomischer Überlegungen zu überprüfen. Denn die Rechtsordnung weist das Schadenrisiko zu und ist selbst darauf zu prüfen, ob die von ihr getroffene Entscheidung effizient im Sinne einer Wohlfahrtssteigerung für den Bürger durch die Wahl einer passenden Haftungsregel ist, da durch die Wahl der Haftungsregel die Effizienz der Ressourcenallokation beeinflusst wird.[164] Nach der ökonomischen Analyse des Rechts soll das Recht mehr Nutzen stiften als Kosten verursachen.[165]

---

158 Vgl. *Eden*, Persönliche Schadensersatzhaftung, S. 38.

159 Vgl. *Bien*, WuW 2015, 331.

160 Siehe schon oben A., Rn. 4; vgl. ferner *Eden*, Persönliche Schadensersatzhaftung, S. 38.

161 Siehe *Manager Magazin* vom 20. Januar 2015, ThyssenKrupp scheitert mit 291-Millionen-Klage gegen Ex-Manager.

162 Laut *Dittrich/Matthey*, in: Corporate Compliance, § 26 Rn. 1 bildet das Kartellrecht den Schwerpunkt der Compliance-Bemühungen vieler Unternehmen.

163 Vgl. *Logemann*, Der kartellrechtliche Schadensersatz, S. 413; im europäischen Recht wird der Schadensersatz ganz bewusst i. R. d. *effet utile*-Grundsatzes in den Dienst öffentlicher Interessen gestellt.

164 Vgl. *Wagner*, in: Münchener Kommentar zum BGB, Vorbemerkungen zu § 823 Rn. 45.

165 *Baumann*, RNotZ 2007, 297; dort finden sich ferner instruktive Ausführungen zur ökonomischen Analyse des Rechts im Allgemeinen.

I. Ökonomische Theorie – Abschreckung als Sanktionsziel i. R. d. Verhaltenssteuerung

40 Aus ökonomischer Sicht besteht der Sinn von Sanktionen darin, vor illegalen Handlungen abzuschrecken.[166] Das Haftungsrecht ist ein Steuerungsinstrument, welches Individuen zu effizientem Verhalten anreizen soll, also um den Saldo aus Kosten und Nutzen ihrer Aktivität zu maximieren.[167] Sanktionen sind demnach „Preise für bestimmte Handlungsoptionen", deren Wirksamkeit sowohl von ihrer absoluten Höhe als auch von der relativen Höhe im Vergleich zu anderen Verhaltensoptionen abhängt.[168] Das nach diesem Gedankenmuster – individuell rationales Verhalten zur Verfolgung von Eigeninteressen – handelnde Individuum wird als *homo oeconomicus* bezeichnet.[169] Aus ökonomischer Sicht lässt sich durch solche Annahmen das Verhalten von Individuen mittelbar steuern.[170] Die Annahme, dass wirtschaftlich motivierte Rechtsverstöße eben gerade aus rationalem Kalkül getroffen werden, ist – anders als bei emotionalen Verstößen – angemessen, weswegen man ökonomische Überlegungen bei der Wahl der Sanktion berücksichtigen sollte.[171] Die Haftung muss so gewählt sein, dass der potenzielle Schädiger den wirtschaftlichen Anreiz hat, Schäden zu vermeiden, deren Kosten höher sind, als die Kosten von Schutzmaßnahmen zur Verhinderung derselben.[172] Ist dieses Gleichgewicht gefunden, wird die gesellschaftliche Wohlfahrt gesteigert, während Abweichungen sowohl in die eine als auch in die andere

---

166 Vgl. *Stehmann*, in: Schröter/Jakob/Klotz/Mederer, Europäisches Wettbewerbsrecht, S. 147; zu den Grundlagen des rechtsökonomischen Ansatzes *Krüger*, Öffentliche und private Durchsetzung des Kartellverbots, S. 151 ff.

167 *Wagner*, in: Münchener Kommentar zum BGB, Vorbemerkungen zu § 823 Rn. 46; ferner zur verhaltenssteuernden Wirkung des Haftungsrechts *Schäfer/Ott*, Ökonomische Analyse des Zivilrechts, S. 125 ff.; vgl. auch *Logemann*, Der kartellrechtliche Schadensersatzanspruch, S. 415.

168 *Eidenmüller*, Effizienz als Rechtsprinzip, S. 74.

169 *Krüger*, Öffentliche und private Durchsetzung des Kartellverbots, S. 153 f.; vgl. auch *Jansen*, Die Struktur des Haftungsrechts, S. 151 f.

170 *Jansen*, Die Struktur des Haftungsrechts, S. 151.

171 Vgl. *Koch*, in: in: Compensation of Private Losses, S. 19, 23; vgl. *Krüger*, Öffentliche und private Durchsetzung des Kartellverbots, S. 154 m.w.N.; vgl. auch *Wils*, The Optimal Enforcement of EC Antitrust Law, S. 13, der unterstreicht, dass Kartellrechtsverletzungen regelmäßig aus geschäftlichen Gründen (*business decisions*) getroffen werden; in diese Richtung auch *Dreier*, Kompensation und Prävention, S. 128 ff., insb. S. 130.

172 *Wagner*, in: Münchener Kommentar zum BGB, Vorbemerkungen zu § 823 Rn. 46 f.; so auch *Kötz*, in: Festschrift für Steindorff, S. 643, 648 und *Stehmann*, in: Schröter/Jakob/Klotz/Mederer, Europäisches Wettbewerbsrecht, S. 147.

Richtung den Wohlfahrtszugewinn mindern.[173] Um eine Verhaltenssteuerung im beschriebenen Sinne zu erzielen, ist es angezeigt, die Parameter zu identifizieren, die dafür relevant sind, um anhand der gewonnen Erkenntnisse Verbesserungen bei der Rechtsdurchsetzung zu erzielen.[174]

1. Optimale Sanktion für Kartellrechtsverstöße

41 Die Frage nach der optimalen Sanktion für Rechtsverstöße im Generellen und für Kartellrechtsverstöße im Speziellen ist alt.[175] In der Sache geht es darum, eine Anreizstruktur zu rechtmäßigem Verhalten zu schaffen, die die optimale Kombination der Wahrscheinlichkeit der Überführung und des Adressaten und der Höhe der Sanktion vereint.[176] Aus Sicht der ökonomischen Analyse ist es mit Blick auf den schadensvermeidenden Effekt von Haftungsregeln dabei entscheidend, die direkt an der Entstehung des Schadens Beteiligten haftbar zu machen.[177] Anders als andere Rechtsordnungen (z. B. USA oder Großbritannien) sind in der deutschen Rechtsordnung, abgesehen von §§ 298 ff. StGB und § 81 GWB i. V. m. §§ 9, 130 OWiG, ausschließlich zivilrechtliche Sanktionen für Kartellrechtsverstöße vorgesehen.[178] Es stellt sich daher die Frage, ob das existierende zivilrechtliche Haftungsregime ausreichend ist, um eine effektive, effiziente und wirksame Rechtsdurchsetzung zu gewährleisten und zukünftige Verstöße zu verhindern.[179] Denn davon hängt maßgeblich ab, was *in concreto* die optimale Sanktion für Kartellrechtsverstöße ist. Daher sind die bestehenden Regeln auf ihre Anreizwirkung durch

---

173 Vgl. *Wagner*, in: Münchener Kommentar zum BGB, Vorbemerkungen zu § 823 Rn. 46 f.

174 So auch *Krüger*, Öffentliche und private Durchsetzung des Kartellverbots, S. 157.

175 Vgl. *Eden*, Persönliche Schadensersatzhaftung, S. 39; dazu auch *Möschel*, in: Festschrift für Bechtold, S. 329, 336 ff.

176 Vgl. *Möschel*, in: Festschrift für Bechtold, S. 329, 336.

177 *Jansen*, Die Struktur des Haftungsrechts, S. 165 am Beispiel der Gehilfen- und Arbeitnehmerhaftung im Falle eines Unfalls.

178 Ob dies in Zukunft so bleibt, scheint fraglich. Erst kürzlich hat sich die Monopolkommission für eine strafrechtliche Ahndung ausgesprochen, siehe *Bünder*, Frankfurter Allgemeine Zeitung vom 24. Oktober 2015, Bis zu fünf Jahre Haft für Kartellsünder; für Kriminalstrafen spricht sich auch der ehemalige Präsident des *EuG* aus, da höhere Bußgelder keine größere Abschreckung bewirkten, da diese letztlich auf die Preise abgewälzt würden, *Bayer*, in: Festschrift für Schmidt, S. 85, 87, dort Fn. 11; dagegen argumentiert *Posner*, American Review 17 (1980), 409 ff., der sich für die Verhängung von Bußgeldern ausspricht, sofern private Schadensersatzklagen gegen die Täter unzureichend oder unpassend seien; vgl. ferner *Möschel*, in: Festschrift für Bechtold, S. 329, 337 und *Schmidt*, WuW 2012, 223.

179 Ähnlich *Logemann*, Der kartellrechtliche Schadensersatz, S. 414, der diese Frage der Rechtspolitik zuordnet.

Prävention und Abschreckung[180] und somit auf ihren positiven Effekt auf die Rechtsbefolgung zu untersuchen. Dabei ist auch die Durchsetzung der bestehenden Regelungen zu untersuchen, denn bei fehlender Durchsetzung ist die Sanktion weder wirksam noch abschreckend.[181]

2. *Optimal Deterrence Model*

42 Prägend für die Diskussion nach der optimalen Sanktion ist das sogenannte *Optimal Deterrence Model* (ODM), welches seinen Ursprung in den Vereinigten Staaten hat.[182] Dieser Ansatz zielt nicht primär auf den Ausgleich verursachter Individualschäden, sondern auf die Verhinderung künftiger Wohlfahrtsverluste.[183] Ziel der ökonomischen Analyse ist es, mittels Prävention und der Setzung von Anreizen das Verhalten zu steuern.[184] Wenngleich auch im deutschen und europäischen Recht der Präventions- und Abschreckungsgedanke zunehmend mehr Anerkennung findet (siehe dazu bereits oben A. II.), stellt die Fokussierung auf die Verhinderung zukünftiger Wohlfahrtsverluste den prägenden Unterschied zu den Grundsätzen des Schadensrechts der §§ 249 ff. BGB dar.[185] Daher kann der Ansatz des ODM nicht vollständig

---

180 Insbesondere der Abschreckungseffekt von privaten Schadensersatzklagen wird vom *EuGH*, Urteil vom 20. September 2001 – Rs. C-453/99, Slg. 2001 – Courage und *EuGH*, Urteil vom 13. Juli 2006 – Rs. C-295/04 bis C-298/04, Slg. 2006 – Manfredi. betont. Dieser Auffassung hat sich der deutsche Gesetzgeber in der Gesetzesbegründung zur 7. GWB-Novelle, BT-Drs. 15/3640, S. 35 angeschlossen; *Loewenheim*, in: Festschrift für Riesenkampff, S. 87; *Lübbig*, in: Münchener Kommentar zum WettbR, § 33 Rn. 20; zum europarechtlichen Abschreckungsgrundsatz *Roth*, in: FK-GWB, § 33 Rn. 12; aus europäischer Sicht *Chalmers/Davies/Monti*, European Union Law, S. 952, 956; zu den Funktionen des Deliktsrechts im Allgemeinen *Wagner*, in: Münchener Kommentar zum BGB, Vorbemerkungen zu § 823 Rn. 38 ff.

181 Vgl. *Sørensen*, European Law Review 40 (2015), 811, 822.

182 Vgl. *Logemann*, Der kartellrechtliche Schadensersatz, S. 414; allgemein zum ODM *Hempel*, Privater Rechtsschutz im Kartellrecht, S. 257 ff.; *Hoseinian*, World Competition 28 (2005), 3, 8 ff.; *Hovenkamp*, Michigan Law Review 88 (1989), 1 ff.; *Landes*, The University of Chicago Law Review 50 (1983), 652 ff.; *Page*, Michigan Law Review 88 (1990), 2151 ff.; speziell aus der kartellrechtlichen Perspektive bereits *Breit/Elzinga*, Harvard Law Review 86 (1973), 693 ff.; *Breit/Elzinga*, Journal of Law and Economics 28 (1985), 405 ff.

183 *Hempel*, Privater Rechtsschutz im Kartellrecht, S. 260; *Krüger*, Öffentliche und private Durchsetzung des Kartellverbots, S. 164 m.w.N.; *Logemann*, Der kartellrechtliche Schadensersatz, S. 414 f. m.w.N.; *Page*, Stanford Law Review 37 (1985), 1445, 1451; vgl. auch *Taupitz*, AcP 196 (1996), 114, 117 f. m.w.N.

184 *Hempel*, Privater Rechtsschutz im Kartellrecht, S. 277.

185 Vgl. auch *Logemann*, Der kartellrechtliche Schadensersatz, S. 413 f.; zur Kritik aus ökonomischer Sicht an dem Ausgleichsprinzip siehe *Hempel*, Privater Rechtsschutz

ins Schadensrecht übernommen werden, jedoch sollten ökonomische Überlegungen gerade mit Blick auf die Stärkung des Präventionsgedankens im Kartelldeliktsrecht eine stärkere Rolle spielen.[186]

43 Leitroute für die Beantwortung der Frage nach der effizientesten Art der Rechtsdurchsetzung sind drei Zielvorgaben: **(1)** Ausgleich der durch den Rechtsverstoß verursachten Ineffizienzen; **(2)** Verhinderung künftiger Rechtsverstöße durch Beseitigung der Anreize zum Verstoß; **(3)** Kosten-Nutzung-Betrachtung der durch die Rechtsverfolgung entstehenden Kosten.[187] Diese Kosten umfassen sowohl die unmittelbar mit dem Rechtsverstoß verbundenen gesellschaftlichen Nachteile als auch die Kosten, die für die Entdeckung, Überführung und Sanktionierung des Verstoßes erforderlich sind.[188] Nach dem ODM verhält sich ein potenzieller Rechtsverletzer rational und führt im Vorfeld seiner Handlung eine Kosten-Nutzen-Analyse durch.[189] Aus ökonomischen Gesichtspunkten wird ein Rechtsverstoß nur dann begangen, wenn der Nutzen des Verstoßes größer ist als bei einem alternativen Ressourceneinsatz.[190] Anders ausgedrückt findet eine Abschreckung nur statt, wenn die erwartete Sanktion unter Berücksichtigung der Wahrscheinlichkeit der Aufdeckung und Ahndung größer ist als der erwartete Nutzen.[191] Daher muss es aus Sicht des ODM Ziel einer optimalen Sanktion sein, illegales Verhalten immer dann unprofitabel zu machen, wenn die Verhinderung des Verhaltens

---

im Kartellrecht, S. 278 f.; zu den Grenzen der Ökonomisierung des Rechts *Kübler*, in: Festschrift für Steindorff, S. 687 ff.

186 *Logemann*, Der kartellrechtliche Schadensersatz, S. 414 f.; dies entspricht der Praxis der *EU-Kommission*, in die die ökonomische Analyse durch den *more economic approach* Einzug gehalten hat; vgl. *Thomas*, JZ 2011, 485, 488 f., der die Möglichkeiten der Ökonomisierung des Kartellrechts differenziert bewertet; ähnlich, aber außerhalb des kartellrechtlichen Kontext *Taupitz*, AcP 196 (1996), 114, 128.

187 Vgl. *Eden*, Persönliche Schadensersatzhaftung, S. 39; vgl. auch *Werden/Simon*, The Antitrust Bulletin 32 (1987), 935, 937; zu den mit der Rechtsverfolgung entstehenden Kosten auch *Krüger*, Öffentliche und private Durchsetzung des Kartellverbots, S. 165 ff. m.w.N.

188 *Eden*, Persönliche Schadensersatzhaftung, S. 39 m.w.N.; *Krüger*, Öffentliche und private Durchsetzung des Kartellverbots, S. 169 ff. m.w.N.; vgl. auch *Becker*, Journal of Political Economy 76 (1968), 169, 207 ff.

189 *Hoseinian*, World Competition 28 (2005), 3, 8; *Logemann*, Der kartellrechtliche Schadensersatz, S. 415; vgl. auch *Wils*, The Optimal Enforcement of EC Antitrust Law, S. 13, der unterstreicht, dass Kartellrechtsverletzungen regelmäßig aus geschäftlichen Gründen (*business decisions*) getroffen werden; siehe in diesem Sinn auch *Dreier*, Kompensation und Prävention, S. 130.

190 Vgl. *Becker*, Journal of Political Economy 76 (1968), 169, 207 ff.; *Wils*, The Optimal Enforcement of EC Antitrust Law, S. 13, 88 f.; vgl. ferner *Breit/Elzinga*, Journal of Law and Economics 28 (1985), 405, 407 und *Logemann*, Der kartellrechtliche Schadensersatz, S. 415.

191 *Krüger*, Öffentliche und private Durchsetzung des Kartellverbots, S. 163.

weniger kostet bzw. effizienter im Sinne einer optimalen Ressourcenallokation ist als die Nichtverhinderung des Verhaltens.[192] Bei dieser Überlegung zu berücksichtigen ist zudem die Anzahl der begangenen Verstöße im Vergleich zur Wahrscheinlichkeit der Überführung sowie die im Falle der Aufdeckung drohende Strafe.[193] Je geringer die Wahrscheinlichkeit der Aufdeckung ist, desto höher muss die erwartete Sanktion ausfallen, um hinreichende Abschreckungswirkung zu entfalten.[194] Die Höhe der Sanktion, die erforderlich ist, um den optimalen Abschreckungseffekt zu erzielen, hängt maßgeblich von der Risikobereitschaft des Täters ab.[195] Je risikobereiter der Täter, desto höher muss die Sanktion sein, während umgekehrt bei steigender Risikoaversion die Höhe der Sanktion sinkt.[196] Zudem ist zu berücksichtigen, dass die Sanktion umso höher ausfallen muss, je niedriger die Wahrscheinlichkeit der Ahnung ist, da anderenfalls die Abschreckungswirkung beeinträchtigt wird.[197] Landläufig werden Geldstrafen den Freiheitsstrafen als optimale Sanktion vorgezogen, da die Kosten für die Allgemeinheit geringer seien.[198] Durch die finanzielle Bebußung werde die Abschreckungswirkung erreicht, während die Ressourcen durch niedrigere Verfolgungskosten im Vergleich geschont würden.[199] Hinsichtlich der Höhe der Geldbuße ist zu berücksichtigen, dass sie ihre volle Abschreckungswirkung nicht entfalten kann, wenn sie nicht im richtigen Verhältnis zur finanziellen Leistungsfähigkeit steht, also

192 *Hoseinian*, World Competition 28 (2005), 3, 8.

193 Vgl. *Becker*, Journal of Political Economy 76 (1968), 169, 207 ff.; vgl. ferner *Logemann*, Der kartellrechtliche Schadensersatz, S. 415, *Stehmann*, in: Schröter/Jakob/Klotz/Mederer, Europäisches Wettbewerbsrecht, S. 147 und *Wils*, The Optimal Enforcement of EC Antitrust Law, S. 16.; vgl. auch *Breit/Elzinga*, Journal of Law and Economics 28 (1985), 405, 407.

194 *Stehmann*, in: Schröter/Jakob/Klotz/Mederer, Europäisches Wettbewerbsrecht, S. 147.

195 Vgl. *Eden*, Persönliche Schadensersatzhaftung, S. 39; vgl. *Krüger*, Öffentliche und private Durchsetzung des Kartellverbots, S. 156 f. zur Risikoeinstellung im Allgemeinen; vgl. ferner zum Begriff der Risikoaversion *Wagner*, in: Münchener Kommentar zum BGB, Vorbemerkungen zu § 823 Rn. 53; zu den Auswirkungen der Risikobereitschaft auf die Wettbewerbspolitik *Elzinga/Breit*, Antitrust Penalties, S. 120 ff.

196 *Shavell*, The Journal of Political Economy 76 (1968), 169, 207 ff.; vgl. *Eden*, Persönliche Schadensersatzhaftung, S. 39 m.w.N.

197 *Eden*, Persönliche Schadensersatzhaftung, S. 39; so auch *Logemann*, Der kartellrechtliche Schadensersatz, S. 418 m.w.N.

198 *Becker*, Journal of Political Economy 76 (1968), 169, 208; *Krüger*, Öffentliche und private Durchsetzung des Kartellverbots, S. 182; *Shavell*, The Journal of Law & Economics 36 (1993), 255, 265 f.; *Stigler*, Journal of Political Economy 78 (1970), 526, 527; *Wils*, The Optimal Enforcement of EC Antitrust Law, S. 16 f.

199 Vgl. *Eden*, Persönliche Schadensersatzhaftung, S. 40.

zu hoch ist (sog. *inability-to-pay*-Einwand).[200] Zudem droht mit Blick auf die nicht immer eindeutigen rechtlichen Vorgaben auch im Kartellrecht (gerade vor dem Hintergrund der Einführung des Systems der Legalausnahme), dass die Marktteilnehmer effizienzsteigerndes Verhalten unterlassen, soweit sie befürchten müssen, dass ihr Verhalten *ex ante* als kartellrechtswidrig angesehen wird und eine Sanktion nach sich zieht.[201] Ferner kann in Einzelfällen sogar kartellrechtswidriges Verhalten zu Effizienzgewinnen führen.[202] Die Strafe sollte daher nur so hoch angesetzt werden, dass lediglich unerwünschtes ineffizientes Verhalten abgeschreckt wird.[203] Daher geht die ökonomische Einschätzung sogar so weit, dass eine vollständige Rechtsdurchsetzung mit Blick auf die teils erheblichen Kosten für die Allgemeinheit nicht erstrebenswert ist.[204] Die Abschreckungswirkung bleibt jedoch selbst in diesem Fall erhalten, da die bei aufgedeckten Rechtsverstößen verhängten Strafen eine entsprechende Wirkung auf potenzielle neue Täter haben, zumindest dann, wenn der Verfolgungsdruck in Zukunft nicht zu gering ist.[205] Mithin ist festzuhalten, dass die Rechtsdurchsetzung wegen der mit ihr verbundenen volkswirtschaftlichen Kosten (bspw. für Anwälte und das Gerichtssystem) nur solange zu begrüßen ist, wie diese Kosten geringer sind als der mit der Rechtsdurchsetzung verbundene volkswirtschaftliche Nutzen.[206] Wirksame Abschreckung kann nur erzielt werden, wenn das Produkt aus der erwarteten Sanktion, multipliziert mit der Wahrscheinlichkeit der Entdeckung

200 *Becker*, Journal of Political Economy 76 (1968), 169, 208; *Krüger*, Öffentliche und private Durchsetzung des Kartellverbots, S. 182; *Shavell*, The Journal of Law & Economics 36 (1993), 255, 265 f.; *Stigler*, Journal of Political Economy 78 (1970), 526, 527; *Wils*, The Optimal Enforcement of EC Antitrust Law, S. 16 f., 204 ff. betont, dass durch zu hohe Geldbußen Unternehmen in die Insolvenz treiben würden und somit ungewollte Sozialkosten auslösten; ein Beispiel aus der jüngeren Fallpraxis des *BKartA* wird von *Palzer*, NZI 2012, 67 ff. geschildert.

201 *Logemann*, Der kartellrechtliche Schadensersatz, S. 417.

202 *Logemann*, Der kartellrechtliche Schadensersatz, S. 417; vgl. auch *Breit/Elzinga*, Journal of Law and Economics 28 (1985), 405, 410, wo darauf hingewiesen wird, dass der zusätzliche Abschreckungseffekt sozial erwünschtes Verhalten verhindert könnte („[...] choke off socially beneficial behaviour").

203 *Logemann*, Der kartellrechtliche Schadensersatz, S. 417; ferner *Landes*, The University of Chicago Law Review 50 (1983), 652, 653 ff.; *Page*, Stanford Law Review 37 (1985), 1445, 1452 ff.

204 *Landes*, University of Chicago Law Review 50 (1983), 652, 653; *Hoseinian*, World Competition 28 (2005), 3, 8; *Stigler*, Journal of Political Economy 78 (1970), 526, 527 f.; vgl. auch *Becker*, Journal of Political Economy 76 (1968), 169, 170 und *Wagner*, in: Münchener Kommentar zum BGB, Vorbemerkungen zu § 823 Rn. 57.

205 Vgl. *Eden*, Persönliche Schadensersatzhaftung, S. 40.

206 *Stigler*, Journal of Political Economy 78 (1970), 526, 527 f.; *Wagner*, in: Münchener Kommentar zum BGB, Vorbemerkungen zu § 823 Rn. 57; siehe auch *Krüger*, Öffentliche und private Durchsetzung des Kartellverbots, S. 167 f. m.w.N.

und Vollstreckung der Sanktion, größer ist als der Nutzen aus dem Rechtsbruch.[207]

II. Anwendbarkeit auf den Untersuchungsgegenstand

44 Anhand der dargestellten Leitlinien ist nunmehr nach der optimalen Rechtsdurchsetzung und Rechtsfolge zu suchen, die hinreichende Anreize zur Vermeidung zukünftigen Fehlverhaltens setzt. Dabei stellt sich zunächst die Frage, welche Art der Durchsetzung des Kartellrechts ökonomisch empfehlenswerter ist, das *public enforcement* oder das *private enforcement.* Gleiches gilt für die Frage, wen die Haftung – durch Bußgelder und Schadensersatz – sinnvollerweise treffen sollte: das Unternehmen oder die für das Unternehmen handelnden natürlichen Personen.

1. Art und Weise der Kartellrechtsdurchsetzung

45 Hinsichtlich der Art und Weise der Kartellrechtsdurchsetzung ist zwischen dem *public enforcement* und dem *private enforcement* zu differenzieren. Ursprünglich stand das *public enforcement,* also die Durchsetzung durch die Behörden – namentlich das *BKartA* und die *EU-Kommission* –, im Mittelpunkt.[208] Die Durchsetzung des Kartellrechts mit Mitteln des Zivilrechts spielte nur am Rande eine Rolle, obwohl ihr eigentlich schon seit langem eine tragende Rolle zugedacht war.[209] Der von der Kommission in Auftrag gegebene *Ashurst*-Report spricht daher von einer „völligen Unterentwicklung" der privatrechtlichen Geltendmachung von kartellrechtlichen Schäden in

207 *Wagner,* AcP 206 (2006), 352, 444; vgl. auch *Hösch,* Der schadensrechtliche Innenausgleich, S. 40 m.w.N., wo die Höhe der optimalen Sanktion als Ergebnis folgender Gleichung beschrieben wird: alle Schäden aus rechtswidriger Handlung + Rechtsverfolgungskosten / Entdeckungs- und Sanktionswahrscheinlichkeit.

208 *Podszun,* ZWeR 2016, 360, 366, der von einer Tradition spricht; vgl. *Logemann,* Der kartellrechtliche Schadensersatz, S. 53; vgl. ferner *Hoseinian,* World Competition 28 (2005), 3, 4 f. („It is widely acknowledged that the use of Articles 81 and 82 EC in private litigation as a basis for claiming damages has been extremely rare in the Community.") und *Wils,* The Optimal Enforcement of EC Antitrust Law, S. 13.

209 *Logemann,* Der kartellrechtliche Schadensersatz, S. 50 ff. m.w.N.; dort findet sich eine detaillierte Analyse des existierenden Zahlenmaterials; vgl. auch *Wils,* The Optimal Enforcement of EC Antitrust Law, S. 14 und 21, der die in der Vergangenheit mangelnde Durchsetzung des europäischen Kartellrechts durch die nationalen Gerichte moniert; ähnlich *Salaschek,* Die kartellrechtlichen Sanktionssysteme der USA und der EU, S. 254, 256 f.

Europa.[210] In jüngster Zeit wurde das *private enforcement* jedoch gesetzgeberisch gefördert (bspw. durch die 7. GWB-Novelle und 9. GWB-Novelle), wobei Anstöße entweder durch die Rechtsprechung des *EuGH* oder durch Vorstöße der *EU-Kommission* gegeben wurden.[211]

46 Welche Art der Rechtsdurchsetzung ökonomisch vorzugswürdig ist, hängt von verschiedenen Faktoren ab.[212] Mit Blick auf die durch die Rechtsdurchsetzung entstehenden Kosten scheint die private Durchsetzung des Kartellrechts kostengünstiger und aus der Sicht des ODM vorzugswürdig, soweit die Geschädigten leichten Zugang zu den für die Identifizierung der Täter und die Durchsetzung ihrer Ansprüche erforderlichen Informationen haben.[213] In anders gelagerten Fällen, also immer dann, wenn den Geschädigten die erforderlichen Informationen fehlen oder Angst vor Vergeltung haben[214], können die mit der öffentlichen Durchsetzung verbundenen zusätzlichen Kosten gerechtfertigt und für eine optimale Kartellrechtsdurchsetzung erforderlich sein.[215] Neben den mit der Rechtsdurchsetzung verbundenen Kosten kommt als Kriterium für die Beantwortung der Frage noch das mit der Rechtsdurchsetzung verfolgte Ziel (bspw. Prävention oder Kompensation) in Betracht.[216] Im Schrifttum scheint die Auffassung vorherrschend zu sein, dass eine Kombination aus *private* und *public enforcement* dem optimalen System am nächsten kommt.[217] Denn nach empirischen Untersuchungen spielen sogenannte

---

210 *Waelbroek/Slater/Even-Shoshan*, Study on the conditions of claims for damages in case of infringement of EC competition rules, Comparative Report, S. 1; ähnlich *Podszun*, ZWeR 2016, 360, 367, der die Schadensersatzprozesse als mühselig beschreibt.

211 So unter Bezugnahme auf das *Courage*-Urteil des *EuGH* und die Aktivitäten der *EU-Kommission* unter dem damaligen Kommissionspräsidenten *Prodi* und dem Wettbewerbskommissar *Monti* ausdrücklich *Hoseinian*, World Competition 28 (2005), 3, 4 f.; allgemein zur privaten Durchsetzung einschließlich der Vor- und Nachteile *Logemann*, Der kartellrechtliche Schadensersatz, S. 32 ff.

212 Instruktiv *Wils*, The Optimal Enforcement of EC Antitrust Law, S. 18.

213 *Shavell*, The Journal of Law & Economics 36 (1993), 255, 266 ff.; *Wils*, The Optimal Enforcement of EC Antitrust Law, S 18.

214 *Wils*, The Optimal Enforcement of EC Antitrust Law, S. 18; gerade deswegen hat der *BGH*, Urteil vom 28. Juni 2011 – Az. KZR 75/10, Rn. 31, 32, 33 – ORWI unter Verweis auf den unionsrechtlichen Effektivitätsgrundsatz für eine Aktivlegitimation auch entfernter Marktstufen i. R. d. § 33 Abs. 3 GWB argumentiert.

215 *Shavell*, The Journal of Law & Economics 36 (1993), 255, 266 ff.; vgl. auch *Wils*, The Optimal Enforcement of EC Antitrust Law, S. 18.

216 *Eden*, Persönliche Schadensersatzhaftung, S. 42 m.w.N.

217 *Eden*, Persönliche Schadensersatzhaftung, S. 44; *Hempel*, Privater Rechtsschutz im Kartellrecht, S. 285; *Pohlmann*, in: Compensation of Private Losses, S. 157, 159; *Wils*, The Optimal Enforcement of EC Antitrust Law, S. 18 f.; vgl. *Roth*, WRP 2013, 257, 262; vgl. auch *Stigler*, Journal of Political Economy 78 (1970), 526, 527, der eine vergleichbare Aussage im allgemeinen Kontext trifft.

stand alone-Schadensersatzklagen in der Praxis der Durchsetzung von europäischem Kartellrecht quasi keine Rolle.[218] Daraus lässt sich jedoch nicht der Schluss ziehen, dass die Aktivität von Privaten in der bisherigen Praxis gänzlich unbedeutend ist. Vielmehr spielen private Akteure in der Aktivität der *EU-Kommission* eine erhebliche Rolle, was auf Art. 7 Abs. 1 VO (EG) Nr. 1/2003 beruht.[219] Denn gemäß Art. 7 Abs. 1 VO (EG) Nr. 1/2003 kann die *EU-Kommission* auf Beschwerde oder von Amts wegen tätig werden. Nach Art. 7 Abs. 2 VO (EG) Nr. 1/2003 sind natürliche oder juristische Personen sowie Mitgliedsstaaten beschwerdebefugt, sofern sie ein berechtigtes Interesse darlegen. Zudem schafft die Mitteilung der Kommission über den Erlass und die Ermäßigung von Geldbußen in Kartellsachen (2006/C 298/11) und der dort unter Randnummer 8 implementierten Kronzeugenregelung Anreize für an Kartellabsprachen beteiligten Unternehmen, solche Absprachen offenzulegen und somit in den Genuss des Erlasses der zu erwartenden Geldbuße zu kommen. Darüber hinaus sind sogenannte *follow-on*-Klagen in der Vergangenheit öfter eingereicht worden.[220] Normativ verankert ist die Art der Klage in Art. 16 VO (EG) Nr. 1/2003 und § 33 Abs. 4 GWB. Vorteilhaft an solchen Klagen ist für die Kläger, dass aufgrund der bereits erfolgten und oftmals wirksameren Aufklärung durch die Behörden kein übermäßiger Ressourceneinsatz nötig ist und sich somit das Prozessrisiko verringert.[221] Zudem kann die Aussicht auf eine erleichterte Geltendmachung von Schadensersatzansprüchen im Anschluss an die behördliche Entscheidung anregend auf die Mithilfe an der Aufklärung von Sachverhalten durch die Kartellbehörden wirken.[222] Insgesamt können erhebliche Ressourcen eingespart werden, wenn

218 Siehe Erwägungsgrund 26 der EU-Kartellschadensersatzrichtlinie (RL 2014/104/EU), wo es heißt, dass „Schadensersatzklagen in Kartellsachen in der Regel Folgeklagen [...] sind."; *Wils*, The Optimal Enforcement of EC Antitrust Law, S. 19 ([...] private damages suits are virtually non-existent in EC competition law enforcement [...]); so auch für Deutschland *Salaschek*, Die kartellrechtlichen Sanktionssysteme der USA und der EU, S. 255 m.w.N., der unter Verweis auf Zahlen des *BKartA* feststellt, dass der Großteil der *stand alone*-Klagen Liefer- und Geschäftsverweigerungen betrifft; ähnlich *Kuijpers/Tuinenga/Wisking/Dietzel/Campbell/Fritzsche*, Journal of Europen Competition Law & Practice 6 (2015), 129, 142.

219 *Wils*, The Optimal Enforcement of EC Antitrust Law, S. 19; dort wird noch auf Art. 3 Abs. 1 VO Nr. 17/1962 rekurriert, die jedoch durch die VO (EG) Nr. 1/2003 ersetzt wurde.

220 Das dies auch nach wie vor die Regel ist, zeigt Erwägungsgrund 26 EU-Kartellschadensersatzrichtlinie (RL 2014/104/EU), wo es heißt, dass „Schadensersatzklagen in Kartellsachen in der Regel Folgeklagen [...] sind."; *Kuijpers/Tuinenga/Wisking/Dietzel/Campbell/Fritzsche*, Journal of Europen Competition Law & Practice 6 (2015), 129, 142; *Kuijpers/Tuinenga/Whiteford/Paul*, Journal of Europen Competition Law & Practice 8 (2017), 47, 65.

221 *Eden*, Persönliche Schadensersatzhaftung, S. 43 m.w.N.

222 *Eden*, Persönliche Schadensersatzhaftung, S. 43.

Private und Kartellbehörden Hand in Hand gegen Kartellrechtsverstöße vorgehen und die Behörden ihre wirksamen Aufklärungsmethoden zielgerichtet durch Informationen von Privaten einsetzen können.[223] Solche sich an ein behördliches Verfahren anschließenden privaten Schadensersatzklagen sind geeignet, ein erhebliches Präventions- und Abschreckungspotenzial zu entwickeln.[224] Dies entspricht auch dem gesetzgeberischen Willen, der mit der Einführung von § 33 Abs. 4 GWB verfolgt wurde.[225]

47 Verbindet man nun die vorstehenden Ausführungen mit den ökonomischen Überlegungen hat dies zur Folge, dass der sich rational verhaltende potenzielle Rechtsverletzer in seine Kosten-Nutzen-Analyse nicht nur die Entdeckungswahrscheinlichkeit, den zu erwartenden Gewinn und die drohende Sanktion in Form eines Bußgelds einbeziehen wird, sondern auch die zu erwartenden Schadensersatzansprüche, die nach der Aufdeckung geltend gemacht werden könnten.[226] Gerade vor dem Hintergrund der Bemühungen der *EU-Kommission*, den kollektiven Rechtsschutz im Kartellrecht zu stärken, kommt dem *private enforcement* eine immer stärkere Abschreckungs- und Präventionsfunktion zu[227], welche jedoch bislang nicht hinreichend ist. Insofern ist festzuhalten, dass das vorhandene System vom *public enforcement* und *private enforcement* dem Grunde nach dazu geeignet ist, dem Kartellrecht volle Geltung zu verschaffen.

2. Adressat der Haftung

48 Darüber hinaus stellt sich die Frage, wer als Adressat der Sanktionen in Form von Geldbußen und Schadensersatzansprüchen ausgesetzt sein sollte. Denn davon hängt die Anreizwirkung der Sanktionen maßgeblich ab. Dabei kann man zwischen einer alleinigen Adressateneigenschaft der juristischen

---

223 *Eden*, Persönliche Schadensersatzhaftung, S. 43 f.; dies betont auch *Krüger*, Öffentliche und private Durchsetzung des Kartellverbots, S. 215 f.

224 *Eden*, Persönliche Schadensersatzhaftung, S. 44 m.w.N.; *Krüger*, Öffentliche und private Durchsetzung des Kartellverbots, S. 214 f.; so auch *Salaschek*, Die kartellrechtlichen Sanktionssysteme der USA und der EU, S. 134 m.w.N., der unter Verweis auf eine Studie von *Lande/Davis* aus dem Jahr 2011 schlussfolgert, dass private Schadensersatzklagen sogar gegenüber strafrechtlichen Sanktionen eine höhere Abschreckungswirkung ausüben.

225 Gesetzesbegründung zur 7. GWB-Novelle, BT-Drs. 15/3640, S. 35.

226 Ähnlich *Eden*, Persönliche Schadensersatzhaftung, S. 44, der zur Bestätigung dieser These anführt, dass im Schrifttum vor dem Hintergrund der Schadensersatzhaftung oftmals befürchtet wird, dass die Wirksamkeit des Kronzeugenprogramm gefährdet würde, wenn der Kronzeuge seinerseits mit der zivilrechtlichen Inanspruchnahme rechnen müsse; vgl. dazu auch *Roth*, WRP 2013, 257, 262.

227 So auch *Hempel*, Privater Rechtsschutz im Kartellrecht, S. 242.

Person, einer alleinigen Adressateneigenschaft von natürlichen Personen, also Managern, oder der Adressateneigenschaft sowohl von juristischen und natürlichen Personen wählen.

49 Ausgangspunkt der Betrachtung ist die Feststellung, dass sich die Mehrheit der Unternehmen, die Kartellrechtsverstöße begehen, dadurch auszeichnen, dass die Leitung des Unternehmens (das Management) von Nichteigentümern des Unternehmens, also externen Managern, ausgeübt wird.[228] Um zu beantworten, ob die bestehenden Regelungen hinreichende Abschreckungswirkung gegenüber dem Rechtsverletzer entfalten, ist es entscheidend, zu identifizieren, wer der Rechtsverletzer im Ergebnis ist.[229] Denn dies beeinflusst auch die Effektivität der verhängten Sanktionen.[230] Wird eine Rechtsverletzung durch eine juristische Person verursacht, ist zu berücksichtigen, dass die Entscheidung dazu von natürlichen Personen getroffen wurde.[231] Daher können Unternehmen nicht direkt abgeschreckt werden, selbst wenn Geldbußen und Schadensersatzansprüche an sie adressiert werden.[232] Das Verhalten der Entscheidungsträger wird jedoch von Sanktionen gegen die juristische Person allenfalls mittelbar beeinflusst, namentlich dann, wenn interne Sanktionen bspw. arbeitsrechtlicher Natur oder in Form eines Schadensersatzanspruchs im Innenverhältnis drohen und diese auch mit hinreichender Wahrscheinlichkeit geltend gemacht werden.[233] Denn nur so kann präventiv auf das Verhalten eingewirkt werden. Eine entsprechende Überwachung der Entscheidungsträger wäre dazu eine Voraussetzung (vgl. zu den Schwieirgkeiten bezüglich der Überwachung, Aufdeckung und Sanktionierung B. II. 2. a) bb)).[234] Sofern dies nicht ausreicht – etwa weil der Geltendmachung des gesetzlich vorgesehenen Innenregresses rechtliche Hindernisse im Weg stehen oder die Ersatzansprüche faktisch nicht geltend

---

228 *Dargaud/Mantovani/Reggiani*, Journal of Competition Law & Economics 12 (2016), 375, 393; *Wirtz*, WuW 2001, 342.

229 Vgl. *Crane*, The Institutional Structure of Antitrust Enforcement, S. 175 und *Krüger*, Öffentliche und private Durchsetzung des Kartellverbots, S. 12 f.

230 *Dargaud/Mantovani/Reggiani*, Journal of Competition Law & Economics 12 (2016), 375, 393.

231 *Blair*, The Antitrust Bulletin 30 (1985), 433, 436; *Krüger*, Öffentliche und private Durchsetzung des Kartellverbots, S. 13.

232 *Blair*, The Antitrust Bulletin 30 (1985), 433, 436.

233 Vgl. *Baker*, George Washington Law Review 25 (2001), 693, 697, der betont, dass sowohl das Unternehmen als auch der handelnde Manager bestraft werden müssten; *Hempel*, Privater Rechtsschutz im Kartellrecht, S. 276; *Krüger*, Öffentliche und private Durchsetzung des Kartellverbots, S. 237; *Salaschek*, Die kartellrechtlichen Sanktionssysteme der USA und der EU, S. 278 f. m.w.N.; *Wils*, The Optimal Enforcement of EC Antitrust Law, S. 17.

234 *Posner*, Antitrust Law, S. 271; *Wils*, The Optimal Enforcement of EC Antitrust Law, S. 17 f. und 163–237.

gemacht werden – , ist eine direkte Beeinflussung des Verhaltens durch die Verhängung von Sanktionen auch gegen die Entscheidungsträger denkbar, um gesetzmäßiges Verhalten der juristischen Person sicherzustellen und die *de lege lata* bestehende Schutzlücke zu schließen.[235] Insofern korrespondiert die Effektivität von Kartellgeldbußen gegen das Unternehmen mit dem Umfang der Übertragung von Befugnissen an externe Manager.[236] Durch die Bestellung externer Manager neigen Firmen zu aggressiverem Verhalten und machen die Unternehmen unempfänglicher für den Abschreckungseffekt, der von den drohenden Kartellsanktionen ausgeht.[237] Zur effektiven Bekämpfung von Kartellen hat die Organisation für wirtschaftliche Zusammenarbeit und Entwicklung (OECD) bereits im Jahr 1998 empfohlen, persönliche Sanktionen gegen natürliche Personen in den nationalen Rechtsordnungen zu implementieren.[238]

50 Die Frage nach dem „besseren" Adressaten soll wiederum anhand ökonomischer Überlegungen beantwortet werden. Im Rahmen dieser Überlegungen verdienen zwei Aspekte – namentlich die Ausgestaltung der gesellschaftsrechtlichen Haftung, um wohlfahrtssteigerndes unternehmerisches Handeln nicht gänzlich zu unterbinden und die Einhaltung von rechtsstaatlichen Grundsätzen hinsichtlich der Höhe der Sanktionen – eingehender Betrachtung, um eine Überabschreckung zu verhindern.

a) Gesellschaftsrechtliche Haftung

51 Die gesellschaftsrechtliche Haftung nach § 43 Abs. 2 GmbHG und § 93 Abs. 2 AktG darf nicht dazu führen, dass wohlfahrtssteigerndes unternehmerisches Handeln gänzlich unterbunden wird. Gleiches gilt für die hier zu untersuchende Außenhaftung von Managern. Im Folgenden soll das gesellschaftsrechtliche Haftungskonzept im nötigen Umfang dargestellt werden.

---

235 *Krüger*, Öffentliche und private Durchsetzung des Kartellverbots, S. 13; ausführlich auch *Polinsky/Shavell*, International Review of Law and Economics 13 (1993), 239 ff.; *Wils*, The Optimal Enforcement of EC Antitrust Law, S. 17; vgl. *Wagner-von Papp*, WuW 2010, 268.

236 *Dargaud/Mantovani/Reggiani*, Journal of Competition Law & Economics 12 (2016), 375, 394.

237 *Dargaud/Mantovani/Reggiani*, Journal of Competition Law & Economics 12 (2016), 375, 394 f.

238 *OECD*, Recommendations & Best Practices, Recommendation of the Council concerning Effective Action against Hard Core Cartels, S. 3.

aa) Manager als Organ der juristischen Person

52 Der Manager ist als Organ der juristischen Person anzusehen. Die juristische Person handelt durch ihre Organe, da sie selbst nicht handlungsfähig ist. Folglich wird das Handeln des Managers als natürliche Person und Organ der juristischen Person derselben (= GmbH oder AG) gemäß § 31 BGB analog zugerechnet.[239] Er handelt also für die juristische Person. Daher haftet die juristische Person auch für die durch seine Organe begangenen Rechtsverletzungen gegenüber den Geschädigten. Das Gesellschaftsrecht folgt dem Grundsatz der Haftungskonzentration, wie er sowohl in § 43 Abs. 2 S. 1 GmbHG und § 93 Abs. 2 S. 1 AktG zum Ausdruck kommt.[240] Verletzt ein Manager seine Pflichten, die aus seiner Stellung als Organ folgen, haftet er grundsätzlich nur im Innenverhältnis gegenüber der Gesellschaft.[241] Gesetzliche Grundlage dafür sind § 93 Abs. 2 AktG bzw. § 43 Abs. 2 GmbHG. Ziel dieser Haftungskonstruktion ist es, das Verhalten des Managers zu steuern und auf die Einhaltung der Gesetze und der dem Manager obliegenden Pflichten hinzuwirken. Der drohenden Ersatzpflicht kommt ein entsprechendes Abschreckungspotenzial zu.[242] Als ersatzfähige Schadensposten im Innenverhältnis kommen bspw. von der Gesellschaft wegen Kartellrechtsverstößen gezahlter

---

239 Zum dogmatischen Streit zwischen Organ- und Vertretertheorie siehe unter C. I. 2. a) aa) bis C. I. 2. a) cc).

240 Für GmbH-rechtliche Schrifttum bspw. *Fleischer*, in: Münchener Kommentar zum GmbHG, § 43 Rn. 339 m.w.N.; *Zöllner/Noack*, in: Baumbach/Hueck, GmbHG, § 43 Rn. 1; für das aktienrechtliche Schrifttum exemplarisch *Fleischer*, in: Handbuch VorstandsR, § 11 Rn. 1 und *Fleischer*, in: Spindler/Stilz, AktG, § 93 Rn. 307.

241 Vgl. BGHZ 125, 366, 375; *OLG Rostock* GmbHR 2007, 762; *Fleischer*, in: Münchener Kommentar zum GmbHG, § 43 Rn. 339 m.w.N.; *Fleischer*, in: Spindler/Stilz, AktG, § 93 Rn. 307; *Fleischer*, ZGR 2004, 437, 440 und 443; *Spindler*, in: Münchener Kommentar zum AktG, § 93 Rn. 263; Mit dieser gesetzgeberischen Entscheidung wird bezweckt, dass Ersatzleistungen allen Aktionären bzw. Gesellschaftern und Gläubigern gleichermaßen zugutekommen, so für GmbH-rechtliche Schrifttum bspw. *Fleischer*, in: Münchener Kommentar zum GmbHG, § 43 Rn. 339 m.w.N.; *Zöllner/Noack*, in: Baumbach/Hueck, GmbHG, § 43 Rn. 1; vgl. ferner *BGH* NJW 1987, 1077 und für das aktienrechtliche Schrifttum bspw. *Fleischer*, in: Handbuch VorstandsR, § 11 Rn 1.

242 Vgl. zu den mit § 43 Abs. 2 GmbHG verfolgten Schutzzielen *Zöllner/Noack*, in: Baumbach/Hueck, GmbHG, § 43 Rn. 1; dort wird ausdrücklich auf die beabsichtigte präventive Wirkung durch Verhaltenssteuerung hingewiesen; ferner *Fleischer*, in: Münchener Kommentar zum GmbHG, § 43 Rn. 1 f.; für das aktienrechtliche Schrifttum in gleichem Sinn bspw. *Dauner-Lieb*, in: Henssler/Strohn, Gesellschaftsrecht, § 93 AktG Rn. 1 sowie *Fleischer*, in: Spindler/Stilz, AktG, § 93 Rn. 2, 2a, wo unterstrichen wird, dass insbesondere bei der Verletzung von Sorgfaltspflichten in Publikumsgesellschaften die Präventionsfunktion von zentraler Bedeutung ist und *Hölters*, in: Hölters, AktG, § 93 Rn. 8.

Schadensersatz oder gezahlte Geldbußen in Betracht.[243] Man könnte geneigt sein, diese gesetzlich vorgesehene Konstruktion als hinreichendes Mittel zur (indirekten) Verhaltenssteuerung anzusehen und schlussfolgern, dass die Außenhaftung als systemfremdes Element mithin nicht erforderlich ist. Jedoch greift dieser Gedanke zu kurz. Denn dabei werden die vielfältigen Probleme ausgeblendet, die mit dem gesetzlich vorgesehenen System verbunden sind und dazu führen, dass es seine Funktion – Verhaltenssteuerung der Manager durch Entfaltung eines Abschreckungspotenzials – nicht erfüllen kann. Folgende Problemfelder lassen sich identifizieren: **(1)** Ersatzfähige Schadensposten; **(2)** (Fehlende) faktische Durchsetzung; **(3)** Die Abdeckung drohender Ersatzleistungen durch *Directors & Officers*-Versicherungen (D&O-Versicherung).

53 Zu **(1)** ist festzuhalten, dass den bereits identifizierten potenziell im Innenverhältnis ersatzfähigen Schadensposten allenfalls ein abstraktes Abschreckungspotenzial innewohnt. Dafür gibt es vor allem zwei Gründe. Zum einen wurden bislang nur sehr wenige kartellrechtliche Schadensersatzklagen in Deutschland erhoben, ein messbarer Erfolg blieb aus.[244] Diese außerordentlich geringe Erfolgsquote kann bei der Bewertung nicht außer Betracht bleiben. Die Monopolkommission konstatierte bereits im Jahr 2001 in ihrem Sondergutachten Folgendes:

> „Daneben herrscht bei den Unternehmen in den kontinentaleuropäischen Mitgliedstaaten unverändert starke Zurückhaltung bei der Geltendmachung von Schadenersatzansprüchen wegen wettbewerbsbeschränkender Vereinbarungen

---

243 So für das GmbH-rechtliche Schrifttum bspw. *Fleischer*, in: Münchener Kommentar zum GmbHG, § 43 Rn. 263b m.w.N. und *Ziemons*, in: Michalski, GmbHG, § 43 Rn. 456 f. für Geldbußen; für das aktienrechtliche Schrifttum statt vieler *Hölters*, in: Hölters, AktG, § 93 Rn. 255 m.w.N., *Koch*, in: Hüffer/Koch, AktG, § 93 Rn. 48 und *Spindler*, in: Münchener Kommentar zum AktG, § 93 Rn. 172.

244 Vgl. *EU-Kommission*, Making antitrust damages actions more effective in the EU: welfare impact and potential scenarios, S. 39, dort Fn. 41 und S. 41, dort Fn. 49; siehe zu den Gründen für den mangelnden Erfolg auch *Krüger*, Kartellregress, S. 28 ff. m.w.N.:, der folgende Felder identifiziert: **(1)** Rechtliche Hindernisse, insb. mangelnde Erfolgsaussichten; **(2)** Geschäftspolitische Hindernisse, insb. Furcht vor Racheakten der Kartellrechtssünder und personelle oder unternehmerische Verflechtungen; **(3)** Psychologische Hindernisse, insb. Gefährdung des Images oder falsch verstandene Sympathie oder Kollegialität mit Kartellrechtssündern; **(4)** Tatsächliche Hindernisse, insb. Beweisnot; **(5)** Ökonomische Hindernisse, insb. Streuschäden und rationales Desinteresse; siehe ferner *Peyer*, Myths and Untold Stories – Private Antitrust Enforcement in Germany (2010), S. 47–50 und S. 54 f., 66 f. und *ders.*, a. a. O., S. 18, wo es wörtlich heißt: „The hypothesis of underdeveloped private enforcement only holds true if it is limited to damages actions for the violation of EU law."

und Abreden. Als Beleg sei darauf hingewiesen, dass bislang entsprechende Klagen so gut wie nicht existieren und ihre praktische Bedeutung allgemein als marginal angesehen wird. Selbst auf Gemeinschaftsebene sind Fälle, in denen Kartellopfern effektiv Schadenersatz zugesprochen wurde, nicht bekannt."[245]

54 Daran dürfte sich bis heute nichts geändert haben[246], da die Probleme – insbesondere mit Blick auf Kollektivklagen – fortbestehen bzw. nur langsam und zurückhaltend adressiert werden.[247]

55 Zum anderen hat das *LAG Düsseldorf* in einer aktuellen Entscheidung im Nachgang zum Schienenkartell zugunsten eines ehemaligen Vorstandsmitglieds von Thyssen Krupp geurteilt, dass Kartellgeldbußen, die gegen ein Unternehmen verhängt wurden, im Innenverhältnis über den Innenregress zum handelnden Manager nicht ersatzfähig seien.[248] Der Regress von Unternehmenskartellbußen sei generell ausgeschlossen.[249] Zur Begründung wird angeführt, dass die Weitergabe derartiger Geldbußen dem Sanktionszweck widersprächen.[250] Nach dem gesetzgeberischen Willen sollten diese nur den originären Normadressaten treffen.[251] Dazu dürfe sich die Rechtsordnung

---

245 *Monopolkommission*, Sondergutachten XXXII (2001), S. 45.

246 So auch im Jahr 2010 *Peyer*, Myths and Untold Stories – Private Antitrust Enforcement in Germany (2010), S. 67.

247 So identifiziert die *Monopolkommission*, Sondergutachten XXXII (2001), S. 45 bereits im Jahr 2001, dass „die Ursache der restriktiven Klagetätigkeit im verfahrensrechtlichen Bereich zu suchen [ist] und benennt „[a]ls Stichworte [...] [den] Beibringungsgrundsatz, die Beweislastverteilung und die Bindungswirkung *inter partes*." Hinzu kommen Probleme bei der Schadensberechnung, siehe dazu *Makatsch*, CCZ 2015, 127. Partielle Verbesserung bringt die EU-Kartellschadensersatzrichtlinie (RL 2014/104/EU), die mit der 9. GWB-Novelle am 9. März 2017 (BT-Drs. 18/10207 mit den in BT-Drs. 18/11446 enthaltenen Änderungen) und deren Inkrafttreten am 9. Juni 2017 (BGBl. 2017 I, S. 1416 ff.) umgesetzt wurde; siehe im Übrigen *Salaschek*, Die kartellrechtlichen Sanktionssysteme der USA und der EU, S. 124 ff., der die Gründe für den Erfolg privater Schadensersatzklagen in den USA im Gegensatz zu Europa darstellt.

248 *LAG Düsseldorf*, Teilurteil vom 20. Januar 2015 – 16 Sa 459/14, nicht rechtskräftig.; dagegen *Bayreuther*, NZA 2015, 1239 ff.; bereits *Glöckner/Müller-Tautphaeus*, AG 2001, 344 ff. sprachen sich gegen einen Ausschluss der Rückgriffshaftung bezüglich Kartellgeldbußen aus; *Koch*, in: Koch/Hüffer AktG, § 93 Rn. 48 m.w.N.; *Koch*, VersR 2015, 655 ff.; *Konrads*, ZWeR 2016, 429 ff.; *Lindner/Otting/Thelen*, GmbH-StB 2015, 167 ff.; *Pant*, CCZ 2015, 224 ff.; *Suchy*, NZG 2015, 591 ff.; *Topel*, in: Handbuch des Kartellrechts, § 50 Rn. 94; dafür *Lotze*, EWS 2016, Heft 2, Die erste Seite und *Thomas*, NZG 2015, 1409 ff.

249 *LAG Düsseldorf*, Teilurteil vom 20. Januar 2015 – 16 Sa 459/14, Rn. 155.

250 *LAG Düsseldorf*, Teilurteil vom 20. Januar 2015 – 16 Sa 459/14, Rn. 166.

251 *LAG Düsseldorf*, Teilurteil vom 20. Januar 2015 – 16 Sa 459/14, Rn. 161 f.

nicht selbst in Widerspruch setzen.[252] Mit diesem generellen Ausschluss der Innenregressmöglichkeit bezüglich kartellrechtlicher Geldbußen wich das *LAG Düsseldorf* von der Vorinstanz ab, welche einen solchen Regress für möglich hielt, allerdings eine Begrenzung diskutierte.[253] Ferner stellt sich das *LAG Düsseldorf* mit dieser Entscheidung gegen die bislang vorherrschende Meinung in Rechtsprechung und Literatur.[254] Die gegen das Urteil des *LAG Düsseldorf* gerichtete Revision war zwar erfolgreich, jedoch ließ das *BAG* die entscheidende Frage der Zulässigkeit der Abwälzung offen und verwies die Sache aus anderen Gründen zurück an das LAG Düsseldorf.[255]

56 Sollte dieses Urteil bestand haben – was angesichts der Unterstützung der Rechtsauffassung des beklagten Managers durch das *BKartA*, wonach kartellrechtliche Geldbußen im Innenverhältnis nicht ersatzfähig seien, zumindest nicht gänzlich ausgeschlossen ist[256] – , hätte es zur Folge, dass der einzige potenziell abschreckende Schadensposten im Innenverhältnis über den Innenregress nicht mehr geltend gemacht werden könnte.[257] Denn auch Bußgelder gegen natürliche Personen, wie sie § 81 Abs. 4 S. 1 GWB vorsieht, verhängt das *BKartA* nur äußerst selten und nicht in hinreichendem Umfang.[258] Mithin reicht das damit verbundene Abschreckungspotenzial

---

252 *LAG Düsseldorf*, Teilurteil vom 20. Januar 2015 – 16 Sa 459/14, Rn. 162.

253 *ArbG Essen*, Urteil vom 19. Dezember 2013 – 1 Ca 657/13, der Regressanspruch sollte mit Blick auf § 81 Abs. 4 GWB auf eine Mio. Euro begrenzt sein.

254 Siehe dazu bereits oben unter Rn. 52, dort Fn. 243; Nachweise zu allen vertretenen Ansichten bei *Thomas*, NZG 2015, 1409, 1410.

255 *BAG*, Urteil vom 29. Juni 2017 – Az. 8 AZR 189/15; dazu becklink 2007126; ferner *Jung*, Frankfurter Allgemeine Zeitung vom 29.6.2017, Wer zahlt für das Schienenkartell?

256 *Jung*, Frankfurter Allgemeine Zeitung vom 29.6.2017, Wer zahlt für das Schienenkartell?

257 Dies betont auch *Fleischer*, in: Spindler/Stilz, AktG, § 93 Rn. 213b; dadurch entfiele die verhaltenssteuernde Wirkung des Bußgelds; dem ist uneingeschränkt beizupflichten; dort finden sich auch weitere Argumente gegen das Judikat des *LAG Düsseldorf*; ablehnend auch *Hölters*, in: Hölters, AktG, § 93 Rn. 255; dass der Innenregress grundsätzlich geeignet wäre, sich positiv verhaltenssteuernd bemerkbar zu machen, erkennen *Glöckner/Müller-Tautphaeus*, AG 2001, 344 ff. zutreffend.

258 Aktuelle Zahlen finden sich bei *Krauß*, NZKart 2017, 179, 180; Danach verhängte das *BKartA* zwischen 2008 und 2016 insgesamt 333 Bußgelder gegen natürliche Personen in einer Gesamthöhe von 24.393.960 Euro, was einem durchschnittlichen Einzelbußgeld von 73.255 Euro entspricht. In den Jahren 2015 und 2016 verhängte das *BKartA* Bußgelder i.H.v. 2.182.500 Euro gegen 24 Einzelpersonen (2015, Durchschnitt = 90.938 Euro) bzw. Bußgelder i.H.v. 101.700 Euro gegen fünf Einzelpersonen (2016, Durchschnitt = 20.340 Euro). Aus *BKartA*, Tätigkeitsbericht 2015/2016, BT-Drs. 18/12760, S. VIII Rn. 46 lässt sich entnehmen, dass die Gesamthöhe der vom *BKartA* wegen verbotener Kartellabsprachen gegen die beteiligten Personen und Unternehmen Geldbußen im Jahr 2015 208 Mio. Euro und im

nicht aus, um die Rechtsdurchsetzung zu gewährleisten. Dadurch verlöre der drohende Innenregressanspruch sein Abschreckungspotenzial vollends und er bestünde nur noch als „Papiertiger", ohne dass er eine verhaltenssteuernde Wirkung auf die für die juristische Person handelnden Manager ausübte. Diese Konsequenz kann nicht dem gesetzgeberischen Willen entsprechen, auf den sich das *LAG Düsseldorf* beruft. Denn wie bereits dargelegt wurde, dient eine Sanktion (sowohl aus rechtlicher als auch ökonomischer Sicht) dazu, das Verhalten durch Abschreckung zu steuern und so auf die Gesetzesbefolgung hinzuwirken.[259] Der handelnde Manager hätte in seine Kosten-Nutzen-Rechnung, die der potenzielle Rechtsverletzer nach den Grundsätzen des ODM vor dem Rechtsverstoß durchführt, faktisch keinen Kostenpunkt mehr einzustellen, der ihn persönlich trifft.[260] Vielmehr hätte der Kartellrechtsverstoß für das Unternehmen und den Manager persönlich zunächst nur Vorteile, bspw. in Form von höheren Gewinnmargen für das Unternehmen und einer höheren Bonuszahlung für den Manager (siehe dazu auch unter B. II. 2. a) bb)).[261] Das bedeutete, dass kein ökonomischer Anreiz zur Gesetzesbefolgung, sondern vielmehr zum Gesetzesbruch gesetzt würde.[262] Die Absurdität dieses Ergebnisses ist evident und kann auch aus rechtswissenschaftlicher und rechtspolitischer Sicht nicht gewollt sein. Zudem würde außer Acht gelassen, wer der Rechtsverletzer im Ergebnis ist – der handelnde Manager. In jedem Fall wäre es in einem solchen Fall dringend angezeigt, die bestehende Schutzlücke durch eine Außenhaftung zu schließen und die Durchsetzung von Ansprüchen zu vereinfachen, um ein Korrektiv zu schaffen. *Blair* führt zusammenfassend treffend aus:

> „Indirect control of the manager's behavior is not necessary. My suggestion for improving antitrust enforcement is to punish the individual decision maker who is responsible for any violation. We have seen that individual sanctions will provide a suitable deterrent for contemplated transgressions."[263]

Jahr 2016 124,6 Mio. Euro betrug. Der Vergleich mit dem durchschnittlichen gegen natürliche Personen verhängten Bußgeld zeigt, dass letzterem kein hinreichendes Abschreckungspotenzial innewohnt, da es schlichtweg zu niedrig ausfällt. Dies gilt insbesondere vor dem Hintergrund des Abschreckungspotenzials, welches mit einer Außenhaftungsklage verbunden ist.

259 Das dies sachgerecht und anerkannt ist, wurde bereits unter B. I. ausgeführt.

260 Dies erkennen auch *Lindner/Otting/Thelen*, GmbH-StB 2015, 167, 168, die zutreffend darauf hinweisen, dass durch eine drohende Haftung die Überwachungsmaßnahmen zur Verhinderung von Verstößen eher intensiviert würden; ähnlich *Koch*, VersR 2015, 655, 660.

261 Zur falschen Anreizwirkung von Bonuszahlungen an Manager auch *Votsmeier*, Handelsblatt vom 22. Mai 2017, Nr. 98, Juristisch riskant, ökonomisch falsch, S. 28.

262 So auch *Lindner/Otting/Thelen*, GmbH-StB 2015, 167, 169 f.

263 *Blair*, The Antitrust Bulletin 30 (1985), 433, 452.

57 Zu (2): Die Geltendmachung der Schadensersatzansprüche der juristischen Personen gegen die Manager – sei es aus § 43 Abs. 2 GmbHG oder § 93 Abs. 2 AktG – ließ in der Vergangenheit zu wünschen übrig.[264] Das liegt bei dem aktienrechtlichen Anspruch daran, dass die Geltendmachung der Ansprüche gegen den Vorstand gemäß § 112 AktG dem Aufsichtsrat übertragen wurde, der in diesem Fall aber selbst zumindest mit unangenehmen Fragen hinsichtlich der Ausübung seiner Überwachungspflicht rechnen müsste.[265] Zudem ist umgekehrt die Geltendmachung von Ansprüchen gegen den Aufsichtsrat dem Vorstand gemäß § 78 Abs. 1 AktG zugewiesen, sodass dieses System insgesamt nicht die Zusammenarbeit der Gremien fördert.[266] Das damit verbundene Abschreckungspotenzial kann seine Wirkung daher nicht entfalten[267], wenn die Ansprüche in der Praxis nicht geltend gemacht werden.[268] Ein aktuelles Beispiel bietet Daimler. Daimler weigert sich bislang, im Nachgang zum Lkw-Kartell, welches zur Verhängung eines Bußgeldes i. H. v. einer Milliarde Euro durch die Kommission geführt hat und Schadensersatzklagen von Spediteuren nach sich zieht, Schadensersatzansprüche gegenüber den verantwortlichen Managern geltend zu machen.[269] Dies wird heftig von der Deutschen Schutzvereinigung für Wertpapierbesitz (DWS) kritisiert.[270] Daher scheint es angezeigt, zusätzlich zu der Innenhaftung auch

264 So für die Lage nach hinsichtlich der Geltendmachung von Ansprüchen nach § 93 Abs. 1 AktG *Hölters*, in: Hölters, AktG, § 93 Rn. 23 und *Spindler*, in: Münchener Kommentar zum AktG, § 93 Rn. 2; ferner *Mertens/Cahn*, in: Kölner Kommentar zum Aktiengesetz, § 93 Rn. 6, die den Anspruch als kaum geeignet zur Erreichung der mit der Norm bezweckten Ziele bezeichnen; bereits die Gesetzesbegründung zum UMAG ging davon aus, BT-Drs. 15/5092, S. 19 f.; zur Haftungsapathie institutioneller Investoren *Redeke*, AG 2015, 253 ff.; allgemein *Bien*, WuW 2015, 331.

265 *Spindler*, in: Münchener Kommentar zum AktG, § 93 Rn. 2.

266 *Spindler*, in: Münchener Kommentar zum AktG, § 93 Rn. 2.

267 Vgl. zu den mit § 43 Abs. 2 GmbHG verfolgten Schutzzielen *Zöllner/Noack*, in: Baumbach/Hueck, GmbHG, § 43 Rn. 1; dort wird ausdrücklich auf die beabsichtigte präventive Wirkung durch Verhaltenssteuerung hingewiesen; zur grundsätzlichen Eignung des Innenregresses zur Verhaltenssteuerung der Manager zutreffend *Glöckner/Müller-Tautphaeus*, AG 2001, 344 ff.

268 *Thole*, ZHR, 173 (2009), 504, 507 räumt zudem ein, dass die Innenhaftung in vielerlei Hinsicht einem Effizienztest mit einer Außenhaftung in ausgewählten Fallgruppen nicht standhalte; vgl. dazu auch *Sørensen*, European Law Review 40 (2015), 811, 822.

269 *Fasse*, Handelsblatt vom 29. März 2017, Nr. 63, Unruhe bei Daimler, S. 1 und *ders.*, a. a. O., Diesel und Lkw setzen Daimler unter Strom, S. 6.

270 *Fasse*, Handelsblatt vom 29. März 2017, Nr. 63, Unruhe bei Daimler, S. 1 und *ders.*, a. a. O., Diesel und Lkw setzen Daimler unter Strom, S. 6.

eine möglichst umfassende Außenhaftung zu statuieren[271] und zwar unabhängig von der oben aufgeworfenen Frage, welche Posten beim Innenregress ersatzfähig sind.

58 Zu (3): Weiterhin ist die verzerrende Wirkung, die von D&O-Versicherungen ausgeht, zu berücksichtigen.[272] Dadurch wird die Anreizwirkung von Haftungsregeln verzerrt[273] bzw. gänzlich aufgehoben.[274] Diese Versicherungen werden zumeist von den Unternehmen zugunsten ihrer Manager sowohl zur Abdeckung *eventualiter* bestehender Außen- und Innenhaftungsansprüche abgeschlossen.[275] Dies gilt insbesondere auch im vorliegenden Kontext, da im Regelfall auch eine Deckung für Haftpflichtansprüche wegen Wettbewerbsbeschränkungen sowie für Bußgelder besteht.[276] Auch der im Gesetz vorgesehene Selbstbehalt von mindestens 10 % des Schadens bis mindestens zur Höhe des Eineinhalbfachen der festen jährlichen Vergütung (vgl. § 93 Abs. 2 S. 3 AktG) vermag keine verhaltenssteuernde Wirkung auszuüben, da dieser selbstständig versichert werden kann.[277] Zudem modifizieren die Versicherungsbedingungen normalerweise den Ausschlussgrund der vorsätzlichen Herbeiführung des Versicherungsfalls gemäß § 103 VVG zugunsten des Versicherten derart, dass nur eine sogenannte wissentliche Pflichtverletzung zum Deckungsausschluss führt.[278] Eine solche wissentliche Pflichtverletzung liegt nicht vor, wenn der potenzielle Rechtsverletzer lediglich mit *dolus eventualis* handelt.[279] Da für den Kartellrechtsverstoß bereits Fahrlässigkeit ausreicht, hätte dies zur Folge, dass viele Konstellation von der

271 Bei der Analyse des bestehenden Regimes ist es zwingend notwendig, sich auch mit dessen Wirkungen zu befassen, um anhand der gewonnenen Erkenntnisse Verbesserungen zur Effektivierung erarbeiten zu können. Darin liegt weder eine unzulässige Vermengung von normativem Zweck und tatsächlicher Wirkung noch ein Zirkelschluss, da eine Wechselwirkung zwischen Zweck und Wirkungsweise besteht, *Dreier*, Kompensation und Prävention, S. 125. Im Idealfall decken sich Zweck und Wirkung, was Zweckerreichung zur Folge hat, anderenfalls müssen Zweck und Wirkung im Wege der Rechtsfortbildung entweder *de lege lata* oder *de lege ferenda* in Einklang gebracht werden, *Dreier*, Kompensation und Prävention, S. 126.

272 Vgl. *Koch*, in: Hüffer/Koch, AktG, § 93 Rn. 1.

273 Vgl. *Koch*, in: Hüffer/Koch, AktG, § 93 Rn. 36.

274 *Wagner*, ZHR 178 (2014), 227, 246 f., der darlegt, dass eine bessere Ausgestaltung der Versicherung zwar möglicherweise den verhaltenssteuernden Anreiz bewahren könnte, dass dies aber in der Praxis aufgrund der vorherrschenden Strukturen nicht praktikabel und daher nicht zu erwarten ist.

275 *Wagner*, ZHR 178 (2014), 227, 234 m.w.N.

276 *Thomas*, NZG 2015, 1409, 1417 m.w.N.

277 *Wagner*, ZHR 178 (2014), 227, 235.

278 *Thomas*, NZG 2015, 1409, 1417; *Wagner*, ZHR 178 (2014), 227, 249 f.

279 *Thomas*, NZG 2015, 1409, 1417 m.w.N.

D&O-Versicherung abgedeckt wären und der mit der Haftungsregel gesetzte Anreiz zur Gesetzesbefolgung leer liefe; etwas anderes gilt nur für *Hardcore*-Kartelle, bei denen eine fahrlässige Begehung quasi ausgeschlossen ist.[280]

59 Durch den Abschluss einer D&O-Versicherung ist der Manager mithin im Regelfall bis zur Deckungsgrenze[281] der Police abgesichert und muss nicht fürchten, persönlich für Pflichtverletzungen einstehen zu müssen.[282] *Wagner* bezeichnet daher der die „versicherungsmäßige Abdeckung des Haftpflichtrisikos" als Problem der Organhaftung.[283] Mithin ist festzuhalten, dass eine Schutzlücke besteht, sodass es angezeigt ist, diese durch eine Außenhaftung zu schließen.

bb) *Principal-Agent*-Problem

60 Mit in die Überlegungen einzubeziehen ist das sogenannten *Principal-Agent*-Problem.[284] Dieses Problem tritt immer dann auf, wenn ein Agent (hier Manager) für einen Prinzipal (hier juristische Person bzw. deren Anteilseigner) tätig wird und sich deren Interessen nicht vollständig decken.[285] So kann das unternehmerische Handeln des Agenten an seinen eigenen kurzfristigen Interessen (bspw. auf Bonus-Zahlungen) mit den Interessen des Prinzipals an einer langfristigen Strategie kollidieren.[286] Der Agent ist diesem Fall eher geneigt, Handlungen vorzunehmen, die seinen Interessen dienen, denen des Prinzipals aber schaden (sog. *Moral-Hazard*-Problem).[287] Dazu

---

280 Vgl. *Thomas*, NZG 2015, 1409, 1417 zur Konstellation beim Bußgeldregress.

281 Diese dürfte regelmäßig zwischen zwischen 75 und 300 Mio. Euro, abhängig von der Bilanzsumme, betragen, so *Wagner*, ZHR 178 (2014), 227, 235.

282 *Wagner*, ZHR 178 (2014), 227, 234 f., 246 f.; jenseits der Deckungsgrenze besteht jedoch u. U. eine persönliche Haftung. Dieser Fall dürfte jedoch nicht allzu häufig in der Praxis vorkommen, vgl. *Wagner*, ZHR 178 (2014), 227, 246 f.; vgl. aber das Beispiel bei *Wagner*, ZHR 178 (2014), 227, 235 f.

283 *Wagner*, ZHR 178 (2014), 227, 239.

284 Dazu allgemein *Abeltshauser*, Leitungshaftung im Kapitalgesellschaftsrecht, S. 12 ff.; *Fleischer*, in: Festschrift für Wiedemann, S. 827, 829; *Roth*, Unternehmerisches Ermessen und Haftung des Vorstands, S. 21 ff., 30 ff.; *Schlimm*, Das Geschäftsleiterermessen des Vorstands einer Aktiengesellschaft, S. 37 ff.; *Schnieders*, Haftungsfreiräume für unternehmerische Entscheidungen, S. 10 ff.

285 *Eden*, Persönliche Schadensersatzhaftung, S. 49; *Holle*, AG 2011, 778, 781; ausführlich *Göbel*, Neue Institutionenökonomik, S. 98 ff.; vgl. auch *Dargaud/Mantovani/Reggiani*, Journal of Competition Law & Economics 12 (2016), 375, 393.

286 *Wils*, The Optimal Enforcement of EC Antitrust Law, S. 193; vgl. *Dargaud/Mantovani/Reggiani*, Journal of Competition Law & Economics 12 (2016), 375, 393; zur falschen Anreizwirkung von Bonuszahlungen an Manager auch *Votsmeier*, Handelsblatt vom 22. Mai 2017, Nr. 98, Juristisch riskant, ökonomisch falsch, S. 28.

287 *Göbel*, Neue Institutionenökonomik, S. 103, 228.

können auch Gesetzesverstöße gehören. Verstärkt wird das *Principal-Agent*-Problem, soweit keine wirksamen Aufsichtsmechanismen existieren und der Agent keine oder nicht ausreichende Sanktionen im Falle einer Zuwiderhandlung fürchten muss.[288] Wenn man sich das Ziel der möglichst optimalen Ausgestaltung des kartellrechtlichen Rechtsfolgensystems vor Augen führt, dann muss es in der Sache darum gehen, Anreize zu gesetzeskonformen Handeln zu schaffen. Als Instrument dazu dienen zuvorderst auch Haftungsregeln.[289] Möchte man das *Principal-Agent*-Problem verringern und gleichzeitig Anreize für gesetzeskonformes Handeln schaffen, ist es angezeigt, natürliche Personen – namentlich Manager – als Adressaten der Haftung neben den juristischen Personen anzusehen. Denn eine Anreizwirkung kann von Haftungsregeln nur dann ausgehen, wenn sie diejenigen trifft, die für die Rechtsverletzung verantwortlich sind, was vorliegend die Manager sind, da sie für die juristische Person handeln, obgleich letzteres Adressaten des Kartellrechts sind.[290] Dass das *Principal-Agent*-Problem auch tatsächlich in der Praxis relevant ist, zeigt eine aktuelle von Ernst & Young durchgeführte Erhebung unter 4.100 Entscheidungsträgern aus 41 Ländern, wonach 23 von 100 befragten deutschen Managern eher geneigt sind, für ihre eigene Karriere zu unlauteren Mitteln zu greifen, als zum vermeintlichen Wohl des Konzerns.[291] Die Befragten gaben an, für das berufliche Fortkommen und eine höhere Bezahlung unethisch handeln zu wollen. Auch können sich im internationalen Vergleich überdurchschnittliche zehn Prozent der befragten deutschen Manager vorstellen, zwecks Förderung der eigenen Karriere oder Verbesserung der Bezahlung falsche Informationen an die Unternehmensführung zu melden.[292]

---

288 Vgl. *Wils*, The Optimal Enforcement of EC Antitrust Law, S. 193 f.; zu den Problemen bei der Überwachung durch die Aktionäre und GmbH-Gesellschafter auch *Bayer*, NZA 2015, 1239, 1241.

289 Vgl. *Schäfer/Ott*, Ökonomische Analyse des Zivilrechts, S. 125 ff. und *Wils*, The Optimal Enforcement of EC Antitrust Law, S. 195.

290 *Blair*, The Antitrust Bulletin 30 (1985), 433, 436; *Wils*, The Optimal Enforcement of EC Antitrust Law, S. 192 f.; vgl. dazu ferner zum Aspekt der Anreizwirkung bei Handeln für juristische Personen *Wagner*, in: Münchener Kommentar zum BGB, Vorbemerkungen zu § 823 Rn. 44.

291 Die deutschen Manager liegen damit sogar über dem Durchschnitt von 21 % aller Befragten und dem westeuropäischen Durchschnitt von 14 %; *Knop*, Frankfurter Allgemeine Zeitung Blog Ad hoc vom 5. April 2017, Deutsche Manager sehen Korruption auf dem Vormarsch – und würden im eigenen Interesse lügen; dort auch zu folgendem Text.

292 Unter allen Befragten liegt der Durchschnitt bei fünf Prozent, in West-Europa bei vier Prozent.

61 Die Gründe für den Interessenkonflikt können vielfältig sein. Selbst wenn man hohe, das verträgliche und leistbare Niveau überschreitende Bußgelder gegen juristische Personen verhängte (siehe dazu unten B. II. 2. b)), können aus Sicht des Handelnden noch Anreize für gesetzeswidriges Handeln vorliegen, denn dieser ist im Zweifel einzig auf die Optimierung des eigenen Nutzens aus.[293] Auch kann das Gefühl der Anonymität in größeren Betrieben dazu führen, dass sich die Mitglieder oft risikobereiter und weniger regelkonform verhalten.[294] Ferner ist es denkbar, dass der Druck der internen Regeln und Zielvorgaben oftmals stärker wirkt als die Verpflichtung gegenüber gesetzlichen Regelungen.[295] Mithin ist es angezeigt, die Risikobereitschaft der Handelnden zu senken und einen Zustand der Risikoneutralität als Ziel anzustreben.[296] Das kartellrechtliche Schrifttum geht davon aus, dass Unternehmen [sic!] als Normadressaten des Kartellrechts regelmäßig risikoneutral agieren.[297] Im Rahmen des Untersuchungsgegenstands muss es also das Ziel sein, diese Risikoneutralität auch auf die für das Unternehmen handelnden Organe zu übertragen. Individuen passen ihr Handeln aufgrund der ihnen eigenen Risikoaversion danach an, wie hoch das Risiko ist, welches mit ihrem Handeln verbunden ist.[298] Natürliche Personen verhalten sich tendenziell risikoavers, wenn sie die negativen Folgen im Falle der Realisierung des Risikos selbst tragen müssen.[299] So führen *Breit/Elzinga* unter Bezugnahme auf diverse Studien aus, dass „contemporary management whishes to avaoid risk and uncertainty."[300] Es besteht dabei eine Korrelation zwischen der Höhe der Sanktion und der Ausnutzung von risikobehafteten Geschäftschancen dergestalt, dass mit zunehmender Höhe der Sanktion die Bereitschaft tendenziell risikoaverser natürlicher Personen abnimmt, solche Geschäftschancen

293 *Eden*, Persönliche Schadensersatzhaftung, S. 49; vgl. in diesem Sinne auch *Hösch*, Der schadensrechtliche Innenausgleich, S. 43 m.w.N.

294 *Beck*, in: Beck'scher Onlinekommentar OWiG, § 130 Rn. 5.

295 *Beck*, in: Beck'scher Onlinekommentar OWiG, § 130 Rn. 5.

296 Vgl. *Eden*, Persönliche Schadensersatzhaftung, S. 49 f.; *Breit/Elzinga*, Journal of Law and Economics 28 (1985), 405, 407 formulieren explizit, dass die optimale Höhe der Sanktion von „[...] the attitudes of corporate managers toward risk and the probability of their apprehension and conviction for antitrust violations; [...]" abhängt.

297 *Krüger*, Öffentliche und private Durchsetzung des Kartellverbots, S. 156 f. m.w.N.

298 Instruktiv *Polinsky/Shavell*, International Review of Law and Economics 13 (1993), 239, 254; vgl. ferner *Schäfer/Ott*, Ökonomische Analyse des Zivilrechts, S. 408 f. zur Risikoaversion im Allgemeinen.

299 *Breit/Elzinga*, Journal of Law and Economics 28 (1985), 405, 428 ff.; allgemein zur Risikoaversion auch *Breit/Elzinga*, Harvard Law Review 86 (1973), 693, 699 ff.; vgl. ferner *Posner*, The University of Chicago Law Review 43 (1976), 499, 502 unter Fn. 9.

300 *Breit/Elzinga*, Journal of Law and Economics 28 (1985), 405, 428 m.w.N.; in diese Richtung bereits *Breit/Elzinga*, Harvard Law Review 86 (1973), 693, 704.

wahrzunehmen.[301] Umgekehrt bedeutet das aber auch, dass die Risikofreude steigt, sofern das Individuum bei einem Rechtsverstoß zum eigenen Nutzen keine oder mit sehr geringer Wahrscheinlichkeit eine persönliche Sanktion zu erwarten hat. Unternehmensinterne Sanktionen sind dabei in der Praxis regelmäßig weniger geeignet, einen Beitrag zur Risikoneutralität und somit zur Rechtsbefolgung zu leisten.[302] Dies liegt zum einen daran, dass Unternehmen häufig eingeschränkte Möglichkeiten zur Disziplinierung ihrer Angestellten haben, da die Aufdeckung von (Kartell-)Rechtsverstößen auch unternehmensintern nicht immer wahrscheinlich ist.[303] Selbst wenn das Unternehmen intern großen Aufwand betreibt, um solche Verstöße aufzudecken und abzustellen, ist der Anreiz die Angestellten zu sanktionieren gering, da dann die Gefahr für das Unternehmen selbst besteht, Strafen ausgesetzt zu sein.[304] Zudem liegt es möglicherweise nicht im Interesse des Unternehmens, Mitarbeiter zu sanktionieren, bspw. wenn diese über besondere Erfahrungen, Kenntnisse oder Kontakte verfügen oder eine letztlich für das Unternehmen sogenannte nützliche Pflichtverletzung begangen hat.[305] Dies bestätigen Fälle, in denen Manager trotz Rechtsverstößen einen neuen Arbeitsplatz fanden oder gar befördert wurden.[306] Eine Disziplinierung ist zudem unmöglich, soweit der betroffene Mitarbeiter das Unternehmen bereits verlassen hat oder eine Stelle leicht zu finden ist.[307] Zum anderen erhöht das *Principal-Agent*-Problem die Anreize für Kartellrechtsverstöße durch ein Unternehmen, welches sich im Streubesitz befindet, wenn das höhere Management zur Verfolgung eigener Interessen in die Verstöße verwickelt ist, obwohl das Unternehmen durch das Management eigentlich kontrolliert werden sollte; denn aufgrund der Eigentümerstruktur hat der einzelne Anteilinhaber keinen Anreiz, das

301 Vgl. *Posner*, The University of Chicago Law Review 43 (1976), 499, 502 unter Fn. 9.

302 *Blair*, The Antitrust Bulletin 30 (1985), 433, 437; vgl. *Polinsky/Shavell*, International Review of Law and Economics 13 (1993), 239, 240; vgl. *Wils*, The Optimal Enforcement of EC Antitrust Law, S. 207 f.

303 *Wils*, The Optimal Enforcement of EC Antitrust Law, S. 208 f.

304 *Wils*, The Optimal Enforcement of EC Antitrust Law, S. 208 f. m.w.N.

305 *Eden*, Persönliche Schadensersatzhaftung, S. 50; zum Problemkreis nützliche Pflichtverletzung allgemein statt vieler *Spindler*, in: Münchener Kommentar zum AktG, § 93 Rn. 91 ff. und *Zöllner/Noack*, in: Baumbach/Hueck, GmbHG, § 43 Rn. 23 ff.

306 *Eden*, Persönliche Schadensersatzhaftung, S. 50 f. m.w.N.; *Fabra/Motta*, Antitrust Fines in Times of Economic Crisis, S. 3; vgl. auch *Riley*, European Competition Law Review 11 (2011), 551, 561; laut *Blair*, The Antitrust Bulletin 30 (1985), 433, 438 scheint es sogar vorzukommen, dass Mitarbeiter von Unternehmen gezwungen werden, sich an Kartellabsprachen zu beteiligen und anderenfalls entlassen werden.

307 *Wils*, The Optimal Enforcement of EC Antitrust Law, S. 208 ff.

Verhalten des Managements zu kontrollieren.[308] Anreize für gesetzestreues Verhalten kann daher lediglich durch abschreckende Maßnahmen wie persönliche Strafen erreicht werden, da diese die Kosten-Nutzen-Analyse der natürlichen Person beeinflusst und Rechtsverstöße weniger attraktiv macht, was sich letztlich positiv auf die Effektivität des Sanktionensystems auswirkt.[309] Nichtsdestotrotz kann es aus unternehmerischer Hinsicht wünschenswert sein, risikobehaftete Handlungen doch vorzunehmen, soweit damit erhebliche zusätzliche Gewinnchancen verbunden sind, was stets der Fall ist, wenn der Erwartungsnutzen eines risikobehafteten Verhaltens höher ist als der einer weniger risikobehafteten Alternative.[310] Insofern muss die rechtliche Lösung auch solchen berechtigten Interessen Rechnung tragen, da ein Zustand der Risikoneutralität – wie soeben ausgeführt wurde – auch von einem gesamtwirtschaftlichen Standpunkt wünschenswert ist. Mithin darf die Verhängung persönlicher Sanktionen nicht dazu führen, dass die handelnden natürlichen Personen ausschließlich risikoavers handeln, da dies weder im Interesse des Unternehmens noch der Anteilseigner noch der Volkswirtschaft liegt.[311] Mittel des Ausgleichs ist die *Business Judgement Rule* (dazu sogleich unter B. II. 2. a) cc), Rn. 66–68).

62 Man könnte aufgrund der gewonnenen Erkenntnisse versucht sein anzunehmen, dass eine hinreichende Abschreckungswirkung von Sanktionen alleine gegen natürliche Personen ausgeht und dass dementsprechend Sanktionen gegen das Unternehmen selbst nicht erforderlich sind. Diese Annahme greift jedoch zu kurz. Denn zum einen profitiert das Unternehmen in erster Linie von dem Kartellrechtsverstoß, da es aufgrund des Rechtsverstoßes höhere Gewinne erzielt.[312] Zudem fände sich der Manager in einer misslichen Lage, wenn die Unternehmenseigner ihn unablässig zu rechtswidrigem Verhalten

---

308 *Wils*, The Optimal Enforcement of EC Antitrust Law, S. 209 m.w.N.; zu den Problemen bei der Überwachung durch die Aktionäre und GmbH-Gesellschafter auch *Bayer*, NZA 2015, 1239, 1241.

309 *Wils*, The Optimal Enforcement of EC Antitrust Law, S. 195; ferner *Wils*, The Optimal Enforcement of EC Antitrust Law, S. 213 ff., wo sogar für die Verhängung von Freiheitsstrafen plädiert wird, da dies die effektivste Form der Abschreckung darstelle; auch *Blair*, The Antitrust Bulletin 30 (1985), 433, 437 argumentiert, dass zumindest solange, wie eine effektive unternehmensinterne Kontrolle nicht sichergestellt werden kann, persönliche Sanktionen verhängt werden müssen; ähnlich *Polinsky/Shavell*, International Review of Law and Economics 13 (1993), 239 f. und *Wagner-von Papp*, WuW 2010, 268, 272.

310 *Eden*, Persönliche Schadensersatzhaftung, S. 52 m.w.N.; Beispiele finden sich bei *Jungmann*, in: Festschrift für Schmidt, S. 831, 840.

311 Vgl. *Eden*, Persönliche Schadensersatzhaftung, S. 53 und *Jungmann*, in: Festschrift für Schmidt, S. 831, 839 m.w.N.

312 *Eden*, Persönliche Schadensersatzhaftung, S. 51; vgl. *Blair*, The Antitrust Bulletin 30 (1985), 433, 450.

anhielten, da sie die Profiteure der erhöhten Gewinne sind.[313] Zudem haben die Anteilseigner die Möglichkeit zur Kontrolle des Managements.[314] Daher ist es angezeigt, beide Adressaten in Haftung zu nehmen. Dadurch werden die Manager abgeschreckt – was zumindest bislang noch nicht in hinreichendem Maß der Fall ist[315] – und die Unternehmenseigner haben einen Anreiz, auf gesetzestreues Verhalten ihrer Mitarbeiter (bspw. durch Compliance-Maßnahmen) hinzuwirken.[316] Zudem stellt sich das gleiche Problem wie bei Unternehmen, was die Leistungsfähigkeit der natürlichen Person zur Zahlung von Geldbußen oder Schadensersatz anbelangt (zum sog. *inability-to-pay*-Einwand siehe unter B. I. 2., Rn. 43 und B. II. 2. b), Rn. 70). Eine optimale Sanktionierung ist jedoch nicht möglich, wenn die Sanktion die Leistungsfähigkeit übersteigt.[317] Insofern ist festzuhalten, dass das Sanktionensystem sinnvollerweise beide Ansätze kombinieren sollte.[318] Dass damit eine entsprechende Verhaltenssteuerung erreicht werden kann, erscheint ausweislich der Ergebnisse diverser Studien, wonach Manager Risiken und Unsicherheit vermeiden wollen[319], überwiegend wahrscheinlich. Dem Manager würde so auch der Haftungsschutzschild der juristischen Person zu seinem Schutz entzogen werden, wodurch das rechtspolitisch gewollte Ergebnis erzielt würde, Verantwortung und Haftung in Einklang zu bringen.[320] Die Statuierung einer Außenhaftung wäre vor diesem Hintergrund ein bedeutender Schritt, um dem Kartellrecht zur vollen Geltung zu verhelfen und dem Präventionsgedanken Rechnung zu tragen.

> „[...] [T]his direct approach makes more sense than the current practice of punishing the firm directly and the decision maker only indirectly."[321]

---

313 *Hempel*, Privater Rechtsschutz im Kartellrecht, S. 276; *Wils*, The Optimal Enforcement of EC Antitrust Law, S. 217; *Krüger*, Öffentliche und private Durchsetzung des Kartellverbots, S. 236 weist zudem darauf hin, dass es interessengerecht ist, den Unternehmensträger mit der Sanktion zu adressieren, da die Anteilseigner die Möglichkeit haben, die Entscheidungsträger zu kontrollieren.

314 *Krüger*, Öffentliche und private Durchsetzung des Kartellverbots, S. 236.

315 *Bechtold/Bosch*, ZWeR 2011, 160, 168 weisen zutreffend darauf hin, dass der Präventionsgedanke auch den im Einzelfall handelnden Mitarbeitern adressieren müsse.

316 *Blair*, The Antitrust Bulletin 30 (1985), 433, 450; *Eden*, Persönliche Schadensersatzhaftung, S. 51 f.; *Wils*, The Optimal Enforcement of EC Antitrust Law, S. 217.

317 *Polinsky/Shavell*, International Review of Law and Economics 13 (1993), 239, 255 f.

318 So auch *Hempel*, Privater Rechtsschutz im Kartellrecht, S. 276; dies bestätigen Untersuchungen von *Calkins*, Law and Contemporary Problems 60 (1997), 127, 144; *Gallo/Dau-Schmidt/Craycraft/Parker*, Review of Industrial Organization 17 (2000), 75, 101 ff.

319 *Breit/Elzinga*, Journal of Law and Economics 28 (1985), 405, 428.

320 Vgl. *Rehbinder*, in: Festschrift für Loewenheim, S. 513, 516.

321 *Blair*, The Antitrust Bulletin 30 (1985), 433, 434.

cc) Legalitätspflicht, unternehmerisches Ermessen und Haftung im Innenverhältnis

63 Den Manager trifft eine Pflicht zur sorgsamen Geschäftsführung im Rahmen derer er Vorteile für die Gesellschaft zu wahren und Schaden von ihr abzuwenden hat, also sich an das Gesetz, den Gesellschaftsvertrag, verbindliche Beschlüsse und unter Berücksichtigung öffentlicher Interessen hält.[322] Diese sogenannte Legalitätspflicht verpflichtet den Manager damit, sich rechtstreu zu verhalten.[323] Mithin trifft den Manager die Pflicht gegenüber der Gesellschaft, für die Einhaltung und Erfüllung der Gesellschaftspflichten einschließlich der Verkehrspflichten im Außenverhältnis Sorge zu tragen.[324] Zudem sind die Manager im Rahmen der Legalitätspflicht dazu verpflichtet, die zur Einhaltung der maßgeblichen Vorschriften erforderlichen Strukturen und Prozesse zu schaffen.[325] Ihn trifft eine Kontroll- und Überwachungspflicht

---

322 *OLG Zweibrücken* NZG 1999, 506; für das GmbH-rechtliche Schrifttum *Fleischer*, in: Münchener Kommentar zum GmbHG, § 43 Rn. 11; *Haas/Ziemons*, in: Beck'scher Onlinekommentar GmbHG, § 43 Rn 44; für das aktienrechtliche Schrifttum *Spindler*, in: Münchener Kommentar zum AktG, § 93 Rn. 21 f.

323 Für das GmbH-rechtliche Schrifttum *Haas/Ziemons*, in: Beck'scher Onlinekommentar GmbHG, § 43 Rn. 51; *Zöllner/Noack*, in: Baumbach/Hueck, GmbHG, § 43 Rn. 17 m.w.N.; für das aktienrechtliche Schrifttum *Hölters*, in: Hölters, AktG, Rn. 54 f., 68 f.

324 *LG München I*, Urteil vom 10. Dezember 2013 – 5 HKO 1387/10, Rn. 89 – Siemens/Neubürger; *Haas/Ziemons*, in: Beck'scher Onlinekommentar GmbHG, § 43 Rn. 51; *Hack*, Vorstandsverantwortlichkeit bei Kartellverstößen, S. 44; *Zöllner/Noack*, in: Baumbach/Hueck, GmbHG, § 43 Rn. 17; für das aktienrechtliche Schrifttum unter expliziter Nennung des Kartellrechts als im Außenverhältnis einzuhaltende Verpflichtung *Fleischer*, in: Spindler/Stilz, AktG, § 93 Rn. 23, *Hack*, Vorstandsverantwortlichkeit bei Kartellverstößen, S. 44 f. und *Hölters*, in: Hölters, AktG, § 93 Rn. 68 m.w.N., der auch auf das Kartell- und Ordnungswidrigkeitenrecht Bezug nimmt; ferner *Spindler*, in: Münchener Kommentar zum AktG, § 93 Rn. 74.

325 *LG München I*, Urteil vom 10. Dezember 2013 – 5 HKO 1387/10, Rn. 89 – Siemens/Neubürger; für das GmbH-rechtliche Schrifttum *Haas/Ziemons*, in: Beck'scher Onlinekommentar GmbHG, § 43 Rn 48; *Zöllner/Noack*, in: Baumbach/Hueck, GmbHG, § 43 Rn. 17, wo Zweifel hinsichtlich der branchenunabhängigen Pflicht zum Aufbau einer Compliance-Organisation geäußert werden; für das aktienrechtliche Schrifttum in Bezug auf Kartellrechtsverstöße *Bayer*, in: Festschrift für Schmidt, S. 85 ff.; generell für das aktienrechtliche Schrifttum mit der gleichen Fragestellung hinsichtlich einer Compliance Pflicht *Koch*, in: Hüffer/Koch, AktG, § 76 Rn. 12 ff.; einen Überblick über den Meinungsstand, der sowohl für die GmbH als auch die AG Geltung beansprucht, findet sich bei *Fleischer*, in: Münchener Kommentar zum GmbHG, § 43 Rn. 142 ff.

der nachgelagerten Unternehmensebenen (sog. Legalitätskontrollpflicht).[326] Managern steht ein Ermessen bei der Geschäftsleitung zu, da ohne einen solchen Handlungsspielraum unternehmerische Tätigkeit nicht möglich ist.[327] Dieses unternehmerische Ermessen steht dem Manager auch hinsichtlich seiner Organisations-, Planungs- und Überwachungspflichten zu.[328] Jedoch genügt der Manager seiner Organisationspflicht „bei entsprechender Gefährdungslage nur dann, wenn er eine auf Schadensprävention und Risikokontrolle angelegte Compliance-Organisation einrichtet", wobei für den Umfang im Einzelfall „Art, Größe und Organisation des Unternehmens, die zu beachtenden Vorschriften, die geografische Präsenz wie auch die Verdachtsfälle aus der Vergangenheit" relevant sind.[329] In dieser Hinsicht besteht eine Kongruenz zur Rechtslage i. R. v. § 130 OWiG.[330] Hinsichtlich des „Ob" einer Verpflichtung zur Schaffung eines Compliance-Systems besteht mithin mittlerweile Einigkeit dahingehend, dass eine solche Verpflichtung besteht.[331] Hinsichtlich des „Wie" hat sich der Manager – wie bereits erwähnt – an den Umständen des einzelnen Unternehmens zu orientieren.[332] Insoweit besteht ein Ermessensspielraum, der auch auf Null reduziert sein kann.[333]

---

326 *Fleischer*, in: Münchener Kommentar zum GmbHG, § 43 Rn. 142; *Hölters*, in: Hölters, AktG, § 93 Rn. 69, 80, 92.

327 BGHZ 135, 244, 253 = NJW 1997, 1926 – ARAG/Garmenbeck; für das aktienrechtliche Schrifttum *Hölters*, in: Hölters, AktG, § 93 Rn. 30; *Spindler*, in: Münchener Kommentar zum AktG, § 93 Rn. 50 m.w.N.

328 Für das aktienrechtliche Schrifttum *Fleischer*, in: Spindler/Stilz, AktG, § 93 Rn. 73; *Hölters*, in: Hölters, AktG, § 93 Rn. 33; ferner *Bosch/Lange*, JZ 2009, 225, 230; zur Frage, ob es sich dabei um einen Anwendungsfall der *Business Judgment Rule* handelt *Arnold/Rudzio*, KSzW 2016, 231, 235 f., die diese Frage letztlich bejahen, soweit der Vorstand auf Basis angemessener Information entscheidet und die Entscheidung am Wohl der Gesellschaft ausrichtet.

329 *LG München I*, Urteil vom 10. Dezember 2013 – 5 HKO 1387/10, Rn. 89 m.w.N.– Siemens/Neubürger; dazu statt vieler *Bürkle*, CCZ 2015, 52 ff., der das Urteil in weiten Teilen auf Linie der h.L. liegen sieht; *Fleischer*, NZG 2014, 321 ff., der betont, dass die Wahrnehmung der Compliance-Verantwortung eine Daueraufgabe der Leitungsorgane ist; *Oppenheim*, DStR 2013, 1063 ff., der das Urteil als Paukenschlag bezeichnet; ausführlich ferner *Arnold/Rudzio*, KSzW 2016, 231 ff., dort auch zur dogmatischen Verankerung.

330 Siehe dazu unten unter C. I. 1. b) bb).

331 *Fleischer*, in: Spindler/Stilz, AktG, § 91 Rn. 47 m.w.N.; *Thole*, ZHR, 173 (2009), 504, 510; *Ziemons*, in: Michalski, GmbHG, § 43 Rn. 174 mit zahlreichen weiteren Nachweisen; Nachweise auch bei *Arnold/Rudzio*, KSzW 2016, 231, 233 f.

332 *Ziemons*, in: Michalski, GmbHG, § 43 Rn. 174 mit zahlreichen weiteren Nachweisen; Nachweise auch bei *Arnold/Rudzio*, KSzW 2016, 231, 235 ff.

333 So auch *Arnold/Rudzio*, KSzW 2016, 231, 236, *Bürkle*, CCZ 2015, 52, 53 f. und *Oppenheim*, DStR 2013, 1063, 1064 f.

64 Auch das Urteil des *LG München I* in Sachen Siemens/Neubürger liegt auf dieser Linie. Grundsätzlich ist es nach allgemeiner Ansicht möglich, dass der Gesamtvorstand die primäre Verantwortung für Leitungsaufgaben und damit ggf. auch für Compliance an ein bestimmtes Vorstandsmitglied mittels förmlicher Zuweisung durch Satzung, Geschäftsordnung oder Vorstandsbeschluss als Ausdruck organinterner Arbeitsteilung horizontal delegiert.[334] Die so delegierte Verantwortung muss dann von dem zuständigen Vorstandsmitglied entsprechend der vom Gesamtvorstand beschlossenen Grundlinien zur Einrichtung eines Compliance-Systems mit konkreten Organisationsmaßnahmen umgesetzt werden, wobei die Einrichtung zu überwachen ist.[335] Bei den übrigen Vorstandsmitgliedern verbleibt die sogenannte Residualpflicht, aufgrund derer sie die Compliance-bezogene Aufgabenwahrnehmung durch ihren Vorstandskollegen über die Ressortgrenzen hinweg laufend beobachten müssen.[336] Dies wird vom *LG München I* konkretisiert, welches ferner urteilte, dass die Einrichtung eines mangelhaften Compliance-Systems oder dessen mangelhafte Überwachung eine Pflichtverletzung i. S. v. § 93 AktG darstellt.[337] Dies gelte vor allem dann, wenn Kenntnis von potenziellen Rechtsverstößen erlangt wurde und trotz dieser Kenntnis Maßnahmen nicht ergriffen oder zumindest die Compliance-Organisation auf Effizienz geprüft wurde.[338] Das *LG München I* statuiert in seinem Urteil strenge Maßstäbe[339], die seitens des Vorstandes einer Aktiengesellschaft hinsichtlich der Einrichtung eines Compliance-Systems beachtet werden müssen (gleiches gilt grundsätzlich für die GmbH[340]). Demnach gilt Folgendes: **(1)** Den gesamten Vorstand trifft eine Verpflichtung, eine klare organisatorische Zuordnung der Compliance-Verantwortung zu schaffen (Hauptverantwortung), was insbesondere bei Großunternehmen und bekannten vorherigen Rechtsverstößen gilt.[341] **(2)** Es muss Sorge dafür getragen werden, dass die mit der Überwachung der Compliance beauftragten Personen hinreichende Befugnisse zur

---

334 *Fleischer*, NZG 2014, 321, 323 m.w.N.; dort auch zur vertikalen Delegation *ders.*, a. a. O., 321, 324.

335 *Fleischer*, NZG 2014, 321, 323 m.w.N.

336 *Fleischer*, NZG 2014, 321, 323 m.w.N.; dies entspricht der Rechtslage im Ordnungswidrigkeitenrecht, siehe dazu unter C. I. 1. a) dd) (für Kartellrechtsverstöße durch aktives Tun) und C. I. 1. b) dd) (Haftung für Kartellrechtsverstöße durch die Verletzung von Aufsichtspflichten).

337 *LG München I*, Urteil vom 10. Dezember 2013 – 5 HKO 1387/10, Rn. 93 – Siemens/Neubürger.

338 Vgl. *LG München I*, Urteil vom 10. Dezember 2013 – 5 HKO 1387/10, Rn. 92, 96, 97 – Siemens/Neubürger.

339 Siehe dazu durchaus kritisch *Kuhlen*, NZWiSt 2015, 121, 126 ff.

340 *Oppenheim*, DStR 2013, 1063.

341 *LG München I*, Urteil vom 10. Dezember 2013 – 5 HKO 1387/10, Rn. 98 – Siemens/Neubürger.

Sanktionierung von aufgedeckten Verstößen haben.[342] **(3)** Weisungsrechte gegenüber nachgeordneten Mitarbeitern, die insbesondere die Abstellung von Rechtsverstößen betreffen, sind Teil eines funktionierenden Compliance-Systems und entsprechen der Gesamtverantwortung des Vorstands für die Einhaltung von Rechtsvorschriften.[343] **(4)** Die Verpflichtung zur Schaffung eines funktionierenden Compliance-Systems und zur Überwachung von dessen Effizienz trifft jedes Mitglied des Gesamtvorstands, selbst wenn dieser – wie im dem Urteil zugrundeliegenden Sachverhalt – eigentlich für Finanzen zuständig ist.[344] Insoweit führt das Gericht aus[345]:

> „Diese Unterlassungen namentlich der Implementierung eines effizienten Compliance-Systems und der Überprüfung von dessen Wirksamkeit stellen sich auch als Pflichtverletzungen des Beklagten dar, der sich hier gerade nicht auf die Ressortverantwortlichkeit innerhalb des Zentral- und Gesamtvorstandes berufen kann. **Als Mitglied des Zentral- wie des Gesamtvorstands gehört die Einrichtung eines funktionierenden Systems zur Vermeidung von Gesetzesverstößen zu den Aufgaben auch des Beklagten.** Dies stellt sich als Aufgabe des Gesamtvorstandes dar, der insbesondere zur überprüfen hat, ob das implementierte System geeignet ist, Verstöße gegen zwingendes Gesetzesrecht zu unterbinden. Dabei kann sich der Beklagte vor allem nicht darauf berufen, für die Durchsetzung im Einzelnen seien die Bereichsvorstände zuständig gewesen. Der sogenannte ‚Bereichsvorstand' ist nämlich gerade nicht Vorstand im Sinne der §§ 76 ff. AktG, weshalb eine Delegation dieser zentralen Aufgabe des aktienrechtlichen Organs ‚Vorstand' auf unterhalb dieser Ebene angesiedelte Mitarbeiter eine Pflichtverletzung darstellt (vgl. Hüffer, AktG, a.a.O., Rdn. 14 zu § 93; Krause BB 2009, 1370, 1373). Ebenso wenig kann sich der Beklagte auf die Zuständigkeit von Vorstandskollegen berufen. Gerade das wiederholte Auftreten von Gesetzesverstößen oder zumindest gravierender Verdachtsmomente im Zusammenhang mit Korruptionsfällen im Ausland zeigt, dass das bisherige System nicht ausreicht. Dann aber ist es Aufgabe jedes einzelnen Vorstandsmitglieds und damit auch des Beklagten, im Rahmen seiner Überwachungspflicht darauf hinzuwirken, dass innerhalb des Vorstands ein

---

342 *LG München I*, Urteil vom 10. Dezember 2013 – 5 HKO 1387/10, Rn. 99 – Siemens/Neubürger.

343 *LG München I*, Urteil vom 10. Dezember 2013 – 5 HKO 1387/10, Rn. 100 – Siemens/Neubürger; zur Gesamtverantwortung *Merkelbach/Reinartz*, KSzW 2016, 249 f.; zur Gesamtverantwortung m.w.N. ferner *Seeliger/Mross*, in: FK-GWB, E Allg. Teil, Rn. 201 ff. m.w.N.

344 *LG München I*, Urteil vom 10. Dezember 2013 – 5 HKO 1387/10, Rn. 101 – Siemens/Neubürger; das macht deutlich, dass die Errichtung eines Compliance-Systems nach Ansicht des entscheidenden Gerichts zu den Leitungsaufgaben des Vorstands gehört, dazu auch *Merkelbach/Reinartz*, KSzW 2016, 249.

345 *LG München I*, Urteil vom 10. Dezember 2013 – 5 HKO 1387/10, Rn. 103 – Siemens/Neubürger.

funktionierendes Compliance-System beschlossen wird (vgl. BGH NJW 1995, 2850, 2851; BGHZ 133, 370, 377 f.; Bürgers/Israel in: Bürgers/Körber, AktG, a.a.O., Rdn. 21 zu § 93). Jedenfalls dieser Überwachungspflicht wurde der Beklagte nicht gerecht."

65 Zudem **(5)** kann sich ein Vorstandsmitglied nicht darauf berufen, er sei mit seinen Vorstellungen nicht durchgedrungen.[346] Ein Vorstandsmitglied hat Vorstandsbeschlüssen nur zu folgen, soweit sie gesetzeskonform sind. Bei Rechtsverstößen in der Vergangenheit und bei Untätigkeit des Vorstands bezüglich der Compliance-Organisation ist davon nicht auszugehen, weswegen das überstimmte Mitglied entsprechende Gegenvorstellungen bei seinen Kollegen anzubringen und ggf. den Aufsichtsrat einzuschalten hat. Ferner legt das Gericht ein Pflichtenprogramm fest, welches es zu beachten und zu befolgen gilt, wenn es bereits in der Vergangenheit zu Rechtsverstöße kam und deren Beseitigung dient.[347] Zu beachten ist, dass auch Compliance-Pflichten als Ausfluss der Legalitäts- bzw. Legalitätskontrollpflicht in Konzernstrukturen im Verhältnis zu Tochterunternehmen bestehen, die den Vorstand des herrschenden Unternehmens sowohl im Verhältnis zum eigenen Unternehmen als auch zum Tochterunternehmen treffen.[348]

66 Damit wohlfahrtssteigerndes unternehmerisches Handeln aus Angst vor einer überbordenden Haftung nicht gänzlich unterlassen wird, hat der Gesetzgeber in § 93 Abs 1 S. 2 AktG die *Business Judgement Rule* normativ verankert, deren Grundsätze jedoch bereits zuvor vom *BGH* entwickelt wurden und daher auch für den Geschäftsführer einer GmbH gelten.[349] Der Manager verfügt innerhalb der anerkannten Grenzen der *Business Judgement*

---

346 *LG München I*, Urteil vom 10. Dezember 2013 – 5 HKO 1387/10, Rn. 104 m.w.N. – Siemens/Neubürger; dort auch zu folgendem Text; grundsätzlich zur Haftung im Zusammenhang mit (Vorstands)Beschlüssen eines Kollegialorgangs *Altmeppen*, in: Handbuch Managerhaftung, § 7 Rn. 7.68 ff. und *Hölters*, in: Hölters, AktG, § 93 Rn. 239 ff.; siehe dazu auch unter C. I. 3. b) aa), Rn. 136.

347 Siehe dazu *Kuhlen*, NZWiSt 2015, 121, 127 f.

348 Im Einzelnen m.w.N. auch für die abweichende Ansicht *Schneider*, NZG 2009, 1321, 1324 ff., dort Fn. 17; *Seeliger/Mross*, in: FK-GWB, E Allg. Teil, Rn. 208 ff. m.w.N.; *Thole*, ZHR, 173 (2009), 504, 510 ff.; ferner *Ziemons*, in: Michalski, GmbHG, § 43 Rn. 176, 173; dieses Ergebnis entspricht der Rechtslage i. R. v. § 130 OWiG, siehe dazu unten unter C. I. 1. b) ff); differenzierend mit Bezügen zum Kapitalmarktrecht und mit Blick auf Compliance in multinationalen Unternehmensgruppen (dort ergeben sich grundsätzlich keine Abweichungen) *Spindler*, WM 2008, 905, 915 f.; a. A. *Hölters*, in: Hölters, AktG, § 93 Rn. 111 m.w.N., der jedoch in Rn. 112 zu § 93 AktG auf die abweichende Praxis des *BKartA* hinweist; siehe dazu unten unter C. I. 1. b) ff).

349 *Fleischer*, in: Münchener Kommentar zum GmbHG, § 43 Rn. 66, 71; *Holle*, AG 2011, 778, 782; *Zöllner/Noack*, in: Baumbach/Hueck, GmbHG, §43 Rn. 22 m.w.N.

Rule über einen gerichtlich nicht überprüfbaren Ermessensspielraum[350], um die so genannten ***hindsight bias*** (Rückschaufehler) einzuschränken.[351] Danach liegt eine Pflichtverletzung nicht vor, wenn das Vorstandsmitglied bei einer **(1)** unternehmerischen Entscheidung vernünftigerweise annehmen durfte, **(2)** auf der Grundlage angemessener Information **(3)** zum Wohle der Gesellschaft zu handeln. Die Auslegung der einzelnen Merkmale ist mitunter schwierig. Rechtswidriges bzw. gesetzwidriges Handeln der Manager kann trotz der Implementierung der *Business Judgement Rule* nicht vom durch diese Vorschrift geschaffenen „sicheren Hafen" geschützt werden.[352] Daher kann ich sich ein Manager im kartellrechtlichen Kontext bei eindeutigen Verstößen gegen das Kartellrecht (bspw. bei Hardcore-Kartellen oder einem eindeutigen Missbrauch einer marktbeherrschenden Stellung) nicht auf die *Business Judgement Rule* berufen. Fraglich ist, ob dies auch in anderen kartellrechtlichen Konstellationen gilt, von denen anerkanntermaßen auch positive Effekte ausgehen können.[353] Denn seit dem mit der VO (EG) Nr. 1/2003 vollzogenen Umstellung auf das System der Legalausnahme wurde den Managern ein zusätzliches rechtliches Risiko geschaffen, da sie nunmehr selbst einschätzen müssen, ob ihr unternehmerisches Handeln kartellrechtskonform ist oder eben nicht. Sie tragen damit das Risiko der rechtlichen Fehleinschätzung. Wenn über dem Verhalten der Manager stets das Damoklesschwert der persönlichen Sanktion – sei es in Form von Bußgeldern oder Schadensersatz – schwebte, bestünde die Gefahr, dass sie von tatsächlich effizienzsteigerndem Verhalten Abstand nähmen, sodass an sich gewünschtes Verhalten unterbliebe.[354]

67 Ob und unter welchen Voraussetzungen eine solche Fehleinschätzung vor Haftung sowohl im Innen- als auch im Außenverhältnis schützt, ist Gegenstand der Diskussion. Dabei geht es neben der Frage nach Schadensersatz auch um die Sanktion in Form einer Geldbuße. Im Ergebnis muss es dabei

---

350 Für das GmbH-rechtliche Schrifttum statt vieler *Fleischer*, in: Münchener Kommentar zum GmbHG, § 43 Rn. 66 m.w.N.; vgl. für das aktienrechtliche Schrifttum bspw. *Fleischer*, in: Spindler/Stilz, AktG, § 93 Rn. 59 ff.

351 *Holle*, AG 2011, 778, 781; zur ***hindsight bias*** anschaulich *Kocher*, CCZ 2009, 215, 216 und *Wagner*, in: Münchener Kommentar zum BGB, Vorbemerkungen zu § 823 Rn. 60 m.w.N.

352 So ausdrücklich die Gesetzesbegründung zum UMAG, BT-Drs. 15/5092, S. 11; für das GmbH-rechtliche Schrifttum *Ziemons*, in: Michalski, GmbHG, § 43 Rn. 157; für das aktienrechtliche Schrifttum *Hölters*, in: Hölters, AktG, § 93 Rn. 29; *Spindler*, in: Münchener Kommentar zum AktG, § 93 Rn. 45; vgl. ferner *Säcker*, NJW 2008, 3313, 3316.

353 So explizit im Hinblick auf vertikale Vereinbarungen *EU-Kommission*, Leitlinien für vertikale Beschränkungen, Rn. 106 ff.

354 Vgl. *Eden*, Persönliche Schadensersatzhaftung, S. 55.

bleiben, dass die Legalitätspflicht zumindest im Außenverhältnis nicht aufgeweicht werden darf.[355] Im Außenverhältnis kommt eine Exkulpation unter Hinweis auf eine unsichere Rechtslage nur unter den engen Grenzen des unverschuldeten Rechtsirrtums (unvermeidbarer Verbotsirrtum) auf Ebene des Verschuldens in Betracht.[356] Dies ist auch sachgerecht, da der Handelnde unter dem Schutz der *Business Judgement Rule* die Interessen der Gesellschaft und deren Anteilseigner verfolgt, die sich im Fall von Rechtsverstößen jedoch nicht mit denen der außenstehenden Dritten oder des Gesetzgebers decken.[357] Diese werden vielmehr daran interessiert sein, dass der Manager eher risikoavers handelt. Ob im Innenverhältnis eine Ausnahme von der organschaftlichen Legalitätspflicht gemacht werden bzw. ob diese sachgerecht angewendet werden kann oder ob hier gar die *Business Judgement Rule* entgegen der ausdrücklichen Gesetzesbegründung Anwendung findet, ist strittig.[358] Denn diese sieht ausdrücklich vor, dass die *Business Judgement Rule* auf „rechtlich gebundene Entscheidungen", zu denen namentlich die „Beachtung gesetzlicher, satzungsmäßiger oder anstellungsvertraglicher Pflichten ohne tatbestandlichen Beurteilungsspielraum" gezählt wird, nicht anwendbar sein soll.[359] Jedoch ist die Motivationslage bei unsicherer Rechtslage vergleichbar mit den von der *Business Judgement Rule* erfassten unternehmerischen Entscheidungen, da beiden ein Prognosenelement inne wohnt, da es auf eine Rechtsfrage mitunter nicht immer eine eindeutige Antwort gibt und der

---

355 So auch ausdrücklich *Bayer*, in: Festschrift für Schmidt, S. 85, 88 f.; *Dreher*, in: Festschrift für Konzen, S. 85, 95 f.; *Eden*, Persönliche Schadensersatzhaftung, S. 56; *Holle*, AG 2011, 778 ff., *passim* m.w.N.; *Jungmann*, in: Festschrift für Schmidt, S. 831, 837 f.; vgl. ferner bspw. *Fleischer*, in: Spindler/Stilz, AktG, § 93 Rn. 28, wo Ausnahmen von der organschaftlichen Rechtsbindung im Innenverhältnis bzw. eine sachgerechte Anwendung der Legalitätspflicht bei unsicherer Rechtslage diskutiert werden; im Umkehrschluss bedeutet dies, dass das eben nicht im Außenverhältnis gelten kann; in diesem Sinne auch *Hack*, Vorstandsverantwortlichkeit bei Kartellverstößen, S. 46.

356 *BGH*, Urteil vom 20. September 2011 – II ZR 234/09, Rn. 16 m.w.N. = CCZ 2012, 76 ff.; *Dreher*, in: Festschrift für Konzen, S. 85, 95 f.; ferner unter Verweis auf die dem entsprechende Gesetzesbegründung *Fleischer*, in: Spindler/Stilz, AktG, § 93 Rn. 32, 35 f., der jedoch in einem solchem Fall bereits keine Pflichtverletzung sieht; siehe dazu ausführlich unten unter Rn. 68 und C. I. 5. b) dd) (2) und C. I. 5. b) dd)(3).

357 So ausdrücklich *Eden*, Persönliche Schadensersatzhaftung, S. 55; dort auch zu folgendem Text; ferner *Holle*, AG 2011, 778, 782 ff.

358 Vgl. dazu mit einem Überblick über den Meinungsstand *Hack*, Vorstandsverantwortlichkeit bei Kartellverstößen, S. 46 f. und *Holle*, AG 2011, 778; vgl. ferner *Kocher*, CCZ 2009, 215, 216 ff. m.w.N. und *Louven*, KSzW 2016, 241 ff.

359 Gesetzesbegründung zum UMAG, BT-Drs. 15/5092, S. 11; *Bayer*, in: Festschrift für Schmidt, S. 85, 91.

Entscheidung somit Unsicherheit inne wohnt.[360] Die überwiegende Meinung in der Literatur geht davon aus, dass die *Business Judgment Rule* zwar nicht unmittelbar, jedoch ihrem Grundgedanken nach anwendbar sein soll.[361]

68 Das bedeutet Folgendes: Ist die Rechtslage offen oder nicht durch eine Gerichtsentscheidung entschieden, darf der Manager eine vertretbare und für die Gesellschaft günstige Position nach pflichtgemäßem Ermessen einnehmen.[362] Dies gilt jedoch nur soweit die Rechtslage zuvor durch einen unabhängigen Rechtsanwalt oder Lehrstuhlinhaber sorgfältig geprüft und analysiert wurde.[363] Ist auch diese Analyse in ihrem Ergebnis nicht eindeutig, ist es Sache des Managers, die Vor- und Nachteile des Geschäfts vor dem Hintergrund der möglichen Rechtswidrigkeit abzuwägen.[364] Ggf. darf sogar bewusst von der bisherigen Rechtspraxis abgewichen werden, wenn und soweit gewichtige Gründe dafür bestehen.[365] So gesehen stellt sich im Fall der rechtlichen Unsicherheit die Frage nicht mehr, ob die *Business Judgement Rule*

---

360 Vgl. *Spindler*, in: Münchener Kommentar zum AktG, § 93 Rn. 75, 83 unter expliziter Bezugnahme aus kartellrechtliche Unsicherheiten; weitergehend sogar *Sieg/ Zeidler*, in: Corporate Compliance, § 3 Rn. 38 f., die einen unternehmerischen Entscheidungsspielraum in Bezug auf die Befolgung von Gesetzen sehen.

361 So bspw. *Dreher*, in: Festschrift für Konzen, S. 85, 95 ff.; *Fleischer*, in: Spindler/Stilz, AktG, § 93 Rn. 67, 69a m.w.N., der dafür plädiert, die Fälle unsicheren Rechtslage und der Auslegung unbestimmter Rechtsbegriffe einer eigenständigen Kategorie zuzuweisen und nicht in analoger Anwendung zur *Business Judgement Rule* zu lösen; dort finden sich auch Nachweise zur Auffassung, die das Problem unter analoger Anwendung lösen möchte; ähnlich auch *Haas/Ziemons*, in: Beck'scher Onlinekommentar GmbHG, § 43 Rn. 57 und *Spindler*, in: Münchener Kommentar zum AktG, § 93 Rn. 76, *ders.*, in: Festschrift für Canaris, S. 403, 412 ff., insb. S. 414 f.; nach *Kapp/Gärtner*, CCZ 2009, 168, 171 findet die *Business Judgement Rule* weder direkt noch sinngemäß Anwendung.

362 Für das GmbH-rechtliche Schrifttum *Haas/Ziemons*, in: Beck'scher Onlinekommentar GmbHG, § 43 Rn. 56 m.w.N.; vgl. auch *Zöllner/Noack*, in: Baumbach/Hueck, GmbHG, § 43 Rn. 23c; für das aktienrechtliche Schrifttum *Fleischer*, in: Spindler/ Stilz, AktG, § 93 Rn 29, 35 ff.; für das aktienrechtliche Schrifttum in Bezug auf Kartellrechtsverstöße *Bayer*, in: Festschrift für Schmidt, S. 85, 92; vgl. auch *Hölters*, in: Hölters, AktG, § 93 Rn. 76; ferner zum ganzen Komplex *Spindler*, in: Münchener Kommentar zum AktG, § 93 Rn. 77 ff.

363 Für das GmbH-rechtliche Schrifttum *Fleischer*, in: Münchener Kommentar zum GmbHG, § 43 Rn. 36, 42; für das aktienrechtliche Schrifttum *Fleischer*, in: Spindler/ Stilz, AktG, § 93 Rn. 29; für das aktienrechtliche Schrifttum in Bezug auf Kartellrechtsverstöße *Bayer*, in: Festschrift für Schmidt, S. 85, 92.

364 Für das GmbH-rechtliche Schrifttum *Fleischer*, in: Münchener Kommentar zum GmbHG, § 43 Rn. 37 ff.; *Haas/Ziemons*, in: Beck'scher Onlinekommentar GmbHG, § 43 Rn. 57 m.w.N.; für das aktienrechtliche Schrifttum *Fleischer*, in: Spindler/Stilz, AktG, § 93 Rn. 30 m.w.N.; *Kocher*, CCZ 2009, 215, 217.

365 *Spindler*, in: Münchener Kommentar zum AktG, § 93 Rn. 85 ff. m.w.N.

den Manager nur im Innen- oder auch im Außenverhältnis schützt, da sie nicht greift.[366] Im Außenverhältnis kann er sich nur unter Berufung auf einen unverschuldeten Rechtsirrtum (unvermeidbarer Verbotsirrtum) exkulpieren, während es im Innenverhältnis eher bereits an einer Pflichtverletzung fehlt, soweit der Manager die genannten Anforderungen erfüllt hat[367]; anderenfalls ist das Problem auch im Innenverhältnis über die Figur des unverschuldeten Rechtsirrtums (unvermeidbarer Verbotsirrtum) zu lösen.[368] Dieser Lösungsweg für das Problem ist auch vor dem Hintergrund des *Principal-Agent*-Problems richtig.[369] Denn indem man die Anwendbarkeit der *Business Judgement Rule* im Außenverhältnis verneint und eine Exkulpation nur in den engen Grenzen des unverschuldeten Rechtsirrtums (unvermeidbarer Verbotsirrtum) zulässt, wird grundsätzlich ein Anreiz zu gesetzestreuem Verhalten geschaffen und die Risikoneutralität der Manager gesteigert, was auch unabhängig von der Frage nach der Anwendbarkeit der *Business Judgement Rule* im Innenverhältnis im Interesse der Anteilseigner liegt.[370]

---

366 So auch *Eden*, Persönliche Schadensersatzhaftung, S. 56 und *Jungmann*, in: Festschrift für Schmidt, S. 831, 837 f., die dieses Ergebnis mit der Verletzung der Legalitätspflicht begründen. Denn grundsätzlich erkennt die Rechtsprechung trotz der gesetzlichen Normierung in § 93 Abs. 1 S. 1 AktG an, dass die *Business Judgement Rule* auch im Außenverhältnis Schutzwirkung entfalten kann, *Fleischer*, in: Münchener Kommentar zum GmbHG, § 43 Rn. 91 m.w.N.; *Fleischer*, in: Spindler/Stilz, AktG, § 93 Rn. 78 m.w.N.

367 *Dreher*, Festschrift für Konzen, S. 85, 93 ff.; *Fleischer*, in: Spindler/Stilz, AktG, § 93 Rn. 32; *Fleischer*, ZIP 2005, 141, 150; *ders.*, BB 2008, 1070, 1071; *Sander/Schneider*, ZGR 2013, 725, 731 m.w.N.; *Spindler*, in: Münchener Kommentar zum AktG, § 93 Rn. 83; *Thole*, ZHR, 173 (2009), 504, 524 m.w.N.; a. A. *BGH* NZG 2011, 1271, 1272 f., dort Rn. 16; diese Entscheidung ist jedoch abzulehnen, da – wie bereits oben unter B. II. 2. a) cc), Rn. 67 ausgeführt wurde – die Motivationslage bei unsicherer Rechtslage vergleichbar mit den von der *Business Judgement Rule* erfassten unternehmerischen Entscheidungen, da beiden ein Prognosenelement innewohnt, da es auf eine Rechtsfrage mitunter nicht immer eine eindeutige Antwort gibt und der Entscheidung somit Unsicherheit innewohnt. Ist die *Business Judgement Rule* anwendbar, liegt jedoch unstrittig keine Pflichtverletzung (so *Strohn*, CCZ 2013, 177, 178; vgl. ferner *Spindler*, in: Münchener Kommentar zum AktG, § 93 Rn. 40) vor, sodass es unbillig wäre, einen vergleichbaren Fall ungleich zu behandeln, zumal dem Organwalter anderenfalls der Einwand des pflichtgemäßen Alternativverhaltens nicht zu steht und auch seine Abberufung und Kündigung aus wichtigem Grund nicht ausgeschlossen sind, siehe dazu *Fleischer*, in: Spindler/Stilz, AktG, § 93 Rn. 35 f. und *Sander/Schneider*, ZGR 2013, 725, 742 ff.

368 So auch im Bezug auf die Haftung im Innenverhältnis *Hack*, Vorstandsverantwortlichkeit bei Kartellverstößen, S. 47 ff.; gegen die Einführung einer *legal judgement rule* spricht sich *Fleischer*, in: Spindler/Stilz, AktG, § 93 Rn. 69a aus.

369 Siehe dazu bereits oben unter B. II. 2. a) bb).

370 Vgl. *Jungmann*, in: Festschrift für Schmidt, S. 831, 839.

b) Rechtsstaatliche Grundsätze hinsichtlich der Höhe der Sanktionen

69 Dem Schutz des Wettbewerbs mit Mitteln des Kartellrechts kommt im europäischen Einigungsprozess eine zentrale Rolle zu, da das politische Bekenntnis von Beginn an mit konkreten Schritten verbunden war.[371] So wurden die Europäischen Gemeinschaften selbst von Beginn an mit der Überwachung des Wettbewerbsprinzips betraut und diese Kompetenz nicht in der Verantwortung der Nationalstaaten belassen.[372] Mithin ist es von Beginn an das Ziel gewesen, ein effektives kartellrechtliches Sanktionensystem zu schaffen.[373] Trotz dieses hohen Stellenwerts heiligt der Zweck nicht alle Mittel.[374] Auch für ein effektives kartellrechtliches Sanktionensystem gilt der rechtsstaatliche Grundsatz der Verhältnismäßigkeit.[375] Durch den Vertrag von Lissabon ist der Verhältnismäßigkeitsgrundsatz nunmehr in Art. 49 der EU-Grundrechtecharta verankert. Eine Zweck-Mittel-Relation ist bei der Sanktionierung durch Bußgelder durchzuführen.[376] Daraus resultiert, dass eine Sanktion in Form einer Geldbuße sowohl gegen Unternehmen wegen Verstoßes gegen Kartellrecht als auch gegen natürliche Personen nach deutschem Ordnungswidrigkeitenrecht (§ 81 GWB i. V. m. §§ 9, 130 OWiG) verhältnismäßig, also schuldangemessen sein muss.[377] Aus ökonomischer Sicht spricht allerdings viel dafür, dass die verhängten Geldbußen in der Praxis viel höher ausfallen müssten, um einen wirksamen Abschreckungseffekt zu haben.[378] Denn um einen wirksamen Abschreckungseffekt zu erzielen, müssten die drohenden Geldbußen den aus dem Kartellrechtsverstoß erwarteten bzw. gezogenen Gewinn übersteigen.[379] Rechnerisch ist die Höhe der nötigen Geldbuße zu ermitteln, indem die verhängte Geldbuße bei Entdeckung und Ahnung des Verstoßes mit der Wahrscheinlichkeit der Entdeckung und

371 *Thomas*, JZ 2011, 485.
372 *Thomas*, JZ 2011, 485.
373 Vgl. *Thomas*, JZ 2011, 485 f.
374 So ausdrücklich auch *Bechtold/Bosch*, ZWeR 2011, 160, die sich dezidiert kritisch mit der Bußgeldpraxis befassen.
375 *EuGH*, Urteil v. 22. 5. 2008 – Rs. C-266/06 P, Tz. 10 ff., WuW/E EU-R 1451, Rn. 62 – Evonik Degussa; *Thomas*, JZ 2011, 485, 489.
376 *Thomas*, JZ 2011, 485, 489.
377 So auch *BKartA*, Leitlinien für die Bußgeldzumessung in Kartellordnungswidrigkeitenverfahren, S. 2; vgl. ferner *Thomas*, JZ 2011, 485, 489 ff.
378 Vgl. *Riley*, European Competition Law Review 11 (2011), 551, der die Bußgelder trotz der Kritik aus der Wirtschaft für „too light" bezeichnet; siehe ferner *Hösch*, Der schadensrechtliche Innenausgleich, S. 41 f.; vgl. ferner *Wagner-von Papp*, WuW 2010, 268, 270 ff.
379 *Wils*, The Optimal Enforcement of EC Antitrust Law, S. 199; ferner *Riley*, European Competition Law Review 11 (2011), 551.

Ahndung multipliziert wird.[380] Dies soll im Folgenden anhand eines klassischen Preiskartells illustriert werden.[381] Der Gewinn, den die beteiligten Unternehmen aus dem Kartellrechtsverstoß ziehen, hängt vom Umsatz des betroffenen Produkts, dem kartellbedingten Preisanstieg, der Nachfrageelastizität und der Dauer des Kartells ab. Bezüglich des Gewinns aus Preiskartellen mangelt es an europäischen Studien. In den USA ist aufgrund einer Analyse des *Department of Justice* aus den 1980er Jahren anerkannt, dass der kartellbedingte Preisanstieg bei mindestens 10 % liegt.[382] Die Lebensdauer eines Kartells beträgt mindestens fünf Jahre. Die Wahrscheinlichkeit der Entdeckung und Ahndung liegt in den USA zwischen 13 und 17 % und dürfte in Europa eher niedriger sein, da die europäischen Behörden im Vergleich zu den amerikanischen Behörden mit weniger Befugnissen ausgestattet sind. Unterstellt man demnach einen Preisanstieg um 10 % und einen mit Blick auf die Nachfrageelastizität zusätzlichen Gewinn in Höhe von 5 % bei fünfjähriger Dauer des Preiskartells und einer Wahrscheinlichkeit der Entdeckung und Ahndung von 16 %, müsste die verhängte Geldbuße mindestens 150 % des mit den betroffenen Produkten erzielten Jahresumsatzes betragen. Nach den maßgeblichen Vorschriften im europäischen und deutschen Recht (Art. 23 Abs. 2 VO (EG) Nr. 1/2003 und § 81 Abs. 4 S. 2 GWB) darf die Höhe der Geldbuße 10 % des Gesamtumsatzes des bebußten Unternehmens in einem Geschäftsjahr nicht überschreiten.[383]

70 Obgleich die verhängten Bußgelder diese aus ökonomischer Sicht empfehlenswerte Höhe nicht annähernd erreichen[384], wird trotzdem bereits

---

380 *Wils*, The Optimal Enforcement of EC Antitrust Law, S. 199 m.w.N.

381 *Wils*, The Optimal Enforcement of EC Antitrust Law, S. 199 ff.; dort auch zu folgendem Text.

382 Das diese Annahme noch zurückhaltend ist, zeigt eine Untersuchung der *EU-Kommission*, Factsheet „Fines for breaking EU Competition law", die belegt, dass der durchschnittliche Preisanstieg sogar bei 15–20 % liegt.

383 Vgl. zur Bußgeldberechnung im Allgemeinen die Leitlinien für das Verfahren zur Festsetzung von Geldbußen gemäß Art. 23 Abs. 2 lit. a) der Verordnung (EG) Nr. 1/2003 und *BKartA*, Leitlinien für die Bußgeldzumessung in Kartellordnungswidrigkeitenverfahren; eine Statistik über die von der *EU-Kommission* verhängten Geldbußen findet sich unter http://ec.europa.eu/competition/cartels/statistics/statistics.pdf, zuletzt abgerufen am 31.1.2016 um 19:48 Uhr.

384 *Combe/Monier*, The Myth of Over Enforcement, *passim* erläutern anhand der Empirie, dass die von der *EU-Kommission* verhängten Bußgelder oftmals nicht den kartellbedingten Zusatzgewinn übersteigen; das *Department of Trade and Industry*, A World Class Competition Regime sieht Anzeichen dafür, dass die im Vereinigten Königreich für Kartelle verhängten Bußgelder nicht ausreichen; vgl. ferner *Riley*, European Competition Law Review 11 (2011), 551 ff., *passim*; Kritik an den Schlussfolgerungen von *Combe/Monier* üben *Allain/Boyer et al.*, The Myth of Underdeterrence, *passim*.

heutzutage starke Kritik an der Bußgeldpraxis sowohl der *EU-Kommission* als auch des *BKartA* gegenüber Unternehmen geübt. Die verhängten Geldbußen werden als zu hoch und somit verfassungswidrig bezeichnet, es ist von Überabschreckung die Rede.[385] Diese Kritik ist – wie im Folgenden gezeigt wird – jedoch abzulehnen.[386] Trotzdem ist zu konstatieren, dass hohe Geldbußen gegenüber Unternehmen nicht zielführend sind. Denn eine Geldbuße, die die wirtschaftliche Leistungsfähigkeit eines Unternehmens übersteigt (sog. *inability-to-pay*-Einwand), führt nicht zur Erreichung des verfolgten Ziels, namentlich einer wirksamen Abschreckung.[387] Außerdem ist es möglich, dass das Ausscheiden eines Wettbewerbers aus dem Markt gerade zur Schwächung des Wettbewerbes in diesem Markt führt, was jedoch nicht bezweckt ist.[388] Doch selbst wenn der Kartellant nicht aus dem Markt ausscheidet, können die mit der Geldbuße verbundenen Kosten unerwünscht hoch sein.[389] Dies liegt daran, dass die Bußgelder für die Unternehmen lediglich Kostenfaktoren darstellen, die sie ggf. in ihre Preiskalkulation einpreisen können, wodurch die Preise steigen und die Nachfrage sinken könnten. Beides würde nicht zur Steigerung der Gesamtwohlfahrt führen. Doch damit nicht genug. Eine (zu) hohe Geldbuße hat Auswirkungen auf die Volkswirtschaft als Ganzes, mithin auch auf Unternehmen und Angestellte, die ursprünglich am

---

385 So bspw. *Möschel*, WuW 2010, 869: Kartellgeldbußen seien als Strafen anzusehen, deren Verhängung den Gericht obliege; nach *Hassemer/Dallmeyer*, Gesetzliche Orientierung im deutschen Recht der Kartellgeldbußen und das Grundgesetz, S. 36 ff. sei die Regelung des § 81 Abs. 4 S. 2 GWB zu unbestimmt und verstoße daher gegen Art. 103 Abs. 2 GG und die Bußgeldleitlinien als Verwaltungsvorschriften können keine Bestimmtheit herbeiführen; ferner *Bechtold/Bosch*, ZWeR 2011, 160 ff., *passim.*; *Deselaers*, WuW 2006, 118; *Meyer-Lindemann*, WuW 2011, 1235, 1237 f.; *Thiele*, WRP 2006, 999; *Wagner*, EWS 2006, 251.

386 *Ackermann*, ZWeR 2010, 329 ff., *passim*; *Fabra/Motta*, Antitrust Fines in Times of Economic Crisis, *passim*, insb. S. 16; *Riley*, European Competition Law Review 11 (2011), 551, der die harte Linie der Europäischen Kommission gegen Preiskartellanten ausdrücklich unterstützt und feststellt, dass die Bußgelder in vielen Fällen zu niedrig sind; die Überabschreckung im Bezug auf Organhaftung bei fehlerhafter Kapitalmarktinformation ablehnend *Casper*, BKR 2005, 83, 87; vgl. ferner *Werden/Simon*, The Antitrust Bulletin 32 (1987), 935, 940 ff.; zu den von Art. 103 Abs. 2 und 3 GG gezogenen Grenzen in Hinblick auf überkompensatorische Zahlungsverpflichtungen *Dreier*, Kompensation und Prävention, S. 508 ff.

387 Vgl. *Becker*, The Journal of Political Economy 76 (1968), 169, 208; *Shavell*, The Journal of Law and Economics 36 (1993), 255, 265 f.; *Stigler*, The Journal of Political Economy 78 (1970), 526, 527; *Wils*, The Optimal Enforcement of EC Antitrust Law, S. 16 f.

388 *Eden*, Persönliche Schadensersatzhaftung, S. 47; *Palzer*, NZI 2012, 67, 68 f.

389 *Polinsky/Shavell*, International Review of Law and Economics 13 (1993), 239, 255; dort auch zu folgendem Text.

Kartell nicht beteiligt waren (sog. *knock on*-Effekt).[390] So wirken sich zu hohe Geldbußen auf die Investitionsfähigkeit und damit die Innovationskraft des Unternehmens aus.[391] Möglich sind auch Lohnsenkungen oder Arbeitsplatzabbau, die die durch die Sanktion verursachten Kosten auch außerhalb der Insolvenz sozialisieren und somit negative Auswirkungen auf die Gesamtwirtschaft haben.[392] Schlussendlich existieren Zweifel hinsichtlich der Verhältnismäßigkeit der Sanktion, weil aufgrund der geringen Aufdeckungswahrscheinlichkeit ein sogenannter Risikozuschlag von den „ertappten" Kartellrechtssündern verlangt wird, wodurch die Maßnahme willkürlich erscheint.[393] Insofern ist es angezeigt, Anreize zu gesetzestreuem Verhalten gerade durch die gezielte Verhängung von Sanktionen in Form von Geldbußen und Schadensersatzansprüchen gegen die handelnden natürlichen Personen zu schaffen, um so die rechtsstaatlichen Vorgaben einzuhalten und gravierende Nachteile für die Gesamtwirtschaft zu verhindern und gleichzeitig eine effektive Durchsetzung des Kartellrechts zu gewährleisten.[394] Denn es ist keine valide Option, diese unbestritten nachteiligen Folgen hinzunehmen, um so eine effektive Sanktionierung und effektive Kartellrechtsdurchsetzung zu erreichen. Eine solche Praxis wäre aus rechtsstaatlicher Sicht bedenklich und gesamtwirtschaftlich schädlich. Auf der anderen Seite kann man sich nicht mit Blick auf die mit zu hohen Sanktionen verbundenen Nachteile damit begnügen, die Effektivität der Rechtsdurchsetzung nicht zu erhöhen und weiter Bußgelder zu verhängen, deren Wirkung aus ökonomischer

---

390 *Oxford Economics*, An analysis of the follow-on effects of cartel fines on investment and employment, S. 1; dort finden sich *passim* ferner detaillierte Analysen anhand von Modellen und Szenarien, wie sich hohe Bußgelder auf das Unternehmen selbst, dessen Innovationskraft und Arbeitnehmer sowie andere Wirtschaftsteilnehmer auswirken.

391 *Ackermann*, ZWeR 2010, 329, 336; *Oxford Economics*, An analysis of the follow-on effects of cartel fines on investment and employment, *passim*.

392 *Ackermann*, ZWeR 2010, 329, 336; *Oxford Economics*, An analysis of the follow-on effects of cartel fines on investment and employment, *passim*; vgl. auch *Palzer*, NZI 2012, 67, 68 m.w.N.

393 *Eden*, Persönliche Schadensersatzhaftung, S. 48; vgl. ferner *Thomas*, JZ 2011, 485, 489 und *Wils*, The Optimal Enforcement of EC Antitrust Law, S. 204 ff.

394 Vgl. *Coffee*, Michigan Law Review 79 (1981), 386 f., der eine Kombination von Sanktionen gegen das Unternehmen und für das Unternehmen als Organ handelnden natürlichen Personen für sinnvoll und nötig erachtet; so auch *Polinsky/Shavell*, International Review of Law and Economics 13 (1993), 239 f.; ferner *Krüger*, Öffentliche und private Durchsetzung des Kartellverbots, S. 237 f.; *Wils*, The Optimal Enforcement of EC Antitrust Law, S. 217 f.; nach Auffassung von *Riley*, European Competition Law Review 11 (2011), 551, 561 f. ist gerade das Fehlen von Sanktionsmöglichkeiten gegen natürliche Personen das entscheidende Problem auf EU-Ebene, da dadurch „a significant deterrence gap" entsteht.

Sicht fragwürdig erscheint.[395] Eine solche Praxis wäre nicht sinnvoll und von einer Überabschreckung kann insofern keine Rede sein. Insofern ist der Rückgriff auf einen anderen, zusätzlichen Passivlegitimierten sinnvoll, da so beide Ziele dergestalt in Einklang gebracht werden können, dass sich positive und negative Effekte die Waage halten.[396] Es ist darauf hinzuweisen, dass nach deutschem Kartellordnungswidrigkeitenrecht ein solches Nebeneinander von verschiedenen Adressaten praktiziert wird. Dieser Ansatz sollte auch auf den Schadensersatzanspruch ausgeweitet werden.

c) Abschreckung und verbesserte Informationsgewinnung als weitere positive Auswirkungen persönlicher Sanktionen

71 Neben den bereits oben ausgeführten Umständen sind noch die beiden folgenden Aspekte für die Beantwortung der Frage nach dem „richtigen" Adressaten relevant.

72 Wie bereits angedeutet wurde, führt die Sanktionierung von den handelnden natürlichen Personen zu einer verbesserten Abschreckungswirkung, da die Sanktion den Manager zum einen in seinen eigenen Rechten und Interessen trifft[397] und zum anderen bei der Entscheidungsfindung neben dem Risiko für das Unternehmen auch das eigene Risiko berücksichtigt werden wird.[398] Diese gesteigerte Abschreckungswirkung hat dabei einen doppelt-positiven Effekt: Indem man den Manager von dem Verstoß abhält, wird gleichzeitig *en passant* das Unternehmen keinen Verstoß begehen,[399] wodurch das Recht effektiv durchgesetzt wird. Dieser Umstand ist besonders dann relevant, wenn die Anteilseigner keine effektive Kontrolle über das Verhalten der Manager ausüben (können), um Wettbewerbsverstöße zu verhindern, die im Widerspruch zu ihren Interessen stehen.[400] Dies ist auch nach wie vor nötig, da sich die Verhältnisse im Wirtschaftsleben bislang nicht nachhaltig verändert haben. Denn trotz der gesteigerten Compliance-Bemühungen seitens

---

395 Vgl. *Eden*, Persönliche Schadensersatzhaftung, S. 48.

396 Vgl. *Eden*, Persönliche Schadensersatzhaftung, S. 48.

397 *Baker*, George Washington Law Review 69 (2001), 693, 697; *Hempel*, Privater Rechtsschutz im Kartellrecht, S. 276; *Wils*, The Optimal Enforcement of EC Antitrust Law, S. 17.

398 *Krüger*, Öffentliche und private Durchsetzung des Kartellverbots, S. 237 m.w.N.; *Rosochowicz*, European Competition Law Review 25 (2004), 752, 756 plädiert ebenfalls für eine Kombination von Sanktionen gegen juristische und natürliche Personen.

399 *Krüger*, Öffentliche und private Durchsetzung des Kartellverbots, S. 237 m.w.N.; *OECD*, Cartel Sanctions against Individuals, S. 7.

400 *Krüger*, Öffentliche und private Durchsetzung des Kartellverbots, S. 237 m.w.N.

der Unternehmen sind deren Manager und Mitarbeiter nach einer aktuellen Erhebung unter 2000 Führungskräften im deutschsprachigen Raum immer noch dazu geneigt, betriebsbezogene Ordnungswidrigkeiten oder Straftaten zu begehen.[401] Nach dieser Erhebung gehören „Korruption und Betrug [...] trotz umfangreichen Compliance-Richtlinien zum Unternehmensalltag", wozu auch Wettbewerbsverstöße zählen.[402] Immerhin 23 % der Befragten gaben an, dass in ihrem Unternehmen bereits Korruptions- oder Betrugsfälle vorgekommen seien und 19 % der Befragten wurden in der Vergangenheit von ihren Vorgesetzten mit einem Auftrag betraut, der nicht mit Gesetzen oder Compliance-Regeln des Unternehmens kompatibel war.[403] Nach dem Bericht ist nur die Hälfte der befragten Führungskräfte sicher, dass nichts Unethisches im Unternehmen passiere.[404] Als Ursache für unethisches oder rechtswidriges Verhalten nannten 48 % der Befragten Gier als Motiv während noch 38 % der Befragten generell der Meinung waren, dass Ehre und Moral im heutigen Wirtschaftsleben keine hohe Bedeutung beigemessen werde.[405] Diese Ansicht teilt auch der ehemalige Vorsitzende der Monopolkommission *Zimmer*, der in einem Interview sagte, dass „[d]as Unrechtsbewusstsein für Kartellverstöße [...] weiterhin unterentwickelt [ist]" und ein Rückgang der Kartellrechtsverstöße nur in vom *BKartA* intensiv durchleuchteten Branchen zu erwarten sei.[406] Dagegen herrschten in Branchen, in denen das *BKartA* bislang kaum oder wenig ermittelte „seit langem verkrustete Kartellstrukturen" vor, was auch für Branchen zu vermuten sei, die bisher keinen hinreichend offenen Anlass für Ermittlungen geboten hätten.[407] *Zimmer* wertet zudem die von Unternehmen durchgeführten Compliance-Schulungen als Beleg dafür, dass Unternehmen selbst die Notwendigkeit dafür sehen würden, ihre

---

401 *Obmann*, Handelsblatt vom 7.-9. November 2016, Nr. 214, Schmieren, tricksen, täuschen, S. 58 f.; die Ergebnisse werden im Wesentlichen auch durch eine von Ernst & Young durchgeführten Befragung unter 4.100 Entscheidungsträgern aus Unternehmen aus 41 Ländern bestätigt, *Knop*, Frankfurter Allgemeine Zeitung Blog Ad hoc vom 5. April 2017, Deutsche Manager sehen Korruption auf dem Vormarsch – und würden im eigenen Interesse lügen.

402 *Obmann*, Handelsblatt vom 7.-9. November 2016, Nr. 214, Schmieren, tricksen, täuschen, S. 58 f.

403 *Obmann*, Handelsblatt vom 7.-9. November 2016, Nr. 214, Schmieren, tricksen, täuschen, S. 58.

404 *Obmann*, Handelsblatt vom 7.-9. November 2016, Nr. 214, Schmieren, tricksen, täuschen, S. 58.

405 *Obmann*, Handelsblatt vom 7.-9. November 2016, Nr. 214, Schmieren, tricksen, täuschen, S. 58.

406 *Bünder*, Frankfurter Allgemeine Zeitung vom 24. Oktober 2015, Bis zu fünf Jahre Haft für Kartellsünder.

407 *Bünder*, Frankfurter Allgemeine Zeitung vom 24. Oktober 2015, Bis zu fünf Jahre Haft für Kartellsünder.

Mitarbeiter zu sensibilisieren.[408] Mithin besteht aus rechtspolitischer Sicht weiterhin ein gesteigertes Bedürfnis, mit Mitteln des Rechts verhaltenssteuernd Anreize zur Rechtsbefolgung zu setzen, was auch der ökonomischen Theorie entspricht.[409] Dem schließen sich sogar die befragten Führungskräfte an, die in der Befragung angaben, dass die drohenden Sanktionen zu gering seien, um die Entfaltung krimineller Energie zu verhindern.[410]

73 Zugleich führt die persönliche Inanspruchnahme des Managers dazu, dass sich die Informationsgewinnung verbessert. Bewerkstelligen lässt sich das mit der Einführung eines Kronzeugenprogramms für natürliche Personen, wodurch eine zusätzliche Informationsquelle für die Behörden eröffnet wird, die zumindest mittelbar über die Möglichkeit der *follow on*-Klage auch den privaten Klägern zugute kommt.[411] Denn so wird ein Anreiz für die natürliche Person geschaffen, welcher zu einem eigenen Interesse an der Offenlegung von Informationen erwächst, wenn im Gegenzug die eigene Sanktion reduziert wird.[412] Die Reduzierung der Sanktion betrifft zum einen das zu erwartende Bußgeld und zum anderen auch die nach hier vertretener Meinung bestehende Schadensersatzpflicht. Denn nach dem Regelungsregime des § 33e Abs. 1 S. 1 GWB n. F. wird Schadensersatzpflicht auf unmittelbare Abnehmer begrenzt, wodurch der Kronzeuge privilegiert wird.[413] Der so geschaffene Anreiz ist auch nicht notwendigerweise deckungsgleich mit dem Anreiz des Unternehmens an einer Offenlegung von Informationen, um seinerseits in den Genuss der bereits bestehenden Kronzeugenregelung zu kommen.[414] Vielmehr wird insgesamt die Wahrscheinlichkeit der Aufdeckung von Kartellen durch Offenlegung von Informationen erhöht, da die Manager beim Fehlen einer persönlichen Sanktion kein unmittelbares Interesse an der Weitergabe von Informationen besitzen und eventuell aus gesellschaftsrechtlichen Gründen sogar daran gehindert sein könnten, da sie letztlich zum

---

408 *Bünder*, Frankfurter Allgemeine Zeitung vom 24. Oktober 2015, Bis zu fünf Jahre Haft für Kartellsünder.

409 Siehe dazu bereits oben unter B. I.

410 *Obmann*, Handelsblatt vom 7.-9. November 2016, Nr. 214, Schmieren, tricksen, täuschen, S. 59.

411 Vgl. *Krüger*, Öffentliche und private Durchsetzung des Kartellverbots, S. 238 m.w.N.; das dies auch nach wie vor die Regel ist, zeigt Erwägungsgrund 26 der EU-Kartellschadensersatzrichtlinie (RL 2014/104/EU), wo es heißt, dass „Schadensersatzklagen in Kartellsachen in der Regel Folgeklagen [...] sind."

412 *Baker*, George Washington Law Review 69 (2001), 693, 697; *Krüger*, Öffentliche und private Durchsetzung des Kartellverbots, S. 238 m.w.N.

413 Siehe dazu auch unter C. I. 4. a) ee) und C. IV. 1.

414 *Baker*, George Washington Law Review 69 (2001), 693, 698 und 707 f. betont, dass natürliche Personen und ihre Informationen, die man durch das *whistle blowing* erhält, essentiell für die Durchsetzung sind; *Krüger*, Öffentliche und private Durchsetzung des Kartellverbots, S. 238 m.w.N.

Wohle der Gesellschaft handeln müssen.[415] Die diesbezüglichen Erfahrungen aus den USA, wo Manager persönlichen Sanktionen ausgesetzt sind und eine Kronzeugenregelung auch für natürliche Personen besteht, sind positiv und lassen sich insofern als Argument für die Ausweitung des Adressatenkreises von Sanktionen anführen bei gleichzeitiger Einführung bzw. Ausweitung eines entsprechenden Kronzeugenprogramms.[416]

74 Diese Sicht teilt auch das *BKartA*, da im Sinne der Bonusregelung des Amtes auch natürliche Personen antragsfähig sind.[417] Jedoch lässt der Erfolg ausweislich des verfügbaren Zahlenmaterials zu wünschen übrig. In den Jahren 2014 und 2015 wurden ausweislich der Jahresberichte nur vier (S. 39, 2014) und zwei (S. 39, 2015) Bonusanträge von persönlich Betroffenen gestellt, was angesichts der Gesamtanzahl der gestellten Bonusanträge von 72 (S. 39, 2014) und 76 (S. 39, 2015) ein verschwindend geringer Anteil ist.[418] Der Grund für die geringe Anzahl von persönlich Betroffenen dürfte die zu geringe Wahrscheinlichkeit der Aufdeckung bzw. Sanktionierung seitens des *BKartA* sein. Mithin ist es zur Effektivierung dieses Instruments wünschenswert, dass das *BKartA* verstärkt persönliche Bußgelder verhängt. Möglicherweise wirkt sich die Einführung des § 33e Abs. 1 S. 1 GWB n. F. in Zukunft auch positiv auf die Zahl der Bonusanträge natürlicher Personen aus. Dies bleibt abzuwarten.

3. Zwischenergebnis

75 Mithin wirkt die persönliche Haftung der handelnden natürlichen Personen abschreckend und fördert bei entsprechender Ausgestaltung zugleich die Verfolgung und Aufdeckung bzw. Aufdeckungswahrscheinlichkeit von Kartellrechtsverstößen insgesamt.

---

415 Vgl. *Krüger*, Öffentliche und private Durchsetzung des Kartellverbots, S. 238; vgl. *OECD*, Cartel Sanctions against Individuals, S. 18.

416 *Krüger*, Öffentliche und private Durchsetzung des Kartellverbots, S. 238 f., der letztlich allerdings dafür plädiert, die persönlichen Sanktionen auf solche öffentlich-rechtlicher Natur zu beschränken; *OECD*, Cartel Sanctions against Individuals, S. 8; *Wils*, World Competition 28 (2005), 117, 142 f.

417 *BKartA*, Bonusregelung, Abschnitt A, Rn. 1.

418 Abrufbar unter http://www.bundeskartellamt.de/DE/UeberUns/Publikationen/Jahresbericht/jahresbericht_node.html, zuletzt abgerufen am 14.12.2016 um 11:52 Uhr.

III. Zwischenergebnis

76 In vorstehenden Ausführungen wurde dargelegt, dass hinsichtlich der Art und Weise der Kartellrechtsdurchsetzung eine Kombination aus *public* und *private enforcement* am besten geeignet ist, um eine stärkere Abschreckungs- und Präventionsfunktion zu entfalten und somit dem Kartellrecht größtmögliche Geltung zu verschaffen.

77 Hinsichtlich des Adressaten der Sanktion – sei es in Form einer Geldbuße oder Schadensersatz – wurde nachgewiesen, dass es angezeigt ist, sowohl das Unternehmen als auch die handelnden natürlichen Personen zu sanktionieren. Dies ist eine Lösung, die allen berechtigten Interessen gerecht wird, ökonomisch sinnvoll ist und zugleich Anreize zu gesetztreuem Verhalten setzt, ohne dabei unternehmerisches Handeln zu unterbinden. Dies ist auch erforderlich, da bislang keine hinreichende Abschreckung gegenüber den Managern als handelnden natürlichen Personen besteht. Durch diesen Ansatz wird die Kartellrechtsdurchsetzung effektiviert. Indem man die Kartellrechtsdurchsetzung effektiviert, wird dem aus normativer Sicht im Kartelldeliktsrecht anerkannten Präventionsziel Rechnung getragen. Die persönliche Sanktion ist zudem geeignet, die Verhängung von sehr hohen Bußgeldern gegen Unternehmen aus Präventions- und Abschreckungsgesichtspunkten unnötig zu machen, wodurch der oben geschilderten Kritik an der Bußgeldpraxis begegnet würde und zudem die mit einer potenziellen Insolvenz verbundenen negativen gesellschaftlichen Kosten vermieden würden.[419]

419 *Krüger*, Öffentliche und private Durchsetzung des Kartellverbots, S. 237 f. m.w.N.; in diesem Sinne auch *Wagner-von Papp*, WuW 2010, 268, 272.

C. Die Außenhaftung bei Verstößen gegen deutsches und europäisches Kartellrecht

I. Anspruchsgrundlage im Kartelldeliktsrecht

78 Das Gesetz gegen Wettbewerbsbeschränkungen (GWB) sieht in § 33 Abs. 3 GWB a. F. bzw. § 33a Abs. 1 GWB n. F. einen Schadensersatzanspruch gegen denjenigen vor, der gegen eine Vorschrift des GWB oder gegen Artt. 101, 102 AEUV oder eine Verfügung der Kartellbehörde verstößt. Der Wortlaut der beiden Normen war bzw. ist hinsichtlich der Passivlegitimation der Norm weit und diffus gefasst, wenn es heißt „Wer" einen Verstoß begeht, „ist zum Ersatz des daraus entstehenden Schadens verpflichtet". Nach allgemeiner Ansicht ist ein Passivlegitimierter des § 33 Abs. 3 GWB a. F. bzw. § 33a Abs. 1 GWB n. F. in jedem Fall der Träger des Unternehmens im kartellrechtlichen Sinne und somit regelmäßig eine juristische Person.[420] Es ist mithin fraglich, ob § 33 Abs. 3 GWB a. F. bzw. § 33a Abs. 1 GWB n. F. einen gesetzlichen Fall der Außenhaftung von natürlichen Personen konstituiert. Dass dies aus Abschreckungs- und Präventionsgesichtspunkten zur Verhaltenssteuerung der Manager wünschenswert wäre, wurde an anderer Stelle bereits dargelegt (siehe dazu B. II. 2. und B. III.). Eine solche Außenhaftung ist bereits in anderen Bereichen des Deliktsrechts etabliert, z. B. bei der Verletzung von Verkehrssicherungspflichten durch einen Geschäftsführer, wenngleich die Einzelheiten strittig sind.[421] Auch bei der Verletzung von Rechtsgütern eines Dritten durch einen Geschäftsführer bei Jedermann-Pflichten, bspw. bei einem Unfall während einer Dienstfahrt, ist es anerkannt, dass neben dem Unternehmen auch die natürliche Person auf Schadensersatz haftet.[422] Mithin ist ein innerer Zusammenhang zwischen der beruflichen Tätigkeit für die juristische Person und der Begehung einer unerlaubten Handlung i. S. v. §§ 823 Abs. 1, 826 BGB zur Begründung einer persönlichen Haftung nötig.[423]

---

420 *Eden*, Persönliche Schadensersatzhaftung, S. 102 f.; vgl. ferner *Emmerich*, in: Immenga/Mestmäcker, § 33 Rn. 30; *Rehbinder*, in: Loewenheim/Meesen/Riesenkampff/Kersting/Meyer-Lindemann, § 33 Rn. 38.

421 *Dreher*, WuW 2009, 133, 136; ausführlich dazu zum allgemeinen Deliktsrecht unter C. I. 3. b) zu den dogmatischen Grundlagen und unter C. I. 3. c) zur maßgeblichen Judikatur des *BGH*.

422 BGHZ 109, 297, 302; *BGH* NJW 1974, 1371, 1372; *BGH* NJW 1995, 1369, 1370; *BGH* NJW 1996, 1535, 1536; *Altmeppen*, in: Roth/Altmeppen, GmbHG, § 43 Rn. 58; *Lutter*, ZHR 157 (1993), 464, 468; *Rehbinder*, in: Festschrift für Loewenheim, S. 513, 515 m.w.N.

423 Vgl. BGHZ 109, 297, 302; *BGH* NJW 2006, 830, Rn. 60, 114; *BGH* NJW 1996, 1535, 1536; *BGH* NJW-RR 1988, 671; *BGH* NJW 1974, 1371, 1372; ferner *Wagner*, VersR 2001, 1057, 1061.

Ferner ist im Bereich des gewerblichen Rechtsschutzes eine Außenhaftung anerkannt.[424]

79 Die Passivlegitimation natürlicher Personen im Kartelldeliktsrecht ist umstritten. Im Folgenden wird das Meinungsspektrum hinsichtlich der Passivlegitimation natürlicher Personen dargestellt.

80 Zunächst ist jedoch zu identifizieren, wann eine kartellrechtlich erhebliche Pflichtverletzung seitens des handelnden Managers vorliegt (dazu unter C. I. 1.). Denn fehlt es bereits an einer solchen, kommt eine persönliche Außenhaftung von vornherein nicht in Betracht. Dabei ist grundsätzlich zu berücksichtigen, dass Kartellrecht an sich und somit auch das Kartellordnungswidrigkeiten- und das Kartelldeliktsrecht auf wechselseitige Zurechnung von Handlungen und besonderen persönlichen Merkmalen angewiesen sind.[425] Den Unternehmen fehlt zumindest die Handlungsfähigkeit, sodass sie Kartellrechtsverstöße nicht selbst begehen können[426]; dies können nur die für sie handelnden natürlichen Personen.[427] Adressaten der kartellrechtlichen Verbotsnormen sind jedoch Unternehmen, wie der Wortlaut der Artt. 101, 102 AEUV und der §§ 1, 19–21 GWB deutlich macht.[428] Es handelt sich um Sonderdelikte.[429] Diese Unternehmenseigenschaft fehlt jedoch regelmäßig den handelnden natürlichen Personen.[430] Denn der Manager als Teil des Leitungsorgans einer juristischen Person handelt ja gerade für diese und ist somit im Außenverhältnis im Regelfall nicht als eigenes Unternehmen im

---

424 *Rehbinder*, in: Festschrift für Loewenheim, S. 513, 516 m.w.N.; *Roth*, in: FK-GWB, § 33 Rn. 138 unter Verweis auf *BGH* DB 1986, 373; ausführlich unter C. I. 4. dd).

425 Vgl. *Klusmann*, in: Handbuch des Kartellrechts, § 55 Rn. 31.

426 Strittig ist, ob juristische Personen selbst deliktsfähig sind, siehe dazu unten unter C. I. 2. a).

427 *Klusmann*, in: Handbuch des Kartellrechts, § 55 Rn. 31; vgl. *Arnold*, in: Münchener Kommentar zum BGB, § 31 Rn. 2 m.w.N.; vgl. *Schöpflin*, in: Beck'scher Onlinekommentar BGB, § 31 Rn. 1.

428 Siehe dazu bereits für das GWB a. F. *BGH* WuW/E BGH 704 – Saba = BGHSt 20, 333 = NJW 1966, 460; ferner *Dannecker/Biermann*, in: Immenga/Mestmäcker, Vorbemerkungen zu § 81 Rn. 77, 79; *Klusmann*, in: Handbuch des Kartellrechts, § 55 Rn. 31; für das europäische Recht *Dannecker/Biermann*, in: Immenga/Mestmäcker, Vorbemerkungen zu § 81 Rn. 88; ferner *Kapp/Gärtner*, CCZ 2009, 168, 169.

429 *Dannecker/Biermann*, in: Immenga/Mestmäcker, § 81 Rn. 80; *dieselben*, in: Immenga/Mestmäcker, Vorbemerkungen zu § 81 Rn. 81, 83; *Eden*, Persönliche Schadensersatzhaftung, S. 103; *Meyer-Lindemann*, in: Loewenheim/Meessen/Riesenkampff/Kersting/Meyer/Lindemann, § 81 Rn. 12; *Twele*, Die Haftung des Vorstands für Kartellrechtsverstöße, S. 97.

430 Grundsätzlich ist es zwar auch vorstellbar, dass natürliche Personen Unternehmen i. S. d. Kartellrechts sein können. Dies ist jedoch äußerst unwahrscheinlich; ferner *Klusmann*, in: Handbuch des Kartellrechts, § 55 Rn. 31 und *Meyer-Lindemann*, in: Loewenheim/Meessen/Riesenkampff/Kersting/Meyer/Lindemann, § 81 Rn. 12.

kartellrechtlichen Sinne anzusehen.[431] Entsprechendes gilt auch für Angestellte und leitende Angestellte.[432] Die natürliche Person ist mithin regelmäßig nicht Träger des Unternehmens.[433] Die maßgeblichen Normen für diese Zurechnung sind § 30 Abs. 1 OWiG für die Zurechnung des Handelns natürlicher Personen gegenüber dem Unternehmen und § 9 OWiG für die Zurechnung der Unternehmenseigenschaft gegenüber den handelnden natürlichen Personen im Kartellordnungswidrigkeitenrecht sowie § 31 BGB für Zurechnung des Kartellrechtsverstoßes durch das Handeln der natürlichen Personen gegenüber der juristischen Person bzw. dem Unternehmen im (Kartell) Deliktsrecht. Entscheidend ist somit, ob und unter welchen Voraussetzungen den handelnden natürlichen Personen die Unternehmenseigenschaft auch im Rahmen des § 33 Abs. 3 GWB a. F. bzw. § 33a Abs. 1 GWB n. F. über § 9 OWiG zugerechnet werden kann (dazu unter C. I. 4. a)).[434]

1. Kartellrechtlich erhebliche Pflichtverletzung seitens des handelnden Managers und Zurechnung

81 Zunächst wird untersucht, wann eine kartellrechtlich erhebliche Pflichtverletzung seitens des handelnden Managers vorliegt. In diesem Zusammenhang wird die Zurechnung von Handlungen und besonderen Eigenschaften zwischen Unternehmen und handelnder natürlicher Person

---

431 *Eden*, WuW 2014, 792, 794; ausführlich dazu *Eden*, Persönliche Schadensersatzhaftung, S. 112 ff. m.w.N.; ferner für den Vorstand einer AG *Twele*, Die Haftung des Vorstands für Kartellrechtsverstöße, S. 97.

432 *Eden*, Persönliche Schadensersatzhaftung, S. 111 f.; *Zimmer*, in: Immenga/Mestmäcker, § 1 Rn. 38.

433 Vgl. *Hack*, Vorstandsverantwortlichkeit bei Kartellverstößen, S. 89 f.

434 Anders scheinbar *Bornkamm*, in: Langen/Bunte, § 33 Rn. 106, wenn es heißt, dass die Organe juristischer Personen „in dieser Eigenschaft ebenfalls als Normadressaten der an die Unternehmen gerichteten Verbote anzusehen" sind. Das würde bedeuten, dass der kartelldelliktsrechtliche Schadensersatzanspruch genau wie die §§ 823 ff. BGB an Jedermann gerichtet wäre; ähnlich *Alexander*, Schadensersatz und Abschöpfung im Lauterkeits- und Kartellrecht, S. 126, der der Ansicht ist, dass das Kartellrecht war durchgängig Unternehmen anspreche, auf der Sanktionsebene jedoch wieder zum personalisierten Haftungsmodell des allgemeinen Deliktsrechts zurückkehre. Damit wäre die Unternehmenseigenschaft keine Voraussetzung des kartellrechtlichen Schadensersatzanspruches mehr. Dies würde jedenfalls zur Vereinfachung und Vereinheitlichung bezüglich Kartelldelikts- und allgemeinem Deliktsrecht führen. Dies wäre wünschenswert. Allerdings widerspricht sie zumindest auf den ersten Blick der gesetzgeberischen Wertung, die durch die Einteilung in Allgemein- und Sonderdelikte an zahlreichen Stellen nicht nur im Zivilrecht Niederschlag gefunden hat. Siehe dazu unter C. I. 4. a)ff).

beleuchtet. Hinsichtlich der Pflichtverletzung ist es zweckdienlich, zwischen Pflichtverletzungen durch aktives Tun (dazu C. I. 1. a)) und Pflichtverletzungen durch die Verletzung von Aufsichtspflichten (dazu C. I. 1. b)) zu differenzieren. Die folgenden Ausführungen nehmen maßgeblichen Bezug zur Rechtslage im Kartellordnungswidrigkeitenrecht, da dort die Haftung natürlicher Personen bereits fest etabliert ist.

a) Haftung für Kartellrechtsverstöße durch aktives Tun und Unterlassen i. S. v. § 8 OWiG

82 Unternehmen benötigen, da ihnen selbst die Handlungsfähigkeit[435] fehlt, natürliche Personen, die als ihre Organe für sie handeln.[436] Die Zurechnung der (schuldhaften) Handlung der Organe als eigene der juristischen Person erfolgt nach allgemeiner Ansicht über § 31 BGB.[437] In der Konsequenz kann die juristische Person die sie treffenden Pflichten selbst verletzen und Haftungstatbestände erfüllen.[438] Daneben bewirkt § 31 BGB zusätzlich eine Haftungsüberleitung von Haftungstatbeständen, die die Organe der juristischen Person erfüllt haben.[439] Daher können Manager das Kartellrecht – genau wie jede anderes Gesetz – zunächst mit der Konsequenz der Haftung des Unternehmens(trägers) dadurch verletzen, dass sie selbst unmittelbar Handlungen vornehmen, die gegen das Recht verstoßen, also sämtliche Tatbestandsvoraussetzungen einer Haftungsnorm erfüllen. Beispielhaft sei die Beteiligung an einer Preisabsprache mit anderen Unternehmen genannt.

83 Auch im europäischen und deutschen Kartellordnungswidrigkeitenrecht muss das Handeln natürlicher Personen den Unternehmen zugerechnet werden, um gegen diese bzw. deren Träger Bußgelder verhängen zu können. Für das europäische Recht ist dies nach der Rechtsprechung des *EuGH* wegen der „Nutznießerschaft des Unternehmens“[440] unstrittig

---

435 Für das Strafrecht *BGH* NJW 1971, 1093; *BGH* NJW 1973, 1379; BGHSt 37, 106, 123 – Lederspray; für Ordnungswidrigkeiten ergibt sich das aus § 30 OWiG; siehe auch *Meyer-Lindemann*, in: Loewenheim/Meessen/Riesenkampff/Kersting/Meyer/Lindemann, § 81 Rn. 32.

436 *Hack*, Vorstandsverantwortlichkeit bei Kartellverstößen, S. 89 m.w.N.

437 *Hack*, Vorstandsverantwortlichkeit bei Kartellverstößen, S. 89 m.w.N.; *Kapp/Gärtner*, CCZ 2009, 168, 169; *Karbaum*, Kartellrechtliche Compliance – Rechtsgrundlagen und Umsetzung, S. 175 f.; vgl. auch *Emmerich*, in: Immenga/Mestmäcker, § 33 Rn. 30.

438 *Hack*, Vorstandsverantwortlichkeit bei Kartellverstößen, S. 89 m.w.N.

439 *Hack*, Vorstandsverantwortlichkeit bei Kartellverstößen, S. 89 m.w.N; siehe zur Wirkung von § 31 BGB ausführlich unter C. I. 2.

440 *Dannecker/Biermann*, in: Immenga/Mestmäcker, Vorbemerkungen zu Art. 23 ff. VO 1/2003, Rn. 117.

möglich.[441] In der Praxis knüpfen die *EU-Kommission* und der *EuGH* meist an die Rechtsverstöße leitender Angestellter an (entweder in Form aktiven Tuns oder in Form der Nichtverhinderung von Rechtsverstößen durch einfache Angestellte)[442], wobei es nicht ausgeschlossen ist, dass Handlungen auch unabhängig von der Stellung zugerechnet werden können.[443] Im deutschen Recht erfolgt die Zurechnung auf Grundlage von § 30 Abs. 1 OWiG.[444] Die Verbandsgeldbuße ist dabei eine originäre Sanktion für den Verstoß.[445] Anknüpfungstat i. S. d. § 30 Abs. 1 OWiG ist die Ordnungswidrigkeit eines Organs, Organmitglieds, vertretungsberechtigten Gesellschafters oder der in § 30 Abs. 1 Nr. 4 und 5 OWiG definierten leitenden Angestellten. Ggf. kommt § 9 OWiG zur Anwendung, sofern die Unternehmenseigenschaft bei der für das Unternehmen handelnden Person fehlt. § 30 OWiG und § 9 OWiG sind mithin komplementär.[446] Sofern § 9 OWiG nicht so ausgelegt werden kann, dass auch das Handeln einfacher Angestellter ohne Leitungsfunktion erfasst werden kann, wird die Haftungslücke durch die Anwendung von §§ 130, 9 OWiG geschlossen.[447] Das Zusammenspiel von §§ 9, 30 und 130 OWiG stellt eine umfassende Bußgeldverantwortlichkeit des Unternehmensträgers für das Handeln sämtlicher für sie handelnden natürlichen Personen sicher.[448]

aa) Unmittelbare Täterschaft

84 Nach deutschem Kartellordnungswidrigkeitenrecht ist es auch – anders als nach europäischem Recht – möglich, natürliche Personen zu bebußen.[449]

---

441 Statt vieler *EuGH*, Slg. 1983, 1825 = WuW/E EWG/MUV 617, 621 – Musique-diffusion francaise = Pioneer; ausführlich *Dreher*, ZWeR 2005, 75, 83 ff. m.w.N.; ferner *Seeliger/Mross*, in: FK-GWB, E Allg. Teil, Rn. 76 f. m.w.N.

442 *Dannecker/Biermann*, in: Immenga/Mestmäcker, Vorbemerkungen zu Art. 23 ff. VO 1/2003, Rn. 118.

443 *Dannecker/Biermann*, in: Immenga/Mestmäcker, Vorbemerkungen zu Art. 23 ff. VO 1/2003, Rn. 113 ff.; ausführlich mit Nachweisen aus der Rechtsprechung *Gürer*, Compliance-Berater 2017, 42 ff., der zudem auf die jüngste Entwicklung in der Rechtsprechung des *EuGH*, Urteil vom 21. Juli 2016, Rs. C-542/14, ECLI:EU:C:2016:578 – Remonts hinweist, wonach grundsätzlich eine Zurechnung von Fehlverhaltens unternehmensunabhängiger Dritter möglich ist und eine kartellrechtliche Haftung begründen kann; dazu auch *Brömmelmeyer*, WuW 2017, 174 ff.; siehe ferner *Dittrich/Matthey*, Corporate Compliance, § 26 Rn. 33.

444 *Dreher*, WuW 2009, 133, 134; zum Zweck der Norm *Koch*, VersR 2015, 655, 658.

445 *Klusmann*, in: Handbuch des Kartellrechts, § 55 Rn. 45 m.w.N.

446 *Bohnert/Krenberger/Krumm*, OWiG, § 9 Rn. 28.

447 Siehe dazu auch *Hösch*, Der schadensrechtliche Innenausgleich zwischen Kartellrechtsverletzern, S. 102 f.

448 *Rogall*, in: Karlsruher Kommentar OWiG, § 30 Rn. 20; *Többens*, NStZ 1999, 1, 7 f.

449 *Dreher*, WuW 2009, 133, 134.

Jedoch muss dafür nichtsdestotrotz die (regelmäßig fehlende) Unternehmenseigenschaft der natürlichen Person zugerechnet werden. Die Grundlage für Zurechnung ist in diesem Fall § 9 OWiG.[450] Als allgemeine Vorschriften des Ordnungswidrigkeitenrechts ist § 9 OWiG i. V. m. § 81 GWB anwendbar, da Zuwiderhandlungen gegen die kartellrechtlichen Verbote als Ordnungswidrigkeiten qualifiziert werden.[451] § 9 OWiG erweitert den Kreis der bußgeldpflichtigen Personen auf den unmittelbar Handelnden, ohne dabei den Vertretenen zu entlasten.[452] Die im AEUV und GWB enthaltenen Verbote sind dann auch auf natürliche Personen anzuwenden.[453] Bezogen auf die Bußgeldpflichtigkeit von Managern (namentlich Vorständen einer Aktiengesellschaft oder Geschäftsführern einer GmbH) juristischer Personen ist die passende Variante des Tatbestands die, dass „jemand als vertretungsberechtigtes Organ einer juristischen Person oder als Mitglied eines solchen Organs" handelt, § 9 Abs. 1 Nr. 1 OWiG.[454] § 9 Abs. 2 OWiG erweitert den Kreis der potenziell bußgeldpflichtigen Adressaten auf Betriebs- und Teilbetriebsleiter (§ 9 Abs. 2 S. 1 Nr. 1 OWiG) sowie sonstige Beauftragte, die in eigener Verantwortung Aufgaben wahrnehmen, die dem Inhaber des Betriebes obliegen (§ 9 Abs. 2 S. 1 Nr. 2 OWiG).[455] Gemäß § 9 Abs. 2 S. 2 OWiG steht dem Betrieb das Unternehmen gleich.[456] Insgesamt fallen unter § 9 Abs. 2 OWiG sämtliche gewillkürt vertretungsberechtigt Handelnde, die auch als sogenannte besondere Vertreter bezeichnet werden.[457] Da es dafür genügt, dass dieser besondere Vertreter vom Betriebsinhaber auch nur mit einer teilweisen Betriebsleitung mit selbstständiger Entscheidungskompetenz betraut wurde, ist es im Einzelfall denkbar, dass auch die sachbearbeitende Schreibkraft bußgeldpflichtig

450 Zur Rechtslage bis zur 6. GWB-Novelle *Dannecker/Biermann*, in: Immenga/Mestmäcker, Vorbemerkungen zu § 81 Rn. 81.

451 *Meyer-Lindemann*, in: Loewenheim/Meessen/Riesenkampff/Kersting/Meyer-Lindemann, § 81 Rn. 10, 12.

452 *Bohnert/Krenberger/Krumm*, OWiG, § 9 Rn. 2; *Klusmann*, in: Handbuch des Kartellrechts, § 55 Rn. 31.

453 *Kapp/Gärtner*, CCZ 2009, 168, 169.

454 *Klusmann*, in: Handbuch des Kartellrechts, § 55 Rn. 31; *Rogall*, in: Karlsruher Kommentar OWiG, § 9 Rn. 44; *Valerius*, in: Beck'scher Onlinekommentar OWiG, § 9 Rn. 12.

455 Im Einzelnen ausführlich *Dannecker/Biermann*, in: Immenga/Mestmäcker, Vorbemerkungen zu § 81 Rn. 83 ff.; *Meeßen*, Der Anspruch auf Schadensersatz bei Verstößen gegen EU-Kartellrecht, S. 369 f., 372 möchte, ohne nähere Begründung, den Kreis der Passivlegitimierten natürlichen Personen auf solche gemäß § 9 Abs. 1 Nr. 1–3 OWiG begrenzen, was jedoch nicht überzeugt.

456 Zu den terminologischen Unterschieden *Valerius*, in: Beck'scher Onlinekommentar OWiG, § 9 Rn. 29 f. m.w.N.

457 *Klusmann*, in: Handbuch des Kartellrechts, § 55 Rn. 32.

sein kann.[458] Auch derjenige, der aufgrund eines Auftrags einzelne betriebliche Funktionen in eigener Verantwortung wahrnimmt, die grundsätzlich dem Betriebsinhaber obliegen, ist ein besonderer Vertreter.[459] Solange Leitungsaufgaben übertragen werden, ist die Betriebsangehörigkeit des Beauftragten dabei keine notwendige Bedingung, weswegen auch externe Berater wie Rechtsanwälte oder Unternehmensberater als gewillkürte Vertreter in Betracht kommen.[460] In jedem Fall kann sich der Personenkreis durch die Anwendung des Einheitstäterbegriffs des § 14 Abs. 1 S. 1 OWiG noch zusätzlich erweitern.[461]

bb) Teilnahme

85 Zudem kann der im Ordnungswidrigkeitenrecht angewandte Einheitstäterbegriff des § 14 OWiG den Kreis der verfügbaren Tatbeteiligten weiter ausdehnen, vgl. § 14 Abs. 1 S. 2 OWiG.[462] Dadurch wird auch die Beteiligung an einem Kartellrechtsverstoß durch einen nachgeordneten Mitarbeiter ordnungswidrigkeitenrechtlich erfasst.[463] Zu beachten ist, dass besondere persönliche Merkmale nur bei einem Beteiligten vorliegen müssen, weswegen den Manager auch dann eine Bußgeldpflicht trifft, wenn der nachgeordnete Mitarbeiter selbst nicht in den von § 9 OWiG erfassten Personenkreis fällt.[464]

86 Für eine Teilnahme gemäß § 14 OWiG genügt – wie bei der Beihilfe im Strafrecht – jede Förderung der Haupttat in Form einer physischen oder psychischen Unterstützung, z. B. in Form einer Anweisung, die kartellrechtswidrige

---

458 *Henning*, in: Langen/Bunte (1998), § 38 Rn. 10; *Klusmann*, in: Handbuch des Kartellrechts, § 55 Rn. 32; eine Auflistung findet sich bei *Dreher*, in: Handbuch Managerhaftung, § 35 Rn. 35.88; kritisch zur extensiven Auslegung *Dreher*, ZWeR 2004, 75, 90.

459 *Klusmann*, in: Handbuch des Kartellrechts, § 55 Rn. 32.

460 *Klusmann*, in: Handbuch des Kartellrechts, § 55 Rn. 32; *Rogall*, in: Karlsruher Kommentar OWiG, § 9 Rn. 81.

461 *Klusmann*, in: Handbuch des Kartellrechts, § 55 Rn. 32; siehe dazu unten unter C. I. 1. a) bb) und C. I. 1. a) cc).

462 *Dreher*, ZWeR 2004, 75, 91; *Klusmann*, in: Handbuch des Kartellrechts, § 55 Rn. 32; danach reicht es aus, dass bei mindestens einem Täter die vom gesetzlichen Verbotstatbestand vorausgesetzten persönlichen Merkmale vorliegen, was dazu führt, dass im Einzelfall auch die mit kompromittierenden Schreibarbeiten befasste Hilfskraft des für den Kartellrechtsverstoß verantwortlichen Organs bebußt werden könnte.

463 Vgl. *Twele*, Die Haftung des Vorstands für Kartellverstöße, S. 36 f.

464 *Twele*, Die Haftung des Vorstands für Kartellverstöße, S. 36 f. m.w.N.

Absprache zu treffen oder die Erleichterung des Abschlusses durch die Herstellung von Kontakten oder die Verabredung von konspirativen Treffen.[465]

cc) Unterlassen

87 § 8 OWiG regelt analog zu § 13 StGB die Begehung durch Unterlassen (sog. unechtes Unterlassungsdelikt).[466] Demnach ist eine Täterschaft gemäß § 8 OWiG oder Teilnahme gemäß §§ 8, 14 OWiG am Kartellrechtsverstoß durch Unterlassen möglich, der eine persönliche Bußgeldpflicht nach sich zieht.[467] Ebenso wie im Strafrecht ist dafür – unter anderem[468] – Voraussetzung, dass eine Garantenstellung und eine Garantenpflicht zum Einschreiten besteht.[469] Im vorliegenden Kontext ist somit zu klären, ob den Verantwortlichen i. S. v. § 9 OWiG eine Pflicht trifft, Kartellrechtsverstöße bzw. Kartellordnungswidrigkeiten im Unternehmen zu verhindern. Soweit dies vorliegt, tritt die persönliche Bußgeldpflicht regelmäßig dann ein, soweit ein Garant als Normadressat davon absieht, Kartellrechtsverstöße (und damit auch Kartellordnungswidrigkeiten) von untergebenen Unternehmensangehörigen zu verhindern oder abzuschwächen oder sie gar riskanter macht.[470]

---

465 *Dannecker/Biermann*, in: Immenga/Mestmäcker, Vorbemerkungen vor § 81 Rn. 87; *Rengier*, in: Karlsruher Kommentar OWiG, § 14 Rn. 23.

466 *Rengier*, in: Karlsruher Kommentar OWiG, § 8 Rn. 1; *Valerius*, in: Beck'scher Onlinekommentar OWiG, § 8 Rn. 1.

467 Die Abgrenzung von Täterschaft und Teilnahme ist vor dem Hintergrund des im Ordnungswidrigkeitenrecht geltenden Einheitstäterbegriff eigentlich nicht nötig, siehe dazu *Rengier*, in: Karlsruher Kommentar OWiG, § 14 Rn. 27 ff. Sie wird vorliegend jedoch mit Blick auf die Abgrenzung im (Kartell)Deliktsrecht trotzdem vollzogen.

468 Die übrigen Tatbestandsvoraussetzungen sind im vorliegenden Kontext von untergeordneter Bedeutung und werden daher nicht näher behandelt. Ausführlich dazu statt vieler *Bohnert/Krenberger/Krumm*, OWiG, § 8 Rn. 5 ff.

469 Vgl. *Bohnert/Krenberger/Krumm*, OWiG, § 8 Rn. 5; zu den sonstigen Tatbestandsvoraussetzungen, die zur Begehung eines unechten Unterlassungsdelikts analog zur Strafrechtsdogmatik erfüllt sein müssen, *Bohnert/Krenberger/Krumm*, OWiG, § 8 Rn. 5 ff.

470 Vgl. *Achenbach*, in: FK-GWB, § 81 Rn. 67; die Abgrenzung zwischen Tun und Unterlassen erfolgt im Übrigen anhand strafrechtlicher Grundsätze nach dem Schwerpunkt der Vorwerfbarkeit, *Valerius*, in: Beck'scher Onlinekommentar OWiG, § 8 Rn. 3 m.w.N.

(1) Garantenstellung

88 Gemeinhin wird zwischen Beschützer- und Überwachergarantenstellungen unterschieden.[471] Den Beschützergaranten trifft die Pflicht, das ihm anvertraute Rechtsgut gegen Gefahren von außen zu beschützen, während der Überwachergarant dafür Sorge zu tragen hat, dass die vom ihm anvertrauten Rechtsgut ausgehenden Gefahren keine Schäden an anderen Rechtsgütern verursachen.[472] Da im Einzelfall nicht trennscharf abgegrenzt werden kann, sind Überschneidungen jedoch möglich.[473] Im vorliegenden Kontext der Kartellrechtsverstöße bzw. Kartellordnungswidrigkeiten, die aus dem Unternehmen heraus begangen werden, müsste dem Manager eine Überwachergarantenstellung mit der Verpflichtung zukommen, Straftaten und Ordnungswidrigkeiten aus der Sphäre des Unternehmens zu verhindern (sog. betriebsbezogene Ordnungswidrigkeiten und Straftaten).[474] Insoweit besteht eine Verkehrssicherungspflicht.[475]

89 Grundsätzlich kann sich eine Garantenstellung aus Gesetz, aus Vertrag (Rechtsgeschäft), aus vorausgegangenem gefährdendem Tun (Ingerenz) und enger Lebensgemeinschaft ergeben.[476] Auch die tatsächliche Übernahme einer Obhutspflicht ist dazu geeignet, soweit die Übernahme auf einem besonderen Vertrauensverhältnis basiert und für die Überantwortung der Schutzpflichten ursächlich war.[477] Für die im Rahmen des Untersuchungsgegenstands relevanten betriebsbezogenen Ordnungswidrigkeiten bzw. Straftaten ist es sowohl in der Rechtsprechung als auch in der Literatur anerkannt, dass den Betriebsinhaber[478] (das ist – wie bereits dargelegt wurde – grundsätzlich die juristische Person; über § 9 OWiG treffen die Pflichten jedoch auch natürliche

---

471 *Valerius*, in: Beck'scher Onlinekommentar OWiG, § 8 Rn. 11.

472 *Bohnert/Krenberger/Krumm*, OWiG, § 8 Rn. 9; *Rengier*, in: Karlsruher Kommentar OWiG, § 8 Rn. 22; *Valerius*, in: Beck'scher Onlinekommentar OWiG, § 8 Rn. 12, 17.

473 Vgl. *Bohnert/Krenberger/Krumm*, OWiG, § 8 Rn. 9.

474 *Rengier*, in: Karlsruher Kommentar OWiG, § 8 Rn. 48 f., 50a, der explizit das Kartell- und Wettbewerbsrecht nennt; so auch *Rogall*, ZStW 98 (1986), 573, 618 ff. und *Twele*, Die Haftung des Vorstands für Kartellverstöße, S. 38; ferner *Valerius*, in: Beck'scher Onlinekommentar OWiG, § 8 Rn. 21.

475 *Rengier*, in: Karlsruher Kommentar OWiG, § 8 Rn. 29.

476 *Bohnert/Krenberger/Krumm*, OWiG, § 8 Rn. 9; *Rengier*, in: Karlsruher Kommentar OWiG, § 8 Rn. 22; *Valerius*, in: Beck'scher Onlinekommentar OWiG, § 8 Rn. 11; bloße sittliche Pflichten sind dagegen nicht geeignet, eine Garantenstellung zu begründen, statt vieler *Valerius*, in: Beck'scher Onlinekommentar OWiG, § 8 Rn. 11.

477 *Achenbach*, in: FK-GWB, § 81 Rn. 67.

478 Synonym werden in der Literatur die Begriffe Unternehmer oder Geschäftsherr verwendet.

Personen[479]) eine Überwachergarantenstellung trifft, aufgrund der die Pflicht zur Verhinderung von Gefahren aus der Eröffnung des Betriebs besteht.[480] Ferner – über die Pflicht zur Betriebsbeaufsichtigung hinaus – besteht die Pflicht, in Ausübung betriebsbezogener Tätigkeiten begangene Straftaten und Ordnungswidrigkeiten seitens der Arbeitnehmer zu verhindern.[481]

90 Für die dogmatischen Grundlagen der Garantenstellung bestehen diverse Erklärungsansätze.[482] Am verbreitetsten dürfte der Ansatz sein, wonach die Garantenpflicht eine Folge der Betriebs- und Organisationsgewalt des Betriebsinhabers bzw. gemäß § 9 OWiG verantwortlichen Personen ist.[483] Nach diesem Ansatz stellt der Betrieb des Unternehmens eine Gefahrenquelle dar, die von den geschäftsleitenden Managern aufgrund ihrer exponierten Stellung im Unternehmen beherrscht werde.[484] Denn zum einen sei der geschäftsleitende Manager gegenüber den Mitarbeitern weisungsbefugt und somit habe er gewissermaßen die Tatherrschaft über die Auftragsdurchführung.[485] Zum anderen habe er einen Informations- und Wissensvorsprung gegenüber nachgeordneten Mitarbeitern.[486] Ferner spreche die Fungibilität der Mitarbeiter für eine solche Befehls- und Organisationsherrschaft und somit

479 Siehe dazu auch *Rengier*, in: Karlsruher Kommentar OWiG, Vorbemerkungen zu § 8 Rn. 18, § 8 Rn. 47 und *Valerius*, in: Beck'scher Onlinekommentar OWiG, § 8 Rn. 21; ferner *Achenbach*, in: FK-GWB, § 81 Rn. 69 und *Rogall*, ZStW 98 (1986), 573, 619 f.

480 BGHSt 57, 42 = NJW 2012, 1237; *BayObLG* NJW 1992, 925; *BayObLG* NJW 1997, 2394, 2395; *OLG Düsseldorf* NJW 2008, 930, 931; *Achenbach*, in: FK-GWB, § 81 Rn. 69; *Rengier*, in: Karlsruher Kommentar OWiG, § 8 Rn. 47; *Rogall*, ZStW 98 (1986), 573, 613 ff.; *Valerius*, in: Beck'scher Onlinekommentar OWiG, § 8 Rn. 21; Nachweise zur Gegenansicht bei *Twele*, Die Haftung des Vorstands für Kartellverstöße, S. 38, dort Fn. 45.

481 *Rengier*, in: Karlsruher Kommentar OWiG, § 8 Rn. 48; *Rogall*, ZStW 98 (1986), 573, 617 ff.; *Valerius*, in: Beck'scher Onlinekommentar OWiG, § 8 Rn. 21; dagegen betont eine Mindermeinung den Aspekt der Eigenverantwortlichkeit des Handelns des Arbeitnehmers, Nachweise bei *Rengier*, in: Karlsruher Kommentar OWiG, § 8 Rn. 48.

482 *Bottke*, wistra 1991, 81, 85 spricht von einem „vielstimmigen Meinungschor in Judikatur und Schrifttum"; ausführlich zum Meinungsstand monographisch *Hilgers*, Verantwortlichkeit von Führungskräften in Unternehmen für Handlungen ihrer Mitarbeiter, S: 68 ff., *Schürmann*, Aufsichtspflichtverletzungen im Spannungsfeld zwischen dem Strafrecht und dem Zivilrecht, S. 149 ff. und *Walter*, Die Pflichten des Geschäftsherren im Strafrecht, S. 46 ff.

483 *Rengier*, in: Karlsruher Kommentar OWiG, § 8 Rn. 48.

484 *Schünemann*, Unternehmenskriminalität, S. 101 ff.; *Rönnau/Schneider*, ZIP 2010, 53, 56.

485 *Krause*, in: Handbuch Managerhaftung, § 40 Rn. 40.11; *Tiedemann*, Wirtschaftsstrafrecht, § 5, S. 132 ff., Rn. 350 ff.

486 *Schünemann*, Unternehmenskriminalität, S. 101 ff.; *Rönnau/Schneider*, ZIP 2010, 53, 56.

eine Garantenstellung.[487] Die nachgeordneten Mitarbeiter werden somit als „personale Risikoquelle“ gesehen, zu deren Überwachung der geschäftsleitende Manager als Garant aufgrund tatsächlicher Übernahme verpflichtet ist.[488]

91 Ein anderer, aber verwandter Begründungsansatz betont die Handlungsmöglichkeiten des geschäftsleitenden Managers für die Begründung der Garantenstellung.[489] Ihm stehe nicht nur die Betriebs- und Organisationsgewalt zu, sondern er verfüge darüber hinaus als einziger über die Handlungsoptionen, die vom Unternehmen als Ansammlung von Personal- und Sachmitteln ausgehenden Gefahren zu minimieren bzw. zu eliminieren.[490] Als mögliche Mittel dazu werden Organisationsmaßnahmen, personelle Veränderungen oder gar die Schließung des Unternehmens als *ultima ratio* genannt.[491] Dieser Ansatz verweist zur Begründung ferner auf die gesetzliche Normierung der Aufsichtspflichten in § 130 OWiG, in dem – im Gegensatz zu allen anderen i. R. v. § 13 StGB im Strafrecht in Betracht kommenden Garanten – die Verantwortlichkeit des Betriebsinhabers (ggf. i. V. m. § 9 OWiG) gesetzlich festgelegt wird.[492]

92 Ein dritter Begründungsansatz stellt allein darauf ab, ob eine Pflicht zur Verhinderung eines Erfolges (im Sinne einer Verletzung Rechtsgüter Dritter oder dem Rechtsverkehr im Allgemeinen) besteht, der sich aus der Tätigkeit des Unternehmens zu realisieren droht.[493] Die Frage, ob es eine spezielle, davon zu trennende Pflicht gebe, Straftaten oder Ordnungswidrigkeiten von Angestellten zu verhindern, stelle sich nicht.[494] Da es allgemein anerkannt sei, dass der Urheber einer Gefahrenquelle Sorge zu tragen habe (er also Garant für den Nichteintritt des Erfolges ist), dass sich diese nicht realisiert, sei es folgerichtig, diese Verpflichtung auch auf solche Gefahren auszudehnen, die sich aus einer unternehmerischen Tätigkeit ergeben, woraus die Verpflichtung erwachse, sicherzustellen, dass sich keinerlei rechtswidrige Gefahren aus der Sphäre des Unternehmens realisieren.[495] Diese Verpflichtung gelte jedenfalls auch für Adressaten der § 14 OWiG oder § 9 OWiG, die in die

---

487 *Schünemann*, Unternehmenskriminalität, S. 101 ff.; *Rönnau/Schneider*, ZIP 2010, 53, 56.
488 *Bottke*, Haftung aus Nichtverhütung von Straftaten Untergebener, S. 73.
489 *Göhler*, in: Festschrift für Dreher, S. 611, 621.
490 *Göhler*, in: Festschrift für Dreher, S. 611, 621.
491 *Göhler*, in: Festschrift für Dreher, S. 611, 621.
492 *Göhler*, in: Festschrift für Dreher, S. 611, 621.
493 *Ransiek*, AG 2010, 147, 150.
494 Vgl. *Ransiek*, AG 2010, 147, 150.
495 *Ransiek*, Unternehmensstrafrecht, S. 33 ff.; *Ransiek*, AG 2010, 147, 150 f.

Garantenstellung des Unternehmens in ihrer Funktion als geschäftsleitende Manager einrückten.[496]

93 Zudem wird teilweise allein auf die Organisationszuständigkeit des Betriebs- bzw. Unternehmensinhabers und die Verantwortlichkeit für die aus der Organisationszuständigkeit resultierenden Auswirkungen zur Begründung der Garantenstellung der geschäftsleitenden Manager abgestellt.[497]

94 Letztlich kann die dogmatische Begründung offenbleiben, da sich die Rechtsprechung und der überwiegende Teil der Literatur einig sind, dass eine Garantenstellung auch für geschäftsleitende Manager besteht, die diese dazu verpflichtet, die Realisierung von Gefahren aus dem Unternehmen zu verhindern. Dazu zählt zweifelsfrei auch die Verhinderung von Kartellrechtsverstößen.[498] Die vorliegende Fallkonstellation ähnelt insofern am ehesten den klassischen Fallgruppen der tatsächlichen Übernahme von Obhutspflichten und der Ingerenz.[499]

95 Es ist unerheblich, gegen welche Art von Rechtssatz verstoßen wurde.[500] So können Verstöße gegen Umweltgesetze genau wie Verstöße gegen das Kartell- oder Wettbewerbsrecht die Konsequenzen des § 8 OWiG auslösen.[501] Im Bereich des Kartellordnungswidrigkeitenrecht ist ein „Klassiker" der nicht gegen illegale Preisabsprachen einschreitende zuständige Vorstand oder Leiter einer Zweigniederlassung.[502] Ob auch den Aufsichtsrat einer Gesellschaft eine Überwachengarantenstellung zur Verhinderung unternehmensbezogener Straftaten und (Kartell-)Ordnungwidrigkeiten trifft, ist umstritten.[503] Ferner ist umstritten, ob eine Muttergesellschaft eine Überwachergarantenstellung gegenüber abhängigen Gesellschaften innehat.[504]

(2) Garantenpflicht

96 Aus der Garantenstellung resultiert eine Erfolgsabwendungspflicht, die als Garantenpflicht bezeichnet wird.[505] Der Inhalt der Garantenpflicht bestimmt

---

496 *Ransiek*, AG 2010, 147, 151 f. unter Berufung auf die Lederspray-Entscheidung des *BGH* = BGHSt 37, 106, 107.
497 *Jakobs*, Strafrecht AT, S. 802 ff., insb. S. 806 Rn. 36.
498 So bereits *OLG Stuttgart* v. 27.4.1979 – 2 (Kart) 1/79 = WuW/E OLG 2153, 2154 – Teppich- und Polsterreinigung; *Achenbach*, in: FK-GWB, § 81 Rn. 69.
499 Vgl. *Achenbach*, in: FK-GWB, § 81 Rn. 67 f.
500 *Rengier*, in: Karlsruher Kommentar OWiG, § 8 Rn. 49.
501 *Rengier*, in: Karlsruher Kommentar OWiG, § 8 Rn. 49.
502 *Rengier*, in: Karlsruher Kommentar OWiG, § 8 Rn. 50a m.w.N.
503 *Rengier*, in: Karlsruher Kommentar OWiG, § 8 Rn. 50a m.w.N. zum Streitstand.
504 *Rengier*, in: Karlsruher Kommentar OWiG, § 8 Rn. 50a m.w.N. zum Streitstand.
505 *Bohnert/Krenberger/Krumm*, OWiG, § 8 Rn. 23.

sich nach dem Schutzzweck der Garantenstellung selbst[506] und ist grundsätzlich – auch teilweise – übertragbar, sofern es sich nicht um höchstpersönliche Pflichten handelt.[507] In diesem Fall wandelt sich die Garantenpflicht zur Aufsichts- und Überwachungspflicht.[508] Der Delegierende ist zur sorgfältigen Auswahl, Bestellung und Überwachung des Beauftragten verpflichtet.[509] Eine Verletzung dieser Pflichten zieht eine Unterlassungshaftung wegen des Organisationsverschuldens nach sich.[510] Der Auffangtatbestand des § 130 OWiG greift nur dann, wenn die Voraussetzungen des § 8 OWiG nicht erfüllt sind.[511]

97 Im vorliegenden Fall bedeutet dies, dass der Manager gegen ihm bekannte Kartellrechtsverstöße bzw. Kartellordnungswidrigkeiten einschreiten und diese abstellen muss.[512] Anderenfalls handelt der Manager selbst ordnungswidrig, § 81 GWB i. V. m. § 8 OWiG bzw. § 81 GWB i. V. m. §§ 8, 14 OWiG.[513] Die Rechtsprechung erweitert die Verpflichtung auch auf solche Konstellationen, in denen es der geschäftsleitenden Manager bewusst unterlässt, im Einzelfall besondere und gezielte Aufsichtsmaßnahmen zu ergreifen.[514] Dies sei immer

---

506 *Achenbach*, in: FK-GWB, § 81 Rn. 67.

507 Vgl. BGHSt 47, 224, 29 f.; *Bohnert/Krenberger/Krumm*, OWiG, § 8 Rn. 23; *Rengier*, in: Karlsruher Kommentar OWiG, § 8 Rn. 39.

508 *Bohnert/Krenberger/Krumm*, OWiG, § 8 Rn. 23; *Rengier*, in: Karlsruher Kommentar OWiG, § 8 Rn. 39; *Valerius*, in: Beck'scher Onlinekommentar OWiG, § 8 Rn. 22; siehe auch *Hegnon*, CCZ 2009, 57, 59 f. und *Turiaux/Knigge*, DB 2004, 2199; es stellen sich dann die gleichen Probleme wie i. R. v. § 130 OWiG, siehe dazu unter C. I. 1. b) bb).

509 *Valerius*, in: Beck'scher Onlinekommentar OWiG, § 8 Rn. 22. Der Beauftragte rückt im Übrigen zur Gänze in die Pflichtanstellung des Delegierenden ein, statt vieler *Rengier*, in: Karlsruher Kommentar OWiG, § 8 Rn. 39.

510 *Rengier*, in: Karlsruher Kommentar OWiG, § 8 Rn. 39; *Valerius*, in: Beck'scher Onlinekommentar OWiG, § 8 Rn. 22. Kriterien für die Erfüllung der Aufsichtspflicht sind nach *Rengier*, in: Karlsruher Kommentar OWiG, § 8 Rn. 39 insbesondere exakte Anweisungen und Verhaltensrichtlinien, regelmäßige, überraschende Stichprobenkontrollen, besondere Kontrollen bei Unregelmäßigkeiten oder sonstigen Auffälligkeiten sowie die Einrichtung eines effektiven Überwachungssystems.

511 *Rengier*, in: Karlsruher Kommentar OWiG, § 8 Rn. 39; *Valerius*, in: Beck'scher Onlinekommentar OWiG, § 8 Rn. 22.

512 So auch *Achenbach*, in: FK-GWB, § 81 Rn. 67 und *Twele*, Die Haftung des Vorstands für Kartellverstöße, S. 40; ferner *Kapp/Gärtner*, CCZ 2009, 168, 172; dies wurde auch von der Rechtsprechung in der Vergangenheit so gehandhabt, siehe *BGH* WuW/E BGH 2394, 2397 f. – Zweigniederlassung und *OLG Stuttgart* WuW/E OLG 2153, 2154 – Teppich- und Polsterreinigung.

513 Vgl. *Twele*, Die Haftung des Vorstands für Kartellverstöße, S. 40.

514 *BGH* WuW/E BGH 2543, 2544; es handelt sich mithin nicht um das Unterlassen allgemeiner Aufsichts- und Organisationspflichten i. S. v. § 130 OWiG, siehe dazu unten ausführlich unter C. I. 1. b).

dann angezeigt, wenn der geschäftsleitende Manager in der Vergangenheit selbst gegen Kartellrecht verstoßen habe oder solche Verstöße in seinem Geschäfts- bzw. Verantwortungsbereich aufgetreten seien, da sonst eine negative Signalwirkung bei den Mitarbeitern dergestalt erzeugt werde, dass Kartellabsprachen im Unternehmen geduldet würden.[515] Durch das Unterlassen der Aufsichtsmaßnahmen in diesem Fall beteilige sich der geschäftsleitende Manager durch Unterlassen durch die Erleichterung des Kartellrechtsverstoßes, selbst dann, wenn sich die konkreten Umstände des Kartellrechtsverstoßes der Kenntnis entziehen (wann, wo, wer, wem gegenüber, unter welchen Umständen).[516]

(3) Zwischenergebnis

98 Aus den vorstehenden Ausführungen wird deutlich, dass eine Garantenstellung samt daraus resultierender Garantenpflicht auch für geschäftsführende Manager besteht, die zur Abwehr aus dem Unternehmen resultierenden Gefahren für Rechtsgüter Dritter oder den Rechtsverkehr verpflichtet. Damit korrespondiert eine zivilrechtliche Verkehrssicherungspflicht.

(dd) Haftung und Ressortverteilung

99 Der Zurechnung nach § 9 Abs. 1 und Abs. 2 OWiG ist gemein, dass sie nur erfolgt, soweit der Handelnde gerade als Vertreter oder Beauftragter und nicht bei Gelegenheit gehandelt hat.[517] Dies ist mitunter bei mehrköpfigen Organen nicht einfach zu bestimmen, da in einem solchen Organ die Zuständigkeiten separat verteilt sein mögen.[518] Zumindest bei Begehungsordnungswidrigkeiten (also solchen durch aktives Tun) genügt es, dass die Rechtsverletzung in den Zuständigkeitsbereich eines anderen Organmitglieds fällt, sofern der eigentlich nicht zuständige Handelnde nach außen aufgrund einer unbeschränkten Vertretungsmacht tätig wird.[519] In diesem Fall wird § 9 Abs. 1 OWiG bei Vorliegen der weiteren Voraussetzungen unabhängig von

---

515 *BGH* WuW/E BGH 2394, 2396 – Zweigniederlassung.

516 *BGH* WuW/E BGH 2394, 2396 – Zweigniederlassung.

517 Speziell für das Kartellrecht *Klusmann*, in: Handbuch des Kartellrechts, § 55 Rn. 32; ausführlich *Rogall*, in: Karlsruher Kommentar OWiG, § 9 Rn. 58 ff; *Valerius*, in: Beck'scher Onlinekommentar OWiG, § 9 Rn. 21, 36 m.w.N.

518 Zu alledem ausführlich *Twele*, Die Haftung des Vorstands für Kartellverstöße, S. 41 ff.

519 *Rogall*, in: Karlsruher Kommentar OWiG, § 9 Rn. 71, der explizit als Beispiel den Abschluss einer Kartellabsprache durch ein nur für Entwicklung zuständiges Vorstandsmitglied wählt; *Twele*, Die Haftung des Vorstands für Kartellverstöße, S. 42; *Valerius*, in: Beck'scher Onlinekommentar OWiG, § 9 Rn. 24 m.w.N.

der Zuständigkeit angewendet.[520] Anders ist die Rechtslage bei einer sogenannte Unterlassungsordnungswidrigkeit, bei der entscheidend ist, wen die Handlungs- bzw. Erfolgsabwendungspflicht trifft, um die Frage nach der Bußgeldpflichtigkeit zu beantworten.[521] Im Grundsatz sind das Organ als Ganzes und somit alle Organwalter und Vertreter Normadressaten von § 9 OWiG, da dies dem gesellschaftsrechtlichen Grundsatz der kollektiven Verantwortung entspricht.[522] Dieser gesellschaftsrechtliche Grundsatz kann jedoch nicht vollständig ins Ordnungswidrigkeitenrecht übertragen werden, da im Ordnungswidrigkeitenrecht die tatbestandlichen Voraussetzungen eines Unterlassungsdelikts zu berücksichtigen sind.[523] Ausgehend von dem Grundsatz, dass jedem Organmitglied die Pflicht obliegt, für die vertretene juristische Person zu handeln, ist ein Handeln grundsätzlich dann nicht pflichtwidrig, wenn es eine spezielle Geschäfts- und damit Zuständigkeitsverteilung für einen Aufgabenbereich gibt.[524] Denn dann dürfen die Organmitglieder darauf vertrauen, dass das zuständige Organmitglied pflichtgemäß handelt, sodass es für die übrigen Organmitglieder nicht pflichtwidrig ist, wenn sie die rechtlich gebotene Handlung unterlassen.[525] Es besteht weder eine Pflicht zur ständigen Überwachung der anderen Organmitglieder, noch wäre dies aufgrund der im modernen Wirtschaftsleben erforderlichen Aufgabenteilung möglich oder zumutbar.[526] Etwas anderes gilt nur dann, wenn die Möglichkeit einer Pflichtverletzung erkannt wurde oder hätte erkannt werden können.[527] Indizien dafür sind ein allgemein nachlässiges Verhalten oder frühere Verstöße, die vermuten lassen, dass der zuständige Vertreter seinen Aufgaben nicht (mehr) gewachsen ist.[528] In solchen Fällen hat sich auch das eigentlich unzuständige Organmitglied darum zu sorgen, dass die durch ihn vertretene juristische Person ihre Pflichten einhält.[529] Auch gilt im Krisen- oder

520 *Valerius*, in: Beck'scher Onlinekommentar OWiG, § 9 Rn. 12 m.w.N.
521 *Valerius*, in: Beck'scher Onlinekommentar OWiG, § 9 Rn. 25 m.w.N.
522 *Rogall*, in: Karlsruher Kommentar OWiG, § 9 Rn. 72 m.w.N.
523 *Rogall*, in: Karlsruher Kommentar OWiG, § 9 Rn. 72 m.w.N.
524 *OLG Düsseldorf* NStZ-RR 2002, 178; *OLG Koblenz*, VRS 39, 117, 119; *Valerius*, in: Beck'scher Onlinekommentar OWiG, § 9 Rn. 25 m.w.N.
525 *OLG Düsseldorf* NStZ-RR 2002, 178; *Rogall*, in: Karlsruher Kommentar OWiG, § 9 Rn. 72; *Valerius*, in: Beck'scher Onlinekommentar OWiG, § 9 Rn. 25 m.w.N.
526 *OLG Hamm* NJW 1971, 817; *OLG Naumburg*, NZV 1998, 41, 42; *Valerius*, in: Beck'scher Onlinekommentar OWiG, § 9 Rn. 25 m.w.N.
527 *OLG Düsseldorf* NStZ-RR 2002, 178; *OLG Naumburg* NZV 1998, 41, 42; *Rogall*, in: Karlsruher Kommentar OWiG, § 9 Rn. 72; *Valerius*, in: Beck'scher Onlinekommentar OWiG, § 9 Rn. 26 m.w.N.
528 *OLG Düsseldorf* NStZ-RR 2002, 178; *OLG Naumburg* NZV 1998, 41, 42; *Rogall*, in: Karlsruher Kommentar OWiG, § 9 Rn. 72; *Valerius*, in: Beck'scher Onlinekommentar OWiG, § 9 Rn. 26 m.w.N.
529 *Valerius*, in: Beck'scher Onlinekommentar OWiG, § 9 Rn. 26.

Ausnahmefall der Grundsatz der Generalverantwortung und Allzuständigkeit.[530]

b) *Haftung für Kartellrechtsverstöße durch die Verletzung von Aufsichtspflichten i. S. v. § 130 OWiG*

100 Selbst wenn ein Manager nicht unmittelbar am Kartellrechtsverstoß (also bspw. der Preisabsprache) beteiligt ist, kann er trotzdem dafür verantwortlich und haftbar sein. Denn zu seinen Aufgaben gehört auch die Erfüllung von Aufsichtspflichten als Teil der gesellschaftsrechtlichen Legalitätspflicht.[531] Der Begriff Aufsichtspflicht kann sowohl für das Straf- und Ordnungswidrigkeitenrecht als auch für das Zivilrecht als Pflicht definiert werden, aufgrund derer man dafür zu sorgen hat, dass durch die zu beaufsichtigende Gefahrenquelle keine Schäden an Rechtsgütern Dritter entstehen.[532]

101 Grundlage für die kartellordnungswidrigkeitenrechtliche Bußgeldpflicht ist § 130 Abs. 1 S. 1 OWiG i. V. m. § 81 GWB. Gemäß § 130 Abs. 1 S. 1 OWiG handelt ordnungswidrig, „[w]er als Inhaber eines Betriebes oder Unternehmens vorsätzlich oder fahrlässig die Aufsichtsmaßnahmen unterläßt, die erforderlich sind, um in dem Betrieb oder Unternehmen Zuwiderhandlungen gegen Pflichten zu verhindern, die den Inhaber treffen und deren Verletzung

---

530 *Valerius*, in: Beck'scher Onlinekommentar OWiG, § 9 Rn. 26.

531 *Bayer*, in: Festschrift für Schmidt, S. 85, 88 ff.; *Dreher* WuW 2009, 133, 135; *Emmerich*, in: Immenga/Mestmäcker, § 33 Rn. 30; *Rehbinder*, in: Loewenheim/Meessen/Riesenkampff/Kersting/Meyer-Lindemann, § 33 Rn. 38 m.w.N.; ausführlich zur Aufsichtspflicht nach § 130 OWiG und dem Verhältnis der Aufsichtspflicht nach § 130 OWiG zu der zivilrechtlichen Aufsichtspflicht *Pelz*, in: Corporate Compliance, § 5 Rn 1 ff.; *ders.* a. a. O., § 5 Rn. 37 führt aus, dass zivilrechtliche Aufsichtsbund Kontrollpflichten über das hinausgehen, was von § 130 OWiG gefordert wird. Allerdings kann der Inhalt der Aufsichtspflicht gemäß § 130 OWiG auf die zivilrechtliche Haftung übertragen werden.

532 *Schürmann*, Aufsichtspflichtverletzungen im Spannungsfeld zwischen dem Strafrecht und dem Zivilrecht, S. 34; in der zivilrechtlichen Terminologie werden solche Pflichten – abweichend vom Ordnungswidrigkeiten- und Strafrecht, wo solche Pflichten unter dem Stichwort Überwachergarantenstellung behandelt werden – auch Verkehrs(sicherungs)pflichten genannt, vgl. *Förster*, in: Beck'scher Onlinekommentar zum BGB, § 823 Rn. 102 f. und *Hager*, in: Staudinger, BGB, § 823 H 5 ff., insb. H 7, der auch auf lediglich terminologische Unterschiede zwischen der Bezeichnung als Verkehrs(sicherungs)pflicht oder Garantenstellung hinweist. In der neuen zivilrechtlichen Terminologie werden demnach lediglich die aus dem Ordnungswidrigkeiten- und Strafrecht bekannten Beschützergaranten unter dem Terminus Garantenstellung besprochen.

mit Strafe oder Geldbuße bedroht ist [...], wenn eine solche Zuwiderhandlung begangen wird, die durch gehörige Aufsicht verhindert oder wesentlich erschwert worden wäre."[533] Gemäß § 130 Abs. 1 S. 2 OWiG umfassen die erforderlichen Aufsichtsmaßnahmen auch „die Bestellung, sorgfältige Auswahl und Überwachung von Aufsichtspersonen." Ziel ist es, eine funktionsfähige, gesetzeskonforme Strukturierung von Betrieben und Unternehmen sicher zu stellen, sodass hinreichende Vorkehrungen gegen die Begehung betriebsbezogener Zuwiderhandlungen geschaffen werden.[534] Zugleich soll die Haftungslücke geschlossen werden, die sich aus dem Auseinanderfallen von Betriebsinhaberschaft und den damit verbundenen Sonderstellungen auf der einen und der tatsächlichen Ausführung von Handlungen auf der anderen Seite ergibt.[535] Durch § 130 OWiG wird eine „Garantenstellung kraft Organisationszuständigkeit" begründet.[536] Dadurch ist durch die drohende Bußgeldpflicht ein Anreiz gesetzt, der Rechtsverletzung durch sachgerechte Aufsicht vorzubeugen, wenngleich offensichtlich ist, dass die Rechtsverletzung nicht in jedem Fall verhindert werden kann.[537]

102 Es handelt sich um ein echtes Unterlassungsdelikt.[538] Die Zuwiderhandlung ist eine objektive Bedingung der Ahndbarkeit[539], weswegen sich darauf weder Vorsatz noch Fahrlässigkeit beziehen müssen.[540] Die durch die Zuwiderhandlung verletzte Pflicht muss den Inhaber treffen und betriebsbezogen sein. Letzteres ist der Fall, sofern sie im Zusammenhang mit der Führung des Betriebs bzw. des Unternehmens steht.[541] Innerhalb dieses Rahmens ist es unerheblich, ob es sich um Sonder- oder Allgemeindelikte handelt.[542]

---

533 Ausführlich zu § 130 OWiG monographisch *Hilgers*, Verantwortlichkeit von Führungskräften in Unternehmen für Handlungen ihrer Mitarbeiter, S. 19 ff. und *Schürmann*, Aufsichtspflichtverletzungen im Spannungsfeld zwischen dem Strafrecht und dem Zivilrecht, S. 79 ff.

534 *Beck*, in: Beck'scher Onlinekommentar OWiG, § 130 Rn. 4; vgl. *Twele*, Die Haftung des Vorstands für Kartellverstöße, S. 65.

535 *Beck*, in: Beck'scher Onlinekommentar OWiG, § 130 Rn. 6; vgl. *Twele*, Die Haftung des Vorstands für Kartellverstöße, S. 65; dies deckt insbesondere solche Verstöße ab, wenn eine Haftung eines Managers gemäß §§ 9, 14 OWiG ausscheidet.

536 *Rogall*, in: Karlsruher Kommentar OWiG, § 130 Rn. 1 m.w.N.

537 *Dreher*, WuW 2009, 133, 135, der vom „Vorbereich" spricht.

538 *Bohnert/Krenberger/Krumm*, OWiG, § 130 Rn. 2; *Rogall*, in: Karlsruher Kommentar OWiG, § 130 Rn. 17.

539 *BGH* wistra 1982, 35; *BGH* wistra 1984, 187; *BGH* wistra 2003, 465.

540 *Beck*, in: Beck'scher Onlinekommentar OWiG, § 130 Rn. 79; grundsätzlich zum subjektiven Tatbestand des § 130 OWiG *Rogall*, in: Karlsruher Kommentar OWiG, § 130 Rn. 119 f., dort auch zu möglichen Irrtumskonstellationen.

541 *Dannecker/Biermann*, in: Immenga/Mestmäcker, Vorbemerkungen zu § 81 Rn. 167 m.w.N.

542 *Dannecker/Biermann*, in: Immenga/Mestmäcker, Vorbemerkungen zu § 81 Rn. 167.

aa) Inhaber i. S. v. § 130 OWiG

103 Inhaber i. S. v. § 130 Abs. 1 OWiG bei juristischen Personen ist zwar die juristische Person selbst.[543] Da es sich bei einer juristischen Person um einen aus ordnungswidrigkeitenrechtlicher Sicht weder handlungs- noch schuldfähigen Personenverband handelt, ist die juristische Person als Inhaber i. S. v. § 130 Abs. 1 OWiG bloß sanktionsrechtliche Bezugsgröße, über die mittels § 9 OWiG Aufsichtspflichten für natürliche Personen (bspw. Vorstände, Betriebsleiter) abgeleitet werden.[544] § 9 OWiG stellt sicher, dass die aus dem Unternehmen resultierenden Aufsichts- und Kontrollpflichten durch die genannten Personen erfüllt werden, wenngleich die Pflichten grundsätzlich beim Unternehmen verbleiben.[545]

bb) Verletzung von Aufsichtspflichten

104 Der objektive Tatbestand des § 130 OWiG verlangt eine vorsätzliche oder fahrlässige Verletzung von Aufsichtspflichten. Jedoch ist nicht das Unterlassen jedweder Aufsichtsmaßnahmen tatbestandsmäßig, sondern nur das Unterlassen derjenigen Aufsichtsmaßnahmen, die erforderlich und zumutbar sind, um der Gefahr von Zuwiderhandlungen gegen betriebs- und unternehmensbezogene Pflichten zu begegnen.[546]

105 Im Grundsatz umfasst die gehörige Aufsicht i. S. v. § 130 OWiG Leitungs-, Koordinations-, Organisations- und Kontrollpflichten.[547] Ausgangspunkt

---

543 *Bohnert/Krenberger/Krumm*, OWiG, § 130 Rn. 8; *Rogall*, in: Karlsruher Kommentar OWiG, § 130 Rn. 25.

544 *Beck*, in: Beck'scher Onlinekommentar OWiG, § 130 Rn. 36; *Bohnert/Krenberger/Krumm*, OWiG, § 130 Rn. 8; *Rogall*, in: Karlsruher Kommentar OWiG, § 130 Rn. 25 f., 33; vgl. allgemein *Sackreuther*, in: Beck'scher Onlinekommentar OWiG, § 81 GWB Rn. 2; für das kartellrechtliche Schrifttum *Dannecker/Biermann*, in: Immenga/Mestmäcker, Vorbemerkungen zu § 81 Rn. 156; vgl. ferner *Dreher*, WuW 2009, 133, 135; *Kapp/Gärtner*, CCZ 2009, 168 ff. beschreiben die Haftung von Vorstand und Aufsichtsrat bei Kartellrechtsverstößen instruktiv anhand eines Falles.

545 *Rogall*, in: Karlsruher Kommentar OWiG, § 130 Rn. 26; zur Anwendbarkeit des § 130 OWiG bei Konzernverhältnissen *ders.*, in: Karlsruher Kommentar OWiG, § 130 Rn. 27 ff.

546 *Beck*, in: Beck'scher Onlinekommentar OWiG, § 130 Rn. 39, 41; *Klusmann*, in: Handbuch des Kartellrechts, § 55 Rn. 35; *Rogall*, in: Karlsruher Kommentar OWiG, § 130 Rn. 38; ferner *Kapp/Gärtner*, CCZ 2009, 168, 169.

547 *Rogall*, in: Karlsruher Kommentar OWiG, § 130 Rn. 42 m.w.N.; siehe auch überblicksartig *Bohnert/Krenberger/Krumm*, OWiG, § 130 Rn. 20; ausführlich dazu auch *Dreher*, ZWeR 2005, 75, 93 ff. und *Twele*, Die Haftung des Vorstands für Kartellverstöße, S. 67 ff.

der Bestimmung dieser Pflichten ist das jeweilige Gesetz.[548] Davon ausgehend erfolgt die Bestimmung des Umfangs der Aufsichtspflicht im Einzelfall „in erster Linie [anhand von] Art, Größe und Organisation des Betriebs, d[en] unterschiedlichen Überwachungsmöglichkeiten, aber auch Vielfalt und Bedeutung der zu beachtenden Vorschriften und die Anfälligkeit des Betriebs für Verstöße gegen diese Bestimmungen, wobei insbesondere solche Fehler eine Rolle spielen können, die bereits in der Vergangenheit gemacht worden sind."[549] In der Praxis wird ein strenger Maßstab angelegt[550], wobei die vom *LG München I* in der Sache Siemens/Neubürger aufgestellten Grundsätze[551] zur Konkretisierung herangezogen werden können.[552] Für den Bereich des Kartellrechts ergibt sich aus § 130 OWiG und der gesellschaftsrechtlichen Legalitätspflicht bzw. aus §§ 76 Abs. 1, 77, 91 Abs. 2 AktG somit eine Pflicht zur Kartellrechtscompliance[553], die sich auch auf

---

548 *Rogall*, in: Karlsruher Kommentar OWiG, § 130 Rn. 40.

549 *OLG Düsseldorf* wistra 1999, 115, 116; *OLG Düsseldorf* wistra 1991, 39; *OLG Zweibrücken* NStZ-RR 1998, 311f.; *OLG Köln* wistra 1994, 315; siehe ferner *Beck*, in: Beck'scher Onlinekommentar OWiG, § 130 Rn. 41 ff., wo betont wird, dass diese Bestimmung im Einzelfall schwierig ist; *ders.*, in: Beck'scher Onlinekommentar OWiG, § 130 Rn. 48 nimmt eine Fünf-Stufen-Kategorisierung der Pflichten vor; speziell für das Kartellrecht *Klusmann*, in: Handbuch des Kartellrechts, § 55 Rn. 35.

550 *Klusmann*, in: Handbuch des Kartellrechts, § 55 Rn. 35, der diese Pflicht für praktisch kaum erfüllbar hält; *ders.*, a. a. O., § 55 Rn. 36 listet Beispiele aus der Rechtsprechung auf, bei deren kumulativen Vorliegen die Aufsichtspflicht als erfüllt angesehen wurde.

551 *LG München I*, Urteil vom 10. Dezember 2013 – Az. 5 HK O 1387/10 – Siemens/Neubürger, siehe dazu bereits oben unter B. II. 2. a) cc).

552 *Kuhlen*, NZWiSt 2015, 121, 126.

553 *Dreher*, WuW 2009, 133, 135; *ders.*, in: Festschrift für Konzen, S. 85, 97; so im Ergebnis auch *Haag/Acikgöz*, CB 2016, 265 ff., *passim;* vgl. *Karbaum*, Kartellrechtliche Compliance – Rechtsgrundlagen und Umsetzung, S. 196 f.; allgemein zu Organisationspflichten und Compliance *Rogall*, in: Karlsruher Kommentar OWiG, § 130 Rn. 55 ff. m.w.N.; vgl. dazu auch *Wirtz*, WuW 2001, 342, 349 f.; zur Kartellrechtscompliance bereits ausführlich *Dreher*, ZWeR 2004, 75 ff.; vgl. auch *Rehbinder*, in: Loewenheim/Meessen/Riesenkampff/Kersting/Meyer-Lindemann, § 33 Rn. 38; siehe ferner allgemein zur Compliance-Pflicht *Fleischer*, in: Münchener Kommentar zum GmbHG, § 43 Rn. 142 ff. und *Stephan/Tieves*, in: Münchener Kommentar zum GmbHG, § 37 Rn. 25 ff. (die ausdrücklich das Kartellrecht nennen), *Haas/Ziemons*, in: Beck'scher Onlinekommentar GmbHG, § 43 Rn. 48 ff., 124, 241, *Koch*, in: Hüffer/Koch, § 76 Rn. 12 sowie *Pelz*, in: Corporate Compliance, § 5 Rn. 45 m.w.N.; unter Verweis auf BGHZ 127, 336, 347 = NJW 1995, 326 auch *Schneider*, NZG 2009, 1321, 1323. Die Pflicht zur Compliance gilt mithin für die AG und die GmbH. Zur dogmatischen Herleitung der Pflicht zur Einrichtung und Ausgestaltung einer Compliance-Organisation ausführlich *Arnold/Rudzio*, KSzW 2016, 231, 232 ff.; siehe bereits oben unter B. II. 2. a) cc), Rn. 63–65.

Konzernstrukturen erstreckt.[554] Grundsätzlich ist es dem Manager jedoch möglich, die Aufsichtsmaßnahmen zu delegieren, solange die unübertragbare Oberaufsicht bei ihm verbleibt.[555] Diese wiederum ist erfüllt, wenn die Bestellung, Auswahl und Kontrolle der mit der Aufsicht beauftragten Personen sorgfaltsgemäß erfolgte.[556]

cc) Verhinderung oder wesentliche Erschwerung der Zuwiderhandlung

106 Für die Verwirklichung dieses Tatbestandsmerkmals genügt es, wenn die betriebsbezogene Aufsichtspflichtverletzung das Risiko einer Zuwiderhandlung erheblich erhöht hat.[557] Eine Kausalität im Sinne einer Verhinderungskausalität ist nicht erforderlich, sondern vielmehr reicht eine Risikoerhöhung.[558]

dd) Haftung und Ressortverteilung

107 Ähnlich wie i. R. v. § 9 OWiG stellt sich die Frage, wen die Aufsichtspflichten bei mehrköpfigen Organen trifft. Zunächst maßgeblich ist die interne Geschäftsverteilung.[559] Jedoch besteht insoweit eine Parallele zur bereits dargestellten Rechtslage nach § 9 OWiG, als das die Aufsichtspflicht trotzdem grundsätzlich auch für andere Organmitglieder bestehen bleibt, die nach der internen Zuständigkeitszuweisung nicht zuständig sind.[560] Analog

---

554 *Seeliger/Mross*, in: FK-GWB, E Allg. Teil, Rn. 208 ff. m.w.N.; siehe dazu auch unter B. II. 2. a) cc), Rn. 65 und C. I. 1. b) ff).

555 *Arnold/Rudzio*, KSzW 2016, 231, 235; *Twele*, Die Haftung des Vorstands für Kartellverstöße, S. 69 m.w.N.

556 *Rogall*, in: Karlsruher Kommentar OWiG, § 130 Rn. 69; *Twele*, Die Haftung des Vorstands für Kartellverstöße, S. 69 m.w.N.; dies entspricht im Übrigen auch der Rechtslage im Aktienrecht und sollte – um einen Haftungsgleichlauf zu erzielen – auch für das Kartelldeliktsrecht gelten; zur Rechtslage im Aktienrecht statt vieler ausführlich *Fleischer*, in: Spindler/Stilz, AktG, § 93 Rn. 98 ff.

557 *Dannecker/Biermann*, in: Immenga/Mestmäcker, Vorbemerkungen zu § 81 Rn. 166 m.w.N.

558 Dazu mit Ausführungen zur alten Gesetzeslage bis 1994 *Twele*, Die Haftung des Vorstands für Kartellverstöße, S. 69 f.

559 *Rogall*, in: Karlsruher Kommentar OWiG, § 130 Rn. 72 m.w.N.; *Wirtz*, WuW 2001, 344 ff.; vgl. ferner die Meinungsübersicht bei *Klusmann*, in: Handbuch des Kartellrechts, § 55 Rn. 37.

560 *Rogall*, in: Karlsruher Kommentar OWiG, § 130 Rn. 72 m.w.N.; a. A. *Klusmann*, in: Handbuch des Kartellrechts, § 55 Rn. 37, der ein „Hineinregieren" in den internen Zuständigkeitsbereich für nicht zumutbar erachtet.

zu der Wertung im Rahmen der Ausführungen zu § 9 OWiG dürfen die Organmitglieder jedoch darauf vertrauen, dass das andere Mitglied seine Aufgaben verantwortlich wahrnimmt.[561] Insoweit ist die Aufsichtspflicht auf eine Beobachtungspflicht dergestalt beschränkt, ob jedes Mitglied der Geschäftsleitung die ihm intern übertragenen Aufgaben wahrnimmt.[562] Eine Aufsichtspflichtverletzung kann demnach der internen Geschäftsverteilung nicht zuständigen Organmitglied nur dann vorgeworfen werden, dass das nicht zuständige Organmitglied Kenntnis von der unterlassenen Aufsicht bzw. fahrlässige Unkenntnis durch das andere Organmitglied hat.[563]

ee) Aufsichtspflichten über rechtlich unselbstständige Zweigniederlassung

108 Strittig ist, ob i. R. d. § 130 OWiG für geschäftsleitende Manager (Vorstände, Geschäftsführer) auch eine Pflicht zur Aufsicht über selbstständige Zweigniederlassungen besteht mit der Folge, dass sie gemäß § 130 OWiG für durch die selbstständigen Zweigniederlassungen begangen Kartellrechtsverstöße bußgeldbewehrt haften. Diese Frage stellt sich, da der Leiter einer solchen selbstständigen Zweigniederlassung im Falle des Kartellrechtsverstoßes als Teilbetriebsleiter i. S. v. § 9 Abs. 2 S. 1 Nr. 1 OWiG und somit als selbst Normadressat des § 130 OWiG anzusehen ist. Bewirkt diese gedoppelte Verantwortlichkeit eine Entlastung des übergeordneten Managers und eine alleinige bußgeldrechtlichen Verantwortlichkeit des Leiters der selbstständigen Zweigniederlassung?[564]

109 Die Rechtsprechung und der Großteil der Literatur lehnen eine solche Entlastung des übergeordneten Managers zu Recht ab.[565] Dabei wird der Umfang der Aufsichtspflicht jedoch dergestalt begrenzt, dass lediglich eine Pflicht zur Überwachung der untergeordneten Aufsichtspersonen sowie

---

561 Siehe dazu unter C. I. 1. a) dd)

562 *Rogall*, in: Karlsruher Kommentar OWiG, § 130 Rn. 72 m.w.N.

563 *OLG Hamm* NJW 1971, 817

564 Zu alledem ausführlich *Twele*, Die Haftung des Vorstands für Kartellverstöße, S. 73 ff. m.w.N.

565 *BGH* WuW/E BGH 2394, 2397 f. – Zweigniederlassung; *BGH* WuW/E BGH 2205, 2206; statt vieler aus der Literatur *Wirtz*, WuW 2001, 342, 346 f.; zur Kritik daran ausführlich *Twele*, Die Haftung des Vorstands für Kartellverstöße, S. 73 f., der auch zutreffend darauf hinweist, dass die Argumente gegen eine Aufsichtspflicht des übergeordneten Managers in diesem Fall auch vorgebracht werden, um die dargestellten Grundsätze zur Haftung bei Ressortverteilung i. R. v. §§ 8, 130 OWiG zu kritisieren, siehe zur Kritik bspw. *Klusmann*, in: Handbuch des Kartellrechts, § 55 Rn. 39 m.w.N.

deren Schulung zur Kartellrechtscompliance (Früherkennung und Verhinderung) besteht, um dem Bedürfnis des Wirtschaftslebens nach vertikaler Pflichtendelegation gerecht zu werden.[566]

ff) Aufsichtspflichten im Konzern

110 Mindestens genauso umstritten ist die Reichweite von § 130 OWiG hinsichtlich Aufsichtspflichten im Konzern. M. a. W.: Ist der geschäftsleitende Manager der Muttergesellschaft zur Aufsicht über geschäftsleitende Manager der Tochtergesellschaften verpflichtet und somit bußgeldrechtlich verantwortlich für Verstöße von natürlichen Personen i. S. v. § 9 OWiG, die bei der Tochtergesellschaft beschäftigt sind? Kann man i. R. v. § 130 OWiG also eine Tochtergesellschaft im Konzernverbund als Teil eines Betriebs oder Unternehmens betrachten, deren Inhaber die Muttergesellschaft ist, obwohl es sich um verschiedene juristische Personen und damit verschiedene Rechtspersönlichkeiten handelt?[567]

111 Der *BGH* ließ die Frage bislang ausdrücklich offen, zeigte sich diesbezüglich aber skeptisch mit Blick auf die eigene Rechtspersönlichkeit der Tochtergesellschaft.[568] Das Meinungsspektrum in der Literatur ist gespalten.[569] Das *BKartA* hat in seiner jüngeren Entscheidungspraxis jedoch einen gegenteiligen Standpunkt eingenommen und einen auf § 130 OWiG gestützten Bußgeldbescheid gegen den Geschäftsführer eines Konzerns verhängt, da dieser vorsätzlich mögliche und zumutbare Aufsichtsmaßnahmen gegenüber den Tochtergesellschaften unterlassen und dadurch Verstöße gegen § 81 GWB nicht verhindert habe.[570] Zur Begründung verwies das *BKartA* darauf, dass

---

566 *Rogall*, in: Karlsruher Kommentar OWiG, § 130 Rn. 62 ff. m.w.N.; *Wirtz*, WuW 2001, 342, 347.

567 Vgl. *BGH* WuW/E BGH 1871, 1876 – Transportbeton; zu alledem ausführlich der damalige Leiter der Grundsatzabteilung des *BKartA* mit Darstellung der Entscheidungspraxis des Amtes und der Rechtsprechung *Ost*, NZKart 2013, 25 ff.

568 Vgl. *BGH* WuW/E BGH 1871, 1876 – Transportbeton.

569 Im Sinne der Linie des *BGH* äußern sich *Achenbach*, in: FK-GWB, § 81 Rn. 196 ff., insb. Rn. 199; vgl. *Dannecker/Biermann*, in: Immenga/Mestmäcker, Vorbemerkungen vor § 81 Rn. 157; im Ergebnis gegen konzernweite Pflichten *Wagner*, in: Münchener Kommentar zum BGB, § 823 Rn. 99 ff.; eine Aufsichtspflicht bejahen *Raum*, in: Langen/Bunte, § 81 Rn. 25; *Rogall*, in: Karlsruher Kommentar OWiG, § 130 Rn. 27 ff.; *Vollmer*, in: Münchener Kommentar GWB, § 81 Rn. 49 m.w.N., dort werden auch die Argumente der Gegenansicht übersichtlich dargestellt; siehe auch *Ost*, NZKart 2013, 25 ff.

570 *BKartA*, Az. B1-200/06 – Etex, abrufbar unter http://www.bundeskartellamt.de/SharedDocs/Entscheidung/DE/Fallberichte/Kartellverbot/2009/B1–200–06.pdf?__blob=publicationFile&v=4, zuletzt abgerufen am 11.11.2017 um 19:01 Uhr; die Entscheidung wurde in der Folge jedoch aus formalen Gründen aufgehoben und

die Organisation eines Unternehmens (dem originären Anwendungsfall des § 130 OWiG) in der Sache der Organisation eines Konzerns vergleichbar sei, weswegen eine unterschiedliche Behandlung nicht gerechtfertigt sei; zumal wenn sie bestimmte Tätigkeiten an das Tochterunternehmen delegiere.[571] Eine Aufsichtspflicht bestehe jedenfalls dann, wenn die Tochtergesellschaft faktisch von der Muttergesellschaft gesteuert würde.[572] Dies sei bereits dann gegeben, wenn der geschäftsleitende Manager die Finanzen der Tochtergesellschaften zu kontrollieren und die Geschäftsentwicklung zu überwachen habe.[573]

112 Aus der Rechtsprechung befasste sich das *OLG München* mit der Frage der Anwendbarkeit des § 130 OWiG auf Konzernsachverhalte.[574] Das Gericht

---

das Bußgeldverfahren gegen den persönlich Betroffenen eingestellt, das *BKartA* hielt jedoch an seiner Rechtsauffassung fest, wenn es heißt „[g]rundsätzlich besteht für Obergesellschaften jedoch eine bußgeldbewerte Aufsichtspflicht im Konzern, kartellrechtswidrige Handlungen von Gesellschaften, die ihrer Leitung unterstehen, zu verhindern.“, http://www.bundeskartellamt.de/SharedDocs/Entscheidung/DE/Fallberichte/Kartellverbot/2012/B1-200-06.pdf?__blob=publicationFile&v=5, zuletzt abgerufen am 11.11.2017 um 19:01 Uhr; ferner *BKartA*, Az. B12-15/08 – Spannplatten, abrufbar unter http://www.bundeskartellamt.de/SharedDocs/Entscheidung/DE/Fallberichte/Kartellverbot/2011/B12-15-08.pdf?__blob=publicationFile&v=4, zuletzt abgerufen am 11.11.2017 um 19:01 Uhr; zur Etex-Entscheidung *Koch*, AG 2009, 564, 565 ff. und *Schneider*, NZG 2009, 1321, 1324; sehr kritisch zur Etex-Entscheidung *Twele*, Die Haftung des Vorstands für Kartellverstöße, S. 76 ff., der dem Ergebnis des *BKartA* nur für den Fall beitritt, wenn die Aufsichtspflicht nach oben delegiert wurde, also von der Muttergesellschaft übernommen wurde, was im Einzelfall zu bewerten sei. Als mögliche Kriterien werden die zentrale Vornahme von Aufsichtsmaßnahmen durch organisatorische Vorkehrungen sowie Kontrolle und Schulungen genannt.

571 *Schneider*, NZG 2009, 1321, 1324; *Twele*, Die Haftung des Vorstands für Kartellverstöße, S. 76.

572 *Schneider*, NZG 2009, 1321, 1324; *Twele*, Die Haftung des Vorstands für Kartellverstöße, S. 76; dies entspricht weitestgehend der europäischen Rechtsprechung zur wirtschaftlichen Einheit im Rahmen der Konzernhaftung, sogenannte *Akzo*-Rechtsprechung (100 %-Vermutung), basierend auf *EuGH*, Urteil vom 10. September 2009, Rs. C-97/08 P, Slg. 2009, I-8237, Rn. 60 – Akzo Nobel; Diese Rechtsprechung wird auch auf Beteiligungen von „nahezu“ 100 % angewandt, wobei eine feste Untergrenze nicht existiert, siehe *Grave/Nyberg*, in: Loewenheim/Meessen/Riesenkampff, Art. 101 Rn. 173 ff.; eine Ausnahme bei einer 100%igen Beteiligung macht bereits *Tiedemann*, NJW 1979, 1849, 1852, der auch bei Einrücken in eine Garantenstellung eine Ausnahme zulässt.

573 *Twele*, Die Haftung des Vorstands für Kartellverstöße, S. 76.

574 *OLG München*, Beschluss vom 23. September 2014 – Az. 3 Ws 599/14 und 3 Ws 600/14; dazu *Caracas*, CCZ 2016, 44 ff.

kommt dabei zu einem ähnlichen Ergebnis wie das *BKartA*. Der Orientierungssatz lautet wie folgt:

> „Die Anwendbarkeit des § 130 OWiG auf Konzernsachverhalte kann nicht pauschal beantwortet werden, sondern ist stets von den konkreten Umständen des Einzelfalls abhängig. Für den Umfang der Aufsichtspflicht im Sinne des § 130 OWiG sind die tatsächlichen Verhältnisse im Konzern maßgeblich, weshalb auf die tatsächliche Einflußnahme der Konzernmutter auf die Tochtergesellschaft abzustellen ist. Nur wenn der Tochtergesellschaft von der Konzernmutter Weisungen erteilt werden, die das Handeln der Tochtergesellschaft beeinflussen, und dadurch die Gefahr der Verletzung betriebsbezogener Pflichten begründet wird, besteht im Umfang dieser konkreten Einflußnahme eine gesellschaftsrechtliche Aufsichtspflicht der Konzernmutter. (Rn. 16)“

113 ‚Sowohl die Entscheidung des *BKartA* als auch die des *OLG München* entsprechen der mit der 9. GWB-Novelle eingeführten Neuerung, nach denen der Bußgeldadressat nunmehr der Konzern ist, sofern bestimmender Einfluss ausgeübt wurde, vgl. § 81 Abs. 3a GWB n. F. Im Übrigen entspricht dies bereits dem gesetzgeberischen Willen, der in der Begründung zur 8. GWB-Novelle Ausdruck gefunden hat.[575] Insofern ist es nur folgerichtig, dass die Aufsichtspflicht des geschäftsleitenden Managers der Konzernmutter entsprechend ausgeweitet wird. Mithin besteht eine Aufsichtspflicht im Konzern jedenfalls dann, wenn die Tochtergesellschaft faktisch von der Muttergesellschaft gesteuert wird.[576] Um diesbezüglich Unklarheiten zu vermeiden und Rechtssicherheit zu schaffen, scheint es angezeigt, eine solche Aufsichtspflicht unabhängig von der Steuerung der Tochtergesellschaft durch die Muttergesellschaft zu statuieren oder zumindest jedoch klare Kriterien für das Bestehen einer solchen Aufsichtspflicht festzulegen. Dafür bietet es sich an, Anleihen im Europäischen Recht zu nehmen (Rechtsprechung zur wirtschaftlichen Einheit im Rahmen der Konzernhaftung).[577]

---

575 Dazu *Vollmer*, in: Münchener Kommentar GWB, § 81 Rn. 49; so auch *Ost*, NZKart 2013, 25, 27.

576 Ähnlich und differenziert äußerte sich bereits *Dreher*, ZWeR 2004, 75, 101 ff.

577 Vgl. *EuGH*, Urteil vom 10. September 2009, Rs. C-97/08 P, Slg. 2009, I-8237, Rn. 60 – Akzo Nobel; siehe ferner *Grave/Nyberg*, in: Loewenheim/Meessen/Riesenkampff, Art. 101 Rn. 172 ff.; ähnlich *Klusmann*, in: Handbuch des Kartellrechts, § 55 Rn. 41, 43.

c) Zwischenergebnis

114 Festzuhalten ist, dass im Bereich des Kartellordnungswidrigkeitenrechts ein relativ umfassendes, fein austariertes System der wechselseitigen Zurechnung von Handlungen natürlicher Personen und der Unternehmenseigenschaft als besonderer Eigenschaft etabliert ist. Dies hat zur Folge, dass die Verantwortung für die Einhaltung der Gesetze durch die juristische Person letztlich bei den Organmitgliedern oder den dafür rechtsgeschäftlich beauftragten natürlichen Personen zumindest in Form einer konkreten Aufsichtspflicht liegt. Kommt die natürliche Person dieser Aufsichtspflicht nicht nach, droht ihr ein Bußgeld. Wie bereits dargelegt wurde (siehe dazu B. II. 2. aa), Rn. 56), verhängt das *BKartA* solche Bußgelder jedoch nicht mit großer Regelmäßigkeit. Es besteht mithin ein Defizit bei der direkten Verhaltenssteuerung. Für die aufgeworfene Frage nach der Passivlegitimation natürlicher Personen i.R. eines Schadensersatzanspruches nach § 33 Abs. 3 GWB a. F. bzw. § 33a Abs. 1 GWB n. F. haben die obigen Ausführungen insoweit Bedeutung, als dass nur die auch potenziell bußgeldpflichtigen natürlichen Personen passivlegitimiert sein können, da die Zurechnung der Unternehmenseigenschaft von Nöten ist.

2. Zurechnung gemäß § 31 BGB gegenüber dem Unternehmen

115 § 31 BGB rechnet die Handlungen eines verfassungsmäßigen Vertreters der juristischen Person als eigene ohne Exkulpationsmöglichkeit zu.[578] Ohne § 31 BGB gäbe es weder eine Haftung für eigenes Handeln der juristischen Person noch eine Haftung gemäß § 831 BGB.[579] Es handelt sich um eine reine Zurechnungsnorm, die keine eigene Anspruchsgrundlage enthält.[580] Diese Zurechnung zur juristischen Person nimmt damit alle Rechtsgründe in Bezug, aus denen eine Schadensersatzpflicht erwachsen kann, deren Voraussetzungen vollständig durch den Vertreter erfüllt werden müssen.[581] Die zum Schadensersatz verpflichtende Handlung kann auch in einem

578 *Mansel*, in: Jauernig, BGB, § 31 Rn. 1; vgl. *Schöpflin*, in: Beck'scher Onlinekommentar BGB, § 31 Rn. 1.

579 *Arnold*, in: Münchener Kommentar zum BGB, § 31 Rn. 2; vgl. *Schöpflin*, in: Beck'scher Onlinekommentar BGB, § 31 Rn. 1.

580 BGHZ 99, 302; *Dörner*, in: Handkommentar BGB, § 31 Rn. 1.

581 *Arnold*, in: Münchener Kommentar zum BGB, § 31 Rn. 30; *Schöpflin*, in: Beck'scher Onlinekommentar BGB, § 31 Rn. 10 m.w.N.; anders für eine Zurechnung über § 278 BGB im Rahmen schuldrechtlicher Sonderverbindungen *Dörner*, in: Handkommentar BGB, § 31 Rn. 1, 7.

Unterlassen bestehen, soweit zu Lasten der juristischen Person eine Verkehrssicherungspflicht besteht.[582]

116 § 31 BGB gilt für alle juristischen Personen und wird gewohnheitsrechtlich analog auch auf Personengesellschaften angewendet.[583] Eine Haftung des verfassungsmäßigen Vertreters bleibt von § 31 BGB unberührt und kann neben die Haftung der juristischen Person treten.[584]

a) Vertreter- oder Organtheorie

117 Im Spannungsfeld der vorliegenden Arbeit ist es aus dogmatischer Sicht angezeigt, zu beleuchten, ob die Zurechnung des Verhaltens natürlicher Personen gegenüber der juristischen Person als Unternehmensträger gemäß § 31 BGB notwendigerweise ein Eigendelikt der natürlichen Person voraussetzt oder nicht.

aa) Vertretertheorie

118 Die Vertretertheorie geht davon aus, dass zur Haftungsüberleitung gemäß § 31 BGB ein Eigendelikt der natürlichen Person notwendige und hinreichende Bedingung ist.[585] Dogmatisch wird das Ergebnis durch eine arbeits- bzw. dienstvertragliche Übernahme der Pflichten der juristischen Person durch die natürliche Person erzielt.[586] Die bestehende persönliche Haftung wird gemäß § 31 BGB auf die juristische Person übergeleitet.[587] Insoweit besteht nach dieser Ansicht eine Parallelität zwischen der persönlichen

---

582 *Schöpflin*, in: Beck'scher Onlinekommentar BGB, § 31 Rn. 11 m.w.N.; siehe dazu auch *Arnold*, in: Münchener Kommentar zum BGB, § 31 Rn. 31, der auch Implikationen für die Haftung natürlicher Personen diskutiert.

583 *Arnold*, in: Münchener Kommentar zum BGB, § 31 Rn. 11 ff.; *Dörner*, in: Handkommentar BGB, § 31 Rn. 10 m.w.N.; *Mansel*, in: Jauernig, BGB, § 31 Rn. 2 m.w.N.; *Schöpflin*, in: Beck'scher Onlinekommentar BGB, § 31 Rn. 2 f.

584 Vgl. für das Kartellrecht *Bornkamm*, in: Langen/Bunte, § 33 Rn. 106; im Übrigen *Dörner*, in: Handkommentar BGB, § 31 Rn. 3; *Mansel*, in: Jauernig, BGB, § 31 Rn. 1 m.w.N.

585 *Altmeppen*, in: Roth/Altmeppen, GmbHG, § 43 Rn. 61; vgl. *Altmeppen*, in: Handbuch Managerhaftung, § 7 Rn. 7.38; *Altmeppen*, ZIP 1995, 881, 887 f.; *ders.*, NJW 1996, 1017, 1023 f., 1026; *v. Bar*, in: Festschrift für Kitagawa, S. 279, 285 f.; *Brüggemeier*, AcP 191 (1991), 33, 64 f.; *Foerste*, VersR 2002, 1; weitere Nachweise bei *Hösch*, Der schadensrechtliche Innenausgleich zwischen Kartellrechtsverletzern, S. 96, Fn. 162.

586 *Brüggemeier*, AcP 191 (1991), 33, 40 m.w.N. aus der Rechtsprechung des *RG*, wobei diese dogmatische Konstruktion auch für solche natürlichen Personen gilt, die nicht von § 31 BGB erfasst sind.

587 *Brüggemeier*, AcP 191 (1991), 33, 64 f.

Haftung der natürlichen Person und der Haftung der juristischen Person als Unternehmensträger.[588] Nach dem Regelungsmodell der §§ 30, 31, 89 BGB hafteten Organwalter und Organisationsträger gesamtschuldnerisch gemäß § 840 BGB, was Ausdruck des „ebenso grundlegenden wie trivialen Prinzips" sei, dass „aus deliktischem Verhalten grundsätzlich unmittelbar die handelnde und nicht die ‚vertretene' Person verpflichtet wird".[589] Im Ergebnis wird die juristische Person als nicht handlungs- und deliktsfähig angesehen, haftet jedoch trotzdem für Delikte soweit § 31 BGB einschlägig ist.[590] Dadurch hätte der Gesetzgeber eine gezielte Gleichstellung von natürlicher und juristischer Person herstellen wollen.[591] Dies gelte insbesondere auch für Fälle von Verkehrspflichtverletzungen.[592]

119 Für diese Theorie spricht der Wortlaut ebenso wie die Entstehungsgeschichte der Norm.[593] Auch aus rechtspolitischer Sicht verdient sie grundsätzlich Zustimmung, da zur Vermeidung von Haftungslücken sämtliche Pflichten der juristischen Person stets auch auf natürliche Personen i. S. v. § 31 BGB ausgedehnt werden, wodurch eine umfassende persönliche Haftung begründet wird.[594] Mit Blick auf die Leitungsfunktion und die selbstständige Wahrnehmung von (Organisations)Verantwortung innerhalb der durch die Binnenstruktur eines Unternehmens begründeten Zuständigkeit durch natürliche Personen i. S. v. § 31 BGB scheint eine Ausdehnung der Pflichten einen rechtlichen Zustand herzustellen, der **(1)** die haftungsrechtliche Situation an die tatsächliche Verantwortlichkeit für das zum Schadensersatz verpflichtende Tun oder Unterlassen und somit an die Wirklichkeit angleicht[595] und letztlich denjenigen haften lässt, der für die Rechtsgutverletzung verantwortlich ist[596] und **(2)** insbesondere bei Sonderdelikten und Verkehrspflichtverletzungen die Rechtslage mit der bei traditionell

---

588 *Brüggemeier*, AcP 191 (1991), 33, 64.
589 *Brüggemeier*, AcP 191 (1991), 33, 64.
590 *Brüggemeier*, AcP 191 (1991), 33, 63 ff.
591 *Brüggemeier*, AcP 191 (1991), 33, 64 m.w.N.
592 *Brüggemeier*, AcP 191 (1991), 33, 64 f. m.w.N.
593 *Hösch*, Der schadensrechtliche Innenausgleich zwischen Kartellrechtsverletzern, S. 96 m.w.N.; *Rehbinder*, in: Festschrift für Loewenheim, S. 513, 514.
594 *Rehbinder*, in: Festschrift für Loewenheim, S. 513, 514 f.
595 Vgl. *Kuhlen*, NZWiSt 2015, 121, 124 m.w.N. mit Blick auf den inhaltlich entsprechenden, in der strafrechtlichen Judikatur vorherrschenden dogmatischen Ansatz; dort heißt es, dass dieser Ansatz den „sozialen Realitäten gerecht wird", da er das Strafrecht „näher an die ‚tatsächlich existierenden Macht- und Abhängigkeitsverhältnisse zwischen den Beteiligten' heranrückt."
596 Siehe dazu bereits oben unter B. II. 2., Rn. 49 und B. II.2. a) bb), Rn. 60.

eigenhändigen Delikten von Organwaltern vereinheitlich, wo eine deliktische Außenhaftung unstrittig ist.[597]

120 In der Ausdehnung sämtlicher unternehmensbezogener Pflichten auf die natürliche Person i. S. v. § 31 BGB ist zugleich ein Kritikpunkt zu sehen, da die Vertretertheorie grundsätzlich auf Jedermanndelikte (in Abgrenzung zu Sonderdelikten) zugeschnitten ist.[598] Dies ist grundsätzlich vor dem Hintergrund des modernen Zivilrechts problematisch, in dem der Gesetzgeber Verhaltenspflichten mitunter auch nur an juristische Personen als Unternehmensträger richtet (z. B. im Bereich der Verhaltenspflichten wegen Verkehrseröffnung oder Beherrschung einer Gefahrenlage).[599]

bb) Organtheorie

121 Abweichend davon ist nach der Organtheorie[600] (in moderner Form auch Zurechnungstheorie genannt[601]) die juristische Person selbst delikts-, aber nicht handlungsfähig.[602] Daher ist grundsätzlich die Zurechnung von Handlungen gemäß § 31 BGB erforderlich.[603] Die Anknüpfung an eine persönliche Haftung natürlicher Personen zur Begründung der Haftung der juristischen Person ist jedoch durch die Annahme der Deliktsfähigkeit der juristischen Person nicht länger nötig.[604] Hierin liegt der Unterschied zur Vertretertheorie. D. h., dass die Haftung von natürlicher und juristischer Person nicht zwingend parallel verlaufen muss.[605] Dies gilt insbesondere im Fall von Sonderdelikten und bei Verkehrspflichtverletzungen.[606]

---

597 *Brüggemeier*, AcP 191 (1991), 33, 65; *ders.*, a. a. O., 33, 45 ff. weist zudem darauf hin, dass die Ausdehnung der Pflichten auch den sozialen und dogmatischen Entwicklungsstand hinsichtlich des Verhaltensunrechts reflektierte.

598 *Rehbinder*, in: Festschrift für Loewenheim, S. 513, 514.

599 *Rehbinder*, in: Festschrift für Loewenheim, S. 513, 514.

600 *Schmidt*, Gesellschaftsrecht, § 10 I, S. 250 ff.; *Derleder/Fauser*, BB 2006, 949; *Medicus*, GmbHR 2002, 809, 810; eine ausführliche Darstellung der auf *Otto von Gierke* zurückgehenden Organtheorie findet sich bei *Kleindiek*, Deliktshaftung und juristische Person, S. 156 ff.

601 *Kleindiek*, Deliktshaftung und juristische Person, S. 238 ff., 320 ff.

602 Vgl. *Rehbinder*, in: Festschrift für Loewenheim, S. 513, 515.

603 Zu den dogmatischen Ansätzen *Hösch*, Der schadensrechtliche Innenausgleich zwischen Kartellrechtsverletzern, S. 97 ff.

604 *Hösch*, Der schadensrechtliche Innenausgleich zwischen Kartellrechtsverletzern, S. 97 m.w.N.

605 Vgl. *Hösch*, Der schadensrechtliche Innenausgleich zwischen Kartellrechtsverletzern, S. 96; *Rehbinder*, in: Festschrift für Loewenheim, S. 513, 515.

606 *Rehbinder*, in: Festschrift für Loewenheim, S. 513, 515; zu den Sonderdelikten zählen auch die in Artt. 101 f. AEUV und §§ 1, 19–21 GWB enthaltenen Verbotstatbestände, siehe dazu bereits oben unter C. I., Rn. 80.

122 Für die Organtheorie sprechen vor allem zwei Argumente.[607] Zum einen ist es zur Begründung der Haftung der juristischen Person nicht erforderlich, eine persönliche Außenhaftung der für die juristische Person handelnden natürlichen Personen zu konstituieren, was mitunter wegen der oftmals vollzogenen Differenzierung zwischen Jedermanns- und unternehmensbezogenen Sonderpflichten schwierig ist. Insoweit wird die Haftung der juristischen Person von der Haftung der natürlichen Person entkoppelt. Zum anderen nehmen juristische Personen aufgrund ihrer Rechtsfähigkeit auch als eigenständige Akteure am Wirtschaftsleben teil und werden als solche auch wahrgenommen. Ergänzend wird darauf verwiesen, dass eine vermeintlich übersteigerte Außenhaftung vermieden wird.[608]

cc) Zwischenergebnis

123 Letztlich braucht eine Entscheidung zwischen den Theorien im vorliegenden Zusammenhang nicht gefällt zu werden, da sich der Unterschied vor allem auf die Haftung des Unternehmensträgers auswirkt.

b) Verfassungsmäßig berufener Vertreter

124 § 31 BGB findet nur dann Anwendung, wenn ein verfassungsmäßig berufener Vertreter handelt. Dies sind zum einen der Vorstand als Organ sowie dessen Mitglieder, Vertreter nach § 30 BGB, ferner Vertreter im untechnischen Sinn.[609] Diese leiten wichtige Aufgabenbereiche selbstständig und eigenverantwortlich kraft allgemeiner Betriebsregelung und Handhabung in der Praxis und repräsentieren so die juristische Person, ohne

---

607 *Hösch*, Der schadensrechtliche Innenausgleich zwischen Kartellrechtsverletzern, S. 99; dort auch zu folgendem Text.

608 *Arnold*, in: Münchener Kommentar zum BGB, § 31 Rn. 31; dabei werden jedoch verhaltenssteuernde Aspekte der Außenhaftung komplett ausgeblendet, was – wie bereits gezeigt wurde – nicht wünschenswert ist.

609 *BGH* NJW 1998, 1856; *Mansel*, in: Jauernig, BGB, § 31 Rn. 3; *Schöpflin*, in: Beck'scher Onlinekommentar BGB, § 31 Rn. 5 ff.; kritisch dazu aus dogmatischer Sicht *Arnold*, in: Münchener Kommentar zum BGB, § 31 Rn. 5, der der Ansicht ist, dass es sich entgegen der Ansicht der Rechtsprechung nicht mehr um eine Auslegung des Tatbestandsmerkmals des verfassungsmäßig berufenen Vertreters, sondern um eine analoge Anwendung des § 31 BGB handelt; ferner *Arnold*, in: Münchener Kommentar zum BGB, § 31 Rn. 20 ff.; vgl. auch *Rehbinder*, in: Loewenheim/Meessen/Riesenkampff/Kersting/Meyer-Lindemann, § 33 Rn. 38.

satzungsmäßig dazu berufen zu sein.[610] In der Literatur hat sich dafür der Begriff des Haftungsvertreters etabliert.[611]

c) *Organisationsmangel*

125 Haftungsbegründend auf Grundlage von § 823 BGB i. V. m. § 31 BGB wirkt sich auch ein Organisationsmangel aus.[612] Ein solcher Organisationsmangel liegt nach der von der Rechtsprechung aufgestellten Definition vor, soweit die juristische Person keinen Vertreter i. S. v. §§ 30, 31 BGB für Aufgaben bestellt hat, die mit selbstständiger Entscheidungskompetenz und Eigenverantwortung in größeren Umfang verbunden sind.[613] Dies betrifft vor allem solche Aufgabengebiete, die der Vorstand nicht selbst wahrnehmen kann oder will.[614] Mithin statuiert die Rechtsprechung eine Haftung dergestalt, dass die unterbliebene Bestellung fingiert wird.[615] Damit besteht für die juristische Person eine Verpflichtung, ihren gesamten Aufgabenbereich derart zu organisieren, dass alle wesentlichen Aktivitäts- bzw. Geschäftsbereiche einem Organ oder einem Vertreter i. S. v. §§ 30, 31 BGB zugewiesen ist.[616] Nichtsdestotrotz muss die unterbliebene Bestellung kausal für den Schadenseintritt sein.[617] In der Praxis sind kaum fortlaufende

---

610 Im Fall der satzungsmäßigen Berufung würde § 30 BGB greifen; die Ausdehnung dient dem Ausschluss der Exkulpation gemäß § 831 BGB, da die juristische Person nicht selbst entscheiden können soll, wer für sie mit oder ohne Entlastungsmöglichkeit haften soll, vgl. *Schöpflin*, in: Beck'scher Onlinekommentar BGB, § 31 Rn. 14; BGHZ 49, 21 für einen Filialleiter; BGHZ 77, 79 und BGHZ 101, 218 für einen Chefarzt; *BGH* NJW 1998, 1855 für einen leitenden Angestellte; *Arnold*, in: Münchener Kommentar zum BGB, § 31 Rn. 5; *Dörner*, in: Handkommentar BGB, § 31 Rn. 5; *Mansel*, in: Jauernig, BGB, § 31 Rn. 3 m.w.N.; weitere Beispiele für verfassungsmäßig berufene Vertreter finden sich bei *Schöpflin*, in: Beck'scher Onlinekommentar BGB, § 31 Rn. 8.1.

611 *Dörner*, in: Handkommentar BGB, § 31 Rn. 5.

612 Ausführlich (und kritisch aus dogmatischer Sicht) *Arnold*, in: Münchener Kommentar zum BGB, § 31 Rn. 6 ff.; *Dörner*, in: Handkommentar BGB, § 31 Rn. 6; vgl. zur Kritik und dem Lösungsweg der Literatur ferner *Schöpflin*, in: Beck'scher Onlinekommentar BGB, § 31 Rn. 15 m.w.N.

613 *BGH* NJW 1980, 2811; *BGH* NJW 1982, 1145 m.w.N.

614 *Dörner*, in: Handkommentar BGB, § 31 Rn. 6.

615 *BGH* NJW 1998, 1857; *BGH* NJW-RR 1998, 252; *Mansel*, in: Jauernig, BGB, § 31 Rn. 4; *Schöpflin*, in: Beck'scher Onlinekommentar BGB, § 31 Rn. 14 m.w.N.

616 *Dörner*, in: Handkommentar BGB, § 31 Rn. 6; vgl. *Schöpflin*, in: Beck'scher Onlinekommentar BGB, § 31 Rn. 14.

617 *BGH* NJW 1982, 1145; *Mansel*, in: Jauernig, BGB, § 31 Rn. 4, der auch darauf hinweist, dass die Fiktionshaftung entbehrlich ist, soweit der Vertreterbegriff nach den oben genannten Maßstäben ausgedehnt wird.

Kartellrechtsverstöße denkbar, die unbemerkt oder unbemerkbar von der Geschäftsleitung durchgeführt werden könnten[618], was in diesen Fällen regelmäßig einen Organisationsmangel indiziert. Daher sind auch solche Kartellrechtsverstöße dem Unternehmen über § 31 BGB zurechenbar, die von einfachen Angestellten begangen wurden und auf einem Organisationsmangel beruhen.[619]

d) *In Ausführung der ihm zustehenden Verrichtung*

126 Damit die Zurechnungsnorm Anwendung findet, muss der Vertreter in Ausführung der ihm zustehenden Verrichtung gehandelt haben. Davon abzugrenzen ist das Handeln bei Gelegenheit der ihm zustehenden Verrichtung.[620] Ein Handeln in Ausführung der ihm zustehenden Verrichtung liegt vor, soweit ein enger objektiver Zusammenhang zwischen der Handlung und der Verrichtung besteht.[621] Ein solcher Zusammenhang kann selbst dann bestehen, soweit der Vertreter seinen Auftrag überschreitet oder eine vorsätzliche unerlaubte Handlung begeht.[622] Umstritten ist, ob die juristische Person auch gemäß § 31 BGB für eine Schadensersatzpflicht des Vertreters aus §§ 179, 823 ff. BGB oder *culpa in contrahendo* (c. i. c.) einstehen

---

618 Ähnlich *Hösch*, Der schadensrechtliche Innenausgleich zwischen Kartellrechtsverletzern, S. 100 m.w.N., die davon ausgeht, dass Kartellabsprachen regelmäßig von Führungsmitarbeitern getroffen werden; in diesem Zusammenhang gewinnt oftmals das Phänomen der *wilful blindness* (mutwillige Blindheit) an Bedeutung, bei dem die Mitglieder der Leitungsorgane Anzeichen für rechtswidriges Handeln im Unternehmen schlichtweg ignorieren oder entsprechende Informationen abblocken („bad news doesn't flow upstream"), dazu m.w.N. *Rönnau/Becker*, NStZ 2016, 569 f.

619 So auch *Rehbinder*, in: Loewenheim/Meessen/Riesenkampff/Kersting/Meyer-Lindemann, § 33 Rn. 38; *Alexander*, Schadensersatz und Abschöpfung im Lauterkeits- und Kartellrecht, S. 652 kommt zum gleichen Ergebnis und begründet dies damit, dass Entscheidungen über den Abschluss von Kartellvereinbarungen „grundlegende Fragen der Geschäftspolitik eines Unternehmens" beträfen, die von Organen oder Repräsentanten i. S. v. § 31 BGB getroffen werden müssten; anders *Hösch*, Der schadensrechtliche Innenausgleich zwischen Kartellrechtsverletzern, S. 105 f., 110, 140 f., dort Fn. 412.

620 Vgl. *Arnold*, in: Münchener Kommentar zum BGB, § 31 Rn. 34; *Mansel*, in: Jauernig, BGB, § 31 Rn. 5; ferner *Schöpflin*, in: Beck'scher Onlinekommentar BGB, § 31 Rn. 17.

621 *Arnold*, in: Münchener Kommentar zum BGB, § 31 Rn. 33; *Mansel*, in: Jauernig, BGB, § 31 Rn. 5.

622 BGHZ 172, 175; *BGH* NJW 1998, 1857; vgl. dazu ausführlich *Schöpflin*, in: Beck'scher Onlinekommentar BGB, § 31 Rn. 17 f. m.w.N.

muss, soweit in der Verrichtung ein rechtsgeschäftliches Handeln ohne Vertretungsmacht vorliegt.[623]

e) Dritter

127 § 31 BGB greift nur, soweit die zum Schadensersatz verpflichtende Handlung einen Schaden bei einem Dritten hervorruft. Dritter i. S. d. des § 31 BGB kann neben Vereinsfremden sowohl ein Vereinsmitglied[624] als auch ein Vorstandsmitglied sein, sofern es nicht mitverantwortlich für den Schaden war.[625]

f) Zwischenergebnis

128 Auf Basis von § 31 BGB findet demnach eine weitreichende Zurechnung von Handlungen natürlicher Personen gegenüber dem Unternehmensträger statt, der regelmäßig eine juristische Person sein dürfte. Dem Unternehmensträger werden dabei sowohl Handlungen seiner verfassungsmäßig berufenen Vertreter, wobei der Begriff weit ausgelegt wird, als auch Handlungen von anderen natürlichen Personen zugerechnet, soweit ein Organisationsmangel vorliegt. Eine Haftung bzw. Zurechnung über § 831 BGB bleibt unberührt.[626]

3. Außenhaftung im allgemeinen Deliktsrecht

129 Ähnlich umstritten wie im Kartelldeliktsrecht ist die Außenhaftung von Managern im allgemeinen Deliktsrecht. Dabei stellt sich ggf. die Frage, wie weit der passivlegitimierte Personenkreis zu fassen ist, m. a. W. ob nur Organmitglieder oder auch sonstige Unternehmensangehörige einer Außenhaftung ausgesetzt seien können. Auch im Strafrecht stellt sich die Frage, inwiefern sich Manager oder sonstige Unternehmensangehörige strafbar machen können. Anders als im Kartelldeliktsrecht, wo sich soweit ersichtlich nur das *OLG Düsseldorf* mit der Außenhaftung zu befassen hatte und die Außenhaftung in dem konkreten Fall auf § 830 Abs. 2 BGB stützte[627],

---

623 *Mansel*, in: Jauernig, BGB, § 31 Rn. 5 m.w.N.
624 *BGH* NJW 1990, 2878.
625 *BGH* NJW 1978, 2390; dagegen *Arnold*, in: Münchener Kommentar zum BGB, § 31 Rn. 43; vgl. zu alledem ausführlich *Schöpflin*, in: Beck'scher Onlinekommentar BGB, § 31 Rn. 23 f. m.w.N.
626 Vgl. *Staebe*, in: Schulte/Just, § 33 Rn. 16, 33.
627 *OLG Düsseldorf*, Urteil vom 13. November 2013 – Az. VI-U (Kart) 11/13 = NZKart 2014, 68 ff. – Badarmaturen; dabei wurde freilich die im Rahmen dieser Arbeit zu

existieren jedoch sowohl für den Bereich des allgemeinen Deliktsrechts als auch für das Strafrecht zahlreiche Judikate, die Wegmarken bei der Beantwortung der Frage nach der Außenhaftung bzw. der Strafbarkeit von Managern setzen. Die Rechtslage im allgemeinen Deliktsrecht wird nachfolgend dargestellt, da die dortige Rechtslage Indizwirkung für die Behandlung der Problematik im Kartelldeliktsrecht hat.

a) Problemaufriss: Pflichten im Innen- und Außenverhältnis

130 Da es im allgemeinen Deliktsrecht unstrittig ist, dass eine unmittelbar von einem Organmitglied oder sonstigen Unternehmensangehörigen in Ausübung der beruflichen Tätigkeit begangene unerlaubte Handlung eine Außenhaftung auslöst[628], dreht sich der Streit im Wesentlichen um die Frage nach der Außenhaftung im allgemeinen Deliktsrecht bei Unterlassen. Mit Blick auf den gesellschaftsrechtlich determinierten Grundsatz der Haftungskonzentration[629] wird diskutiert, ob die Verletzung der den Manager als natürliche Person im Innenverhältnis treffenden Pflichten gegenüber der juristischen Person im Fall des Unterlassen dazu geeignet ist, auch eine Haftung im Außenverhältnis gegenüber Dritten zu begründen. Die im Innenverhältnis verletzte Pflicht wird regelmäßig die aus § 43 Abs. 1 GmbHG bzw. § 93 Abs. 1 AktG resultierenden Legalitäts- bzw. Legalitätskontrollpflicht sein[630], wobei nicht ausgeschlossen ist, dass auch andere Pflichten – etwa die allgemeine Sorgfaltspflicht zur ordnungsgemäßen Geschäftsführung, wozu die ordnungsgemäße Unternehmensorganisation zählt – zur Begründung der Außenhaftung fruchtbar gemacht werden sollen. Die Rechtsprechung ist in der Beantwortung der Frage nach der persönlichen Außenhaftung nicht immer einheitlich, weswegen sich Judikate für beide Seiten finden lassen.[631] Ein großer Teil der Literatur lehnt eine solche

---

entscheidende Frage, ob Manager im Kartelldeliktsrecht grundsätzlich passivlegitimiert sind, nicht entschieden.

628 BGHZ 109, 297, 302; *BGH* NJW 1974, 1371, 1372; *BGH* NJW 1995, 1369, 1370; *BGH* NJW 1996, 1535, 1536; *Förster*, in: Beck'scher Onlinekommentar zum BGB, § 823 Rn. 370, 377 m.w.N.; *Kleindiek*, Deliktshaftung und juristische Person, S. 452 ff. *Lutter*, ZHR 157 (1993), 464, 468; *Rehbinder*, in: Festschrift für Loewenheim, S. 513, 515 m.w.N.; *Wagner*, in: Münchener Kommentar zum BGB, § 823 Rn. 113 m.w.N.; in BGHZ 108, 305, 308 = NJW 1989, 3273 heißt es, dass „jeder Schädiger in gleicher Weise unter den im Gesetz genannten Voraussetzungen zum Schadensausgleich verpflichtet ist".

629 Siehe dazu bereits oben unter B. II. 2. a) aa), Rn. 52.

630 Siehe dazu bereits oben unter B. II. 2. a) cc).

631 Eine Außenhaftung bejaht der *BGH* in BGHZ 109, 297 ff. – Baustoff (dazu sogleich), bestätigt durch *BGH* NJW 1996, 1535, 1537; abgelehnt wird eine Außenhaftung in BGHZ 125, 366, 375 f. = NJW 1995, 1801, 1803 f., wo es heißt: „Würde jedenfalls die

auf Pflichtverletzungen im Innenverhältnis gestützte Außenhaftung von Managern zumindest ohne weitere Einschränkungen ab[632], während andere Teile der Literatur sie befürworten.[633] Da eine vertiefte Auseinandersetzung mit den Argumenten für und gegen die Rechtsprechung den Rahmen dieser Arbeit sprengen würde, wird darauf verzichtet und auf die diesbezügliche Literatur verwiesen. Die vorliegende Arbeit beschränkt sich daher darauf, aufzuzeigen, dass es angesichts der Rechtsprechung und zahlreicher Stimmen der Literatur auch für das Kartelldeliktsrecht nicht vollkommen abwegig ist, in Anlehnung an die Rechtslage im allgemeinen Deliktsrecht eine persönliche Außenhaftung zu etablieren. Die Linie der Rechtsprechung wird in jedem Fall dem in der vorliegenden Arbeit identifizierten Bedürfnis nach verstärkter direkter Verhaltenssteuerung zur Abschreckung und Prävention gerecht.

b) Dogmatische Verortung

131 In der Sache handelt es sich bei der soeben aufgeworfenen Frage um eine Frage nach der Haftung bei Unterlassen von gebotenen Aufsichts- bzw. Sicherheitsmaßnahmen. Da keine allgemeine Rechtspflicht dergestalt existiert, Dritte vor Schäden zu bewahren[634], ist das bloße Unterlassen nur dann haftungsbegründend, soweit eine Rechtspflicht zum Handeln bei Möglichkeit zur Abwendung

---

Verletzung der von Geschäftsführern und Vorstandsmitgliedern zu erfüllenden Aufsichtspflichten allgemein dazu führen, daß jeder Außenstehende, der dadurch mittelbar zu Schaden kommt, gegen die Organmitglieder selbst Ersatzansprüche geltend machen könnte, dann wäre der [...] Grundsatz, wonach die Organisationspflichten der Organmitglieder nur der Gesellschaft gegenüber bestehen, praktisch aus den Angeln gehoben."; eine Garantenpflicht zum Schutz fremder Vermögensinteressen lehnt *BGH* NJW 2012, 3439 ff. ab; zur Entwicklung der Rechtsprechung auch *Altmeppen*, ZIP 1995, 881, 884 ff. und *Förster*, in: Beck'scher Onlinekommentar zum BGB, § 823 Rn. 371 ff.

632 Eine Übersicht findet sich bei *Hager*, in: Staudinger, BGB, § 823 E 67 m.w.N. und *Wagner*, in: Münchener Kommentar zum BGB, § 823 Rn. 113 m.w.N.; ferner exemplarisch *Hellgardt*, WM 2006, 1514 ff.; durchaus kritisch *Dreher*, ZGR 1992, 22 ff., *passim*.

633 Statt vieler *Altmeppen*, in: Roth/Altmeppen, GmbHG, § 43 Rn. 61; *Derleder/Fauser*, BB 2006, 949 ff., die ausdrücklich sowohl Internalisierungs-, Unmittelbarkeits- und Unterlassensvorbehalt (auch vor dem Hintergrund von BGHZ 166, 84–117 – Breuer) überzeugend ablehnen; ferner *Foerste*, VersR 2002, 1 ff.

634 So bereits RGZ 97, 11, 12; RGZ 102, 38, 42; BGHZ 9, 301, 307; *BGH* NJW 1978, 421, 422; *BGH* NJW 1983, 623, 624; *BGH* NJW 1987, 2510; *BGH* NJW 1991, 418, 419; *OLG Köln* NZV 1992, 405, 406; *OLG Celle* VersR 1993, 725, 726; *OLG Nürnberg* NJW-RR 2004, 1254 f.

des tatbestandlichen Erfolgs besteht.[635] Die verwendete Terminologie bei der Haftung für Unterlassen ist uneinheitlich und daher verwirrend. Teilweise ist von einer Garantenstellung, teilweise von einer Verkehrspflicht oder einer Verkehrssicherungspflicht die Rede.[636] Die terminologischen Unterschiede haben jedenfalls keine praktischen Auswirkungen.[637] Im Folgenden werden die Begriffe als Synonyme verwendet.

aa) Übernahmehaftung

132 Nach allgemeiner Ansicht im Deliktsrecht ist derjenige, der eine Gefahr schafft (Verursacher) auch gleichzeitig dafür verantwortlich, dass durch die Gefahr Dritte keinen Schaden erleiden.[638] Im vorliegenden Zusammenhang ist die juristische Person als Unternehmensträgerin die Verursacherin. Durch die Verursachung einer Gefahr entsteht in gleichem Maße eine

---

635 RGZ 75, 251, 254; *BGH* VersR 1968, 378; *OLG Nürnberg* NJW-RR 2004, 1254 f.; *Schiemann*, in: Erman, BGB, § 823 Rn. 77; *Larenz*, Schuldrecht AT, § 27 III c, S. 457 f.; *Deutsch*, Allgemeines Haftungsrecht, S. 67 Rn. 99; das gilt erst recht für fremde Vermögensinteressen, vgl. BGHZ 56, 228, 238.

636 Bei der potenziellen Haftung aufgrund einer Garantenstellung und einer Verkehrs(sicherungs)pflichtverletzung handelt es sich um eine Haftung für Unterlassen. Eine Abgrenzung zwischen den in der neueren Zivilrechtsdogmatik verwendeten Begriffen Garantenstellung und Verkehrs(sicherungs)pflicht ist dergestalt möglich, dass eine Garantenstellung rechtsguts-, die Verkehrs(sicherungs)pflicht jedoch gefahrbezogen ist. Eine Verkehrs(sicherungs)pflicht zeichnet sich mithin dadurch aus, dass der Pflichtige auf die Gefahr einwirken kann und dazu auch verpflichtet ist. In der älteren Zivilrechtsdogmatik und damit auch in älteren Urteilen findet sich regelmäßig der Begriff Garantenstellung auch dann, wenn nach neuerer Terminologie eine Verkehrs(sicherungs)pflicht gemeint ist. Inhaltlich besteht in jedem Fall kein Unterschied zur bereits dargestellten straf- bzw. ordnungswidrigkeitenrechtlichen Terminologie, wo die rechtsgutsbezogene Garantenstellung als Beschützergarantenstellung, die gefahrgutbezogene Garantenstellung jedoch als Überwachergarantenstellung bezeichnet wird. Wie bereits oben unter C. I. 1. a) cc) (1), Rn. 88 ausgeführt wurde, ist im vorliegenden Zusammenhang nur die Überwachergarantenstellung, also die gefahrgutbezogene Garantenstellung, von Bedeutung. Diese Überwachergarantenstellung entspricht in der zivilrechtlichen Terminologie der Verkehrs(sicherungs)pflicht; siehe zu alledem *Hager*, in: Staudinger, BGB, § 823 H 5 ff. m.w.N., insb. H 7.

637 So ausdrücklich *BGH* NJW 1979, 1248, 1249; *Hager*, in: Staudinger, BGB, § 823 H 5 m.w.N.

638 BGHZ 16, 95, 96; *BGH* NJW 1967, 1245, 1246; *BGH* NJW 1975, 533; *BGH* VersR 2006, 803, 804; *OLG Saarbrücken* NJW-RR 2007, 1322, 1323; *Hager*, in: Staudinger, BGB, § 823 E 55.

Verkehrssicherungspflicht zum Schutz des Rechtsverkehrs[639], die im vorliegenden Zusammenhang originär ebenfalls die Unternehmensträgerin, also die juristische Person, trifft. Deliktische Sorgfalts- bzw. Verkehrssicherungspflichten müssen jedoch nicht durch den Verursacher selbst erfüllt werden.[640] Die aus der Schaffung der Gefahr resultierende (Überwacher) Garantenstellung bzw. Verkehrs(sicherungs)pflicht kann jedoch auch einen Dritten treffen, der diese übernommen hat (Übernehmender).[641] Im gleichen Maße, wie sich der Verkehrspflichtige zur Erfüllung der Verkehrspflicht Dritter bedienen kann[642], haftet der Übernehmer für die Verletzung der Verkehrspflicht.[643] Zudem kann eine (Überwacher)Garantenstellung bzw. Verkehrs(sicherungs)pflicht aus der Verantwortlichkeit für bestimmte Bereiche resultieren; in diesem Fall trifft sie den Inhaber der Bestimmungsgewalt.[644] Die (Überwacher)Garantenstellung bzw. Verkehrs(sicherungs)pflicht kann auch mehrere Personen gemeinsam treffen, die dann grundsätzlich nebeneinander haften.[645] Dass möglicherweise ein Dritter zum Einschreiten verpflichtet ist, berührt die (Überwacher)Garantenstellung bzw. Verkehrs(sicherungs)pflicht nicht.[646] Die (Überwacher)Garantenstellung bzw. Verkehrs(sicherungs)pflicht endet mit der Beseitigung der Gefahr[647], was im vorliegenden Zusammenhang das Einstellen der unternehmerischen Tätigkeit des Unternehmens bzw. des Betriebs bedeutete.

133 Im vorliegenden Zusammenhang stellt sich nun die Frage, welche Voraussetzungen an die Übernahme von Verkehrspflichten zu stellen sind und ob der Manager oder aber sonstige Unternehmensangehörige solche Pflichten

---

639 Vgl. *Schiemann*, in: Erman, BGB, § 823 Rn. 79.

640 *Wagner*, in: Münchener Kommentar zum BGB, § 823 Rn. 465.

641 *Hager*, in: Staudinger, BGB, § 823 E 55; umstritten ist allenfalls, was genau der Grund für die Haftung des Übernehmenden ist, siehe dazu *Hager*, in: Staudinger, BGB, § 823 E 63 m.w.N. und *Ulmer*, JZ 1969, 163 ff., *passim*.

642 Dazu und zur Wirkung der Übertragung der Verkehrspflicht auf den Dritten auf die Haftung des Verursachers ausführlich *Hager*, in: Staudinger, BGB, § 823 E 59 ff. m.w.N.; *ders.*, a. a. O., § 823 E 60 zum eher theoretischen Streit um die dogmatische Einordnung.

643 *Hager*, in: Staudinger, BGB, § 823 E 63 m.w.N. aus der Rechtsprechung.

644 *Hager*, in: Staudinger, BGB, § 823 E 55 m.w.N. und zahlreichen Beispielen aus der Rechtsprechung.

645 BGHZ 5, 378, 382; *BGH* NJW 1969, 41; *BGH* NJW 1985, 484; *BGH* NJW 1996, 2646; *BGH* NJW-RR 1988, 89, 90; 1 *BGH* NJW-RR 1989, 394 f; *BGH* NJW-RR 2005, 464, 465; *BGH* VersR 1960, 609; *BGH* VersR 1961, 419, 420; *BGH* VersR 1965, 165, 166; *BGH* VersR 1985, 641; *OLG Köln* NJW-RR 1995, 1177; *Hager*, in: Staudinger, § 823 E 56; *Wagner*, in: Münchener Kommentar zum BGB, § 823 Rn 463.

646 *BGH* NJW 1969, 41, 42; *BGH* NJW 1990, 905, 906; *BGH* VersR 1967, 981, 983; *BGH* VersR 1967, 1155, 1156; *Hager*, in: Staudinger, BGB, § 823 E 56.

647 *Hager*, in: Staudinger, BGB, § 823 E 58 m.w.N.

von der juristischen Person als Verursacherin und damit originär Verkehrspflichtigen auch tatsächlich übernommen haben oder aber sogar die Verkehrssicherungspflichten von juristischer Person und Organmitglied (aufgrund der Stellung als Organwalter) originär identisch sind[648] und dieses damit auch für Unterlassen auf Schadensersatz haftet, soweit die weiteren Voraussetzungen erfüllt sind.

134 Die Übernahme von Verkehrssicherungspflichten erfolgt maßgeblich aufgrund einer tatsächlichen Übernahme, d. h. ein gewisses Maß an faktischem Einverständnis zwischen dem ursprünglichen Garanten und dem Übernehmenden muss vorliegen, auf Grundlage dessen der Übernehmende dann tatsächlich tätig wird.[649] Dabei sollten insbesondere der Umfang der Übernahme der Verkehrssicherungspflicht sowie die Zuständigkeit klar abgesprochen sein, d. h. es sollte eine eindeutige Regelung getroffen werden.[650] Auch die teilweise Übernahme durch Übertragung eines eingeschränkten Aufgabenbereichs ist möglich.[651] Jedoch ist es nicht erforderlich, dass ein rechtswirksamer Vertrag geschlossen wird.[652] Auch eine Übernahme durch unmissverständliches konkludentes Verhalten ist denkbar.[653] Zeitlich wirkt die Übernahme ab dem Zeitpunkt belastend für den Übernehmenden, sobald der ursprüngliche Garant bspw. wegen vertraglicher Abrede auf die Übernahme vertrauen darf.[654] Entsprechend gilt dies auch für das Ende der

---

648 In diesem Fall bestünde eine originäre Garantenstellung des Organmitglieds. Auf eine Übernahmehaftung käme es demnach nicht mehr an. Jedoch wären die Pflichten des Organwalters im Innenverhältnis dgegenüber der juristischen Person im Einzelfall zu berücksichtigen.

649 *Ulmer*, JZ 1969, 163, 172 f.; vgl. *Wagner*, in: Münchener Kommentar zum BGB, § 823 Rn. 466 f.

650 *Förster*, in: Beck'scher Onlinekommentar zum BGB, § 823 Rn. 346 f. m.w.N.; dazu rät auch *Wagner*, in: Münchener Kommentar zum BGB, § 823 Rn. 468 m.w.N., da Unklarheiten bezüglich der Kompetenzabgrenzung nicht zulasten des Geschädigten, sondern zulasten des primär Sicherungspflichtigen gehen.

651 *Wagner*, in: Münchener Kommentar zum BGB, § 823 Rn. 467 m.w.N.

652 *BGH* NJW 2008, 1440, 1441; *BGH* NJW-RR 1989, 918, 919; *BGH* NJW-RR 1989, 394, 395; *OLG Dresden* OLG-NL 1996, 218, 219; *Förster*, in: Beck'scher Onlinekommentar zum BGB, § 823 Rn. 348 f. m.w.N.; *Schiemann*, in: Erman, BGB, § 823 Rn. 85; *Ulmer*, JZ 1969, 163, 172; *Wagner*, in: Münchener Kommentar zum BGB, § 823 Rn. 466; liegt ein solcher Vertrag doch vor, so ist er nach den allgemeinen zivilrechtlichen Grundsätzen zu bewerten, *Hager*, in: Staudinger, BGB, § 823 E 64.

653 *BGH* NJW 1985, 270, 271; *OLG Hamm* VersR 2000, 862; *OLG Hamm* VersR 2002, 1298; *OLG Stuttgart* NJW-RR 2007, 739, 740; *Förster*, in: Beck'scher Onlinekommentar zum BGB, § 823 Rn. 348.

654 *Ulmer*, JZ 1969, 163, 174; *Wagner*, in: Münchener Kommentar zum BGB, § 823 Rn. 467 m.w.N.

Übernahme.[655] Die Verkehrspflicht des Übernehmenden umfasst dabei den Schutz sämtlicher von § 823 Abs. 1 BGB erfassten Rechtsgüter.[656]

135 Die tatsächliche Übernahme bewirkt, dass der Übernehmer fortan für den übernommenen Gefahrenbereich nach allgemeinem Deliktsrecht haftet.[657] Durch die tatsächliche Übernahme entsteht eine rechtlich selbstständige Pflicht zur unmittelbaren Gefahrenabwehr, die nicht lediglich von der Verkehrssicherungspflicht des ursprünglich Pflichtigen auf den Übernehmer über- bzw. davon abgeleitet wird.[658] Daher ist es für ihren Bestand auch unerheblich, ob und in welchem Umfang der zuvor Verkehrspflichtige, also der Verursacher, selbst weiterhin für den Schutz verantwortlich bleibt.[659] Die rechtlich selbstständige Verkehrssicherungspflicht des Übernehmers wird bezüglich des Inhalts und des Schutzbereichs objektiv anhand der Maßgabe bestimmt, was erforderlich ist, um die von Gefahrenlage betroffenen Personen vor Schaden zu bewahren.[660] Dabei ändert sich der Inhalt durch die Übernahme regelmäßig nicht, sodass zur Bestimmung grundsätzlich auf die Pflichten des Verursachers abgestellt werden kann.[661] Etwas anders gilt nur, wenn weitere Gefahrenquellen bspw. aufgrund überlegener Sachkunde erkannt oder neu geschaffen werden.[662]

136 Nach hier vertretener Ansicht können die Grundsätze der Übernahmehaftung auch auf Manager und sonstige Unternehmensangehörige angewendet werden.[663] Denn es ist kein Grund ersichtlich, warum man diesbezüglich zwischen der Pflichtendelegation im Unternehmen und der Pflichtendelegation

---

655 *Ulmer*, JZ 1969, 163, 174.

656 *BGH* VersR 1964, 942, 944; *Ulmer*, JZ 1969, 163, 174.

657 *Förster*, in: Beck'scher Onlinekommentar zum BGB, § 823 Rn. 351.

658 *BGH* NJW-RR 1989, 394, 395; *OLG Frankfurt* NJW-RR 2008, 1476.

659 *Förster*, in: Beck'scher Onlinekommentar zum BGB, § 823 Rn. 351 m.w.N. aus der Rechtsprechung.

660 *BGH* NJW 2008, 1440, Rn. 9; *BGH* NJW-RR 1989, 394, 395.

661 *Förster*, in: Beck'scher Onlinekommentar zum BGB, § 823 Rn. 353.

662 *Förster*, in: Beck'scher Onlinekommentar zum BGB, § 823 Rn. 353 m.w.N. aus der Rechtsprechung; dies dürfte im Verhältnis Unternehmensträger (juristische Person) – Organmitglied (natürliche Person) regelmäßig keine Rolle spielen; etwas anderes kann jedoch im Einzelfall im Verhältnis von Organmitglied –nachgeordnete Mitarbeiter gelten.

663 Wie hier *Grunewald*, ZHR 157 (1993), 451, 454 ff. m.w.N. im vertraglichen Kontext, 456 ff. m.w.N. im deliktischen Kontext; *Larenz/Canaris*, Lehrbuch des Schuldrechts, § 76 III 5 d, S. 421 ff.; *Wagner*, in: Münchener Kommentar zum BGB, § 823 Rn. 119 ff.; *Wagner*, VersR 2001, 1057, 1060; vgl. *v. Bar*, in: Festschrift für Kitagawa, 279, 292 ff.; vgl. *Schneider*, in: Scholz, GmbHG, § 43 Rn. 327; noch weitergehend *Brüggemeier*, AcP 191 (1991) 33, 40 m.w.N. aus der Rechtsprechung des *RG* und 65 ff. und wohl auch *Foerste*, VersR 2002, 1, 4; *Kleindiek*, Deliktshaftung und juristische Person, S. 445 ff.; a. A. *Lutter*, ZHR 157 (1993), 464 ff., *passim*.

außerhalb des Unternehmens unterscheiden sollte.[664] Die Delegation von Verantwortung sollte in beiden Fällen identische Rechtsfolgen bewirken. Auch aus präventiven Gründen und mit Blick auf die verhaltenssteuernde Wirkung von Haftungsregeln wäre ein kompletter Ausschluss der Haftung für Verkehrssicherungspflichtverletzungen durch Organmitglieder und sonstige Unternehmensangehörige sinnwidrig[665] und liefe dem in der vorliegenden Arbeit identifiziertem Bedürfnis nach verstärkter Prävention und Verhaltenssteuerung zuwider. Im vorliegenden Zusammenhang bedeutet dies Folgendes: **(1)** Es ist grundsätzlich möglich, dass Manager und sonstige Unternehmensangehörige Verkehrssicherungspflichten in haftungsbegründender Weise von der juristischen Person als Verursacherin und damit originär Verkehrssicherungspflichtigen übernehmen. **(2)** Dafür ist die tatsächliche Übernahme einer solchen Pflicht erforderlich, was ein Mindestmaß an Einverständnis über die Übernahme voraussetzt. Eine vertragliche Übernahme ist nicht erforderlich, wird im Regelfall jedoch in Form des Arbeitsvertrags und den daraus resultierenden Rechten und Pflichten vorliegen. **(3)** Die tatsächliche Übernahme erfolgt spätestens mit Antritt der Tätigkeit oder der Bestellung zum Organmitglied. **(4)** Soweit es um die Haftung von Organmitgliedern und die aus der Ressortverteilung resultierenden Probleme bezüglich der Bestimmung der Verantwortung geht, ist auf die Ausführungen im Rahmen der Erörterung der Rechtslage im Ordnungswidrigkeitenrecht zu rekurrieren[666], wonach bei der Haftung für Unterlassen hinsichtlich der Bestimmung des Übernehmers der Verkehrssicherungspflicht grundsätzlich auf die interne Geschäfts- bzw. Ressortverteilung abzustellen ist.[667] Dies entspricht auch der Rechtslage im Gesellschaftsrecht bezüglich der Haftung im Kollegialorgan, wonach der Geschäftsführer nur bei eigener Pflichtverletzung haftet und im Falle der rechtlich anerkannten Geschäftsverteilung bei jedem Manager eine Informations- und Überwachungsverantwortung verbleibt, deren Verletzung haftungsbegründend ist.[668] Dies gilt jedoch nicht, sofern das haftungsbegründende Unterlassen

---

664 Zutreffend *Wagner*, in: Münchener Kommentar zum BGB, § 823 Rn. 122.
665 Überzeugend *Wagner*, in: Münchener Kommentar zum BGB, § 823 Rn. 118.
666 Siehe oben unter C. I. 1. a) dd) und C. I. 1. b) dd).
667 Dafür *Wagner*, in: Münchener Kommentar zum BGB, § 823 Rn. 123 und *Wagner*, VersR 2001, 1057, 1061, der auch richtigerweise – aber eigentlich überflüssigerweise, da aus der dargestellten Dogmatik folgend – darauf hinweist, dass eine Haftung wegen Verkehrssicherungspflichtverletzung zulasten des Organmitglieds dann ausscheidet, wenn dieser wiederum selbst die Verkehrssicherungspflicht an nachfolgende Ebenen delegiert hat; dagegen jedoch *BGH*, Urteil vom 6. Juli 1990 – Az. 2 StR 549/89, Rn. 31 f. = BGHSt 37, 106–135 – Lederspray, insb. 3. Orientierungssatz und *Foerste*, VersR 2002, 1.
668 *Hölters*, in: Hölters, AktG, § 93 Rn. 236 m.w.N.; *Koch*, in: Hüffer/Koch, AktG, § 93 Rn. 42 m.w.N. unter Verweis auf die Kommentierung von § 77 Rn. 15, 15a; *Schneider*,

in einem Verstoß gegen die vom *LG München I* in Sachen Siemens/Neubürger entwickelten Grundsätze[669] und die daraus resultierende Verkehrssicherungspflicht[670] hinsichtlich der Einrichtung eines Compliance-Systems und dessen Überwachung besteht, da diese Pflichten wegen des Grundsatzes der Gesamtverantwortung das Organ als Ganzes und somit all seine Mitglieder gleichermaßen treffen.[671] **(5)** Auch das Stimmverhalten bei der Beschlussfassung in einem Kollegialorgan kann zur Haftung sowohl durch aktives Tun als auch durch Unterlassen führen. Dies ist zum einen der Fall, soweit dem schadensträchtigen Beschluss, der die Pflichtverletzung darstellt, zugestimmt wird, wobei Stimmenthaltungen und unberechtigtes Fernbleiben gleichgestellt sind.[672] Bei einem überstimmten Mitglied des Kollegialorgans liegt hingegen grundsätzlich keine Pflichtverletzung vor, soweit es gewisse zumutbare und geeignete Anstrengungen zur Verhinderung des rechtswidrigen Beschlusses unternommen hat.[673] Allerdings kann ein Unterlassen (z. B. von Gegenmaßnahmen) in der Folge bei bestehen einer Garantenstellung trotzdem zur Haftung des überstimmten Mitglieds des Kollegialorgans führen, wobei der Annüpfungspunkt für das haftungsbegründende Unterlassen freilich nicht länger das Abstimmungsverhalten im Kollegialorgan

---

in: Handbuch Managerhaftung, § 2 Rn. 2.36 ff. m.w.N., wo auch die Voraussetzungen der rechtlichen Anerkennung der Geschäftsverteilung – namentlich **(1)** die Zugänglichkeit des Entscheidungsbereichs zur Geschäftsverteilung, d. h. keine nicht delegierbare Leitungsaufgabe, **(2)** eine eindeutige schriftliche Bereichszuweisung und **(3)** die erforderliche persönliche Qualifikation des Managers zur Erfüllung der zugewiesenen Aufgaben – aufgeführt werden; siehe zu **(1)** *Krieger*, in: Handbuch Managerhaftung, § 3 Rn. 3.16 f. m.w.N.

669 Siehe dazu bereits oben unter B. II. 2. a) cc), Rn. 64–65; so auch zutreffend *Krieger*, in: Handbuch Managerhaftung, § 3 Rn. 3.16.; dies verkennt *Schneider*, in: Handbuch Managerhaftung, § 2 Rn. 2.41.

670 Siehe dazu unten unter C. I. 1. a) cc) (1), Rn. 88.

671 Siehe dazu bereits oben unter B. II. 2. a) cc), Rn. 64.

672 *Altmeppen*, in: Handbuch Managerhaftung, § 7 Rn. 7.68 m.w.N.; *ders.*, a. a. O., § 7 Rn. 7.69 verweist zutreffend darauf, dass die Einzelstimme bis zur Ausführung des Beschlusses haftungsbefreiend widerrufen werden kann, was auch im Falle des Fortbestehens des Beschlusses trotz Widerrufs, des (unberechtigten) Fernbleibens oder der Enthaltung gelten muss; vgl. *Hölters*, in: Hölters, AktG, § 93 Rn. 239.

673 *Altmeppen*, in: Handbuch Managerhaftung, § 7 Rn. 7.68, 7.71 ff. jeweils m.w.N.; dazu zählen u. a. die Remonstration beim Gesamtvorstand, die Einbringung von Gegenvorschlägen, die Einschaltung des Aufsichtsrats, in extremen Fällen die Beschreitung des Klagewegs oder die Information Dritter; ferner zu alledem auch *Hölters*, in: Hölters, AktG, § 93 Rn. 239 ff. m.w.N., der auch darauf hinweist, dass die unternommenen Maßnahmen sowie das Abstimmungsverhalten zu Beweiszwecken im Protokoll vermerkt und bei Weigerung den anderen Mitgliedern schriftlich zur Kenntnis gegeben werden sollten; ähnlich *Altmeppen*, in: Handbuch Managerhaftung, § 7 Rn. 7.68 m.w.N.

ist.[674] Selbst bei Zustimmung zum schadensträchtigen Beschluss sind Fälle selbstständiger, von der Beschlussfassung unabhängiger und haftungsbegründender Pflichtverletzungen möglich, wie z. B. die aktive Mitwirkung an der Umsetzung.[675]

137 Ob darüber hinaus, wie teilweise vertreten wird, die Verkehrssicherungspflichten der Organmitglieder mit der der juristischen Person identisch sind[676], kann letztlich offenbleiben.

bb) Delegation von Pflichten

138 Wie bereits ausgeführt wurde, kann der Verursacher als originär Verkehrspflichtiger Dritte zur Erfüllung der Verkehrspflicht mit der Folge einschalten, dass dieser Dritte als Übernehmer für die Erfüllung der Verkehrspflicht haftet. Dadurch wird der originär Verkehrspflichtige jedoch nicht vollumfänglich aus der Verantwortung entlassen. Ihn treffen vielmehr Auswahl-, Instruktions- und Überwachungspflichten[677], wobei sich der Umfang nach den Umständen richtet[678] und grundsätzlich ein strenger Maßstab anzulegen ist.[679] Es ist von dem Grundsatz auszugehen, dass das Pflichtprogramm umso strenger ist, je größer die Gefahr ist und umso geringer ist, je größer die Gewähr ist, dass der Übernehmer die erforderlichen Sicherungsmaßnahmen ergreift.[680] Der Delegierende hat bei der Auswahl einen fähigen und geeigneten Übernehmer zu wählen, der Gewähr für die tatsächliche

---

674 *Altmeppen*, in: Handbuch Managerhaftung, § 7 Rn. 7.70 m.w.N.; laut *Hölters*, in: Hölters, AktG, § 93 Rn. 241 m.w.N. trifft das überstimmte Mitglied des Kollegialorgans die Pflicht, die Ausführung des Beschlusses zu verhindern.

675 *Altmeppen*, in: Handbuch Managerhaftung, § 7 Rn. 7.70 m.w.N.

676 *Brüggemeier*, AcP 191 (1991) 64 ff., der zugunsten des Organmitglieds einen Freistellungsanspruch gegenüber dem Unternehmensträger erwägt; wohl auch *Foerste*, VersR 2002, 1, 4; dagegen exemplarisch *Förster*, in: Beck'scher Onlinekommentar zum BGB, § 823 Rn. 376 und *Hager*, in: Staudinger, BGB, § 823 E 68.

677 *BGH* NJW 1952, 61; *BGH* NJW 1985, 484; *BGH* NJW 2006, 3628, 3629; *OLG Celle* VersR 1998, 604; *OLG Hamm* VersR 2000, 862; *OLG Schleswig* VersR 2000, 1118, 1119; *OLG Frankfurt a. M.* NJW-RR 2004, 312, 313, 314; *Förster*, in: Beck'scher Onlinekommentar zum BGB, § 823 Rn. 357; *Hager*, in: Staudinger, BGB, § 823 E 61 m.w.N.; *Schiemann*, in: Erman, BGB, § 823 Rn. 85; *Wagner*, in: Münchener Kommentar zum BGB, § 823 Rn. 469.

678 *BGH* NJW 1987, 2669, 2670; *BGH* NJW 2006, 3628, 3629; *Förster*, in: Beck'scher Onlinekommentar zum BGB, § 823 Rn. 362.

679 *BGH* NJW 1952, 61; *OLG Frankfurt a.M.* NJW-RR 2004, 312, 314; *Schiemann*, in: Erman, BGB, § 823 Rn. 85.

680 *BGH* NJW 2006, 3628, 3629; vgl. *Förster*, in: Beck'scher Onlinekommentar zum BGB, § 823 Rn. 359; vgl. *Wagner*, in: Münchener Kommentar zum BGB, § 823 Rn. 469 m.w.N.

Erfüllung der Verkehrssicherungspflicht bietet und generell zuverlässig zu sein scheint.[681] Wird zur Erfüllung der Verkehrssicherungspflicht ein von vornherein gänzlich ungeeigneter Dritter eingeschaltet, trifft den Verursacher bereits deswegen eine Haftung.[682] Dagegen reduziert sich die Überwachungspflicht (ggf. auch auf Null), soweit der Übernehmer über eine Sachkunde verfügt, die die des Verursachers übersteigt.[683] Grundsätzlich ist der Verursacher nicht zur vollumfänglichen Kontrolle verpflichtet[684], da er auf eine vertrauensvolle Zusammenarbeit vertrauen darf[685], sodass eine stichprobenartige Überprüfung genügt.[686] Sollte jedoch Anlass zu Zweifeln bestehen, ob der Übernehmer seinen Pflichten in der angezeigten Art und Weise nachkommt, ist der Verursacher zum Eingreifen verpflichtet.[687] Sofern abhängig Beschäftigte zur Erfüllung der Verkehrssicherungspflicht (im vorliegenden Kontext durch das Organ bzw. die Organmitglieder des Unternehmensträgers stellvertretend für den Unternehmensträger oder in Form der Delegation von Verkehrssicherungspflichten, die zunächst vom Organmitglied selbst übernommen wurden) eingeschaltet werden, so wird der Verursacher nicht gänzlich von der Verkehrssicherungspflicht befreit; sie besteht in abgeschwächter Form fort.[688] In diesem Fall ist der Verursacher zudem zur Erteilung[689] von hinreichend klaren Weisungen[690] verpflichtet. Existiert eine bindende Weisung seitens des Delegierenden oder nimmt dieser vergleichbar starken Einfluss auf die Erfüllung der Verkehrssicherungspflicht durch den Übernehmer, so entfällt die Verkehrspflicht des Übernehmers[691] bzw. ist auf die Befolgung der Weisung

---

681 *BGH* NJW-RR 2005, 464, 465.

682 *BGH* NJW 1976, 46, 47; *BGH* VersR 1983, 152; *OLG Hamm* MDR 1992, 558; *OLG Düsseldorf* DB 1995, 2262, 2263.

683 BGHZ 142, 227, 333; BGHZ 160, 232, 235; *BGH* NJW 1971, 2308; *BGH* NJW 1976, 46, 47; *BGH* NJW 2006, 3628, 3629; *BGH* NJW- RR 1987, 147 f.; *BGH* VersR 1954, 364, 365; *BGH* VersR 1965, 165, 166; *BGH* VersR 1975, 87, 88; *BayObLG* NJW-RR 2005, 100; *OLG Schleswig* VersR 2000, 1118, 1119; *OLG Hamm* VersR 2003, 473 (LS); *OLG Zweibrücken* VersR 2004, 611.

684 *BGH* NJW 1976, 46, 47; *BGH* NJW 2006, 3628, 3629; *BGH* NJW-RR 1987, 147; *OLG Schleswig* VersR 2000, 1118, 1119.

685 *Förster*, in: Beck'scher Onlinekommentar zum BGB, § 823 Rn. 363 m.w.N.

686 *BGH* NJW-RR 1987, 147 f; *OLG Brandenburg* VersR 2009, 221; *Wagner*, in: Münchener Kommentar zum BGB, § 823 Rn. 469.

687 Vgl. *Hager*, in: Staudinger, BGB, § 823 E 61 m.w.N.; vgl. *Schiemann*, in: Erman, BGB, § 823 Rn. 85 m.w.N.

688 *BGH* NJW 1982, 2187, 2188; *BGH* VersR 1974, 780, 782; *BGH* VersR 1977, 543, 544.

689 *BGH* NJW-RR 1988, 89, 90.

690 Vgl. *BGH* NJW 1988, 48, 49; *BGH* NJW-RR 1988, 471 f.; *OLG Düsseldorf* NJW 1992, 2972.

691 BGHZ 48, 98, 103; *BGH* NJW-RR 1986, 190 f.; *BGH* VersR 1967, 859, 861, *BGH* VersR 1974, 243 und *BGH* VersR 1976, 776, 777 f. verneinen das Verschulden.

beschränkt.[692] Die haftungsbefreiende Wirkung von Weisungen greift jedoch auch zugunsten von Organmitgliedern in Aktiengesellschaften (durch bindende Hauptversammlungsbeschlüsse) und GmbH (durch bindende Gesellschafterbeschlüsse).[693]

139 Nach richtiger Auffassung trifft auch Arbeitnehmer eine Verkehrssicherungspflicht mit potenziell haftungsbegründender Folge bei Verletzung derselben, sofern sie denn tatsächlich nach den oben dargestellten Kriterien übernommen wurde.[694] Zwar übernimmt der Arbeitnehmer die Steuerung der Gefahr nicht freiwillig, aber das Vertrauen des Rechtsverkehrs bzw. Dritter bezieht sich auch auf die Einhaltung der Verkehrssicherungspflicht durch Arbeitnehmer.[695] Letztlich verdient dieses Vertrauen den Vorrang. Zudem ist kein Grund ersichtlich, warum man zwischen der Delegation an selbstständige Dritte und Arbeitnehmer unterscheiden sollte. Zu berücksichtigen ist ferner, dass sich der Arbeitnehmer im Rahmen des Gesamtschuldnerausgleichs[696] mit seinem Arbeitgeber als Delegierendem zumindest in Teilen (ggf. sogar vollumfänglich) schadlos halten können wird, soweit diesem bspw. ein Organisationsverschulden zur Last fällt.[697] Zudem wird der

---

692 *BGH* NJW 1988, 48, 49.

693 BGHZ 110, 323, 335 = NJW 1990, 2877, 2879 f. – Schärenkreuzer für einen vereinsrechtlichen Sachverhalt; *Wagner*, in: Münchener Kommentar zum BGB, § 823 Rn. 112.

694 So auch *BGH* NJW 1975, 533, 534 ff., *Hager*, in: Staudinger, BGB, § 823 E 65 *Larenz/Canaris*, Lehrbuch des Schuldrechts, § 76 III 5 d, S. 421 ff. und *Wagner*, in: Münchener Kommentar zum BGB, § 823 Rn. 119 ff., insb. Rn. 120, der insbesondere die Differenzierung aufgrund unmittelbaren und mittelbaren Verletzungshandlungen kritisiert; vgl. ferner *Schiemann*, in: Erman, BGB, § 823 Rn. 85; noch weitergehend *Brüggemeier*, AcP 191 (1991), 33, 51 ff., 58, 61 ff., insb. 67 f., nach dessen Modell grundsätzlich sämtliche Arbeitnehmer im Außenverhältnis für deliktische Rechtsgutsverletzungen haften, wobei die Haftung subsidiär zur Haftung des Unternehmensträgers ist und sich auf den vom Arbeitnehmer im Innenverhältnis zu tragenden Anteil beschränkt; weitere Nachweise bei *Wagner*, in: Münchener Kommentar zum BGB, § 823 Rn. 128, dort insb. Fn. 408 f., der ausführt, dass die hier vertretene Auffassung der h. M. entspräche; a. A. und für die Beschränkung auf Personen mit gewisser Selbstständigkeit *BGH* NJW 1979, 864, 865 (Lehrling); *BGH* NJW 1987, 2510, 2511; *BGH* BB 1954, 273, 274; *Förster*, in: Beck'scher Onlinekommentar zum BGB, § 823 Rn. 379 ff. m.w.N.; offen gelassen von *OLG Schleswig* VersR 2000, 1118, 1119.

695 *Hager*, in: Staudinger, BGB, § 823 E 65; vgl. *Schiemann*, in: Erman, BGB, § 823 Rn. 85.

696 Nach altem Recht im vorliegenden Zusammenhang gemäß § 840 Abs. 1 BGB, dazu *BGH* NJW 1975, 533, 534; *OLG Nürnberg* NJW-RR 2001, 1106, 1108; *Förster*, in: Beck'scher Onlinekommentar zum BGB, § 823 Rn. 356; zum Gesamtschuldnerausgleich nach neuem Recht siehe unter C. III.

697 *Hager*, in: Staudinger, BGB, § 823 E 65; wie bereits unter C. I. 2. c)dargelegt wurde, liegt ein nach der Rechtsprechung i. R. v. § 31 BGB haftungsbegründender

besonderen Interessenlage i. R. d. innerbetrieblichen Schadensausgleichs Rechnung getragen.[698] Insoweit wird dem Arbeitnehmerinteresse in sachgerechter Weise Rechnung getragen, da der Arbeitnehmer – im Gegensatz zum Geschädigten – Einfluss auf die Art seiner Tätigkeit nehmen kann, wohingegen der Geschädigte sich seinen deliktischen Schädiger nicht aussuchen kann.[699]

cc) Zwischenergebnis

140 Aus obigen Ausführungen ergibt sich, dass sowohl Organmitglieder als auch sonstige Unternehmensangehörige deliktisch sowohl für unmittelbare als auch für mittelbare Verletzungshandlungen verantwortlich sind, wobei letzteres nur dann zutrifft, soweit Verkehrssicherungspflichten auch tatsächlich übernommen wurden. Dies ist eine dogmatisch fundierte Rechtsansicht, die überdies auch sach- und interessengerecht ist. Denn so werden präventive und verhaltenssteuernde Aspekte sowie Gläubigerinteressen hinreichend berücksichtigt, wobei mit Blick auf die Regressmöglichkeiten im Innenverhältnis auch die Interessen der Organmitglieder und sonstigen Unternehmensangehörigen berücksichtigt werden. Ferner ist Haftung von Organmitgliedern und sonstigen Unternehmensangehörigen auch deshalb sachgerecht, da es der Rechtslage entspricht, die auch für natürliche Personen gilt; da der juristischen Person als Unternehmensträgerin die Handlungsfähigkeit fehlt[700] und sich natürlicher Personen zur Erfüllung ihrer

---

Organisationsmangel dann vor, wenn angesichts des Ausmaßes der Gefährdung nicht ein besonderer Vertreter bestellt wird; darauf weist *Hager*, in: Staudinger, BGB, § 823 E 62 zutreffend hin; zum Gesamtschuldnerausgleich und anderen Möglichkeiten der Haftungsreduzierung siehe unten unter C. III. und C. IV.; zu den anderen Möglichkeiten der Haftungsreduzierung zählen u. a. die Grundsätze des innerbetrieblichen Schadensausgleichs, auf die sich grundsätzlich auch der Compliance Officer berufen kann, sofern dieser kein Organmitglied ist, vgl. dazu *Grützner/Behr*, DB 2013, 561, 563 f. m.w.N.; siehe zur Haftung wegen Organisationsverschulden auch *Karbaum*, Kartellrechtliche Compliance – Rechtsgrundlagen und Umsetzung, S. 185 ff.

698 Siehe dazu unter C. IV. 2. b); *Wagner*, in: Münchener Kommentar zum BGB; § 823 Rn. 128.

699 Ähnlich *Wagner*, VersR 2001, 1057, 1061.

700 *Altmeppen*, ZIP 1995, 881, 882 weist zutreffend darauf hin, dass die Erfüllung der Verkehrssicherungspflichten der juristischen Person als Verursacherin grundsätzlich den Organen oder verfassungsmäßigen Vertretern obliegt und etwaige Verkehrssicherungspflichtverletzungen der juristischen Person in haftungsbegründender Weise gemäß § 31 BGB zugerechnet werden. Es ist ferner darauf hinzuweisen, dass § 31 BGB auch bei Verkehrssicherungspflichtverletzungen umfassend anzuwenden ist, d. h., dass sich auch ein Organisationsmangel

Aufgaben bedient, sollte die Haftung neben der juristischen Person auch die handelnden natürlichen Personen treffen.

c) *Maßgebliche Judikatur*

141 Die maßgeblichen für die Außenhaftung sprechenden Judikate des *BGH* und ihre zentralen Aussagen sollen im Folgenden in Kürze dargestellt werden.

aa) BGHZ 109, 297–306 – Baustoff

142 Der Sachverhalt des Baustoff-Urteils ist schnell zusammengefasst.[701] Verklagt war der ehemalige Geschäftsführer einer mittlerweile aufgelösten, da insolventen GmbH, die einen Baustoffgroßhandel betrieb. Die aufgelöste GmbH hatte von der Klägerin unter verlängertem Eigentumsvorbehalt Baumaterialen gekauft, jedoch gleichzeitig mit den von ihr belieferten Bauherren ein Abtretungsverbot vereinbart. Im gerichtlichen Verfahren konnte nicht festgestellt werden, ob der beklagte Geschäftsführer selbst am Abschluss der Verträge mit der Klägerin mitgewirkt hatte oder in sonstiger Weise vom Inhalt der Vereinbarungen der GmbH mit der Klägerin und den Bauherren Kenntnis hatte. Die Klägerin begehrte jedoch wegen der Insolvenz der GmbH nunmehr vom ehemaligen Geschäftsführer Schadensersatz für die darin liegende Eigentumsverletzung i. S. d. § 823 Abs. 1 BGB durch die Mitwirkung am Untergang von verlängertem Vorbehaltseigentum an Baustoffen durch Verbindung gemäß § 946 BGB.

143 Der *BGH* führt in dem Urteil aus, dass im Deliktsrecht der Grundsatz bestehe, dass derjenige auf Schadensersatz hafte, der in seiner Person verantwortlich die Tatbestandsmerkmale der unerlaubten Handlung erfüllt, sodass auch der Geschäftsführer einer GmbH unmittelbar nach außen hafte, soweit er persönlich eine unerlaubte Handlung begehe.[702] Auch wenn der Geschäftsführer nicht persönlich am Abschluss der fraglichen Verträge beteiligt war, urteilte der *BGH*, dass ihn aufgrund seiner Stellung als Geschäftsführer eine Garantenpflicht dahingehend trifft, sicherzustellen, dass der verlängerte Eigentumsvorbehalt nicht ins Leere läuft.[703] Da der Beklagte diese Pflicht verletzte, wurde er zum Schadensersatz verurteilt.[704] Der *BGH* geht dabei

---

haftungsbegründend gegenüber der juristischen Person auswirken kann; siehe dazu unter C. I. 2. c).

701 *BGH*, Urteil vom 5. Dezember 1989 – Az. VI ZR 335/88, Rn. 1–4 = BGHZ 109, 297–306; dort auch zu folgendem Text.

702 *BGH*, Urteil vom 5. Dezember 1989 – Az. VI ZR 335/88, Rn. 14 – Baustoff.

703 *BGH*, Urteil vom 5. Dezember 1989 – Az. VI ZR 335/88, Rn. 15 – Baustoff.

704 *BGH*, Urteil vom 5. Dezember 1989 – Az. VI ZR 335/88, Rn. 13 – Baustoff.

auch auf das Verhältnis von Innen- und Außenhaftung ein. Im Urteil heißt es dazu[705]:

> **„Freilich wird die Verantwortlichkeit des Geschäftsführers einer GmbH für die ordnungsgemäße Erfüllung seiner Aufgaben Dritten gegenüber durch seine Organstellung mitgeprägt** (vgl. Senatsurteil vom 14. Mai 1974 aaO m.w.N.). Pflichten aus der Organstellung zur ordnungsgemäßen Führung der Geschäfte der von ihm vertretenen Gesellschaft bestehen grundsätzlich nur gegenüber dieser und lassen bei ihrer Verletzung Schadensersatzansprüche nur der Gesellschaft entstehen, wie in § 43 Abs. 2 GmbHG besonders herausgestellt ist. Auch soweit es um ein Versagen des Geschäftsführers bei der Erfüllung von Pflichten geht, die die GmbH gegenüber Dritten zu erfüllen hat, trifft die Einstandspflicht hierfür gegenüber den betroffenen Dritten prinzipiell nur die Gesellschaft, nicht ihr Organ. **Anderes gilt aber, wenn mit den Pflichten aus der Organstellung gegenüber der Gesellschaft Pflichten einhergehen, die von dem Geschäftsführer nicht mehr nur für die Gesellschaft als deren Organ zu erfüllen sind, sondern die ihn aus besonderen Gründen persönlich gegenüber dem Dritten treffen.** Dies kann im außervertraglichen, deliktischen Bereich insbesondere wegen einer dem Geschäftsführer als Aufgabe zugewiesenen oder von ihm jedenfalls in Anspruch genommenen Garantenstellung zum Schutz fremder Schutzgüter i.S. des § 823 Abs. 1 BGB der Fall sein, die ihre Träger der Einflußsphäre der Gesellschaft anvertraut haben. **Hier kann über die Organstellung hinaus eine mit der Zuständigkeit für die Organisation und Leitung und der daraus erwachsenden persönlichen Einflußnahme auf die Gefahrenabwehr bzw. -steuerung verbundene persönliche Verantwortung des Organs den betroffenen Außenstehenden gegenüber zum Tragen kommen.** In dieser Beziehung gilt für die Eigenhaftung des Geschäftsführers im Grundsatz nichts anderes als für jeden anderen Bediensteten der GmbH, soweit dessen Aufgabenbereich sich auf die Wahrung deliktischer Integritätsinteressen Dritter erstreckt. **Es ist deshalb in Rechtsprechung und Literatur anerkannt, daß die Verantwortlichkeit für die einer juristischen Person zuzurechnende Schädigung unter besonderen Voraussetzungen auch die zu ihrem Organ bestellten Personen trifft, selbst wenn diese nicht eigenhändig geschädigt haben, aber die Ursache für die Schädigung in Versäumnissen bei der ihnen übertragenen Organisation und Kontrolle zu suchen ist. Voraussetzung ist allerdings auch hier, daß zur Abwehr der sich in dieser Weise aktualisierenden Gefahrenlage der Geschäftsführer gerade in seinem Aufgabenbereich gefordert ist**; keineswegs haftet er nach außen für jede unerlaubte Handlung aus dem Tätigkeitsbereich seiner Gesellschaft schon deshalb, weil er etwa durch Anstellung eines Gehilfen oder durch dessen Einsatz zu dieser Verrichtung die Schädigung erst möglich gemacht hat." [Hervorhebungen durch den Verfasser]

705 *BGH*, Urteil vom 5. Dezember 1989 – Az. VI ZR 335/88, Rn. 16 – Baustoff.

144 Die beschriebene Gefahrenlage erfordere vom Geschäftsführer Maßnahmen der Organisation und Koordination, die eine Garantenstellung begründen.[706] Den Geschäftsführer treffe dabei ebenso wie die GmbH eine Verpflichtung, durch entsprechende Maßnahmen eine Verletzung des Vorbehaltseigentums zu verhindern, wobei diese Verpflichtung nicht alleine aus dem Kaufvertrags, sondern auch aus einer allgemeinen deliktischen Verkehrspflicht aufgrund der von dem Lieferanten eingeräumten faktischen Möglichkeit zur Bestimmung über das Vorbehaltsgut resultiere.[707]

145 Mithin statuiert der *BGH* in seinem Urteil in Sachen Baustoff einen Gleichschritt von grundsätzlich interner Leitungs- und externer Verkehrs- bzw. Garantenpflicht, der zur persönlichen Außenhaftung führt. Herauszuheben ist, dass der Baustoff-Entscheidung ein Fall eines Unterlassens bzw. einer mittelbaren Rechtsverletzung zu Grunde lag. Dogmatisch lässt sich die Lösung des *BGH* dergestalt einordnen, dass die Garantenstellung durch tatsächliche Übernahme von Pflichten durch die Übernahme der Organstellung begründet wird.

bb) BGHZ 166, 84–117 – Breuer

146 Im Sachverhalt des Falls Breuer stand ein unmittelbares Handeln in Form einer Interviewäußerung betreffend die Kreditwürdigkeit des Leo Kirch und dessen Kirch-Unternehmensgruppe des damaligen Vorstandsvorsitzenden der Deutschen Bank AG, Rolf Breuer, in Rede.[708] Die Kirch-Gruppe musste in der Folge Insolvenz anmelden und begehrte sowohl von der Deutschen Bank AG als auch von Herrn Breuer aus eigenem und abgetretenem Recht selbst Schadensersatz für vermeintliche Vermögensschäden, die durch das Interview hervorgerufen wurden. Denn durch das Interview sei die Kirch-Gruppe trotz ausreichender Sicherheiten nicht mehr in der Lage gewesen, weiteres Kapital zu den vor Ausstrahlung des Interviews existierenden Bedingen aufzunehmen bzw. bestehende Kredit zu verlängern. Zudem sei durch das Interview ein Zeitdruck entstanden, der dazu führte, dass die Kirch-Gruppe nicht genügend Zeit für die Behebung der Liquiditätskrise durch den Verkauf von Vermögenswerten hatte.

147 Nachdem der Klage erstinstanzlich vollumfänglich stattgegeben wurde, wurde die Klage hinsichtlich der Ansprüche gegen Herrn Breuer abgewiesen.

---

706 *BGH*, Urteil vom 5. Dezember 1989 – Az. VI ZR 335/88, Rn. 17 – Baustoff.
707 *BGH*, Urteil vom 5. Dezember 1989 – Az. VI ZR 335/88, Rn. 18 – Baustoff.
708 *BGH*, Urteil vom 24. Januar 2006 – Az. XI ZR 384/03, Rn. 1–9 = BGHZ 166, 84–117; dort auch zu folgendem Text.

Die Revision hatte zur Folge, dass Herr Breuer zum Schadensersatz verurteilt wurde.[709] Das Gericht führt dazu aus[710]:

„125 Aufgrund des Darlehensvertrages mit der PrintBeteiligungs GmbH bestanden für die Beklagte zu 1) [= *Deutsche Bank AG*] Interessenwahrungs-, Schutz- und Loyalitätspflichten. Diese beinhalten, ohne dass sich die Beklagte zu 1) auf das Recht der freien Meinungsäußerung berufen könnte, wie dargelegt, unter anderem die Verpflichtung, die Kreditwürdigkeit der PrintBeteiligungs GmbH nicht zu gefährden. Diese Verpflichtung ist durch das Verhalten des Beklagten zu 2) [= *Rolf Breuer*], für das die Beklagte zu 1) nach § 31 BGB einzustehen hat, verletzt worden. **Zwar begründet der Darlehensvertrag für den Beklagten zu 2) unmittelbar keine Rechte und Pflichten. Den Beklagten zu 2) traf aber aufgrund seiner damaligen Stellung als Organ der Beklagten zu 2) die organschaftliche Verpflichtung, alles zu unterlassen, was die Beklagte zu 1) schädigen, insbesondere sie einem Schadensersatzanspruch der PrintBeteiligungs GmbH in Millionenhöhe aussetzen konnte.** Das Recht zur freien Meinungsäußerung (Art. 5 Abs. 1 Satz 1 GG) schützt den Beklagten zu 2) insoweit nicht, da es kein vertragswidriges Verhalten erlaubt. Insbesondere war er als Organ der Beklagten zu 1) in Bezug auf die PrintBeteiligungs GmbH zur Zurückhaltung im Umgang mit kundenbezogenen Tatsachen und Wertungen verpflichtet. Umgekehrt durfte diese sich darauf verlassen, dass die Beklagte zu 1) und ihre Organe sich an diese Verpflichtung hielten.

126 Dies darf bei der gebotenen Abwägung der Interessen der PrintBeteiligungs GmbH einerseits und des Beklagten zu 2) andererseits trotz des Prinzips der Relativität von Schuldverhältnissen entgegen der Ansicht des Berufungsgerichts nicht unberücksichtigt bleiben. **Es geht nicht an anzunehmen, Pflichten seien nur an den Unternehmensträger, nicht aber an das Organ adressiert, gleichzeitig aber die Möglichkeit einer eigenen deliktsrechtlichen Haftung des Organs mit dem Argument zu leugnen, dessen Verhalten sei Handeln der juristischen Person selbst, so dass das Organ seinem Unternehmen gar nicht selbstständig gegenübertrete** (vgl. MünchKomm/Wagner, BGB 4. Aufl. § 823 Rdn. 399). **Angesichts der Einheit der Rechtsordnung erscheint es außerdem widersprüchlich, ein und dasselbe Verhalten des Beklagten zu 2), für das die Beklagte zu 1) haftet, im Verhältnis zwischen der Beklagten zu 1) und der PrintBeteiligungs GmbH ebenso wie im Innenverhältnis zwischen den beiden Beklagten als pflichtwidrig anzusehen, im Verhältnis zwischen dem Beklagten zu 2) und der PrintBeteiligungs GmbH dagegen als rechtmäßig.**

709 *BGH*, Urteil vom 24. Januar 2006 – Az. XI ZR 384/03, Rn. 10, 122 – Breuer.
710 *BGH*, Urteil vom 24. Januar 2006 – Az. XI ZR 384/03, Rn. 125 ff. – Breuer.

127 Das Organ einer Gesellschaft darf deren Vertragspartner nicht in dessen absolut geschützten Rechtsgütern im Sinne des § 823 Abs. 1 BGB verletzen und ihm einen Schaden zufügen. Vielmehr muss es sich so verhalten, wie es eine natürliche Person tun würde. Andernfalls liefe der mit einer Kapitalgesellschaft kontrahierende Vertragsgegner Gefahr, eher geschädigt zu werden als in den Fällen, in denen eine natürliche Person sein Vertragspartner ist, der für sein schuldhaftes Handeln uneingeschränkt einstehen muss. Was der juristischen Person aufgrund der vertraglichen Treuepflicht untersagt ist, ist daher zwangsläufig auch dem oder den für sie handelnden Organen verboten.

128 Nach diesen Grundsätzen steht einer Haftung des Beklagten zu 2) wegen eines unerlaubten Eingriffs in das Recht am eingerichteten und ausgeübten Gewerbebetrieb kein Hinderungsgrund entgegen. So wie die Beklagte zu 1) den Vertragsbruch gegenüber der PrintBeteiligungs GmbH nicht mit Hilfe des Grundrechts auf freie Meinungsäußerung (Art. 5 Abs. 1 Satz 1 GG) rechtfertigen kann, ist auch das Handeln des Beklagten zu 2) selbst nicht gerechtfertigt. **Der Einwand, dass er keine Vertragspartei und einer solchen auch nicht gleichzusetzen sei, greift entgegen der Ansicht des Berufungsgerichts nicht. Vielmehr war es seine ureigene Aufgabe, als Organ der Beklagten zu 1) dafür zu sorgen, dass sie die darlehensvertraglichen Haupt- und Nebenpflichten ordnungsgemäß erfüllt und dass die PrintBeteiligungs GmbH keinen Schaden erleidet. Dieser Pflicht ist er nicht nachgekommen, sondern hat sich zumindest fahrlässig über sie hinweggesetzt. Dass ein solches Verhalten von vornherein keinen Schutz verdient, sondern grundsätzlich eine eigene deliktische Haftung aus § 823 Abs. 1 BGB auslöst, liegt auf der Hand und ist auch in der gesellschaftsrechtlichen Literatur bislang nicht in Frage gestellt worden.**

129 Dem kann entgegen der Ansicht des Berufungsgerichts nicht entgegengehalten werden, die PrintBeteiligungs GmbH sei durch ihren Schadensersatzanspruch aus § 280 Abs. 1 BGB gegen die Beklagte zu 1) ausreichend geschützt, eines ergänzenden Anspruchs gegen den Beklagten zu 2) bedürfe es nicht. Die damit angesprochene Subsidiarität des Anspruchs aus § 823 Abs. 1 BGB wegen eines Eingriffs in das Recht am eingerichteten und ausgeübten Gewerbebetrieb gilt nur gegenüber Ansprüchen gegen denselben Anspruchsgegner. Wollte man dies anders sehen, könnte der Inhaber eines Anspruchs aus § 823 Abs. 1 BGB auch auf verjährte oder nicht werthaltige Ansprüche etwa gegen eine vermögenslose juristische Person verwiesen werden.“ [Hervorhebungen durch den Verfasser]

148 Der *BGH* statuiert mithin eine umfassende Außenhaftung der Organmitglieder bei Verletzung von deren Pflichten, wobei er ausdrücklich klarstellt, dass Pflichten nicht nur an den Unternehmensträger, sondern auch an das Organ selbst adressiert sind. Der *BGH* stellt darüberhinaus fest, dass Organe von juristischen Personen verpflichtet sind, für die Einhaltung der Pflichten der juristischen Person und des Weiteren dafür Sorge zu tragen, dass Dritte keinen Schaden erleiden. Die Begründung trägt dabei sowohl für eine Haftung wegen unmittelbaren Verletzungshandlungen als auch für eine Haftung wegen mittelbaren Verletzungshandlungen bzw. Unterlassen. Die Begründung des *BGH* im Breuer-Urteil zur Begründung der persönlichen Außenhaftung ist mit der der Baustoff-Entscheidung vergleichbar. Aus dogmatischer Sicht führte auch im Breuer-Urteil gewissermaßen die Übernahme von Pflichten durch die Bestellung zum Organ zur Haftung, wobei die organschaftlichen Pflichten mit Blick auf die Einheit der Rechtsordnung nach außen erstreckt werden sollen. Die Begründung des *BGH* lässt jedoch auch den Schluss zu, dass es sich um originäre Pflichten des Organs und somit eine originäre Garantenstellung handelt.[711]

cc) Strafrechtlicher Exkurs

149 In der strafgerichtlichen Rechtsprechung ist es anerkannt, dass ein Betriebsinhaber eine Garantenstellung für die Verhinderung betriebsbezogener Straftaten innehat (sog. Geschäftsherrenhaftung).[712] Dies ist überdies in der Rechtsprechung auch für andere nachgeordnete Unternehmensangehörige – wie bspw. Compliance-Officern[713] – anerkannt, die gegenüber der Unternehmensleitung die Pflicht übernommen haben, Rechtsverstöße und insbesondere Straftaten zu unterbinden.[714] Insoweit besteht ein Gleichlauf zur bereits dargestellten Rechtslage im Ordnungswidrigkeitenrecht.[715] Darüber hinaus ist auf die Lederspray-Entscheidung hinzuweisen, bei der der *BGH* eine Garantenstellung aus Ingerenz für Geschäftsführer wegen des Inverkehrsbringens von gesundheitsgefährlichen Produkten basierend auf einer zivilrechtlichen Verkehrssicherungspflicht etablierte.[716] Da der entscheidende Senat des *BGH* nicht zwischen solchen Verkehrssicherungspflichten der juristischen Person und des Organs bzw. dessen Mitgliedern

---

711 Ähnlich auch *Hellgardt*, WM 2006, 1514, 1515; dies könnte letztlich als Indiz für die Vertretertheorie i. R. v. § 31 BGB gewertet werden; siehe dazu bereits oben unter C. I. 2. a) aa); dagegen *Derleder/Fauser*, BB 2006, 949, 951.

712 *BGH*, Urteil vom 20. Oktober 2011 – Az. 4 StR 71/11, Rn. 13 = BGHSt 57, 42–49 – Mobbing.

713 Umfassend zum Compliance Officer *Bürkle/Hauschka*, Der Compliance Officer, *passim*; zu den Möglichkeiten und Grenzen der Pflichtendelegation an den (Chief) Compliance Officer *Hastenrath*, CB 2016, 6 ff.

714 *BGH*, Urteil vom 17. Juli 2009 – Az. 5 StR 394/08, Rn. 22 ff. = BGHSt 54, 44–52 – Berliner Stadtwerke; zustimmend *Ransiek*, AG 2010, 147 ff.; ferner *Rönnau/Schneider*, ZIP 2010, 53 ff.

715 Siehe dazu bereits oben unter C. I. 1. a) cc).

716 *BGH*, Urteil vom 6. Juli 1990 – Az. 2 StR 549/89, Rn. 31 f. = BGHSt 37, 106–135 – Lederspray.

unterscheidet, geht er offensichtlich davon aus, dass diese identisch sind.[717] In der Lederspray-Entscheidung verurteilte der *BGH* zudem mehrere Geschäftsführer wegen fahrlässiger Körperverletzung, weil keiner von ihnen der Pflicht zum Rückruf und zur Warnung nachgekommen war.[718] Insoweit rekurriert der *BGH* auf den gesellschaftsrechtlichen Grundsatz der Gesamtverantwortung bei mehrköpfigen Organen und begrenzt die strafrechtliche Verantwortung nicht auf die dem einzelnen Organmitglied zugewiesenen Zuständigkeitsbereich.[719]

150 Nach der strafrechtlichen Rechtsprechung des *BGH* besteht somit eine originäre Garantenstellung des Betriebsinhabers wegen seiner Stellung im Unternehmen. Bezüglich der Begründung der Garantenstellung nachgeordneter Unternehmensangehöriger greift der *BGH* eher – genau wie im Zivilrecht – auch im Strafrecht auf die in der Strafrechtsdogmatik überdies anerkannte Fallgruppe der tatsächlichen Übernahme von Pflichten zurück, soweit diese gegenüber der Unternehmensleitung die Pflicht übernommen haben, Rechtsverstöße und insbesondere Straftaten zu unterbinden, zu begründen.[720]

d) Zwischenergebnis für Außenhaftung nach allgemeinen deliktsrechtlichen Grundsätzen

151 Als Zwischenergebnis kann nach den obigen Ausführungen festgehalten werden, dass es eine gefestigte Rechtsprechung sowohl im Zivil- als auch im Strafrecht gibt, nach der sowohl Organmitglieder als auch sonstige Unternehmensangehörige sowohl für unmittelbare und mittelbare Verletzungshandlungen bzw. Unterlassen haftbar sind. Dabei wirkt die Delegation von Pflichten grundsätzlich haftungsbefreiend gegenüber dem Organmitglied

---

717 Dies erkennt auch *Altmeppen*, ZIP 1995, 881, 886 m.w.N., der darin eine Kontinuität zur Rechtsprechung des *RG* erkennt und eine Übereinstimmung mit dem Willen des historischen Gesetzgebers feststellt; ähnlich bezüglich der Rechtsprechung des *RG* auch *Brüggemeier*, AcP 191 (1991), 33, 40 m.w.N.

718 *BGH*, Urteil vom 6. Juli 1990 – Az. 2 StR 549/89, 3. Orientierungssatz, Rn. 26, 47 ff. – Lederspray.

719 *BGH*, Urteil vom 6. Juli 1990 – Az. 2 StR 549/89, 3. Orientierungssatz, Rn. 47 ff.– Lederspray.; in der zivilrechtlichen Literatur ist. umstritten, welche Folgen das Lederspray-Urteil für die deliktsrechtliche Haftung von Organmitgliedern hat, siehe dazu m.w.N. *Hager*, in: Staudinger, BGB, § 823 E 67; BGHSt 37, 106–135 – Lederspray äußert sich dazu im 3. Orientierungssatz und Rn. 48 f. dergestalt, dass aus seiner Sicht der Grundsatz der Gesamtverantwortung für die Zurechnung zivilrechtlicher Haftungsfolgen maßgeblich sei.

720 *BGH*, Urteil vom 17. Juli 2009 – Az. 5 StR 394/08, Rn. 22 ff. – Berliner Stadtwerke; *BGH*, Urteil vom 20. Oktober 2011 – Az. 4 StR 71/11, Rn. 13 ff. – Mobbing.

und haftungsbegründend gegenüber dem nachgeordneten Mitarbeiter, soweit die Pflicht auch tatsächlich übernommen wurde. Insoweit bestehen Schadensersatzansprüche daher bei Vorliegen sämtlicher Tatbestandsmerkmale. Die Behandlung durch die Gerichte ist – wie gezeigt wurde – auch dogmatisch fundiert. Mit Blick auf die eingangs gemachten Einführungen bezüglich des verstärkten Bedürfnisses nach Prävention und Verhaltenssteuerung ist dies auch zu begrüßen. Zudem wird durch die hier vertretene Ansicht ein wünschenswerter Gleichlauf zwischen dem Straf- und Ordnungswidrigkeitenrecht einerseits und dem Zivilrecht andererseits hergestellt, der sowohl für den Rechtsanwender als auch für den Normadressaten Klarheit über die und einheitliche Standards hinsichtlich der Voraussetzungen der *eventualiter* drohenden Haftung in den verschiedenen Rechtsgebieten schafft. Die deliktsrechtliche Rechtslage hat Indizwirkung auf die zu untersuchende Rechtslage im Kartelldeliktsrecht hinsichtlich der Frage nach der Passivlegitimation natürlicher Personen, wobei die dort virulente Frage nach der Zurechnung der Unternehmenseigenschaft besonderer Aufmerksamkeit bedarf.

4. Passivlegitimation im Kartelldeliktsrecht

152 Nach den Ausführungen bezüglich der kartellrechtlich erheblichen Pflichtverletzungen und der Zurechnung von Handlungen und besonderen Eigenschaften, ist weiter zu klären, ob Dritte mittels § 33 Abs. 3 GWB a. F. bzw. § 33a Abs. 1 GWB n. F. die ihnen aus dem kartellrechtswidrigen Verhalten entstandenen Schäden direkt gegenüber den handelnden Managern geltend machen können.[721]

153 Aus der Normstruktur des § 33 Abs. 3 GWB a. F. bzw. des neuen § 33a Abs. 1 GWB ergibt sich Zweierlei: **(1)** Die materiell-rechtlichen Verbote ergeben sich nicht aus der Norm selbst, sondern aus seinen Verweisungszielen, welche die Vorschriften des GWB, die Artt. 101, 102 AEUV oder eine Verfügung der Kartellbehörde sind.[722] Als Verweisungsziele kommen zunächst regelmäßig, die materiell-rechtlichen Verbote in Betracht, wobei es nicht ausgeschlossen ist, dass auch andere Normen des GWB als solche zu qualifizieren

---

721 Dass dies aus Abschreckungs- und Präventionsgesichtspunkten zur Verhaltenssteuerung der Manager wünschenswert ist, wurde bereits unter B. II. 2., *passim* dargestellt.

722 *Dreher*, WuW 2009, 133, 136; der Begriff der Verweisungsziele geht auf *Görner*, Die Anspruchsberechtigung der Marktbeteiligten nach § 33 GWB, S. 107 ff. zurück.

sind.[723] (2) Der Norm kommt eine ergänzende Funktion im Verhältnis zu diesen Verweisungszielen zu. Um die aufgeworfene Frage beantworten zu können, ob die handelnde natürliche Person als passivlegitimiert i. S. v. § 33 Abs. 3 GWB a. F. bzw. § 33a Abs. 1 GWB n. F. angesehen werden kann, ist es entscheidend, ob zu den Verweisungszielen auch die § 81 Abs. 1 bis 3 GWB gehören oder nicht.[724] Denn wie bereits ausgeführt wurde, war und ist es unstrittig, dass im Kartellordnungswidrigkeitenrecht natürliche Personen bebußt werden können und dass zu diesem Zweck eine Zurechnung der Unternehmenseigenschaft gegenüber den natürlichen Personen über § 9 Abs. 1 OWiG erfolgt. Sollte § 81 Abs. 1 bis 3 GWB ein Verweisungsziel darstellen, hätte das zur Folge, dass auch die anderen Normen des OWiG, insbesondere § 130 OWiG, aber auch §§ 8, 14 OWiG, im Rahmen des Kartelldeliktsrechts anwendbar wären.[725] Eine explizite Beantwortung der Frage nach der Passivlegitimation natürlicher Personen brachte auch die 9. GWB-Novelle nicht mit sich.[726]

a) Zurechnung der Unternehmenseigenschaft gemäß § 81 GWB i. V. m. § 9 OWiG im Kartelldeliktsrecht

154 Wie bereits erwähnt, setzen Verstöße gegen die materiellen Verbotstatbestände des europäischen und deutschen Kartellrechts voraus, dass sie von Unternehmen begangen wurden. Mithin sind die handelnden natürlichen Personen *a priori* keine Adressaten der kartellrechtlichen Verbotsnormen.[727] Bislang wurde die Frage nach der Außenhaftung von Managern nur spärlich behandelt, da andere Themen im Fokus standen.[728] Das Meinungsbild in der Literatur ist – sofern diese Frage überhaupt behandelt wurde – gespalten, wobei gerade in jüngerer Zeit die Passivlegitimation ablehnenden

723 Vgl. zunächst die Gesetzesbegründung zur 9. GWB-Novelle, BT-Drs. 18/10207, S. 55; siehe dazu ausführlich *Görner*, Die Anspruchsberechtigung der Marktbeteiligten nach § 33 GWB, S. 107 ff.; vgl. für die Erweiterung auf andere Normen *Rehbinder*, in: Loewenheim/Meessen/Riesenkampff/Kersting/Meyer-Lindemann, § 33 Rn. 7, 39.

724 Das *OLG Düsseldorf*, Urteil vom 13. November 2013 – Az. VI-U (Kart) 11/13 – Bardarmaturen hat sich mit der Frage nach der Passivlegitimation natürlicher Personen i.R.v § 33 Abs. 3 GWB a. F. hingegen nicht befasst.

725 Vgl. auch *Twele*, Die Haftung des Vorstands für Kartellrechtsverstöße, S. 97.

726 § 33e Abs. 1 GWB n. F. hat jedoch Indizwirkung, siehe dazu unten unter C. I. 4. a) ee).

727 *Eden*, WuW 2014, 792, 794.

728 *Dreher*, in: Handbuch Managerhaftung, § 35 Rn. 35.82; *Hack*, Vorstandsverantwortlichkeit bei Kartellverstößen, S. 86, 88; siehe bereits oben unter A., Rn. 4.

Stimmen geäußert wurden.[729, 730] Die Passivlegitimation von natürlichen Personen wurde in Frage gestellt.

aa) Argumente gegen die Anwendung von § 81 GWB i. V. m. § 9 OWiG

155 Gegen die Passivlegitimation natürlicher Personen wurde vorgebracht, dass es systemwidrig sei, § 81 GWB als Verweisungsziel des § 33 Abs. 3 GWB a. F. anzuerkennen.[731] § 81 GWB regele für das Kartellordnungswidrigkeitenrecht –

729 Für die Passivlegitimation natürlicher Personen *Bornkamm*, in: Langen/Bunte, § 33 Rn. 106; *Dreher*, WuW 2009, 133, 137 ff.; *Emmerich*, in: Immenga/Mestmäcker, § 33 Rn. 31, der möglicherweise § 9 OWiG als implizites selbstständiges Verbot ansieht; von einer persönlichen Schadensersatzhaftung gehen auch *Hasselbach/Seibel*, AG 2008, 770, 771 aus; *Janssen*, Managerhaftung bei Kartellrechtsverstößen, S. 104 f.; *Mäsch*, in: PK-KartellR, § 33 Rn. 39, 63; *Meeßen*, Der Anspruch auf Schadensersatz bei Verstößen gegen EU-Kartellrecht, S. 369 ff.; *Petry*, Kartellrechtliches Risikomanagement im System der Legalausnahme, S. 295 ff.; *Rehbinder*, in: Festschrift für Loewenheim, S. 513, 517 ff., der der Ansicht ist, dass § 9 OWiG die Bußgeldandrohung auf Organmitglieder erstreckt, diese ergänzt und dadurch ein implizites Verbot enthält; *Rehbinder*, in: Loewenheim/Meessen/Riesenkampff/Kersting/Meyer-Lindemann, § 33 Rn. 39; *Roth*, in: FK-GWB, § 33 Rn. 138, der auf die Regierungsbegründung aus den Jahren 1952 und 1955 = BT-Drs. II/1158, 45 als Argument anführt; *Seeliger/Mross*, in: FK-GWB, E Allg. Teil, Rn. 64 f.; *Thümmel*, Persönliche Haftung von Managern, S. 206 f.; *Twele*, Die Haftung des Vorstands für Kartellrechtsverstöße, S. 97 ff.; *Weller*, ZWeR 2008, 170, 185, dort insb. Fn. 127; für die Vorgängernorm des § 33 Abs. 3 GWB bzw. § 33a Abs. 1 GWB n. F., den § 35 GWB a. F., *Bastuck*, Enthaftung des Managements, S. 104.

730 *Eden*, Persönliche Schadensersatzhaftung, S. 125 ff., der der Ansicht ist, dass eine persönliche Außenhaftung gemäß den Normen des allgemeinen Deliktsrechts möglich und sachgerecht sei; *ders.*, WuW 2014, 792 ff.; *Frenz*, Handbuch Europarecht, S. 578 Rn. 1796; *Görner*, Die Anspruchsberechtigung der Marktbeteiligten nach § 33 GWB, S. 128 f.; *Habetha*, Direktorenhaftung und gesellschaftsfinanzierte Haftpflichtversicherung, S. 32 ff.; *Harnos*, Geschäftsleiterhaftung bei unklarer Rechtslage, S. 46 ff, insb. S. 70; *Hösch*, Der schadensrechtliche Innenausgleich zwischen Kartellrechtsverletzern, S. 142 ff.; *Inderst/Thomas*, Schadensersatz bei Kartellverstößen, S. 73 ff.; *Karbaum*, Kartellrechtliche Compliance – Rechtsgrundlagen und Umsetzung, 2010, S. 176 f.; *Konrads*, Entschärfung des Haftungsrisikos des verantwortlichen Vorstands, S. 60; *Kling/Thomas*, Kartellrecht, § 23 Rn. 72 f.; *Krohs*, in: Kölner Kommentar zum Kartellrecht, § 33 Rn. 60 ff.; *Sandberger*, Die Außenhaftung des GmbH-Geschäftsführers, S. 292; *Schmidt*, ZWeR 2010, 15, 29 f.

731 *Görner*, Die Anspruchsberechtigung der Marktbeteiligten nach § 33 GWB, S. 128 f., 170; vgl. *Kling/Thomas*, Kartellrecht, § 23 Rn. 72; ähnlich *Karbaum*, Kartellrechtliche Compliance – Rechtsgrundlagen und Umsetzung, S. 177, *Konrads*, Entschärfung des Haftungsrisikos des verantwortlichen Vorstands, S. 58, 60 und *Sandberger*, Die Außenhaftung des GmbH-Geschäftsführers, S. 292.

genau wie § 33 GWB a. F. für das Kartelldeliktsrecht – lediglich die Rechtsfolgenanordnung bzw. Sanktion.[732] § 81 GWB knüpfe zur Beschreibung der Ordnungswidrigkeitentatbestände selbst an an anderer Stelle formulierte Ge- und Verbote an.[733] Die willkürliche Kombination der Rechtsfolgenanordnungen dürfe nicht dazu führen, dass die Eigenständigkeit beider Regelungsbereiche überspielt werde.[734] Daher habe der *BGH* es in seiner Rechtsprechung bislang abgelehnt, § 130 OWiG als Schutzgesetz i. S. v. § 823 Abs. 2 BGB anzuerkennen, um nicht entgegen der in §§ 31, 831 BGB getroffenen Wertung weitere Schuldner zu kreieren.[735] § 9 OWiG solle nur Zurechnungsprobleme bezüglich der Unternehmenseigenschaft im Ordnungswidrigkeitenrecht regeln, weil weder das deutsche Straf- noch das Ordnungswidrigkeitenrecht eine Unternehmenskriminalität kennen, die juristische Person jedoch Pflichtenträgerin ist.[736] Nach dieser Ansicht richte sich der Anspruch nur gegen diejenigen, die gegen ein Verweisungsziel i. S. e. materiellen Verbotsnorm verstoßen hätten.[737] Die materiellen Verbote richteten sich aber gerade nicht an natürliche Personen, sondern an Unternehmen.[738] Weder § 81 GWB noch § 9 OWiG seien materielle Verbotsnormen, sondern vielmehr „sanktionsrechtliche Anknüpfungsnormen“, gegen die ein Verstoß an sich nicht möglich sei.[739] Da das GWB in seiner Gesamtkonzeption auf Unternehmen ausgelegt sei, liege es nahe, dass dies auch i. R. v. § 33 Abs. 3 GWB a. F. gelten solle.[740] Darauf deuteten auch die Formulierungen in § 33 Abs. 3 S. 3 und 4 GWB a. F. hin, in denen der Gesetzgeber zum Zweck der Schadensschätzung gemäß § 287 ZPO auf den anteiligen Gewinn des Unternehmens sowie die Verzinsungspflicht des

---

732 *Görner*, Die Anspruchsberechtigung der Marktbeteiligten nach § 33 GWB, S. 128 f.; vgl. *Harnos*, Geschäftsleiterhaftung bei unklarer Rechtslage, S. 53; ferner *Schmidt*, ZWeR 2010, 15, 30.

733 *Görner*, Die Anspruchsberechtigung der Marktbeteiligten nach § 33 GWB, S. 128; *Harnos*, Geschäftsleiterhaftung bei unklarer Rechtslage, S. 53.

734 *Görner*, Die Anspruchsberechtigung der Marktbeteiligten nach § 33 GWB, S. 129.

735 So *Görner*, Die Anspruchsberechtigung der Marktbeteiligten nach § 33 GWB, S. 129 unter Verweis auf BGHZ 125, 366, 373 ff. im Zusammenhang mit einer Vermögensvermischung eines GmbH-Gesellschafters und Alleingeschäftsführers.

736 *Habetha*, Direktorenhaftung und gesellschaftsfinanzierte Haftpflichtversicherung, S. 34.

737 Vgl. *Schmidt*, ZWeR 2010, 15, 30.

738 Siehe dazu bereits oben unter C. I., Rn. 80.

739 *Hösch*, Der schadensrechtliche Innenausgleich zwischen Kartellrechtsverletzern, S. 143; *Kling/Thomas*, Kartellrecht, § 23 Rn. 72; *Schmidt*, ZWeR 2010, 15, 30; die Identität des Adressatenkreises von Verbots- und daran anknüpfender Sanktionsnorm fordert *Habetha*, Direktorenhaftung und gesellschaftsfinanzierte Haftpflichtversicherung, S. 35;

740 Vgl. *Konrads*, Entschärfung des Haftungsrisikos des verantwortlichen Vorstands, S. 58 ff.

Unternehmens abgestellt hat.[741] Ein Haftungsgleichlauf zwischen Ordnungswidrigkeiten- und Zivilrecht sei nicht zwangsläufig und kein Selbstzweck.[742] Natürliche Personen könnten daher – weil die Anwendung von § 9 OWiG i. V. m. § 81 GWB nach dieser Ansicht ausgeschlossen sei – nicht passivlegitimiert sein.[743] Als Konsequenz dieser Ansicht haftete im Außenverhältnis nur der Unternehmensträger auf Schadensersatz während die natürliche Person im Innenverhältnis gegenüber dem Unternehmensträger aus Schadensersatz (gemäß § 93 AktG oder § 43 GmbHG) haftete, sofern eine Pflichtverletzung nach gesellschaftsrechtlichen Maßstäben vorliege.[744] Dies sei auch systemkonform, da das Gesellschaftsrecht vom Grundsatz der Haftungskonzentration ausgehe.[745] Auch unter Präventionsgesichtspunkten lasse sich mangels ausreichender Tragfähigkeit des Präventionszwecks eine Organaußenhaftung, die *de lege lata* nicht eindeutig normativ verankert sei, im Wege richterrechtlicher Rechtsfortbildung begründen.[746] Dazu sei der Konsens darüber, dass der Präventionsgedanke die Ausgestaltung des Deliktsrechts inklusive der Organhaftung maßgeblich zu bestimmen vermag, noch nicht ausgeprägt genug.[747]

156 Bisweilen wird weiter kritisiert, dass die befürwortende Ansicht unzulässigerweise Rückschlüsse aus der Judikatur des *BGH* zur Schadensersatzhaftung von Managern wegen der Verletzung von Verkehrssicherungspflichten im vorliegenden Zusammenhang ziehe.[748] Dabei werde außer Acht gelassen, dass die vom *BGH* entschiedenen Sachverhalte keine dem Kartellrecht

---

741 Vgl. *Konrads*, Entschärfung des Haftungsrisikos des verantwortlichen Vorstands, S. 61 f.

742 *Hösch*, Der schadensrechtliche Innenausgleich zwischen Kartellrechtsverletzern, S. 143.

743 *Görner*, Die Anspruchsberechtigung der Marktbeteiligten nach § 33 GWB, S. 128 f.; *Kling/Thomas*, Kartellrecht, § 23 Rn. 72 f.; *Schmidt*, ZWeR 2010, 15, 30; gegen die Anwendung von § 9 OWiG außerhalb des Straf- bzw. Ordnungswidrigkeitenrechts auch *Habetha*, Direktorenhaftung und gesellschaftsfinanzierte Haftpflichtversicherung, S. 34 und *Sandberger*, Die Außenhaftung des GmbH-Geschäftsführers, S. 292.

744 *Görner*, Die Anspruchsberechtigung der Marktbeteiligten nach § 33 GWB, S. 129; vgl. *Schmidt*, ZWeR 2010, 15, 30.

745 *Hösch*, Der schadensrechtliche Innenausgleich zwischen Kartellrechtsverletzern, S. 146.

746 *Hösch*, Der schadensrechtliche Innenausgleich zwischen Kartellrechtsverletzern, S. 146.

747 *Hösch*, Der schadensrechtliche Innenausgleich zwischen Kartellrechtsverletzern, S. 146 f.

748 *Eden*, Persönliche Schadensersatzhaftung, S. 122 unter Bezugnahme auf die Baustoff-Entscheidung des *BGH*, Urteil vom 5. Dezember 1989 – Az. VI ZR 335/88 = BGHZ 109, 297–306.

vergleichbare Konstellation abbildeten, da die verletzten Verkehrssicherungspflichten keine besondere Eigenschaft – anders als das Kartellrecht – voraussetzten.[749] Insofern sei ein Rückgriff auf diese Judikatur wegen des beschränkten Adressatenkreises des Kartellrechts versagt.[750]

157 Zudem wird das Regelungsregime des Deliktsrechts des BGB für ausreichend erachtet.[751] Es bestehe keine Notwendigkeit für eine Schadensersatzhaftung gemäß § 33 Abs. 3 GWB a. F.[752], da §§ 823, 830 BGB dergestalt ausgelegt und angewendet werden könnten, dass eine Schutzlücke nicht besteht.[753] Mittels der bereits existierenden allgemeinen deliktsrechtlichen Normen – vor allem gemäß § 823 Abs. 1 BGB und dem Rechtsgut des eingerichteten und ausgeübten Gewerbetriebs sowie gemäß § 826 BGB – könnten alle relevanten Konstellationen erfasst werden; dies betreffe sowohl die Haftung unmittelbar handelnder natürlicher Personen als auch die Haftung natürlicher Personen, die Organisationspflichten träfen, soweit die natürliche Person positive Kenntnis von der drohenden Zuwiderhandlung hatte.[754] Die §§ 823 Abs. 1, 826 BGB sollen jedoch trotzdem auf die Fälle angewendet werden, die nicht von spezialgesetzlichen Ansprüchen des GWB und UWG abgedeckt seien.[755] Der Zurechnung der Unternehmenseigenschaft bedürfe es nicht.[756] Darüber

749 *Eden*, Persönliche Schadensersatzhaftung, S. 122.
750 *Eden*, Persönliche Schadensersatzhaftung, S. 122.
751 *Eden*, Persönliche Schadensersatzhaftung, S. 242 ff.; *Eden*, WuW 2014, 792 ff., *passim*; ähnlich *OLG Düsseldorf*, Urteil vom 13. November 2013 – Az. VI-U (Kart) 11/13 – Badarmaturen, wo die im Rahmen dieser Arbeit zu behandelnden Fragen jedoch offengelassen wurde.
752 Da weder die Argumente für und gegen die Anwendung von § 9 OWiG restlos überzeugten, sei dies auch nicht möglich, so *Eden*, Persönliche Schadensersatzhaftung, S. 127 ff., 147 f.
753 So statt vieler Nachweise von *Eden*, Persönliche Schadensersatzhaftung, S. 245; zur Haftung nach § 830 BGB wegen „bloße[r] Unterstützungshandlung[en]“ *ders.*, a. a. O., S. 188; bloße Unterstützungshandlungen sind solche Handlungen, die nicht den eigentlichen Kartellrechtsverstoß des Unternehmens im Außenverhältnis, begangen durch die natürliche Person, darstellen, dazu ausführlich *Eden*, Persönliche Schadensersatzhaftung, S. 180 ff., 188; ferner *Eden*, WuW 2014, 792 ff., *passim*; in diese Richtung argumentiert auch das *OLG Düsseldorf*, Urteil vom 13. November 2013 – Az. VI-U (Kart) 11/13 = NZKart 2014, 68 ff. – Badarmaturen.
754 *Eden*, Persönliche Schadensersatzhaftung, S. 245; *Eden*, WuW 2014, 792 ff., *passim*.
755 *Eden*, Persönliche Schadensersatzhaftung, S. 202 ff.
756 Diesbezüglich äußert sich *Eden*, Persönliche Schadensersatzhaftung, S. 167 f., insb. S. 170 ff. (unter Verweis auf die *BGHZ* 109, 297 ff. – Baustoff), 177 ff., an mehreren Stellen widersprüchlich. Die angegebenen Fundstellen suggerieren, dass auch im Rahmen des Deliktsrecht sämtliche Tatbestandsmerkmale des Sonderdelikts erfüllt sein müssten, während davon im Folgenden auf S. 203 ff. keine Rede mehr

hinaus werde die Haftung von Gehilfen und Anstiftern über § 830 BGB begründet.[757]

158 Auch sei eine Passivlegitimation nicht aus europäischer Perspektive geboten, da die extensive Auslegung durch die europäischen Gerichte stets Sachverhalte betraf, in denen die Haftung von Unternehmen im kartellrechtlichen Sinne thematisiert wurde und die Frage nach der Tathandlung und nicht des Adressaten im Raum stand.[758] Ferner schwiege die *EU-Kommission* zu der Frage der Passivlegitimation in dem Grünbuch und Weißbuch.[759]

bb) Argumente für die Anwendung von § 81 GWB i. V. m. § 9 OWiG

159 Ausgangspunkt der Argumentation der Befürworter einer Passivlegitimation natürlicher Personen im Kartelldeliktsrecht – also der Anerkennung von § 81 GWB als Verweisungsziel des § 33 Abs. 3 GWB a. F. bzw. § 33a Abs. 1 GWB n. F. – ist der offene, diffuse Wortlaut der Norm, die sowohl in § 33 Abs. 3 S. 1 GWB a. F. als auch in § 33a Abs. 1 GWB n. F. nur von „wer" spricht. Der Wortlaut der Norm setze das besondere persönliche Merkmal der Unternehmenseigenschaft – anders als die sonstigen Normen des GWB – nicht explizit voraus.[760] Dieses Merkmal werde erst von den materiell-rechtlichen Verbotsnormen, den Verweisungszielen, vorausgesetzt. Da zivilrechtliche Zurechnungsnormen wie § 31 BGB beim Handeln gesetzlicher Vertreter juristischer Personen, die eine Ordnungswidrigkeit begingen, weder von rechtsgeschäftlicher noch von organschaftlicher Vertretungsmacht gedeckt seien, gewinne § 9 Abs. 1 OWiG auch im Kartelldeliktsrecht an Relevanz.[761]

---

ist. Letzteres ist jedoch zutreffend, da sich nach *Messer*, in Festschrift für Ullmann, S. 769, 771 m.w.N. das Verbot des § 823 Abs. 1 BGB gegen jedes Rechtssubjekt richtet, was eine Verletzung in zurechenbarer Weise hervorruft. *Eden* differenziert demnach zwischen der Verletzung unternehmensbezogener Pflichten, die mangels Unternehmenseigenschaft keine persönliche Außenhaftung zu begründen vermag und der Verletzung von Jedermann-Pflichten, die auch im kartellrechtlichen Kontext eine persönliche Außenhaftung begründen sollen.

757 *Eden*, Persönliche Schadensersatzhaftung, S. 172 ff., 180 ff., 240 f.; *Eden*, WuW 2014, 792, 796; dagegen *Kling/Thomas*, Kartellrecht, § 23 Rn. 73.

758 *Harnos*, Geschäftsleiterhaftung bei unklarer Rechtslage, S. 49.

759 So unter Verweis auf *EU-Kommission*, Grünbuch und *EU-Kommission*, Weißbuch *Harnos*, Geschäftsleiterhaftung bei unklarer Rechtslage, S. 49 f.

760 So auch *Dreher*, WuW 2009, 133, 137; *Twele*, Die Haftung des Vorstands für Kartellrechtsverstöße, S. 99.

761 *Dreher*, WuW 2009, 133, 137; vgl. *Meeßen*, Der Anspruch auf Schadensersatz bei Verstößen gegen EU-Kartellrecht, S. 369; *Bornkamm*, in: Langen/Bunte, § 33 Rn. 106 verzichtet sogar auf die Anwendung von § 9 OWiG und begründet die persönliche Schadensersatzhaftung mit der Organeigenschaft, was im Gegensatz zur Variante

Der Gleichlauf der bußgeld- und zivilrechtlichen Haftung von Managern sei erforderlich und konsequent.[762] Dies entspreche auch dem Willen des Gesetzgebers. Denn dieser habe durch den offenen Wortlaut der Norm und die Verknüpfung des Normadressatenkreises („wer") mit der weiteren Tatbestandsvoraussetzung des „Verstoß" und der identischen Formulierung in § 81 Abs. 1 GWB deutlich gemacht, dass die zivilrechtliche Schadensersatzhaftung an einen Kartellrechtsverstoß an sich anknüpfe und eine Zurechnung über § 9 OWiG möglich sei.[763] Zusammen mit der Zugehörigkeit zu dem offenen Normadressatenkreis i. S. d. § 33 Abs. 3 S. 1 GWB a. F. bilde die Existenz eines Kartellrechtsverstoßes – sei er auch nur über §§ 9, 81 GWB gegenüber der natürlichen Person sanktionierbar – die zweite notwendige und zugleich hinreichende Bedingung für eine persönliche Außenhaftung von natürlichen Personen, soweit die übrigen Voraussetzungen der Norm erfüllt seien.[764] Im Ergebnis spreche der offene Wortlaut mithin für die persönliche Außenhaftung.[765]

160 Auch das System des Kartelldeliktsrechts stehe – anders als von der Gegenansicht behauptet – einer Außenhaftung nicht entgegen; diese sei demnach nicht systemwidrig.[766] Bei dem kartellrechtlichen Schadensersatzanspruch handele es sich um einen sonderdeliktsrechtlichen Anspruch.[767] Im Allgemeinen gewähre das Deliktsrecht dem Einzelnen Ansprüche, um Verstößen gegen materiell-rechtliche Ge- oder Verbote zu begegnen, da diese der Abgrenzung der Rechtskreise der Individuen dienten.[768] Soweit der Verstoß

über § 9 OWiG eine Eingrenzung des Kreises der potenziell Ersatzverpflichteten mit sich bringt.

762 *Dreher*, WuW 2009, 133, 137; *Karbaum*, Kartellrechtliche Compliance – Rechtsgrundlagen und Umsetzung, S. 193 ff., insb. S. 195 stellt fest – obgleich er die persönliche Außenhaftung gemäß § 33 Abs. 3 GWB a. F. bzw. § 33a GWB n. F. ablehnt und stattdessen auf das allgemeine Deliktsrecht zurückgreift –, dass die objektiven und subjektiven Tatbestandsmerkmale bezüglich mittelbaren Rechtsverletzungen i. R. v. § 130 OWiG und § 823 Abs. 1 BGB im Wesentlichen identisch sind, sodass auch nach *Karbaums* Auffassung grundsätzlich ein Gleichlauf zwischen bußgeldrechtlicher und zivilrechtlicher Haftung besteht.

763 *Dreher*, WuW 2009, 133, 137; *Meeßen*, Der Anspruch auf Schadensersatz bei Verstößen gegen EU-Kartellrecht, S. 370 f.; *Twele*, Die Haftung des Vorstands für Kartellrechtsverstöße, S. 99.

764 *Dreher*, WuW 2009, 133, 137 f.; *Rehbinder*, in: Festschrift für Loewenheim, S. 513, 518 sieht in § 9 OWiG möglicherweise selbst einen i. R. v. § 33 Abs. 3 GWB a. F. relevantes selbstständiges Verbot.

765 *Dreher*, WuW 2009, 133, 138.

766 *Dreher*, WuW 2009, 133, 138; vgl. *Meeßen*, Der Anspruch auf Schadensersatz bei Verstößen gegen EU-Kartellrecht, S. 370; ferner *Twele*, Die Haftung des Vorstands für Kartellrechtsverstöße, S. 99 f.

767 *Dreher*, WuW 2009, 133, 138 m.w.N.

768 *Dreher*, WuW 2009, 133, 138.

zu einer besonderen rechtlichen Betroffenheit des potenziellen Klägers führe, gewähre die Rechtsordnung ein subjektives Recht auf Schadensersatz.[769] Da es sich bei den in Rede stehenden Verboten um solche materiell-rechtlichen Verbote – und nicht um verfahrensbezogene Verbote[770] – handele, könne die Konstituierung einer persönlichen Außenhaftung nicht im Widerspruch zu deliktsrechtlichen Grundsätzen stehen. Zudem lasse die Gegenansicht außer Acht, dass die im Deliktsrecht des BGB angelegte Schadensersatzhaftung wegen einer Schutzgesetzverletzung stets für sanktionsrechtliche Tatbestände des Ordnungswidrigkeiten- oder Strafrechts offen, auf diese angewiesen war und von diesen geprägt wurde.[771] Insofern könne von einer Eigenständigkeit der Regelungsbereiche keine Rede sein.[772]

161 Auch könne von einer willkürlichen Kombination der Rechtsfolgenanordnungen nicht die Rede sein, weswegen die behauptete Eigenständigkeit beider Regelungsbereiche nicht überspielt werden könne.[773] Dagegen sei zunächst einzuwenden, dass in dem kartellrechtlichen Sanktionssystem – dies gelte gleichermaßen für das Kartelldelikts- und das Kartellordnungswidrigkeitenrecht – die Rechtsfolgenanordnungen für natürliche Personen schon deshalb gesondert geregelt werden müssten, da sie mangels Unternehmenseigenschaft nicht systemkonform von den materiell-rechtlichen Verbotstatbeständen erfasst werden könnten.[774] Daher sei § 33 Abs. 3 S. 1 GWB a. F. vom Wortlaut her bewusst offen gehalten.[775] Denn es hätte dem Gesetzgeber jederzeit frei gestanden, lediglich Unternehmen oder Unternehmensvereinigungen als passivlegitimiert zu bezeichnen, statt

769 *Dreher*, WuW 2009, 133, 138; so bereits *Schmidt*, Kartellverfahrensrecht, S. 347 ff.; ferner *Görner*, Die Anspruchsberechtigung der Marktbeteiligten nach § 33 GWB, S. 108 f.

770 Dazu ausführlich *Görner*, Die Anspruchsberechtigung der Marktbeteiligten nach § 33 GWB, S. 108 f.; *Dreher*, WuW 2009, 133, 138 stellt fest, dass diese Verbote das Verhältnis von Bürger und Staat im Verwaltungs- oder Gerichtsverfahren betreffen und daher verwaltungsrechtliche Zwangsmittel oder ordnungswidrigkeitenrechtliche Bußgeldverfügungen die geeigneten Mittel zur Durchsetzung seien, weswegen eine deliktsrechtliche Schadensersatzhaftung in diesem Fall entbehrlich sei.

771 *Meeßen*, Der Anspruch auf Schadensersatz bei Verstößen gegen EU-Kartellrecht, S. 370; beispielhaft zu nennen ist die Lederspray-Entscheidung des *BGH* = BGHSt 37, 106–135; dazu unter C. I. 3. c) cc).

772 *Meeßen*, Der Anspruch auf Schadensersatz bei Verstößen gegen EU-Kartellrecht, S. 370.

773 *Dreher*, WuW 2009, 133, 138.

774 *Dreher*, WuW 2009, 133, 138.

775 *Dreher*, WuW 2009, 133, 138.

die offene Formulierung „wer“ zu benutzen.[776] Damit hätte der Gesetzgeber einen Gleichlauf von Adressaten der materiell-rechtlichen Verbote und der Passivlegitimation herstellen können, was der Gesetzgeber jedoch nicht getan hat. Dadurch habe der Gesetzgeber dem differenzierten System von Rechtsverletzer und Normadressateneigenschaft mit Blick auf die Unternehmenseigenschaft Rechnung getragen.[777] Wenn der Gesetzgeber in § 33 Abs. 3 S. 1 GWB a. F. den Kreis der Passivlegitimierten nicht ausdrücklich auf Unternehmen oder Unternehmensvereinigungen beschränke, bringe er damit zum Ausdruck, dass ein Gleichlauf der bußgeld- und zivilrechtlichen Haftung mit Blick auf die Passivlegitimation natürlicher Personen über die Anwendung von § 9 OWiG gewünscht sei.[778] So gesehen erscheine die Kombination von § 33 und § 81 GWB eher systemgerecht als willkürlich.[779] Es besteht mithin eine Interdependenz zwischen den Sanktionsformen, wie es auch mit Blick auf die Sanktionierung von Unternehmen mittels Geldbußen und Schadensersatzforderungen der Fall ist. Auch außerhalb des Kartellrechts kann ein rechtswidriges Verhalten dazu führen, dass natürliche Personen ordnungswidrigkeiten- oder strafrechtlicher sowie ggf. zivilrechtlicher oder gar öffentlich-rechtlicher Sanktionen[780] ausgesetzt sind. Dieses Nebeneinander ist mithin typisch für die Rechtsordnung, die aus unterschiedlichen Rechtsgebieten besteht.

162 Diese Vorgehensweise entspreche damit einem im Nebenstraf- und Ordnungswidrigkeitenrecht weit verbreiteten Prinzip, nachdem Tatbestand und Rechtsfolge getrennt formuliert, aber zusammen zu lesen seien, was jedoch keine inhaltliche Bedeutung habe.[781] Aus dieser gesetzestechnischen Vereinfachung aus Gründen der Praktikabilität könne kein Systembruch entwickelt werden.[782] Analog dazu hätte man den § 33 GWB a. F. auch als klassische Verbotsnorm einschließlich der Rechtsfolge formulieren können,

---

776 *Dreher*, WuW 2009, 133, 139; *Twele*, Die Haftung des Vorstands für Kartellrechtsverstöße, S. 99.

777 *Dreher*, WuW 2009, 133, 139.

778 *Dreher*, WuW 2009, 133, 139; vgl. auch *Emmerich*, in: Immenga/Mestmäcker, § 33 Rn. 31, der die persönliche Haftung der Handelnden als „notwendige zivilrechtliche Konsequenz der bußgeldrechtlichen Verantwortlichkeit der Geschäftsleiter nach § 9 OWiG“ bezeichnet.

779 *Dreher*, WuW 2009, 133, 139; vgl. auch *Rehbinder*, in: Festschrift für Loewenheim, S. 513, 517 f. m.w.N., der darauf verweist, dass ein Verstoß gegen § 81 GWB historisch gesehen immer als ein relevanter Verstoß i. S. d. Kartelldeliktsrecht angesehen wurde.

780 Siehe bspw. § 35 GewO (Gewerbeuntersagung wegen Unzuverlässigkeit); siehe ferner *Seeliger/Mross*, in: FK-GWB, E Allg. Teil, Rn. 72 f. m.w.N.

781 Dazu ausführlich m.w.N. *Twele*, Die Haftung des Vorstands für Kartellrechtsverstöße, S. 99 f.

782 *Twele*, Die Haftung des Vorstands für Kartellrechtsverstöße, S. 99.

weswegen § 33 GWB a. F. mithin nicht nur eine reine sanktionsrechtliche Anknüpfungsnorm sei und keine systemwidrige Kombination praktiziert werde.[783] Zudem sei die Anwendung von § 9 OWiG im Sonderdeliktsrecht nicht fremd, da der *BGH* sich die rechtsgebietsspezifische Auslegung der Schutzgesetze zu eigen mache.[784]

163 Homogen sei das Regelungssystem auch mit Blick auf die einzelnen Normen des Kartelldeliktsrechts, insbesondere hinsichtlich der Feststellungswirkung nach § 33 Abs. 4 GWB a. F.[785] Da nach zutreffender Ansicht die Feststellungswirkung des § 33 Abs. 4 GWB a. F. auch für Bußgeldverfügungen gelte, die wiederum die Feststellung eines Kartellrechtsverstoßes enthielten[786], mache der offene Wortlaut des § 33 Abs. 4 GWB a. F.[787] in Kombination mit dem offenen Wortlaut der § 33 Abs. 3 S. 1 GWB a. F. und § 81 Abs. 1 GWB deutlich, dass es für den Gesetzgeber unerheblich sei, ob die Rechtsfolge eines Verstoßes in Beseitigung, Unterlassung, Schadensersatz oder Bußgeld bestehe.[788] Insofern existiere ein einheitliches Sanktionssystem, weswegen sich der Standort einer Norm bzw. die Zugehörigkeit zu einem Regelungsort nicht auf die Reichweite der persönlich Betroffenen auswirken könne.[789] M. a. W.: Für die Passivlegitimation natürlicher Personen ist es nach dieser Ansicht vollkommen unerheblich, ob die zur Herleitung angewendeten Normen dem Kartelldelikts- oder Kartellordnungswidrigkeitenrecht entstammen. Auch die einheitliche Verjährungsregelung des § 33 Abs. 5 GWB a. F. spreche für eine systemkompatible Schadensersatzhaftung von Managern gegenüber Dritten, da der Gesetzgeber auch diesbezüglich nicht zwischen Kartelldelikts- und Kartellordnungswidrigkeitenrecht differenziere und nicht explizit auf Unternehmen oder Unternehmensvereinigungen Bezug nehme.[790] Da der Gesetzgeber nach dem System der

---

783 *Twele*, Die Haftung des Vorstands für Kartellrechtsverstöße, S. 100.

784 *Twele*, Die Haftung des Vorstands für Kartellrechtsverstöße, S. 100 m.w.N. aus der Rechtsprechung des *BGH*.

785 *Dreher*, WuW 2009, 133, 139; vgl. auch *Twele*, Die Haftung des Vorstands für Kartellrechtsverstöße, S. 100.

786 So *Dreher*, ZWeR 2008, 325 ff.; ferner *Lübbig*, in: Münchener Kommentar zum WettbR, § 33 Rn. 107 ff.

787 § 33 Abs. 4 GWB a. F. lautete: „Wird wegen eines Verstoßes gegen eine Vorschrift dieses Gesetzes oder Art. 81 oder 82 des Vertrages zur Gründung der Europäischen Gemeinschaft Schadensersatz begehrt, [...]".

788 *Dreher*, WuW 2009, 133, 139; vgl. *Twele*, Die Haftung des Vorstands für Kartellrechtsverstöße, S. 100.

789 *Dreher*, WuW 2009, 133, 139; *Twele*, Die Haftung des Vorstands für Kartellrechtsverstöße, S. 100, der betont, dass die Bezugnahme mithin im Gesetz angelegt sei.

790 *Dreher*, WuW 2009, 133, 139; *Twele*, Die Haftung des Vorstands für Kartellrechtsverstöße, S. 100, dort auch zum Zweck von § 33 Abs. 5 a. F.

Rechtsfolgenanordnungen entschieden habe, dass eine natürliche Person durch ihr Tun oder Unterlassen selbst bußgeldpflichtig sein kann, müsse die mildere Sanktion des Schadensersatzes von dieser Entscheidung als Minus mit umfasst sein.[791] Schließlich habe der Gesetzgeber in der Begründung zur 7. GBW-Novelle deutlich seinen Regelungswillen zum Ausdruck gebracht, dass es sein Ziel sei, eine effektive Schadensersatzhaftung zu begründen.[792] Zudem erstrecke der Gesetzgeber mit der Entscheidung für die Bußgeldpflichtigkeit natürlicher Personen die Haftung notwendigerweise auf das Außenverhältnis, sodass die kartelldeliktsrechtliche Außenhaftung auch aus diesem Grund nicht systemwidrig sein könne, sondern vielmehr für den nötigen Haftungsgleichlauf zwischen Kartelldelikts- und Kartellordnungswidrigkeitenrecht sorge.[793] Die ausdrückliche Beschränkung des Anwendungsbereichs des § 33 Abs. 3 GWB a. F. auf Unternehmen stelle eine Klarstellung seitens des Gesetzgebers dar und drücke mithin aus, dass diese Beschränkung ihrerseits außergewöhnlich und begründungsbedürftig sei.[794]

164 Ferner ist es nach dieser Ansicht inkonsequent, wenn die natürliche Person wegen ein und desselben Verstoßes im Innenverhältnis schadensersatzpflichtig[795], im Außenverhältnis jedoch nicht schadensersatz-, aber bußgeldpflichtig wäre.[796] Denn auch für die Innenhaftung sei kartellrechtswidriges Verhalten Voraussetzung, wobei die die Innenhaftung auslösenden verletzten Pflichten auch nur Unternehmen oder Unternehmensvereinigungen im Sinne der materiell-rechtlichen Verbotstatbestände treffen.[797]

165 Auch aufgrund der neueren Entwicklungen im europäischen Kartellrecht könne von einer überschießenden Kartellrechtsanwendung keine Rede sein.[798] Auch spreche für die kartellschadensersatzrechtliche Außenhaftung, dass so ein Gleichlauf mit dem System der wettbewerbsrechtlichen Schadensersatzhaftung geschaffen werde.[799]

166 Zu guter letzt sei der Verweis auf die Rechtsprechung des *BGH* zur fehlenden Schutzgesetzeigenschaft von § 130 OWiG i. R. d. § 823 Abs. 2 BGB nicht geeignet, die Passivlegitimation natürlicher Personen im Kartelldeliktsrecht

---

791 *Dreher*, WuW 2009, 133, 139.
792 *Dreher*, WuW 2009, 133, 139.
793 *Dreher*, WuW 2009, 133, 139 f.
794 *Twele*, Die Haftung des Vorstands für Kartellrechtsverstöße, S. 101.
795 Dazu bereits unter B. II. 2. a) aa), Rn. 52.
796 *Dreher*, WuW 2009, 133, 140; dieses Argument (Einheit der Rechtsordnung) macht sich auch der BGHZ 166, 84, Rn. 126 – Breuer zu eigen.
797 *Dreher*, WuW 2009, 133, 140.
798 *Dreher*, WuW 2009, 133, 140; dazu ausführlich sogleich unter C. I. 4. a) cc).
799 *Dreher*, WuW 2009, 133, 140; dazu ausführlich sogleich unter C. I. 4. a) dd).

abzulehnen.[800] Dafür werden folgende Gründe angeführt. Zunächst betreffe dieser Einwand lediglich die Schadensersatzpflicht im Außenverhältnis wegen Aufsichtspflichtverletzungen und nicht wegen aktiven Tuns, weswegen die Aussagekraft begrenzt sei.[801] Zugleich hätte der *BGH* in der zitierten Entscheidung festgestellt, dass § 130 OWiG nicht nur dem Schutz der Allgemeinheit vor den Gefahren der Arbeitsteilung, sondern auch individuelle Rechtsgüter schütze.[802] Zudem liege die Entscheidung des *BGH* vollauf mit der deliktsrechtlichen Schutzgesetzdogmatik ohne Berücksichtigung der Besonderheiten des Kartelldeliktsrechts – diese seien i. R. d. Anspruchsprüfung gemäß § 823 Abs. 2 BGB auch nie entscheidungserheblich gewesen.[803] Erst recht sei es unmöglich gewesen, die Änderungen seit der 7. GWB-Novelle im Kartelldeliktsrecht zu berücksichtigen.[804] Daher entwickelte der *BGH* in der zitierten Entscheidung eine Reihe von Kriterien mit Blick auf § 823 Abs. 2 BGB i. V. m. § 130 OWiG, die weder die Besonderheiten

---

800 *Dreher*, WuW 2009, 133, 141 f.; *Meeßen*, Der Anspruch auf Schadensersatz bei Verstößen gegen EU-Kartellrecht, S. 371.

801 *Dreher*, WuW 2009, 133, 141; *Twele*, Die Haftung des Vorstands für Kartellrechtsverstöße, S. 101; so auch für Kartellrechtsverstöße durch unmittelbares eigenes Handeln *Meeßen*, Der Anspruch auf Schadensersatz bei Verstößen gegen EU-Kartellrecht, S. 371, der jedoch im Folgenden eine Schadensersatzpflicht wegen mangelnder Passivlegitimation wegen Verletzung von Aufsichtspflichten unter Verweis auf die Judikatur des *BGH* zur fehlenden Schutzgesetzeigenschaft des § 130 OWiG verneint. *Meeßen* begründet dies u. a. damit, dass der *BGH* BB 1994, 1095, 1097 es abgelehnt habe, eine Schadensersatzhaftung im Außenverhältnis wegen der Verletzung gesellschaftsinterner Organisationspflichten zu konstituieren. Dies ist jedoch vor dem Hintergrund von BGHZ 109, 297 ff. – Baustoff und BGHZ 166, 84 ff. – Breuer sowie BGHSt 37, 106 ff. – Lederspray nicht überzeugend (dazu unter C. I. 3. c) cc)). Zudem habe die Anerkennung des § 81 GWB als Verweisungsziel i. S. v. § 33 Abs. 3 GWB a. F. bzw. § 33a Abs. 1 GWB n. F. zur Folge, dass neben § 9 OWiG bezüglich der Zurechnung der Unternehmenseigenschaft auch § 130 OWiG anwendbar sei der eine Haftung für Aufsichtspflichtverletzungen vorsehe; i. S. v. *Meeßen* auch grundsätzlich *Petry*, Kartellrechtliches Risikomanagement im System der Legalausnahme, S. 296 ff.; etwas anderes gelte nur, wenn das kartellrechtliche Risikomanagementsystem selbst eine Gefahrenquelle beinhalte, ein Vertrauenstatbestand geschaffen sei oder wenn pflichtwidrig kein kartellrechtliches Risikomanagementsystem eingeführt würde und dies zur Insolvenz der Gesellschaft führe. Dies erscheint jedoch widersprüchlich und ist auch vor dem Hintergrund des gewünschten Haftungsgleichlaufs zwischen Kartellordnungswidrigkeiten- und Kartelldeliktsrecht inkonsequent; ablehnend gegenüber einer persönlichen Schadensersatzhaftung wegen fahrlässiger Unkenntnis von Verstößen auch *Rehbinder*, in: Loewenheim/Meessen/Riesenkampff/Kersting/Meyer-Lindemann, § 33 Rn. 39; *ders.*, in: Festschrift für Loewenheim, S. 513, 522 f.

802 *Dreher*, WuW 2009, 133, 141 unter Verweis auf BGHZ 125, 366, 373.

803 *Dreher*, WuW 2009, 133, 141 m.w.N. aus der Rechtsprechung des *BGH*.

804 *Dreher*, WuW 2009, 133, 141.

des Kartellrechts berücksichtigten noch auf das Kartellrecht passten und daher nur auf das allgemeine Deliktsrecht des BGB angewendet werden sollten.[805] Vor allem seien weder diese Einwände noch die von der Rechtsprechung anerkannten Ausnahmen von der grundsätzlichen Beschränkung auf die Innenhaftung natürlicher Personen im Bereich der Verletzung von Verkehrssicherungspflichten und Produkthaftung im Zusammenhang mit dem Kartelldeliktsrecht seit der 7. GWB-Novelle relevant.[806] Denn mit der 7. GWB-Novelle habe der Gesetzgeber bewusst das Kriterium gestrichen, welches bislang den Konnex zur Schadensersatzhaftung nach § 823 Abs. 2 BGB herstellte: das Schutzgesetzerfordernis.[807] Insoweit seien die im allgemeinen Deliktsrecht entwickelten Grundsätze nicht länger im Kartelldeliktsrecht anwendbar.[808] Vielmehr seien diese Grundsätze ausdrücklich aufgegeben worden als das Schutzgesetzerfordernis im Laufe des Gesetzgebungsprozesses mit Blick auf die Rechtsprechung des *EuGH* in Sachen *Courage* und *Manfredi* aus dem Entwurf gestrichen und durch das Kriterium „dem Schutz anderer Marktbeteiligter" ersetzt wurde.[809] Sogar dieses abgeschwächte Kriterium wurde im weiteren Verlauf des Gesetzgebungsprozesses aufgegeben, um der einengenden Auffassung des Schutzgesetzerfordernisses die gesetzliche Grundlage zu entziehen.[810] Mithin habe der Gesetzgeber § 33 GWB a. F. trotz der Natur als Sonderdeliktsrechts von der Schutzzweckdogmatik abgekoppelt und eigenständig gestaltet.[811] Insofern sei der Rückgriff der Gegenansicht auf die Judikatur des *BGH* zur Schutzgesetzeigenschaft von § 130 OWiG seinerseits systemwidrig, sodass dieser

805 *Dreher*, WuW 2009, 133, 141; die Kriterien lauten: **(1)** Ergibt sich aus dem Zusammenhang des Normgefüges der gesetzgeberische Wille, einen deliktsrechtlichen Schadensersatzanspruch zu schaffen?; **(2)** Bedarf der Geschädigte eines solchen Anspruches?; **(3)** Steht ein solcher Anspruch im Widerspruch zu allgemeinen Rechtsprinzipien?; **(4)** Ist ein solcher Widerspruch vom Gesetzgeber tatsächlich gewollt?

806 *Dreher*, WuW 2009, 133, 141.

807 *Dreher*, WuW 2009, 133, 141; *Twele*, Die Haftung des Vorstands für Kartellrechtsverstöße, S. 101.

808 *Dreher*, WuW 2009, 133, 141; *Twele*, Die Haftung des Vorstands für Kartellrechtsverstöße, S. 101.

809 *Dreher*, WuW 2009, 133, 141 m.w.N. zur Gesetzgebungsgeschichte; *Twele*, Die Haftung des Vorstands für Kartellrechtsverstöße, S. 101; anders *Meeßen*, Der Anspruch auf Schadensersatz bei Verstößen gegen EU-Kartellrecht, S. 370 ff.

810 *Dreher*, WuW 2009, 133, 141 f. m.w.N.

811 *Dreher*, WuW 2009, 133, 142; anders *Meeßen*, Der Anspruch auf Schadensersatz bei Verstößen gegen EU-Kartellrecht, S. 370, der der Ansicht ist, dass das in § 33 GWB enthaltene Regelungskonzept auch nach der 7. GWB-Novelle weiterhin der für Verweisungen in das Sanktionenrecht offenen Grundnorm des § 823 Abs. 2 BGB zugeordnet sei.

Einwand einer persönlichen Schadensersatzhaftung im Außenverhältnis nicht entgegenstehen könne.[812]

167 Ein weiteres Argument aus dem allgemeinen Deliktsrechts lässt sich aus dem in § 830 BGB enthaltenen Haftungsmodell ziehen.[813] Nach allgemeiner Ansicht ist § 830 BGB auch im Kartelldeliktsrecht anwendbar.[814] § 830 BGB drückt aus, dass das Zivilrecht zwar formal hinsichtlich Täterschaft und Teilnahme unterscheidet, im Ergebnis hinsichtlich der Rechtsfolgen aber keine Unterschiede macht. Ein Organmitglied, welches den Kartellrechtsverstoß eigenhändig begeht oder hierzu anweist, würde im Einzelfall – sofern man ihn wegen der fehlenden Unternehmenseigenschaft nicht als Täter qualifizierte – regelmäßig als Gehilfe i. S. v. § 830 Abs. 2 BGB[815] mit der Konsequenz der vollen Haftung angesehen werden können, da dessen Handlungen kausal für den Erfolg waren.[816] Der Umstand, dass sich die Verhaltenspflicht an die juristische Person als Unternehmensträger und nicht an das Organ richtet – das Organ bzw. deren Mitglieder mithin keine originären Normadressaten sind –, steht der Einordnung als Beihilfe nicht entgegen.[817] Insgesamt scheint eine solche Einordnung doch eher gekünstelt und fernliegend, zumindest soweit es Fälle unmittelbaren Handels des Managers

---

812 *Dreher*, WuW 2009, 133, 142; vgl. sinngemäß *Rehbinder*, in: Festschrift für Loewenheim, S. 513, 518.; anders *Meeßen*, Der Anspruch auf Schadensersatz bei Verstößen gegen EU-Kartellrecht, S. 370 ff.

813 *Rehbinder*, in: Festschrift für Loewenheim, S. 513, 517; dort auch zu folgendem Text; a. A. *Harnos*, Geschäftsleiterhaftung bei unklarer Rechtslage, S. 59, der jedoch den Kern des Arguments – den drohenden Wertungswiderspruch – verkennt. *Harnos* stellt fest, dass die Tätigkeit des Vorstandes entweder der Gesellschaft zuzurechnen sei oder als Beihilfe zu qualifizieren sei, aber nicht beides gleichzeitig sein könne. Dies ist, wie ausgeführt wurde, grundsätzlich richtig, geht aber am Kern des Arguments vorbei, da daraus gerade der Wertungswiderspruch entsteht. Denn der organfremde Betriebsangehörige würde als Gehilfe haften, während das Organmitglied nicht persönlich haftete.

814 So auch auch *OLG Düsseldorf*, Urteil vom 13. November 2013 – Az. VI-U (Kart) 11/13, Rn. 115 f. – Badarmaturen.

815 Denkbar ist auch eine Beihilfe durch Unterlassen wegen Verletzung einer Verkehrssicherungspflicht bzw. bei Bestehen einer Garantenstellung in Anlehnung an das Urteil des *LG München I* in Sachen Siemens/Neubürger und BGHZ 109, 297–306 – Baustoff, siehe dazu unter B. II. 2. a) cc) bzw. C. I. 3. c) aa); allgemein zur Beihilfe durch Unterlassen *Wagner*, in: Münchener Kommentar zum BGB, § 830 Rn. 17.

816 *Rehbinder*, in: Festschrift für Loewenheim, S. 513, 517; auch *Eden*, Persönliche Schadensersatzhaftung, 4. Kapitel, § 15, S. 161–242 stellt zur Rechtfertigung seiner, von der hier vertretenen Ansicht abweichende Lösung maßgeblich auf eine Kombination von §§ 823 Abs. 1, 826 und § 830 BGB ab.

817 *BGH*, Urteil vom 28. Juni 2011 – Az. KZR 75/10, Rn. 80 – ORWI; *Eden*, Persönliche Schadensersatzhaftung, S. 63 f. m.w.N.; *Roth*, in: FK-GWB, § 33 Rn. 139.

betrifft. Denn in diesem Fall ist eine Haftung als Gehilfe gemäß § 830 BGB ausgeschlossen, da Teilnahme und Haupttat durch dieselbe natürliche Handlung begangen würden, was denklogisch nicht möglich ist.[818] Würde das Organmitglied den Kartellrechtsverstoß jedoch selbst begehen und würde dabei von einem organfremden Betriebsangehörigen unterstützt, so haftete auch letzterer als Gehilfe. Diese Parallele verdeutlicht, dass es i. R. v. § 33 Abs. 3 GWB a. F. bzw. § 33a Abs. 1 GWB n. F. sinnvoll ist, diese Normen auch auf eigenhändige Verstöße von Organmitgliedern anzuwenden, um ein konsistentes Haftungsregime zu erhalten. Anderenfalls wäre es denkbar, dass zwar der Betriebsangehörige persönlich auf Schadensersatz wegen Beihilfe zum Kartellrechtsverstoß der juristischen Person haftete, jedoch das Organmitglied selbst nicht. Dies ist immer dann denkbar, wenn das Organmitglied nach strafrechtlichen Grundsätzen eigentlich als Täter zu qualifizieren wäre[819] und eine Haftung nach §§ 823 Abs. 1, 826 BGB jedoch wegen fehlender Unternehmenseigenschaft oder § 830 BGB, da Haupttat und Teilnahme durch dieselbe Handlung begangen würden, nicht greift.[820] Ein solches Ergebnis wäre jedoch nur schwer erträglich, da der eigentliche Verursacher – der Manager – im Außenverhältnis nicht, der Betriebsangehörige jedoch haftbar wäre.

168 Auch sei es mit Blick auf das Gesamtsystem der Haftung aus Kompensations- und Präventionsgesichtspunkten überzeugend, das Organmitglied als Täter von einer Schadensersatzpflicht im Außenverhältnis freizustellen, da nicht selten die Insolvenz des beteiligten Unternehmensträgers drohe und mit der natürlichen Person ein weiterer Schuldner zur Verfügung stehe.[821]

---

818 *Eden*, Persönliche Schadensersatzhaftung, S. 172 ff., 189–227; ferner *Eden*, WuW 2014, 792, 798 f., der auch Anleihen zur Rechtslage nach dem Wertpapierhandelsgesetz (WpHG) nimmt.

819 Siehe dazu *Eden*, Persönliche Schadensersatzhaftung, S. 172 ff. und *Eden*, WuW 2014, 792, 797. Im Ergebnis ist auf die strafrechtlichen Theorien zur Abgrenzung von Täterschaft und Teilnahme zu rekurrieren.

820 Zu alledem und den sich daraus ergebenden Wertungswidersprüchen *Eden*, Persönliche Schadensersatzhaftung, S. 172 ff., 189–227 und *Eden*, WuW 2014, 792 ff., *passim*, insb. 796 ff.; eine Haftung als Gehilfe gemäß § 830 BGB bei einem unmittelbar handelnden Manager ist ausgeschlossen, da Teilnahme und Haupttat durch dieselbe natürliche Handlung begangen werden, siehe dazu *Eden*, WuW 2014, 792, 798 f., der auch Anleihen zur Rechtslage nach dem WpHG nimmt.

821 *Meeßen*, Der Anspruch auf Schadensersatz bei Verstößen gegen EU-Kartellrecht, S. 371 f.; eine solche Konstellation lag auch BGHZ 109, 297 ff. – Baustoff zugrunde (dazu unter C. I. 3. c) aa)); *Rehbinder*, in: Festschrift für Loewenheim, S. 513 f.; so auch *Twele*, Die Haftung des Vorstands für Kartellrechtsverstöße, S. 102, der betont, dass dies auch dem erklärten Ziel der 7. GWB-Novelle, die zivilrechtliche Durchsetzung des Kartellrechts zu fördern, diene.

169 Auch gehe die Regierungsbegründung zur Vorgängernorm des § 33 Abs. 3 GWB a. F. von einer Schadensersatzhaftung natürlicher Personen aus.[822] Da sich die Gesetzestechnik seitdem nicht geändert habe, sei der Wille des Gesetzgebers zu respektieren.[823] Schon damals lautete die Formulierung „wer" vorsätzlich oder fahrlässig gegen eine Vorschrift des GWB verstieße, sei zum Schadensersatz verpflichtet; gleichzeitig seien die materiell-rechtlichen Verbote an Unternehmen gerichtet gewesen.[824] Dementsprechend sei es im deutschen Kartellrecht immer anerkannt gewesen, dass ein Verstoß gegen § 81 GWB einen i. R. v. § 35 bzw. § 33 GWB a. F. einen relevanten Verstoß gegen eine gesetzliche Vorschrift darstelle.[825]

170 Im Ergebnis ist nach dieser Auffassung die Passivlegitimation natürlicher Personen für Kartellrechtsverstöße durch aktives Tun oder Unterlassen gemäß § 33 Abs. 3 S. 1 GWB a. F. i. V. m. § 81 GWB, § 9 OWiG zu bejahen.[826] Insofern bedürfe nicht die Bejahung, sondern der Ausschluss der Haftung natürlicher Personen einer besonderen systematischen oder teleologischen Begründung.[827] Die Passivlegitimation entspricht somit dem Rechtsgefühl und erzeugt das rechtspolitisch gewünschte Ergebnis, Verantwortung und Haftung in Einklang zu bringen, wodurch die Präventivfunktion des Kartelldeliktsrechts erfüllt und eine verhaltenssteuernde Wirkung erzielt wird.[828]

cc) Europarechtliche Implikationen

171 Wenngleich das Europäische Recht – abgesehen von der Nichtigkeitssanktion und der Möglichkeit, Geldbußen gegen Unternehmen zu verhängen – keine weiteren Sanktionen anordnet, so ist es dennoch bei der Ausgestaltung der nationalen Rechtsfolgen im Wege der Auslegung zu berücksichtigen. Diese europarechtlichen Implikationen werden im Folgenden dargestellt.

---

822 *Roth*, in: FK-GWB, § 33 Rn. 138; *Twele*, Die Haftung des Vorstands für Kartellrechtsverstöße, S. 101 f.; a. A. *Harnos*, Geschäftsleiterhaftung bei unklarer Rechtslage, S. 55.

823 *Twele*, Die Haftung des Vorstands für Kartellrechtsverstöße, S. 101 f.

824 *Twele*, Die Haftung des Vorstands für Kartellrechtsverstöße, S. 101 f.

825 *Rehbinder*, in: Festschrift für Loewenheim, S. 513, 517 m.w.N. unter Verweis auf BGHZ 64, 232, 237 f. und BGHZ 86, 324, 330.

826 *Dreher*, WuW 2009, 133, 142 f.

827 *Meeßen*, Der Anspruch auf Schadensersatz bei Verstößen gegen EU-Kartellrecht, S. 370.

828 Vgl. *Rehbinder*, in: Festschrift für Loewenheim, S. 513, 516.

172 Essentiell für das Europarecht als supranationales Recht ist seit jeher die Implementierung in die nationalen Rechtsordnungen der Mitgliedsstaaten. Diese lässt sich in drei Teilaspekte untergliedern, namentlich die **(1)** die Umsetzung, **(2)** die Anwendung und **(3)** die Vollstreckung bzw. Durchsetzung.[829] Der dritte Teilaspekt – die Vollstreckung bzw. Durchsetzung – ist für diese Arbeit von maßgeblicher Bedeutung und beschreibt, wie die Europäische Union, die Mitgliedsstaaten und die Bürger andere Parteien dazu zwingen können, ihre Verpflichtungen nach europäischem Recht zu erfüllen.[830] Nach der Entscheidung des *EuGH* muss eine Sanktion für einen Verstoß gegen europäisches Recht wirksam, verhältnismäßig und abschreckend sein.[831] Wirksam ist eine Sanktion, wenn sie geeignet ist, den gewünschten Effekt zu erzielen, was voraussetzt, dass sie so bemessen werden muss, dass sie eine gewisse Ernsthaftigkeit impliziert und nicht nur symbolischer Natur ist.[832] Das Verhältnismäßigkeitskriterium setzt Grenzen bezüglich der Höhe der verhängten Sanktion sowohl nach oben als auch nach unten.[833] Zudem muss eine Sanktion abschreckenden Effekt haben, um potenzielle Rechtsverletzer zur Einhaltung des Rechts zu bewegen.[834]

173 Die Entwicklung des Kartelldeliktsrechts und damit auch die Entwicklung des Kartellschadensersatzes ist seit längerer Zeit in starkem Maße von europäischem Recht und der dazugehörigen Rechtsprechung des *EuGH* geprägt.[835] Dies ist eigentlich erstaunlich, knüpft das Europäische Recht doch mit Ausnahme der Nichtigkeitsfolge des Art. 101 Abs. 2 AEUV keine zivilrechtlichen Folgen an Verstöße gegen das europäische Wettbewerbsrecht. Auch das europäische Sekundärrecht sieht keine darüber hinaus gehende Rechtsfolge vor.[836] Diese Regelungslücke erklärt sich dadurch, dass die Artt. 101, 102 AUEV zunächst das materielle Kartellrecht, nicht aber die Sanktionen regeln und der AEUV bzw. seine Vorgänger an sich zunächst an die Mitgliedsstaaten und nicht an den Einzelnen adressiert sind bzw. waren.[837] Die Klarstellung, dass zahlreiche Bestimmungen des AEUV (bzw. des damaligen EG-Vertrags) auch den Einzelnen als Rechtssubjekt treffen

---

829 *Sørensen*, European Law Review 40 (2015), 811; vgl. *Roth*, WRP 2013, 257, der diese drei Aspekte auch als Teil des *effet utile* ansieht.

830 *Sørensen*, European Law Review 40 (2015), 811.

831 *EuGH*, Rs. 68/88, Slg. 1989, 2965, Rn. 24 – Kommission/Griechenland; vgl. dazu auch *Görner*, Die Anspruchsberechtigung der Marktbeteiligten nach § 33 GWB, S. 100 ff.

832 *Sørensen*, European Law Review 40 (2015), 811, 816 und 820.

833 *Sørensen*, European Law Review 40 (2015), 811, 816.

834 *Sørensen*, European Law Review 40 (2015), 811, 816.

835 Vgl. *Kainer/Persch*, WuW 2016, 2, 4.

836 Des gilt sowohl für die VO (EG) Nr. 1/2003 als auch für die Fusionskontrollverordnung.

837 *Logemann*, Der kartellrechtliche Schadensersatz, S. 93.

und unmittelbar Wirkung gegenüber den Bürgern der Mitgliedsstaaten entfalten, erfolgte im Laufe der Zeit durch die Rechtsprechung des *EuGH*.[838] Weitere Sanktionen, also auch der Schadensersatz, folgen grundsätzlich nationalen Rechtsordnungen[839], wenngleich die *EU-Kommission* bestrebt ist, auf dem Feld des kartellrechtlichen Schadensersatzes mit einer sekundärrechtlichen Regelung tätig zu werden.[840] Auch der Vollzug ist grundsätzlich Sache der Mitgliedsstaaten.[841] Die nationalen Rechtsordnungen werden jedoch von den Grundsätzen über die Wirkung und den Vollzug des Gemeinschaftsrechts, welche von den europäischen Gerichten entwickelt wurden, beeinflusst.[842]

174 Die nach der Umstellung auf das System der Legalausnahme durch das Inkrafttreten der VO (EG) Nr. 1/2003 notwendige Entwicklung hin zu einem effektiven zivilrechtlichen Sanktionensystem, von dem eine spürbare Abschreckungswirkung ausgeht, wurde – wie bereits erwähnt – maßgeblich vom *EuGH* vorangetrieben.[843] Argumentativ bediente er sich dabei des Äquivalenz- und des Effektivitätsgrundsatzes (*effet utile*), wobei insbesondere der Effektivitätsgrundsatz auf der unmittelbaren Geltung des Gemeinschaftsrechts fußt.[844] In der Sache geht es darum, die Wirkung der entsprechenden Vorschrift sicherzustellen.[845] Beide Prinzipien sind kraftvolle Werkzeuge zur Rechtsfortbildung[846], deren Inhalt im Folgenden näher dargestellt werden soll.[847]

---

838 Vgl. *EuGH*, Rs. 127/73, Slg. 1974, 51 – BRT/SABAM.

839 *Kainer/Persch*, WuW 2016, 2, 4.

840 So zuletzt geschehen mit der EU-Kartellschadensersatzrichtlinie (RL 2014/104/EU), die durch die 9. GWB-Novelle umgesetzt wurde.

841 *Meessen*, in: Festschrift für Loewenheim, S. 505, 509; *Sørensen*, European Law Review 40 (2015), 811, 812.

842 Vgl. *Roth*, in: Festschrift für Gerhardt, S. 815, 823 ff.

843 *Roth*, WRP 2013, 257, 258 betont, dass das vorrangige Ziel der Einführung der VO (EG) Nr. 1/2003 die Steigerung der Effektivität des Gemeinschaftsrechts gewesen sei.

844 *Roth*, WRP 2013, 257, 258; die Bedeutung dieser Prinzipien für die Entwicklung eines europäischen Deliktsrechts betonen *Wurmnest/Heinze*, in: Compensation of Private Losses, S. 39, 43 f.

845 *Potacs*, EuR 2009, 465, 467.

846 Vgl. *Wurmnest/Heinze*, in: Compensation of Private Losses, S. 39, 44.

847 Nach *Meessen*, in: Festschrift für Loewenheim, S. 505, 508 ff. mangelt es dem Äquivalenz- und Effektivitätsgrundsatz an einer europarechtlichen Grundlage.

(1) Unmittelbare Geltung des europäischen Kartellrechts

175 Die Europäische Union besitzt zwar umfangreiche Rechtssetzungskompetenzen, jedoch nur wenige Vollzugskompetenzen.[848] Wie bereits erwähnt, ist die Ausgestaltung der Haftungsfolgen grundsätzlich Sache der nationalen Rechtsordnungen. Dies gilt jedoch nicht uneingeschränkt. Im Laufe der Zeit haben sich Grundsätze entwickelt, die die Wirkung und den Vollzug des Gemeinschaftsrechts betreffen. Diese finden auch im kartellrechtlichen Kontext Anwendung.[849] Ausgangspunkt der Betrachtung sind die Grundsätze über die unmittelbare Geltung des Gemeinschaftsrechts in den Mitgliedsstaaten, welche erstmals in der Rechtssache *van Gend & Loos* entwickelt wurden.[850] Dort urteilte der *EuGH*, dass sich auch der Einzelne auf gemeinschaftsrechtliche Bestimmungen berufen kann, ohne dass es einer Umsetzung in nationales Recht oder einer behördlichen Rechtsetzung bedarf. Rechtssubjekte des Gemeinschaftsrechts als Rechtsordnung seien nicht nur die Mitgliedstaaten, sondern auch die Bürger derselben.[851] Durch die unmittelbare Wirkung entstünden sowohl Rechte als auch Pflichten für den Bürger.[852] Begründet wurde diese Entscheidung durch den *EuGH* mit der Erwägung, dass die im EG-Vertrag verankerten Garantien wirkungslos blieben, wenn ein Verstoß dagegen lediglich ein Vertragsverletzungsverfahren zur Folge habe.[853] So heißt es wörtlich[854]:

> „Die Wachsamkeit der an der Wahrung ihrer Rechte interessierten Einzelnen stellt eine wirksame Kontrolle dar, welche die durch die Kommission und die Mitgliedsstaaten [...] ausgeübte Kontrolle ergänzt."

176 Nach Ansicht des *EuGH* besteht eine unmittelbare Geltung von Normen des Gemeinschaftsrechts, soweit die betreffende Norm **(1)** inhaltlich hinreichend genau, **(2)** unbedingt formuliert ist und **(3)** kein Ermessen bei der Ausführung vorsieht.[855] Dem europäischen Kartellrecht kommt spätestens

848 *Meessen*, in: Festschrift für Loewenheim, S. 505, 506.
849 Vgl. *Roth*, in: Festschrift für Gerhardt, S. 815, 823 ff.
850 *EuGH*, Rs. 26/62, Slg. 1963, 1 – van Gend & Loos.
851 *EuGH*, Rs. 26/62, Slg. 1963, 1, 25 – van Gend & Loos.
852 *EuGH*, Rs. 26/62, Slg. 1963, 1, 25 – van Gend & Loos; *EuGH*, Rs. 106/77, Slg. 1978, 629, Rn. 14 und 16 – Simmenthal.
853 *EuGH*, Rs. 26/62, Slg. 1963, 1, 26 – van Gend & Loos; vgl. auch *Sørensen*, European Law Review 40 (2015), 811, 812.
854 *EuGH*, Rs. 26/62, Slg. 1963, 1, 26 – van Gend & Loos.
855 *EuGH*, Rs. 44/84, Slg. 1986, 29, Rn. 47 – Hurd.

seit der Entscheidung des *EuGH* in Sachen *BRT/SABAM* unmittelbare Wirkung zu.[856]

177 Durch dieses Verdikt des *EuGH* wird die Wirksamkeit des Gemeinschaftsrechts gewährleistet und dessen Bedeutung erheblich vergrößert.[857] Zudem wird durch die unmittelbare Geltung ein vom nationalen Recht autonomes Regelungsregime geschaffen, welches eigenständig durchgesetzt werden kann.[858] Dabei handelt es sich jedoch für sich genommen nur um eine Mindestgarantie, welche nicht hinreichend geeignet ist, die uneingeschränkte Anwendung des Gemeinschaftsrechts sicherzustellen.[859] Denn die unmittelbare Geltung des Gemeinschaftsrechts ist zukunftsorientiert. Eine Sanktionierung von bereits erfolgten Rechtsverletzungen und dessen Folgen ist damit noch nicht erreicht. Zudem fehlen möglicherweise Rechtsbehelfe, um sich gegen derartige Verletzungen zu wehren. Um die volle Wirksamkeit des Gemeinschaftsrechts zu gewährleisten, ist jedoch auch das erforderlich.[860] Sofern das Gemeinschaftsrecht solche Sanktionen bzw. Rechtsbehelfe nicht vorsieht, war es gem. Art. 10 EG-Vertrag (dem der heutige Art. 4 Abs. 3 EUV entspricht, sog. Grundsatz der loyalen Zusammenarbeit[861]) Sache der Mitgliedsstaaten und dessen Organen (zu denen auch die Zivilgerichtsbarkeit gehört[862]), geeignete Maßnahmen zu treffen, um die Geltung und Wirksamkeit des Gemeinschaftsrechts zu gewährleisten, mithin also die gemeinschaftsrechtlichen subjektiven Rechte zu schützen.[863] Das Kartellrecht als Teil der öffentlichen Ordnung muss zudem von Amts wegen angewendet werden.[864] Insoweit spricht man vom Grundsatz der Verfahrensautonomie.[865] Innerhalb dieser Verfahrensautonomie sind die Mitgliedsstaaten

---

856 *EuGH*, Rs. 127/73, Slg. 1974, 51, Rn. 15 und 17 – BRT/SABAM; bestätigt durch *EuGH*, Rs. 155/73, Slg. 1974, 409, Rn. 18 – Sacchi; *EuGH*, Rs. C-234/89, Slg. 1991, I-935, Rn. 45 – Delimitis; *EuGH*, Rs. C-453/99, Slg. 2001, I-6297, Rn. 23 – Courage.

857 Vgl. *Logemann*, Der kartellrechtliche Schadensersatz, S. 98.

858 Vgl. *Logemann*, Der kartellrechtliche Schadensersatz, S. 98; vgl. ferner *Callies*, NJW 2005, 929, 931, der betont, dass der Bürger dadurch zur Kontrollinstanz erhoben würde.

859 *EuGH*, verb. Rs. C-46/93 und C-48/93, Slg. 1996, I-1029, Rn. 20 – Brasserie du Pêcheur (Factortame III).

860 So auch *Logemann*, Der kartellrechtliche Schadensersatz, S. 98.

861 Dazu *Meessen*, in: Festschrift für Loewenheim, S. 505, 506.

862 *EuGH*, Rs. C-453/99, Slg. 2001, I-6297, Rn. 23 – Courage; *EuGH*, verb. Rs. C-6/90 und C-9/90, Slg. 1991, I-5357, Rn. 32 – Francovich; *EuGH*, Rs. C-213/89, Slg. 1990, I-2433, Rn. 19 – Factortame I; *EuGH*, Rs. 106/77, Slg. 1978, 629, Rn. 14, 16 – Simmenthal.

863 *EuGH*, Rs. 68/88, Slg. 1989, 2965, Rn. 23 – Kommission/Griechenland.

864 *EuGH*, Rs. C-126/97, Slg. 1999, I-3055, Rn. 36 ff. – Eco Swiss; *EuGH*, verb. Rs. C-430/93 und C-431/93, Slg. 1995, I-4705, Rn. 13 f. – van Schijndel; vgl. zudem *EU-Kommission*, Bekanntmachung Zusammenarbeit mit nationalen Gerichten, Rn. 3.

865 *Logemann*, Der kartellrechtliche Schadensersatz, S. 99.

grundsätzlich frei in der Gestaltung.[866] So urteilte der *EuGH* in der Rechtssache *Rewe/Landwirtschaftskammer Saarland*[867]:

> „Mangels einer gemeinschaftsrechtlichen Regelung [...] sind deshalb die Bestimmungen der zuständigen Gerichte und die Ausgestaltung des Verfahrens für die Klagen, die den Schutz der Bürger aus der unmittelbaren Geltung des Gemeinschaftsrechts erwachsenden Rechte gewährleisten sollen, Sache der innerstaatlichen Rechtsordnung der einzelnen Mitgliedsstaaten."

178 Erforderlich ist mithin, dass dem Betroffenen formal überhaupt ein Rechtsbehelf zur Verfolgung der Rechtsverletzung zur Verfügung steht.[868] Der Begriff des Verfahrens umfasst nach Auffassung des *EuGH* jedoch nicht nur prozessuale Rahmenbedingungen, sondern auch Fragen der eigentlichen Ansprüche zum Schutz der subjektiven Rechte, welche nach traditionellem Verständnis jedoch dem materiellen Recht zuzuordnen wären.[869] Der Grundsatz der Verfahrensautonomie erfährt jedoch nach Ansicht des *EuGH* Beschränkungen durch den Äquivalenz- und den Effektivitätsgrundsatz[870] (dazu sogleich), um die volle Wirksamkeit des Gemeinschaftsrechts zu gewährleisten. Insofern stellt die unmittelbare Wirkung des Gemeinschaftsrechts den Ausgangspunkt für die Grundsätze der Äquivalenz und

---

866 Vgl. *EuGH*, Rs. 33/76, Slg. 1976, 1989, Rn. 5 – Rewe/Landwirtschaftskammer Saarland; im kartellrechtlichen Kontext *EuGH*, Rs. C-242/95, Slg. 1997, I-4449, Rn. 24 – GT-Link; *EuG*, Rs. T-24/90, Slg. 1992, II-2223, Rn. 50 – Automec II; *EuG*, Rs. T-395/94, Slg. 2002, II-875, Rn. 298 – Atlantic Container Line; vgl. ferner *EuGH*, Rs. 50/76, Slg. 1977, 137, Rn. 32 – Amsterdam Bulb; *EuGH*, Rs. 45/76, Slg. 1976, 2043, Rn. 11 und 18 – Comet; *EuGH*, Rs. 811/79, Slg. 1980, 2545, Rn. 12 – Ariete; dies wird jedoch nicht von allen Seiten geteilt. Richter *Kakouris*, Common Market Law Review 34 (1997), 1389–1412 bestreitet das Bestehen einer Verfahrensautonomie, sofern diese als Manifestation der Souveränität der Mitgliedsstaaten gesehen würde. Richter *Prechal*, Common Market Law Review 35 (1998), 681–706 ist der Ansicht, dass diese Verfahrensautonomie lediglich Ausdruck dafür ist, dass es diesbezüglich keine gemeinschaftsrechtlichen Regelungen gibt, sodass das Ausweichen auf nationale Regelungen aus der Not geboren sei.

867 *EuGH*, Rs. 33/76, Slg. 1976, 1989, Rn. 5 – Rewe/Landwirtschaftskammer Saarland.

868 *Logemann*, Der kartellrechtliche Schadensersatz, S. 99.

869 *EuGH*, Rs. 68/88, Slg. 1989, 2965, Rn. 24 – Kommission/Griechenland, wo es heißt, dass Verstöße gegen das Gemeinschaftsrecht nach ähnlichen sachlichen und verfahrensrechtlichen Regeln geahndet werden müssen wie Verstöße gegen nationales Recht; *Görner*, Die Anspruchsberechtigung der Marktbeteiligten nach § 33 GWB, S. 83; *Kainer/Persch*, WuW 2016, 2, 4; *Logemann*, Der kartellrechtliche Schadensersatz, S. 99 m.w.N.; vgl. zudem *van Gerven*, Common Market Law Review 37 (2000), 501, 502.

870 *Kainer/Persch*, WuW 2016, 2, 4; zum Einfluss des Äquivalenz- und Effektivitätsgrundsatzes auf das Prozessrecht bereits *Wagner*, AcP 206 (2006), 352, 413.

der Effektivität dar.[871] Dies ist auch sinnvoll, da es den Mitgliedsstaaten anderenfalls freistünde, diese formale Voraussetzung durch einen „Papiertiger“ zu erfüllen, wodurch weder für das objektive Recht noch für den Bürger ein Mehrwert im Gemeinschaftsrecht liegen würde.

(2) Äquivalenzgrundsatz

179 Der vom *EuGH* entwickelte Äquivalenzgrundsatz (auch Diskriminierungsverbot genannt[872]) besagt, dass die bei Verletzung des Europarechts vorgesehenen innerstaatlichen Rechtsfolgen in ihren Voraussetzungen nicht ungünstiger gestaltet sein dürfen als „gleichwertige Klagen, die das nationale Recht betreffen.“[873] Eine Klage, die das nationale Recht betrifft, ist dann gleichwertig, soweit die nationale Bestimmung und das europäische Wettbewerbsrecht vergleichbare Zwecke verfolgen.[874] Anders ausgedrückt bedeutet das, dass die Rechtsfolgen des § 33 GWB und ggf. andere einschlägige Normen auch bei Verletzung des europäischen Wettbewerbsrechts Anwendung finden müssen und identisch ausgelegt werden müssen. Der Äquivalenzgrundsatz[875] sichert – in Kombination mit dem Effektivitätsgrundsatz – somit einen Mindeststandard hinsichtlich der zivilrechtlichen Rechtsfolgen bei Verletzung des Gemeinschaftsrechts, welcher immer dem bei Verletzung nationaler Rechtsvorschriften entsprechen muss.[876]

(3) Effektivitätsgrundsatz und *effet utile*

180 Sichert der Äquivalenzgrundsatz lediglich, dass ein gewisser Mindeststandard nicht unterschritten wird, führt die Anwendung des Effektivitätsgrundsatzes zusätzlich dazu, dass den Mitgliedsstaaten auch positiv

---

871 *Meessen*, in: Festschrift für Loewenheim, S. 505, 506.

872 *Logemann*, Der kartellrechtliche Schadensersatz, S. 100.

873 *EuGH*, Rs. 33/76, Slg. 1976, 1989, Rn. 5 – Rewe/Landwirtschaftskammer Saarland; *EuGH*, Rs. 158/80, Slg. 1981, 1805, Rn. 44 – Rewe/Hauptzollamt Kiel; *EuGH*, Rs. 199/82, Slg. 1983, 3595, Rn. 12 – San Giorgio; *EuGH*, verb. Rs. C-6/90 und C-9/90, Slg. 1991, I-5357, Rn. 43 – Francovich; vgl. ferner *EU-Kommission*, Bekanntmachung Zusammenarbeit mit nationalen Gerichten, Rn. 10 lit. c.

874 Vgl. *Mäsch*, EuR 2003, 825, 838, der auf die Schwierigkeiten bei der Bestimmung im Einzelfall hinweist.

875 Nach *Meessen*, in: Festschrift für Loewenheim, S. 505, 509 sichert stattdessen der Effektivitätsgrundsatz einen Mindeststandard, was grundsätzlich auch stimmt. Wie noch gezeigt, wird, ist der Effektivitätsgrundsatz auch dazu geeignet, den Mitgliedsstaaten positiv Vorgaben zu machen.

876 So auch *Logemann*, Der kartellrechtliche Schadensersatz, S. 100; vgl. ferner *Roth*, WRP 2013, 257, 261.

Vorgaben gemacht werden können, wie die Rechtsfolgen bei Verletzung des europäischen Wettbewerbsrechts ausgestaltet werden müssen.[877] In der Rechtsprechung des *EuGH* finden sich dazu mehrere Formeln.[878] In der Rechtssache *Rewe/Landwirtschaftskammer Saarland* formulierte der *EuGH*, dass die nationalen formellen und materiellen Voraussetzungen für Folgeansprüche nicht so ausgestaltet sein dürfen, dass sie „die Ausübung der durch die Gemeinschaftsrechtsordnung verliehenen Rechte [...] praktisch unmöglich machen oder übermäßig erschweren."[879] In der *Marshall II*-Entscheidung wurde hingegen das Kriterium der Angemessenheit betont, wenn es heißt, dass die Maßnahmen, die das nationale Recht zur Gewährleistung der aus dem Europarecht erwachsenden Rechte „angemessen" sein müssen.[880] Semantisch wieder anders bezeichnet, urteilte der *EuGH* in der Rechtssache *Factortame I*, wo der Gerichtshof ausführte, dass die „volle Wirksamkeit" des Gemeinschaftsrechts nicht durch das nationale Sanktionensystem abgeschwächt werden dürfe.[881] Aus den Urteilen des *EuGH* lassen sich zwei Folgerungen ziehen[882]: **(1)** Das nationale Recht muss den aus dem Gemeinschaftsrecht resultierenden subjektiven Rechten notfalls durch die Bereitstellung von Rechtsbehelfen zur vollen Wirksamkeit verhelfen, soweit die unmittelbare Wirkung der europarechtlichen Norm alleine nicht ausreicht. Erforderlich ist ein tatsächlicher und wirksamer Rechtsschutz zugunsten des Betroffenen, selbst wenn ein solcher grundsätzlich bei Verstößen gegen das nationale Recht nicht vorgesehen ist.[883] **(2)** Die vom nationalen Gesetzgeber bereitgestellten Rechtsfolgen müssen zum Ziel haben, das objektive Gemeinschaftsrecht durchzusetzen, damit

---

877 Siehe auch *Roth*, WRP 2013, 257, 261 und 265; eine solche Unterscheidung nimmt auch *Potacs*, EuR 2009, 465, 466 f. vor, der von *effet utile* im engeren Sinn (minimale Wirkung) und *effet utile* im weiteren Sinn (maximale Wirkung) spricht.

878 Diese Elastizität in der semantischen Beschreibung identifiziert auch *Potacs*, EuR 2009, 465, 467 f., der analysiert, dass der *effet utile* im weiteren Sinn in der Rechtsprechung des *EuGH* große Bedeutung besitzt.

879 *EuGH*, verb. Rs. C-430/93 und C-431/93, Slg. 1995, I-4705, Rn. 17 – van Schijndel; *EuGH*, Rs. Rs. 33/76, Slg. 1976, 1989, Rn. 5 – Rewe/Landwirtschaftskammer Saarland; *EuGH*, Rs. 45/76, Slg. 1976, 2043, Rn. 11, 18 – Comet; *EuGH*, verb. Rs. C-6/90 und C-9/90, Slg. 1991, I-5357, Rn. 43 – Francovich; *EuGH*, verb. Rs. C-46/93 und C-48/93, Slg. 1996, I-1029, Rn. 20 – Brasserie du Pêcheur (Factortame III); *EuGH*, Rs. C-261/95, Slg. 1997, I-4015, Rn. 38 – Palmisani; bemerkenswert ist, dass der *effet utile*, dessen Wurzeln auf das römische Recht zurückgehen, in anderen europäischen Jurisdiktionen wie Italien, Frankreich oder Österreich teilweise ausdrücklich gesetzlich verankert und von den Gerichten anerkannt ist, vgl. dazu *Potacs*, EuR 2009, 465, 466.

880 *EuGH*, Rs. 217/91, Slg. 1993, I-4367, Rn. 26 – Marshall II.

881 *EuGH*, Rs. C-213/89, Slg. 1990, I-2433, Rn. 19 – Factortame I.

882 Vgl. *Logemann*, Der kartellrechtliche Schadensersatz, S. 101 f.

883 Vgl. *Kainer/Persch*, WuW 2016, 2, 4 m.w.N.

dieses seinen *effet utile* – also seine volle Wirksamkeit – entfalten kann.[884] Zusammenfassend verwehrt der Effektivitätsgrundsatz den Mitgliedsstaaten und den Organen der EU in einer Gesamtschau der Artt. 3 lit. g), 5, 85 ff. EGV die praktische Wirksamkeit der Wettbewerbsvorschriften durch staatliche Maßnahmen zu beeinträchtigen.[885] Der in diesem Sinne verstandene Effektivitätsgrundsatz gewährt dann nicht mehr bloß Individualschutz, sondern dient der Verwirklichung objektiven Rechts.[886] Besonders deutlich wurde dies in der Entscheidung in der Rechtssache *Courage*, wo es heißt[887]:

> „Die volle Wirksamkeit des Artikels 85 EG-Vertrag und insbesondere die praktische Wirksamkeit des in Artikel 85 Absatz 1 ausgesprochenen Verbots wären beeinträchtigt, wenn nicht jedermann Ersatz des Schadens verlangen könnte, [... der ihm durch eine wettbewerbsbeschränkende Verhaltensweise entstanden ist. Ein solcher Anspruch] erhöht nämlich die Durchsetzungskraft der gemeinschaftlichen Wettbewerbsregeln und [... kann] wesentlich zur Aufrechterhaltung eines wirksamen Wettbewerbs in der Gemeinschaft beitragen."

181 Die private Schadensersatzklage wird dadurch bewusst in den Dienst der Durchsetzung des objektiven Gemeinschaftsrechts gestellt[888], was mit der Einführung des Systems der Legalausnahme nötig wurde und vom Gesetzgeber auch gewünscht war, da vorhersehbar war, dass die behördliche Kontrolldichte abnehmen würde. Die private Schadensersatzklage dient somit der Allgemeinheit und erfüllt eine öffentliche Funktion, quasi als *private attorney general*.[889] Das europäische Deliktsrecht dient mithin auch der Prävention.[890]

(4) Zwischenergebnis

182 Die Bestimmung, was der Effektivitätsgrundsatz im Einzelfall gebietet, stellt sich im Vorhinein zwar problematisch dar.[891] Fest steht jedoch, dass

---

884 *Kainer/Persch*, WuW 2016, 2, 4 m.w.N.; vgl. dazu *Mäsch*, EuR 2003, 825, 836.
885 *Möschel*, NJW 1994, 1709 m.w.N.
886 Vgl. dazu *Callies*, NJW 2005, 929, 931, der insoweit von einer „objektiven Wächterrolle" spricht.
887 *EuGH*, Rs. C-453/99, Slg. 2001, I-6297, Rn. 26 f. – Courage; bestätigt durch *EuGH*, verb. Rs. C-295/04 bis C-298/04, Slg. 2006, I-6619, Rn. 60 – Manfredi.
888 *Brinker/Balssen*, in: Festschrift für Bechtold, S. 69, 75; *Logemann*, Der kartellrechtliche Schadensersatz, S. 102; *Roth*, in: Festschrift für Huber, S. 1133, 1135.
889 *Kainer/Persch*, WuW 2016, 2, 4; *Logemann*, Der kartellrechtliche Schadensersatz, S. 102; *Roth*, WRP 2013, 257, 262; dies entspricht der Funktion des privaten Klägers im US-amerikanischen Antitrustrecht.
890 *Wurmnest/Heinze*, in: Compensation of Private Losses, S. 39, 56.
891 So auch *Logemann*, Der kartellrechtliche Schadensersatz, S. 102.

auch nationale Vorschriften und deren Anwendung und Auslegung stets mit dem Ziel, die volle Wirksamkeit des Gemeinschaftsrechts zu erreichen, an ihm zu messen sind. Dies gilt insbesondere auch für die Hürden, die sich für Kläger im Kartellzivilprozess stellen.[892] Das betrifft sowohl Fragen des kollektiven Rechtsschutzes als auch für Fragen nach der Aktiv- und Passivlegitimation. Der *EuGH* hat sich in den einschlägigen Entscheidungen stets für eine Erleichterung der Geltendmachung von kartellrechtlichen Schadensersatzklagen ausgesprochen und wiederholt betont, dass es sein Ziel ist, dem Gemeinschaftsrecht die größtmögliche Wirksamkeit zu verschaffen. Erst kürzlich hat der *EuGH* unter argumentativer Bezugnahme auf den Effektivitätsgrundsatz und den *effet utile* die Schadensersatzpflicht von Kartellanten in *umbrella pricing*-Konstellationen begründet[893] und die Rechtmäßigkeit einer Geldbuße bestätigt, welche von der *EU-Kommission* gegen einen sogenannten *cartel facilitator* (Kartellvermittler bzw. Kartellgehilfe) verhängt wurde.[894] Wie bereits gezeigt wurde, ist es zu Abschreckungs- und Präventionszwecken aus ökonomischen Gründen angezeigt und aus rechtlich-dogmatischen Gründen möglich, auch die handelnden natürlichen Personen in Haftung zu nehmen. Nach Ansicht des Verfassers lässt sich daher aus der einschlägigen Rechtsprechung des *EuGH*, die stets dem *effet utile* im weiteren Sinne (also einer maximalen Wirkung einer Norm) großes Gewicht beigemessen hat[895], auch für den vorliegenden Untersuchungsgegenstand der Schluss ziehen, dass der Gerichtshof im Rahmen des kartellrechtlichen Schadensersatz aus Effektivitätsgründen die handelnden natürlichen Personen als passivlegitimiert ansehen würde.[896] Dies gilt erst recht vor dem Hintergrund der EU-Kartellschadensersatzrichtlinie (RL 2014/104/EU)[897] und der darin enthaltenen, gewissermaßen etwas versteckten Aussage hinsichtlich der Passivlegitimation. Grundgedanke des *effet utile* (als Auslegungskriterium) ist, dass Rechtsvorschriften (in unterschiedlichem Ausmaß) eine Wirkung in der gesellschaftlichen Realität bezwecken.[898] Anschließend ist zu fragen, wie die bereits festgestellte *ratio*

---

892 Ebenso *Logemann*, Der kartellrechtliche Schadensersatz, S. 102 und *Roth*, WRP 2013, 257, 264, der exemplarisch Änderungen bei den Beweisregelungen andenkt; genau dazu äußerte sich der *EuGH* in den Rechtssachen *Courage* und *Manfredi*.

893 *EuGH*, Rs. C-557/12, Rn. 33 f. – Kone; dazu aus ökonomischer Sicht *Blair/Durrance/Wang*, The Antitrust Bulletin 61 (2016), 393 ff.

894 *EuGH*, Rs. C-194/14 P, Rn. 36 – AC Treuhand II; siehe bereits *EuG*, Urteil vom 8. Juli 2008, Rs. T-99/04 – AC Treuhand.

895 So auch *Potacs*, EuR 2009, 465, 467 ff.

896 So auch zutreffend *Dreher*, WuW 2009, 133, 140, der aus diesem Grund in der Bejahung der Passivlegitimation natürlicher Personen keine überschießende Kartellrechtsanwendung erblicken kann.

897 In der Art. 4 der EU-Kartellschadensersatzrichtlinie (RL 2014/104/EU) wird zudem explizit der Äquivalenz- und Effektivitätsgrundsatz in Bezug genommen.

898 *Potacs*, EuR 2009, 465, 469.

(also im Rahmen des Untersuchungsgegenstands auch die Prävention) verwirklicht werden kann.[899] Durch die Passivlegitimation der handelnden natürlichen Personen würde die Wirksamkeit des Gemeinschaftsrechts erheblich gesteigert werden, da von der persönlichen Haftung der Manager bzw. Organmitgliedern eine deutlich stärkere Präventivwirkung ausgeht als von der bloßen Haftung des Unternehmens selbst.[900] Zudem gehen die Kommission und Teile der Literatur[901] davon aus, dass die *Courage-* und *Manfredi*-Rechtsprechung aus europarechtlicher Sicht zwingend vorgibt, dass bei Verstößen gegen das europäische Kartellrecht Schadensersatzansprüche gegeben sein müssen. Kombiniert man dies wiederum mit dem Äquivalenz- und Effektivitätsgrundsatz, bestätigt dies die aufgestellte These, dass diese Schadensersatzansprüche selbst effektiv im Sinne einer Erhöhung der Wirksamkeit des Gemeinschaftsrechts sein müssen. Bestätigung erfährt diese These durch die Begründung zur 7. GWB-Novelle, wo betont wird, dass ein „effektives [sic!] zivilrechtliches Sanktionensystem“ geschaffen werden soll, von dem eine „zusätzliche spürbare Abschreckungswirkung“ ausgeht.[902] Ein Sanktionensystem kann dem Wortsinn nach jedoch nur dann effektiv – also dem anvisierten Ziel wirksam, wirkungsvoll, lohnend und nutzbringend[903] – sein, wenn es an den im dargestellten ökonomischen Sinn richtigen Passivlegitimierten – namentlich den handelnden Manager – adressiert ist.

dd) Rechtslage im gewerblichen Rechtsschutz, insbesondere Haftung für mittelbare Verletzungshandlungen

183 Zusätzliche Argumente für eine persönliche Schadensersatzaußenhaftung gemäß § 33 Abs. 3 GWB a. F. bzw. § 33a GWB n. F. bietet die Rechtslage im gewerblichen Rechtsschutz. Dort ist es anerkannt, dass natürliche Personen gegenüber Mitbewerbern bei Begehung von Wettbewerbsverstößen wegen unlauterer Handlungen persönlich haften.[904]

---

899 Vgl. *Potacs*, EuR 2009, 465, 469.

900 So auch zutreffend *Rehbinder*, in: Festschrift für Loewenheim, S. 513 f., 516, 526 f.

901 Nachweise bei *Logemann*, Der kartellrechtliche Schadensersatz, S. 102 ff., insb. S. 104 m.w.N.; ferner *Kainer/Persch*, WuW 2016, 2, 4.

902 Gesetzesbegründung zur 7. GWB-Novelle, BT-Drs. 15/3640, S. 35.

903 Bedeutung des Wortes effektiv nach dem Duden, abrufbar unter http://www.duden.de/rechtschreibung/effektiv, zuletzt abgerufen am 11.11.2017 um 18:16 Uhr.

904 *BGH* GRUR 2005, 1061, 1064 – Telefonische Gewinnauskunft; *BGH* WRP 1986, 248, 252 – Sporthosen; *OLG Düsseldorf* NJWE-WettbR 1997, 245; *Messer*, in: Festschrift für Ullmann, S. 769, 772; *Rehbinder*, in: Festschrift für Loewenheim, S. 513, 516.

184 Die Anspruchsgrundlage dafür ist § 9 S. 1 UWG i. V. m. §§ 3, 7 UWG. Dabei handelt es sich um einen Anspruch aus schuldhafter unerlaubter Handlung[905], mithin um Sonderdeliktsrecht.[906] I. R. v. § 9 S. 1 UWG ist zudem die Präventionsfunktion des Schadensersatzes anerkannt.[907] Passivlegitimiert i. R. d. § 9 S. 1 UWG ist, „[w]er vorsätzlich oder fahrlässig eine nach § 3 oder § 7 unzulässige geschäftliche Handlung vornimmt". Der Wortlaut „wer" ist mithin mit dem des § 33 Abs. 3 GWB a. F. bzw. dem § 33a Abs. 1 GWB n. F. identisch. Da es sich um einen sonderdeliktsrechtlichen Anspruch handelt, erfasst der Wortlaut Täter, Mittäter sowie gemäß § 830 BGB auch Anstifter und Gehilfen.[908] Auch eine mittelbare Täterschaft von Unternehmensinhabern und anderen leitenden Personen ist denkbar, wenn Mitarbeiter ohne Entscheidungsbefugnis, die selbst nicht haftbar sind, zwischengeschaltet wurden.[909] Täter kann jeder sein, der eine geschäftliche Handlung gemäß § 2 Abs. 1 Nr. 1 UWG vornehmen kann.[910] Zu diesem Personenkreis zählen bspw. auch der Geschäftsführer einer GmbH oder andere Organe juristischer Personen[911], aber auch Angestellte von Unternehmen.[912] Unterstrichen wird dies durch die Legaldefinition in § 2 Abs. 1 Nr. 6 UWG.[913]

185 Grundsätze zur persönlichen Außenhaftung von Organen juristischer Personen hat der *BGH* in Sachen Geschäftsführerhaftung bei Verstößen

---

905 *Goldmann*, in: Harte/Henning, § 9 Rn. 17.

906 *Fritzsche*, in: Münchener Kommentar zum Lauterkeitsrecht, § 9 Rn. 11, 51; *Köhler*, in: Köhler/Bornkamm/Feddersen, § 9 Rn. 1.2; *Messer*, in: Festschrift für Ullmann, S. 769, 770; *Rehbinder*, in: Festschrift für Loewenheim, S. 513, 516.

907 *Fritzsche*, in: Münchener Kommentar zum Lauterkeitsrecht, § 9 Rn. 5.

908 Vgl. *BGH* GRUR 2014, 883 ff., Rn. 13; *Fritzsche*, in: Münchener Kommentar zum Lauterkeitsrecht, § 9 Rn. 51; *Köhler*, in: Köhler/Bornkamm/Feddersen, § 9 Rn. 1.3.

909 Vgl. *BGH* GRUR 2014, 883 ff., Rn. 13; *Fritzsche*, in: Münchener Kommentar zum Lauterkeitsrecht, § 9 Rn. 54, wobei Einzelheiten hinsichtlich der persönlichen Haftung der weisungsgebundenen Mitarbeiter strittig sind; *Köhler*, in: Köhler/Bornkamm/Feddersen, § 9 Rn. 1.3.

910 *Fritzsche*, in: Münchener Kommentar zum Lauterkeitsrecht, § 9 Rn. 52; *Köhler*, in: Köhler/Bornkamm/Feddersen, § 9 Rn. 1.3; vgl. *Ohly/Sosnitza*, UWG, § 9 Rn. 24.

911 *Eden*, Persönliche Schadensersatzhaftung, S. 91 ff. m.w.N., 191 f.; *Goldmann*, in: Harte/Henning, § 9 Rn. 14a; *Harnos*, Geschäftsleiterhaftung bei unklarer Rechtslage, S. 56 f.; für den Beseitigungs- und Unterlassungsanspruch gem. § 8 UWG; *Messer*, in: Festschrift für Ullmann, S. 769, 770 ff. für die Konstellation, dass das Organ den Haftungstatbestand persönlich vollumfänglich erfüllt; *ders.*, a. a. O., S. 769, 772 ff. lehnt jedoch eine Haftung des untätigen und unwissenden Organs ab.

912 *Fritzsche*, in: Münchener Kommentar zum Lauterkeitsrecht, § 9 Rn. 52; ferner *Eden*, Persönliche Schadensersatzhaftung, S. 91 ff. m.w.N., 191 f.

913 Dies stellt auch der *BGH* GRUR 2014, 883 ff., Rn. 22 fest.

gegen das Lauterkeitsrecht auch unter Verweis auf ältere Judikate statuiert.[914] Danach haften der Geschäftsführer einer GmbH bzw. andere Organe juristischer Personen in den folgenden Fällen: **(1)** Das Organ hat die Rechtsverletzung selbst begangen (Täterschaft); **(2)** Das Organ ist Garant für die Verhinderung des Wettbewerbsverstoßes, verhindert den Verstoß jedoch nicht (Täterschaft durch Unterlassen); **(3)** Das Organ gibt den Rechtsverstoß in Auftrag (Anstiftung); **(4)** Das Organ unterstützt die Rechtsverletzung willentlich und wissentlich (Beihilfe). An seiner älteren, an die Störerhaltung anknüpfende Rechtsprechung, wonach der Geschäftsführer zudem für Wettbewerbsverstöße der Gesellschaft haftet, wenn er Kenntnis von diesen Verstößen hatte und nicht dagegen einschritt, hält der *BGH* im Bereich des UWG nicht länger fest.[915] Ein Unterlassen kann daher nur in dem unter **(2)** genannten Fall zur persönlichen Außenhaftung führen, soweit die Garantenstellung gegenüber dem außenstehenden Dritten besteht, der Ansprüche geltend macht.[916] Nach Ansicht des entscheidenden Senats des *BGH* begründen die Organstellung und die allgemeine Verantwortlichkeit für den Geschäftsbetrieb allein keine Verpflichtung des Geschäftsführers bzw. des Organs anderer juristischer Personen gegenüber außenstehenden Dritten, Wettbewerbsverstöße der Gesellschaft zu verhindern.[917] Eine entsprechende Garantenpflicht könne sich jedoch auf Grund besonderer Umstände, jedoch im begrenzten Umfang, ergeben.[918] Der entscheidende Senat ist jedoch der Auffassung, dass ein Verstoß gegen die interne gesellschaftsrechtliche Verpflichtung, für ein rechtmäßiges Handeln der Gesellschaft zu sorgen (Legalitätspflicht), regelmäßig kein solcher besonderer Umstand ist.[919] Anders gelagert seien Sachverhalte, in denen sich das Organ bewusst der Möglichkeit entzieht, Kenntnis von etwaigen (Wettbewerbs) Rechtsverstößen im Unternehmen oder beauftragten Drittunternehmen zu erlangen und sich dadurch der Chance beraubt, Gegenmaßnahmen zur Verhinderung des Verstoßes zu ergreifen.[920] Die bloße Auslagerung von

---

914 *BGH* GRUR 2014, 883 ff., Rn. 13 ff. m.w.N. – Geschäftsführerhaftung; dort auch zu folgendem Text; zur identischen Rechtslage hinsichtlich Beseitigungs- und Unterlassungsansprüchen gemäß § 8 UWG *Fritzsche*, in: Münchener Kommentar zum Lauterkeitsrecht, § 8 Rn. 254 ff., *Goldmann*, in: Harte/Henning, § 8 Rn. 529 ff., *Köhler/Feddersen*, in: Köhler/Bornkamm/Feddersen, § 8 Rn. 2.19 f. und *Ohly/Sosnitza*, UWG, § 8 Rn. 140a.

915 *BGH* GRUR 2014, 883 ff., Rn. 15; sehr kritisch dazu *Goldmann*, in: Harte/Henning, § 8 Rn. 423 ff.

916 Vgl. *BGH* GRUR 2014, 883 ff., Rn. 16 f.

917 *BGH* GRUR 2014, 883 ff., Rn. 23; abweichend BGHZ 109, 297–306 – Baustoff und BGHZ 166, 84–117 – Breuer.

918 *BGH* GRUR 2014, 883 ff., Rn. 24 m.w.N.

919 *BGH* GRUR 2014, 883 ff., Rn. 25.

920 *BGH* GRUR 2014, 883 ff., Rn. 26.

Tätigkeiten an sich stelle keine solche Konstellation dar und begründe demnach keine Verkehrspflicht zur Überwachung des Subunternehmens.[921] Das Organ hafte jedoch persönlich für die Implementierung von Geschäftsmodellen, die auf Rechtsverletzungen angelegt seien[922] oder aber bei der persönlichen Übernahme einer Erfolgsabwendungspflicht gegenüber Dritten.[923] Letzteres sei im Bereich der unerlaubten Handlungen jedoch eher nicht anzunehmen, da es dort regelmäßig an der Existenz eines besonderen, haftungsbegründenden Vertrauens fehlen werde.[924]

186 Diese Rechtsprechung überzeugt – insbesondere vor dem Hintergrund des neueren Urteils des *LG München I* in der Rechtssache *Siemens/Neubürger*[925] und den daraus resultierenden Folgen sowie der bestehenden gesellschaftsrechtlichen Pflicht zur (Kartellrechts)Compliance[926] – nicht. Auch stehen die Urteile des *BGH* in Sachen Baustoff und Breuer dem entgegen.[927] Wie bereits dargelegt wurde, folgt aus der gesellschaftsrechtlichen Legalitäts- und Legalitätskontrollpflicht eine Pflicht zur Errichtung eines Compliance-Systems.[928] Ferner hat das *LG München I* weitreichende Anforderungen an ein solches System gestellt, damit es geeignet ist, die bestehende Pflicht zu erfüllen, damit eine Pflichtverletzung ausgeschlossen und die Haftung vermieden werden kann.[929] Die geltende Rechtslage im Gesellschaftsrecht ähnelt mithin der Konstellation des Überwachergaranten im strafrechtlichen Sinne und begründet zivilrechtliche Handlungs- und Unterlassungspflichten (Verkehrssicherungspflichten), die Organmitglieder bzw. natürliche Personen i. S. v. § 9 OWiG treffen und eine persönliche Außenhaftung begründen, soweit diese tatsächlich übernommen wurden.[930] Es wird insoweit erneut auf die zentralen Aussagen des *BGH* im *Breuer*-Urteil verwiesen, die da lauteten[931]:

---

921 *BGH* GRUR 2014, 883 ff., Rn. 27 ff.

922 *BGH* GRUR 2014, 883 ff., Rn. 31.

923 *BGH* GRUR 2014, 883 ff., Rn. 32.

924 *BGH* GRUR 2014, 883 ff., Rn. 32.

925 *LG München I*, Urteil vom 10. Dezember 2013 –Az. 5 HK O 1387/10 – Siemens/Neubürger = BeckRS 2014, 01998 = NZG 2014, 345–349; siehe dazu bereits unter B. II. 2. a) cc)

926 Siehe dazu oben unter C. I. 1. b) bb), Rn. 105.

927 BGHZ 109, 297–306 – Baustoff; BGHZ 166, 84–117 – Breuer; siehe dazu unter C. I. 3. c).

928 Ähnlich *Karbaum*, Kartellrechtliche Compliance – Rechtsgrundlagen und Umsetzung, S. 196 f.; siehe dazu bereits oben unter B. II. 2. a) cc), Rn. 63.

929 Siehe dazu bereits oben unter B. II. 2. a) cc), Rn. 64–65.

930 Siehe dazu bereits oben unter C. I. 3. b) aa).

931 BGHZ 166, 84–117, Rn. 125 ff. – Breuer.

„126 Dies darf bei der gebotenen Abwägung der Interessen der PrintBeteiligungs GmbH einerseits und des Beklagten zu 2) andererseits trotz des Prinzips der Relativität von Schuldverhältnissen entgegen der Ansicht des Berufungsgerichts nicht unberücksichtigt bleiben. **Es geht nicht an anzunehmen, Pflichten seien nur an den Unternehmensträger, nicht aber an das Organ adressiert, gleichzeitig aber die Möglichkeit einer eigenen deliktsrechtlichen Haftung des Organs mit dem Argument zu leugnen, dessen Verhalten sei Handeln der juristischen Person selbst, so dass das Organ seinem Unternehmen gar nicht selbstständig gegenübertrete** (vgl. MünchKomm/Wagner, BGB 4. Aufl. § 823 Rdn. 399). **Angesichts der Einheit der Rechtsordnung erscheint es außerdem widersprüchlich, ein und dasselbe Verhalten des Beklagten zu 2), für das die Beklagte zu 1) haftet, im Verhältnis zwischen der Beklagten zu 1) und der PrintBeteiligungs GmbH ebenso wie im Innenverhältnis zwischen den beiden Beklagten als pflichtwidrig anzusehen, im Verhältnis zwischen dem Beklagten zu 2) und der PrintBeteiligungs GmbH dagegen als rechtmäßig.**

127 Das Organ einer Gesellschaft darf deren Vertragspartner nicht in dessen absolut geschützten Rechtsgütern im Sinne des § 823 Abs. 1 BGB verletzen und ihm einen Schaden zufügen. Vielmehr muss es sich so verhalten, wie es eine natürliche Person tun würde. Andernfalls liefe der mit einer Kapitalgesellschaft kontrahierende Vertragsgegner Gefahr, eher geschädigt zu werden als in den Fällen, in denen eine natürliche Person sein Vertragspartner ist, der für sein schuldhaftes Handeln uneingeschränkt einstehen muss. Was der juristischen Person aufgrund der vertraglichen Treuepflicht untersagt ist, ist daher zwangsläufig auch dem oder den für sie handelnden Organen verboten." [Hervorhebungen durch den Verfasser]

187 Daraus folgt, dass die Legalitäts- bzw. Legalitätskontrollpflicht und die sich daraus ergebende Pflicht zur Kartellrechtscompliance hauptsächlich dem Schutz unternehmensfremder Dritter von den vom Unternehmen ausgehenden Gefahren dienen.[932] Im Ergebnis bedeutet die Begründung des *BGH*, dass die Haftungszuweisung gemäß § 31 BGB stets eine deliktische Verantwortlichkeit des Organmitglieds voraussetzt, da auch unternehmensbezogene Pflichten stets an das Organ adressiert sind und diese (= die deliktische Verantwortlichkeit) im Regelfall auch zu bejahen ist.[933] Die Begründung des *BGH* trägt sowohl im Falle der Verletzung von Handlungs- und

---

932 Vgl. *Karbaum*, Kartellrechtliche Compliance – Rechtsgrundlagen und Umsetzung, S. 196 f., der feststellt, dass das Deliktsrecht „Unternehmen und ggf. auch Organmitgliedern persönlich eine Compliance-Pflicht zum Schutze Dritter auferlegt", woraus folgt, dass basierend auf der Compliance-Pflicht Unternehmen und ggf. Geschäftsleiter persönlich zum Schutze Dritter eine Organisation zur Prävention von Kartellrechtsverstößen zu schaffen haben.

933 In diesem Sinne auch *Altmeppen*, ZIP 1995, 881, 887 f.; *Brüggemeier*, AcP 191 (1991), 33, 64 ff.; *Kuhlen*, NZWiSt 2015, 161, 165.

Unterlassungspflichten, weswegen eine Haftung sowohl bei Tun als auch Unterlassen unabhängig von der Kenntnis oder fahrlässiger Unkenntnis des (drohenden) Verstoßes begründet werden kann.[934] Da der *BGH* der Auffassung ist, dass wegen der Einheit der Rechtsordnung (vertragliche) Pflichten der Gesellschaft gleichzeitig außenwirksame Pflichten des Organs sind, deren Verletzung deliktsrechtliche Ansprüche gegen Organmitglieder begründen kann, muss dies sowohl für den Fall von Unterlassungspflichten (die durch Tun wie im dem Urteil zugrundeliegenden Sachverhalt verletzt werden) als auch für den Fall von Handlungspflichten (die durch Unterlassen bei Bestehen einer Garantenstellung verletzt werden) gelten.[935] Ähnlich und überzeugend argumentiert *Rehbinder*, der basierend auf der Pflicht zur Kartellrechtscompliance im Innenverhältnis eine Organisationspflicht bzw. Verkehrssicherungspflicht des Unternehmens im Außenverhältnis zur Legalität entwickelt, die er mit dem hohen Stellenwert des kartellrechtlichen Opferschutzes begründet.[936] Ergänzend kann auf die überragende Bedeutung des Kartellrechts für das Funktionieren der Marktwirtschaft und die damit verbundene überragende Bedeutung für die Allgemeinheit verwiesen werden.[937] Wenn man den vom *BGH* im *Breuer*-Urteil aufgestellten Rechtssatz auf diesen Ansatz anwendet, dann handelt es sich bei der Verkehrssicherungspflicht auch um eine Pflicht des Organs. Denn nach dieser Rechtsprechung sind Pflichten der Gesellschaft auch solche des Organs, deren Verletzung im Außenverhältnis Schadensersatzansprüche auslösen kann. Vor diesem Hintergrund muss die Verletzung persönlicher Pflichten des Organs erst recht auch im Außenverhältnis Schadensersatzansprüche begründen. Mit Blick auf das Urteil des *LG München I* in Sachen *Siemens/Neubürger* und die dort etablierte Pflicht zur Errichtung eines Compliance-Systems bedeutet dies, dass Organmitglieder auch für Unterlassen haften.[938]

---

934 So auch überzeugend *Kuhlen*, NZWiSt 2015, 161, 164; ferner *Derleder/Fauser*, BB 2006, 949, 951; dies entspricht auch der österreichischen Rechtslage, die vom *OGH*, Beschluss vom 14. Februar 2012 – Az. 5 Ob 39/11p – Liftkartell bestätigt wurde, siehe dazu *Krenn*, Private Enforcement, S. 88 f. m.w.N.

935 Vgl. *Kuhlen*, NZWiSt 2015, 2015, 161, 164.

936 *Rehbinder*, in: Loewenheim/Meessen/Riesenkampff/Kersting/Meyer-Lindemann, § 33 Rn. 38.

937 In diesem Zusammenhang ist es interessant, dass die Rechtsprechung bei der Verletzung von Sicherungs- bzw. Verkehrssicherungspflichten zum Schutz der Allgemeinheit bei faktischer Übernahme nach den bereits dargestellten Kriterien (siehe dazu unter C. I. 3. b) aa)) die Außenhaftung von Arbeitnehmern für Drittschäden anerkannt hat, siehe dazu m.w.N. *Wagner*, in: Münchener Kommentar zum BGB, § 823 Rn. 130. Dies muss nach hier vertretener Meinung im kartellrechtlichen Kontext aus den genannten Gründen auch für die Haftung von Organmitgliedern gelten.

938 Vgl. *Karbaum*, Kartellrechtliche Compliance – Rechtsgrundlagen und Umsetzung, S. 196 f., der zwar eine Haftung gemäß § 33 Abs. 3 GWB a. F. bzw. § 33a GWB n. F. ablehnt, sich aber für eine Haftung nach allgemeinem Deliktsrecht ausspricht.

Wie bereits ausgeführt wurde, ist zu beachten, dass den Vorstand entsprechend der Rechtslage im Gesellschafts- und Ordnungswidrigkeitenrecht des herrschenden Unternehmens auch zivilrechtliche Aufsichts- und Compliance-Pflichten gegenüber Tochtergesellschaften treffen.[939]

188 In dieses Bild passt, dass der *BGH* in Strafsachen bereits entschieden hat, dass geschäftsleitende Manager eine strafrechtliche Garantenstellung für aus dem Unternehmen heraus begangene Straftaten innehaben (sog. Geschäftsherrenhaftung).[940] Wenn dies sogar für die mit dem Strafrecht verbundene schärfere Sanktionen anerkannt ist, sollte dieses Ergebnis auch in das Zivilrecht übernommen werden.[941] Dies hätte zweifelsohne einen großen verhaltenssteuernden Effekt hin zu mehr Schadensprävention zur Folge, was – wie bereits dargelegt wurde – wünschenswert ist. Zudem wäre ein wünschenswerter Gleichklang zwischen den Rechtsgebieten hergestellt.

189 Auch der Ansatz von *Petry*[942], wonach eine Aufsichtspflichtverletzung nur dann eine Außenhaftung auslöse, wenn das kartellrechtliche Risikomanagementsystem selbst eine Gefahrenquelle beinhalte, ein Vertrauenstatbestand geschaffen sei oder wenn pflichtwidrig kein kartellrechtliches Risikomanagementsystem eingeführt wurde und dies zur Insolvenz der Gesellschaft führe, führt – auch unter Berücksichtigung des Urteils des *LG München I* in der Sache *Siemens/Neubürger* – zum selben Ergebnis. Denn ein kartellrechtliches Risikomanagementsystem beinhaltet immer dann eine Gefahrenquelle, wenn es *a priori* unter keinem denkbaren Gesichtspunkt geeignet ist, Rechtsverstöße zu verhindern. Die Verletzung der Legalitäts- bzw. Legalitätskontrollpflicht lässt sich in einem solchen Fall

---

939 Siehe dazu bereits oben unter B. II. 2. cc), Rn. 65 und C. I. 1. b) bb), Rn. 105, 110–113.

940 BGHSt 37, 106–135 – Lederspray, der zweite Leitsatz lautet wie folgt: „Wer als Hersteller oder Vertriebshändler Produkte in den Verkehr bringt, die derart beschaffen sind, daß deren bestimmungsgemäße Verwendung für die Verbraucher – entgegen ihren berechtigten Erwartungen – die Gefahr des Eintritts gesundheitlicher Schäden begründet, ist zur Schadensabwendung verpflichtet (*Garantenstellung aus vorangegangenem Gefährdungsverhalten*). Kommt er dieser Pflicht schuldhaft nicht nach, so haftet er für dadurch verursachte Schäden strafrechtlich unter dem Gesichtspunkt der durch Unterlassen begangenen Körperverletzung.“ Aus den weiteren Leitsätzen ergibt sich, dass diese Pflicht jeden geschäftsleitenden Manager trifft; monographisch zur Lederspray-Entscheidung *Hilgers*, Verantwortlichkeit von Führungskräften in Unternehmen für Handlungen ihrer Mitarbeiter, S. 58 ff.; monographisch zur Geschäftsherrenhaftung *Walter*, Die Pflichten des Geschäftsherren im Strafrecht, *passim*.

941 Eine eingängige Gegenüberstellung der strafrechtlichen Geschäftsherrenhaftung und der zivilrechtlichen Außenhaftung auf Basis der maßgeblichen Judikatur findet sich bei *Kuhlen*, NZWiSt 2015, 121 ff.; *ders.*, NZWiSt 2015, 161 ff.; siehe ferner dazu *Nietsch*, CCZ 2013, 192 ff.

942 *Petry*, Kartellrechtliches Risikomanagement im System der Legalausnahme, S. 296 ff.

logisch nicht von der Mangelhaftigkeit des Compliance-Systems trennen. Im kartellrechtlichen Kontext sind als schwerwiegende Rechtsverstöße in beschriebenem Sinn beispielhaft *Hardcore*-Verstöße zu nennen. Nach hier vertretener Ansicht sollten aber auch sonstige Rechtsverstöße (bspw. vertikale Kartellrechtsverstöße) eine Außenhaftung wegen Aufsichtspflichtverletzungen begründen können. Denn damit wäre zunächst lediglich die Frage geklärt, ob Aufsichtspflichtverletzung *a priori* überhaupt geeignet sind, einen Schadensersatz zu begründen. Ob eine solche Aufsichtspflicht im Einzelfall verletzt wurde bzw. ob die Verletzung verschuldet war, was zur Haftungsbegründung erforderlich wäre, ist damit noch nicht entschieden. Dementsprechend wirkten bspw. Maßnahmen haftungsausschließend, die im konkreten Einzelfall hinsichtlich Inhalt und Umfang einer objektiv bestimmten Sorgfalts- bzw. Aufsichtspflicht entsprechen[943], z. B. die Einführung eines qualifizierten Compliance-Systems.[944] Auch die Einholung von externem Rechtsrat kann haftungsausschließend wirken.[945] Auch ist kein Grund ersichtlich, einen Unterschied hinsichtlich der haftungsrechtlichen Folgen zwischen horizontalen und vertikalen Kartellrechtsverstößen zu machen. Der AEUV bzw. das GWB verbieten beide Formen der Wettbewerbsbeschränkungen gleichermaßen ohne zusätzliche Differenzierungen. Gleiches gilt grundsätzlich bezüglich der Bußgeldpflicht. Dies erscheint auch vor dem Hintergrund des *effet utile*-Grundsatzes zwecks Abschreckung geboten.[946]

190 Getragen wird diese Argumentation (bislang) von der ständigen Praxis der meisten Kartellbehörden, nach der sich die bloße Existenz von Compliance-Systemen grundsätzlich **nicht** bußgeldausschließend oder -mildernd zu Gunsten des Unternehmens auswirkt.[947] [948] Zur Begründung wird

---

943 Siehe dazu unten unter C. I. 5. b) ee).

944 Ggf. auch unter zur Hilfenahme externen Rats; siehe dazu unten unter C. I. 5. b) ee) (2).

945 Siehe dazu unten unter C. I. 5. b) dd) (2) und C. I. 5. b) dd) (3).

946 Siehe dazu bereits oben unter C. I. 4. a) cc) (3).

947 So der Präsident des *BKartA Mundt* im Interview mit Compliance Praxis Service-Guide 2014, S. 12 f.; dies ist auch ständige Praxis der *EU-Kommission*, Wettbewerbsrechtliche Compliance, S. 19; bestätigt durch *EuG*, Urteil vom 13. Juli 2011, Rs. T-138/07, Rn. 280 ff. – Schindler Holding, bestätigt durch *EuGH*, Urteil vom 18. Juli 2013, Rs. C-501/11 P – Schindler Holding; *EuG*, Urteil vom 2. Februar 2012, Rs. T-77/08, Rn. 101 – Dow Chemical, bestätigt durch *EuGH*, Urteil vom 26. September 2013, Rs. C-179/12 P – Dow Chemical; *EuG*, Urteil vom 2. Februar 2012, Rs. T-76/08, Rn. 73 f. – El du Pont de Nemours, bestätigt durch *EuGH*, Urteil vom 26. September 2013, Rs. C-172/12 P – El du Pont de Nemours; ausführlich dazu auch bereits *Dreher*, ZWeR 2004, 75, 83 ff. für das europäische Recht, 91 ff. für das deutsche Recht; ferner *Dittrich/Linsmeier*, NZKart 2014, 485 ff., *passim* und *Dittrich*, CCZ 2015, 209.

948 Ob daran im Kartellrecht in Zukunft festgehalten werden kann, ist vor dem Hintergrund von *BGH*, Urteil vom 9. Mai 2017 – Az. 1 StR 265/16, Rn. 118 = BeckRS 2017,

vorgetragen, dass es Sache der Unternehmen sei, durch funktionierende Compliance-Systeme Rechtsverstöße zu verhindern und aufzudecken.[949] Selbst in letzterem Fall stehe der Erlass bzw. die Reduzierung des Bußgeldes bei Inanspruchnahme der Kronzeugenprogramme als hinreichender Anreiz bzw. hinreichende Belohnung für die Compliance-Bemühungen im Raum.[950] Zudem wirke sich die Kooperation mit den Behörden im Regelfall bußgeldmindernd aus.[951] Dies gilt – wie bereits dargelegt wurde – sowohl für Unternehmen als auch für natürliche Personen.[952] Die geschilderte behördliche Praxis lässt sich auf die Frage übertragen, ob die Implementierung bzw. das Bestehen eines Compliance-Programms das Vorliegen eines Kartellrechtsverstoßes ausschließen. Diese Frage ist zumindest dann zu verneinen, wenn eine Tatbeteiligung eines Leitungsorgans vorliegt.[953] In diesem Fall hat das Compliance-Programm keine enthaftende Wirkung bezüglich der §§ 81 GWB, 30 OWiG.[954] Zumindest in der deutschen Entscheidungspraxis des *BKartA* und der Gerichte wurde jedoch im Rahmen der bußgeldrechtlichen Haftung des Unternehmens gemäß §§ 30, 130 OWiG eine Enthaftung des Leitungsorgans i. S. v. § 30 OWiG angenommen, soweit ein wirksames

---

114578 zumindest fraglich. Dort heißt es entgegen der bisherigen Auffassung, dass es „[f]ür die Bemessung der Geldbuße zudem von Bedeutung [ist], inwieweit die Nebenbeteiligte [= ein in Deutschland ansässiges Rüstungsunternehmen] ihrer Pflicht, Rechtsverletzungen aus der Sphäre des Unternehmens zu unterbinden, genügt und ein effizientes Compliance-Management installiert hat, das auf die Vermeidung von Rechtsverstößen ausgelegt sein muss (vgl. Raum in Hastenrath, Compliance - Kommunikation, 2. Aufl., S. 31 f.). Dabei kann auch eine Rolle spielen, ob die Nebenbeteiligte in der Folge dieses Verfahrens entsprechende Regelungen optimiert und ihre betriebsinternen Abläufe so gestaltet hat, dass vergleichbare Normverletzungen zukünftig jedenfalls deutlich erschwert werden." Daraus folgt, dass die Einrichtung bzw. das Fehlen eines „effizienten Compliance-Managements" die Höhe der Geldbuße in beide Richtungen beeinflussen kann. Siehe ferner zu dem Urteil und seinen möglichen Folgen *Behr*, BB 2017, 1931 f. und *Maritzen/Müller*, WuW 2017,473.

949 *Mundt*, Interview mit Compliance Praxis Service-Guide 2014, S. 12 f.; für die *EU-Kommission,* Wettbewerbsrechtliche Compliance, S. 7 f.

950 *Mundt*, Interview mit Compliance Praxis Service-Guide 2014, S. 12 f.; siehe *EU-Kommission*, Wettbewerbsrechtliche Compliance, S. 17.

951 *Mundt*, Interview mit Compliance Praxis Service-Guide 2014, S. 12 f.; in manchen Jurisdiktionen werden nach den jeweiligen Richtlinien als effektiv definierte Compliance-Systeme mit Bußgeldreduktionen belohnt, siehe dazu ausführlich *Dreher/Zimmerer*, ÖZK 2017, 59 ff.

952 Siehe dazu bereits oben unter B. II. 2. c), Rn. 73–74.

953 *Dittrich/Linsmeier*, NZKart 2014, 485, 486; *Krohs*, in: Kölner Kommentar zum Kartellrecht, § 33 Rn. 205.

954 *Dittrich/Linsmeier*, NZKart 2014, 485, 486.

und nachhaltiges Compliance-Programm (= qualifiziertes Compliance-Programm) implementiert wurde, welches wirksame Aufsichtsmaßnahmen beinhaltet, da dann eine Aufsichtspflichtverletzung i. S. v. § 130 OWiG nicht vorliegt.[955] Hinsichtlich der Einzelheiten wird nach unten verwiesen (siehe dazu unter C. I. 5. b) ee) (2)).

ee) Änderungen durch die 9. GWB-Novelle

191 Ein weiteres Indiz für die Passivlegitimation natürlicher Personen brachte der neu durch die 9. GWB-Novelle und auf Artt. 2 Nr. 15, 16, 19, 11 Abs. 4 lit. a), Abs. 5, Abs. 6 EU-Kartellschadensersatzrichtlinie (RL 2014/104/EU) basierende eingeführte § 33e Abs. 1 S. 1 GWB, wenn es heißt:

> „Abweichend von § 33a Abs. 1 ist ein an einem Kartell beteiligtes Unternehmen oder eine an dem Kartell beteiligte **natürliche Person [sic!]**, dem oder der im Rahmen eines Kronzeugenprogramms der vollständige Erlass der Geldbuße gewährt wurde (Kronzeuge), nur **zum Ersatz des Schadens verpflichtet [sic!]**, der seinen oder ihren unmittelbaren Abnehmern oder Lieferanten entstanden ist. [...]“ [Hervorhebungen durch den Verfasser]

192 Im Sinne der Bonusregelung des *BKartA* sind sowohl juristische Personen als auch natürliche Personen als Kartellbeteiligte antragsfähig und zwar unabhängig von der Unternehmenseigenschaft i. S. d. Art. 101 Abs. 1 AEUV bzw. § 1 GWB.[956] Vor diesem Hintergrund regelt der Gesetzgeber damit ausdrücklich die Passivlegitimation von Kronzeugen ungeachtet, ob es sich dabei um Unternehmen oder natürliche Personen handelt.[957] Da mit der EU-Kartellschadensersatzrichtlinie (RL 2014/104/EU) gleichzeitig das Ziel verfolgt

955 *BKartA*, Tätigkeitsbericht 2011/2012, BT-Drs. 17/13675, S. 32; *Krohs*, in: Kölner Kommentar zum Kartellrecht, § 33 Rn. 205 mit zahlreichen w.N. aus der behördlichen und gerichtlichen Entscheidungspraxis; vgl. *Linsmeier/Dittrich*, NZKart 2014, 485, 486.

956 *BKartA*, Bonusregelung, Abschnitt A, Rn. 1; siehe ferner auf der Website des *BKartA*, http://www.bundeskartellamt.de/DE/Kartellverbot/Bonusregelung/bonusregelung_node.html;jsessionid=A4436B462DCD0FD5118FF1A0876BB842.1_cid378, zuletzt abgerufen am 13.12.2016 um 19:37 Uhr; *Ohle/Albrecht*, WRP 2006, 866, 870; ausweislich von *BKartA*, Jahresbericht 2014, S. 39 und *BKartA*, Jahresbericht 2015, S. 39 wurden in den Jahren 2014 und 2015 lediglich vier bzw. zwei Bonusanträge von persönlich Betroffenen gestellt.

957 Siehe auch Gesetzesbegründung zur 9. GWB-Novelle, BT-Drs. 18/10207, S. 59.

wird, Kronzeugen gegenüber anderen Kartellrechtsverletzern bezüglich der Schadensersatzpflicht zu privilegieren[958], folgt daraus im Wege eines erst-recht-Schlusses, dass auch sonstige natürliche Personen – unabhängig vom konkreten Anwendungsbereich der jeweiligen Kronzeugenregelung[959] – im oben beschriebenen Sinne passivlegitimiert sind.[960] Aus verhaltenssteuernden Aspekten ist dies unzweifelhaft richtig, wie bereits an zahlreichen Stellen dieser Arbeit nachgewiesen wurde. Mithin statuiert § 33e Abs. 1 S. 1 GWB einen Fall der Außenhaftung von Managern. Im Rahmen dieser Außenhaftung bleibt der oben beschriebene Mechanismus der wechselseitigen Zurechnung von Handlungen und Eigenschaften über § 31 BGB, §§ 9, 30 OWiG anwendbar.[961]

193 Die darüber hinaus mit der 9. GWB-Novelle verbundenen Änderung des Wortlauts des § 33a Abs. 1 GWB n. F. von „gegen eine Vorschrift dieses Gesetzes" in „gegen eine Vorschrift dieses Teils" soll laut der Gesetzesbegründung den Regelungsgehalt der Vorschrift nicht verändern, sondern lediglich präzisieren, dass verfahrensrechtliche Regelungen oder etwa das

---

958 Vgl. Erwägungsgrund 26 f., 38 der EU-Kartellschadensersatzrichtlinie (RL 2014/104/EU).

959 Grundsätzlich findet die Bonusreglung des *BKartA* gemäß Abschnitt A, Rn. 1 nur auf horizontalen Kartellabsprachen Anwendung.

960 So auch Erwägungsgrund 26 der EU-Kartellschadensersatzrichtlinie (RL 2014/104/EU), wo es heißt: „Eine solche Offenlegung würde die Gefahr bergen, dass mitwirkende Unternehmen oder *ihre Führungskräfte einer zivilrechtlichen Haftung* oder strafrechtlichen Verfolgung *unter schlechteren Bedingungen ausgesetzt würden als die anderen Rechtsverletzer, die nicht mit den Wettbewerbsbehörden zusammenarbeiten.*" [Hervorhebungen durch den Verfasser].

961 Man könnte die Formulierung des Gesetzes jedoch auch zum Anlass nehmen, um dem Ansatz von *Alexander*, Schadensersatz und Abschöpfung im Lauterkeits- und Kartellrecht, S. 126 und *Bornkamm*, in: Langen/Bunte, § 33 Rn. 106 zu folgen, wonach Organe juristischer Personen „in dieser Eigenschaft ebenfalls als Normadressaten der an die Unternehmen gerichteten Verbote anzusehen" sind bzw. dass das Kartellrecht auf der Sanktionsebene jedoch wieder zum personalisierten Haftungsmodell des allgemeinen Deliktsrechts zurückkehre. Eine weitere Stütze fände diese Argumentation in der Aussage aus BGHZ 166, 84 ff. – Breuer, wo es heißt, dass Pflichten der Gesellschaft auch Pflichten der Organe sind, deren Verletzung zu Schadensersatzansprüchen im Außenverhältnis führt (siehe dazu unter C. I. 3. c) bb)). Damit wäre die Unternehmenseigenschaft keine Voraussetzung des kartellrechtlichen Schadensersatzanspruches mehr. Dies würde jedenfalls zur Vereinfachung und Vereinheitlichung bezüglich Kartelldelikts- und allgemeinem Deliktsrecht führen. Dies wäre wünschenswert. Allerdings widerspricht diese Argumentation zumindest auf den ersten Blick der gesetzgeberischen Wertung, die durch die Einteilung in Allgemein- und Sonderdelikte an zahlreichen Stellen nicht nur im Zivilrecht Niederschlag gefunden hat. Siehe dazu sogleich unter C. I. 4. a) ff).

in den Teilen 4 bis 6 enthaltene Vergaberecht nicht gemeint sind.[962] Mithin bleibt es dabei, dass § 81 GWB i. V. m. § 9 OWiG ein Verweisungsziel des § 33a Abs. 1 GWB n. F. bleibt.

ff) Funktion des Unternehmensbegriffs

194 Zusammengefasst argumentiert die die Passivlegitimation ablehnende Ansicht wie folgt: Natürliche Personen seien regelmäßig nicht als Unternehmen im kartellrechtlichen Sinne zu qualifizieren, weswegen ihnen die Normadressateneigenschaft fehle. Diese könne auch nicht über § 9 OWiG zugerechnet werden, da § 81 GWB im Kartelldeliktsrecht keine Verweisungsnorm sei. Daher seien natürliche Personen im Kartelldeliktsrecht nicht passivlegitimiert. Im Ergebnis stellt die Argumentation zur Ablehnung der Passivlegitimation damit maßgeblich auf den Unternehmensbegriff bzw. darauf ab, dass das natürliche Personen in regelmäßig im materiell-rechtlichen Kontext nicht erfüllen und es sich bei den Verbotstatbeständen um Sonderdelikte handelt.[963]

195 So richtig diese Argumentation für die materiell-rechtlichen Verbotstatbestände ist, die sich nicht über eine Zurechnung der Unternehmenseigenschaft gemäß § 9 OWiG auf natürliche Personen anwenden lassen, was i. R. d. Verbotstatbestände auch nicht erforderlich ist, so wenig zwingend ist dies entgegen der die Passivlegitimation ablehnenden Ansicht im Kartelldeliktsrecht. Eine teleologische Betrachtung der Funktion des Unternehmensbegriffs spricht nämlich nicht *a priori* gegen die Bejahung der Passivlegitimation natürlicher Personen und eröffnet vielmehr den Weg für eine weite, auch natürliche Personen umfassende Auslegung des Tatbestandmerkmals „wer" auf Sanktionsebene in § 33 Abs. 3 GWB a. F. bzw. § 33a Abs. 1 GWB n. F.[964]

196 Sowohl im AEUV als auch im GWB wird nach allgemeiner Ansicht vom autonomen (kartellrechtlichen) funktionalen Unternehmensbegriff ausgegangen.[965] Der Inhalt wird dabei vom Gesetzeszusammenhang sowie dem Telos des Gesetzes bestimmt.[966] Dem Unternehmensbegriff kommt dabei (insbesondere mit Blick auf den AEUV und den Kompetenzbereich

---

962 Gesetzesbegründung zur 9. GWB-Novelle, BT-Drs. 18/10207, S. 55.

963 Dazu schon unter C. I., Rn. 80.

964 Vgl. *Alexander*, Schadensersatz und Abschöpfung im Lauterkeits- und Kartellrecht, S. 126 und *Bornkamm*, in: Langen/Bunte, § 33 Rn. 106.

965 Statt vieler für das GWB *Zimmer*, in: Immenga/Mestmäcker, § 1 Rn. 23 m.w.N.

966 Für den AEUV *Emmerich*, in: Immenga/Mestmäcker, Art. 101 Rn. 8 und *Grave/Nyberg*, in: Loewenheim/Meessen/Riesenkampff/Kersting/Meyer-Lindemann, Art. 101 Rn. 134; für das GWB *Zimmer*, in: Immenga/Mestmäcker, § 1 Rn. 23.

der EU) vor allem eine Abgrenzungsfunktion mit Blick auf Bereiche zu, die nicht vom Anwendungsbereich des AEUV und des GWB erfasst sind.[967] Dazu gehören namentlich die Bereiche (1) privater Verbrauch, (2) abhängige Arbeit und (3) hoheitliches Handeln.[968] So formuliert *Emmerich*, dass sich die „Funktion des Begriffs [gemeint ist der Unternehmensbegriff] im wesentlichen darauf [beschränkt], die Sphäre des privaten Verbrauchs und die hoheitliche Tätigkeit des Staates sowie noch den Arbeitsmarkt von der Anwendung des Gesetzes auszuklammern."[969] Ob man daraus nun wie *Bornkamm* folgert, dass zumindest Organe juristischer Personen „in dieser Eigenschaft ebenfalls als Normadressaten der an die Unternehmen gerichteten Verbote anzusehen" sind[970] oder wie *Alexander* ausschließlich auf der Sanktionsebene zum personalisierten Haftungsmodell des allgemeinen Deliktsrechts zurückkehrt[971] kann letztlich dahin stehen, da wie gezeigt wurde ein dogmatisch fundierter Weg der Zurechnung der Unternehmenseigenschaft über § 81 GWB i. V. m. § 9 OWiG existiert. Angesichts der Aussage aus BGHZ 166, 84 ff. – *Breuer*[972], wonach Pflichten der Gesellschaft auch Pflichten der Organe sind, deren Verletzung zu Schadensersatzansprüchen im Außenverhältnis führt und der gesetzlichen Formulierung in § 33e Abs. 1 GWB, die Indizwirkung für die Passivlegitimation natürlicher Personen hat, erscheinen die Modelle von *Bornkamm* und *Alexander* zumindest nicht als evident abwegig. Jedenfalls lässt sich festhalten, dass die starke Betonung des Fehlens der Unternehmenseigenschaft bei natürlichen Personen zur Ablehnung der Passivlegitimation derselben aus teleologischer Sicht nicht zwingend ist, da der Unternehmensbegriff – wie oben aufgezeigt wurde – vor allem auch eine Abgrenzungsfunktion besitzt und mehr eine Aussage über den Anwendungsbereich der materiell-rechtlichen Verbotstatbestände des AEUV und des GWB als über die Frage nach dem Adressaten der Sanktion trifft.

---

967 Für den AEUV *Hoffmann*, in: Dauses/Ludwig, EU-Wirtschaftsrecht, H. § 1 Rn. 63 ff.; vgl. auch *Emmerich*, Kartellrecht, § 3 Rn. 24; für das GWB *Zimmer*, in: Immenga/Mestmäcker, § 1 Rn. 23 ff.

968 Für den AEUV *Hoffmann*, in: Dauses/Ludwig, EU-Wirtschaftsrecht, § 1 Rn. 63 ff. m.w.N.; vgl. auch *Emmerich*, in: Immenga/Mestmäcker, Art. 101 Rn.24 ff. und *Grave/Nyberg*, in: Loewenheim/Meessen/Riesenkampff/Kersting/Meyer-Lindemann, Art. 101 Rn.139; für das GWB *Zimmer*, in: Immenga/Mestmäcker, § 1 Rn. 23 ff. m.w.N.

969 *Emmerich*, Kartellrecht, § 20 Rn. 5.

970 *Bornkamm*, in: Langen/Bunte, § 33 Rn. 106; siehe dazu schon in Fn. 434 und 961.

971 *Alexander*, Schadensersatz und Abschöpfung im Lauterkeits- und Kartellrecht, S. 126; siehe dazu schon in Fn. 434 und 961.

972 Siehe dazu unter C. I. 3. c) bb).

gg) Stellungnahme

197 Die obigen Ausführungen machen im Gesamtzusammenhang der vorliegenden Arbeit deutlich, dass die Argumente für die Anerkennung von § 81 GWB i. V. m. § 9 OWiG als Verweisungsziel und damit für die Passivlegitimation natürlicher Personen i. R. v. § 33 Abs. 3 GWB a. F. bzw. § 33a Abs. 1 GWB n. F. überwiegen.

198 Sie entsprechen dem identifizierten rechtspolitischen und auf ökonomischer Theorie basierendem Bedürfnis nach verstärkter Verhaltenssteuerung mit den Mitteln des Rechts – mithin auch mittels Schadensersatzansprüchen als monetäre Form der Sanktion – und werden dem mit dem Kartellschadensersatz verfolgten Zweck – der neben der Totalreparation des erlittenen Schadens auch Abschreckung und Prävention umfasst – am ehesten gerecht, denn so wird der vom Schadensersatz ausgehende Abschreckungseffekt intensiviert. Schließlich erfolgt die Verhaltenssteuerung nicht mehr nur indirekt – z. B. über arbeitsrechtliche Maßnahmen des Unternehmens oder den Innenregress bspw. gemäß § 93 Abs. 2 AktG, § 43 Abs. 2 GmbHG –, sondern direkt mittels des Schadensersatzanspruches. Zudem kann auf diesem Weg auch das *Principal-Agent*-Problem zumindest entschärft werden, vor allem dann, wenn die Passivlegitimation natürlicher Personen mit der Aktivlegitimation von Gesellschaftern oder Aktionären kombiniert wird.[973] Alles im allen entspricht die gesteigerte Präventions- und Abschreckungswirkung auch dem Willen des Gesetzgebers, der in der Begründung zur 7. GWB-Novelle deutlich gemacht hat, dass ein effektives und abschreckendes Sanktionensystem etabliert werden soll, was durch die mit der 9. GWB-Novelle eingeführten Neuerungen bestätigt wird. In diesem Zusammenhang ist erneut auf § 33e Abs. 1 GWB n. F. hinzuweisen, die die Passivlegitimation natürlicher Personen klarstellt.

199 Zudem ist zu erwarten, dass das wünschenswerte Nebeneinander von *public* und *private enforcement* des Kartellrechts – was, wie dargelegt wurde, auch unter ökonomischen Gesichtspunkten effizient ist – so weiter gestärkt und voneinander profitieren wird. Dem privaten Kläger stehen mittels des zusätzlichen Schuldners weitere Möglichkeiten zur Erreichung seiner Ziele und somit auch zur Herstellung eines rechtskonformen Zustands offen. So könnte bspw. i. V. m. dem Grundsatz der Naturalrestitution gemäß § 249 BGB auch die Wiederherstellung des ursprünglichen Zustands, mithin die Abstellung des Kartellrechtsverstoßes verlangt werden.[974] Zugleich

---

973 Darauf wird zurückzukommen sein, siehe dazu unter C. I. 5. e) cc).

974 So zutreffend *Staebe*, in: Schulte/Just, § 33 Rn. 23; natürliche Personen sind im Übrigen ebenfalls passivlegitimiert, soweit es kartellrechtliche Beseitigungs- und Unterlassungsansprüche gemäß § 33 Abs. 1 und 2 GWB betrifft, siehe *Rehbinder*,

ist zu erwarten, dass das *public enforcement* ebenfalls positiv beeinflusst werden wird, da der Anreiz für natürliche Personen gesteigert wird, in größerem Maße als bislang – möglicherweise auch gegen den Willen des Unternehmens bzw. der übrigen geschäftsleitenden Manager – mit dem *BKartA* zusammenzuarbeiten, um nicht nur in den Genuss der Bonusregelung hinsichtlich des zu erwartenden Bußgeldes zu kommen, sondern um zusätzlich von der Privilegierung der Kronzeugen in § 33e Abs. 1 GWB n. F. hinsichtlich der Beschränkung des Kreises der Aktivlegitimierten Schadensersatzkläger zu profitieren. Denn diese Privilegierung schränkt den Kreis der Ersatzberechtigten ganz beträchtlich ein, wenn man bedenkt, dass nach der Rechtsprechung des *EuGH* in Sachen *Kone* Kartellanten sogar im Falle des *umbrella pricing* zum Schadensersatz verpflichtet sind.[975]

200 Ferner greifen die Bedenken, die gegen die überzeugenden Argumente für eine Passivlegitimation natürlicher Personen bzw. die Anerkennung von § 81 GWB als Verweisungsziel im Sinne des § 33 Abs. 3 GWB a. F. bzw. § 33 e Abs. 1 GWB n. F. und somit die Anwendung von § 9 OWiG vorgebracht werden, nicht durch.

201 Die Kritik, wonach Kartelldelikts- und Kartellordnungswidrigkeitenrecht zur Begründung der Passivlegitimation unzulässigerweise kombiniert und deren Eigenständigkeit überspielt würde[976], verkennt, dass innerhalb derselben Rechtsordnung eine Interdependenz sowohl zwischen den Rechtsgebieten an sich als auch zwischen den Sanktionsformen besteht. Es ist zulässig, auf Rechtsfiguren und -prinzipien anderer Rechtsgebiete zu rekurrieren, wie es bspw. hinsichtlich der Handhabung von Täterschaft und Teilnahme im Straf- und Zivilrecht üblich ist. Denn im Zivilrecht werden diesbezüglich die strafrechtlichen Grundsätze herangezogen. Gleiches gilt auch für das Verhältnis von Straf- zu Ordnungswidrigkeitenrecht. Auch mit Blick auf die Sanktionierung von Unternehmen wegen Kartellrechtsverstößen ist ein Nebeneinander von Geldbußen und Schadensersatzforderungen vorgesehen, in speziellen Fällen ergänzt durch strafrechtliche Sanktionen für natürliche Personen, die ihrerseits bußgeld- und schadensersatzpflichtig sein können (siehe dazu 26. Abschnitt des StGB, Straftaten gegen den Wettbewerb, §§ 298 ff. StGB). Auch außerhalb des Kartellrechts kann ein rechtswidriges Verhalten dazu führen, dass natürliche Personen ordnungswidrigkeiten- oder strafrechtlicher sowie ggf. zivilrechtlicher oder gar öffentlich-rechtlicher Sanktionen ausgesetzt sind. Dieses Nebeneinander ist mithin typisch für die Rechtsordnung, die aus unterschiedlichen

---

in: Loewenheim/Meessen/Riesenkampff/Kersting/Meyer-Lindemann, § 33 Rn. 60 und *Staebe*, in: Schulte/Just, § 33 Rn. 15.

975 *EuGH*, Rs. C-557/12, Rn. 33 f. – Kone.

976 *Görner*, Die Anspruchsberechtigung der Marktbeteiligten nach § 33 GWB, S. 129.

Rechtsgebieten besteht. Vom Überspielen der Eigenständigkeit der Regelungsgebiete kann mithin keine Rede sein, da eine solche Eigenständigkeit überhaupt nicht existiert. Soweit vorgebracht wird, dass man aus § 33 Abs. 4 und 5 GWB a. F. keinen Rückschluss auf die Passivlegitimation natürlicher Personen ziehen kann[977], ist dies zwar zunächst richtig. Jedoch verkennt die ablehnende Ansicht, dass § 33 Abs. 4 und 5 GWB a. F. nicht direkt als Argument herangezogen werden, sondern ihrerseits argumentativ als sekundäres Argument genutzt werden, um das Argument der ablehnenden Ansicht zu widerlegen, wonach es sich bei Kartellordnungswidrigkeiten und Kartelldeliktsrecht um eigenständige Rechtsgebiete handele, die nicht überspielt werden dürfe. § 33 Abs. 4 und 5 GWB a. F. zeigt jedoch, dass dem gerade nicht so ist. Dies vermag der erhobene Einwand nicht zu bestreiten. Auch ist der so erzielte Haftungsgleichlauf[978] kein Selbstzweck, da der Gleichlauf einem klar identifizierten, rechtspolitisch fundierten Ziel – namentlich der Verhaltenssteuerung zwecks gesteigerter Abschreckung und Prävention zur besseren Rechtsgeltung und -durchsetzung – dient. Dies entspricht dem identifizierten gesetzgeberischen Zweck des Schadensersatzanspruchs.

202 Auch greift die Berufung auf den gesellschaftsrechtlichen Grundsatz der Haftungskonzentration nicht durch. Denn dieser wird selbst im Gesellschaftsrecht vom Gesetzgeber nicht konsequent durchgehalten, wie die Möglichkeit der Geltendmachung des Ersatzanspruches der Gesellschaft gegen den Vorstand durch Gesellschaftsgläubiger gemäß § 93 Abs. 5 AktG zeigt. Zum anderen ist das dogmatisch damit verbundene System der Innenhaftung von Managern, welches wie dargelegt wurde auch der Abschreckung dienen soll, dazu schlichtweg nicht geeignet, da nach der jüngsten Rechtsprechung des *LAG Düsseldorf* kartellrechtliche Geldbußen keinen ersatzfähigen Schaden darstellen. Hinzukommt, dass der Innenregress auch tatsächlich zu selten geltend gemacht wird. Die dadurch entstehende Schutzlücke gilt es zu schließen. Ferner machte auch der *BGH*, wie bereits dargelegt wurde, Ausnahmen von diesem Grundsatz. Da jedoch – anders als von der die Passivlegitimation ablehnenden Ansicht behauptet wird – Prävention als eigenständiges Ziel (zumindest soweit es das Kartelldeliktsrecht betrifft) gesetzgeberisch und gerichtlich anerkannt, ausgeprägt und auch europarechtlich determiniert ist, ließe sich so eine Außenhaftung auch im Wege richterrechtlicher Rechtsfortbildung gerade mit Blick auf den

---

977 So *Harnos*, Geschäftsleiterhaftung bei unklarer Rechtslage, S. 50 f.

978 Dass die objektiven und subjektiven Tatbestandsvoraussetzungen hinsichtlich der Haftungsbegründung i. R. v. § 130 OWiG und § 823 Abs. 1 BGB bei mittelbaren Verletzungshandlungen identisch sind, erkennt sogar *Karbaum*, Kartellrechtliche Compliance – Rechtsgrundlagen und Umsetzung, S. 193 ff., insb. S. 195 als Gegner der hier vertretenen Auffassung an.

effet utile-Grundsatz begründen.[979] Mithin ist der Grundsatz der Haftungskonzentration im Spannungsverhältnis mit dem *effet utile*-Grundsatz aus dem europäischen Recht einzuschränken. Dass das Argument der die Passivlegitimation ablehnenden Ansicht ferner nicht trägt, zeigt sich daran, dass die Rechtsprechung eine Außenhaftung – wie bereits dargelegt – in zahlreichen Fällen auch ohne Rückgriff darauf bejaht hat.

203 Hinsichtlich der Haftung von Organmitgliedern und der aus der Ressortverteilung resultierenden Problemen bezüglich der Bestimmung der Verantwortung geht, ist auf die Ausführungen im Rahmen der Erörterung der Rechtslage im Gesellschaftsrecht zu rekurrieren[980], wonach grundsätzlich nur für eigene Pflichtverletzungen gehaftet wird. Insbesondere hinsichtlich der Haftung für Unterlassen hinsichtlich der Bestimmung des Übernehmers der Verkehrssicherungspflicht grundsätzlich auf die interne Geschäfts- bzw. Ressortverteilung abzustellen ist. Dies gilt jedoch – vorbehaltlich etwaiger vertikaler Delegation auf nachgelagerte Unternehmensebenen (bspw. in Form eines Compliance-Officers)[981] – nicht, sofern das haftungsbegründende Unterlassen in einem Verstoß gegen die vom *LG München I* in Sachen *Siemens/Neubürger* entwickelten Grundsätze[982] und die daraus resultierende Verkehrssicherungspflicht hinsichtlich der Einrichtung eines Compliance-Systems und dessen Überwachung besteht, da diese Pflichten wegen des Grundsatzes der Gesamtverantwortung das Organ als Ganzes und somit all seine Mitglieder gleichermaßen treffen.[983] Haftungsbegründend kann zudem das Stimmverhalten bei der Beschlussfassung in einem Kollegialorgan sein.

204 Soweit vorgebracht wird, dass das Haftungssystem der §§ 823 ff. BGB ausreiche, um sachgerechte Ergebnisse zu erzielen[984], leuchtet nicht ein, warum das Unternehmen und die für das Unternehmen handelnde natürliche Person in unterschiedlichen Fällen zum Schadensersatz verpflichtet sein sollten, obgleich dieselbe Handlung beurteilt wird. Denn im Rahmen eines Anspruches gemäß § 823 Abs. 1 BGB wegen Verletzung des Rechts

---

979 Dies gilt unabhängig von der in der 9. GWB-Novelle zum Ausdruck gekommenen gesetzgeberischen Wertung, wonach natürliche Personen passivlegitimiert sind; dazu unter C. I. 4. a) ee).

980 Siehe oben unter C. I. 3. b) aa), Rn. 136, wobei erneut darauf hingewiesen wird, dass die Rechtslage im Ordnungswidrigkeitenrecht identisch ist, dazu unter C. I. 1. a) dd) und C. I. 1. b) dd).

981 In diesem Fall bestehen Auswahl-, Instruktions- und Überwachungspflichten; siehe dazu bereits oben unter C. I. 3. b) bb).

982 Siehe dazu bereits oben unter B. II. 2. a) cc).

983 Siehe dazu im Einzelnen oben unter B. II. 2. a) cc).

984 *Eden*, Persönliche Schadensersatzhaftung, S. 242 ff.; *Eden*, WuW 2014, 792 ff., *passim*.

am eingerichteten und ausgeübten Gewerbebetrieb muss stark nach Fallgruppen differenziert werden, die zwar alle gegen den AEUV bzw. das GWB verstoßen.[985] Am Kriterium der Betriebsbezogenheit bzw. Zielgerichtetheit scheitern jedoch regelmäßig Schadensersatzansprüche bei vertikalen Verstößen[986] mit der Folge, dass die Rechtssubjekte wegen der unterschiedlichen Anspruchsgrundlagen nicht gleichlaufend haften, obgleich die selbe Handlung bewertet wird. Das Unternehmen haftete nach diesem System gemäß § 33 Abs. 3 GWB a. F. bzw. § 33a Abs. 1 GWB n. F. auch bei Vertikal-Verstößen auf Schadensersatz während eine Schadensersatzpflicht zulasten natürlicher Personen nicht bestünde. Dies erscheint besonders abstrus vor dem Hintergrund, dass sowohl das Unternehmen als auch die natürliche Person auch bei Vertikalverstößen bebußt werden können. Das Argument, wonach bei vertikale Absprachen die positiven Effekte die negativen Effekte überwiegen können[987], ist nicht tauglich, um die Verneinung der Passivlegitimation natürlicher Personen zu begründen. Solche Überlegungen können im Einzelfall auf Tatbestandsebene – hauptsächlich im Bereich der Freistellung – dazu führen, dass bereits das Vorliegen eines Kartellrechtsverstoßes abgelehnt wird. Dies macht unter keinem denkbaren Gesichtspunkt Sinn und ist auch vor dem Hintergrund der bezweckten Verhaltenssteuerung und dem *effet utile*-Grundsatz nicht einleuchtend. Ferner ist der Lösungsweg über die §§ 823 ff. BGB schwerlich mit der Jedermann-Rechtsprechung des *EuGH* vereinbar. Da im deutschen Deliktsrecht keine deliktsrechtliche Generalklausel existiert, ist zur Anspruchsbegründung die Verletzung einer der aufgezählten Rechtsgüter bzw. vergleichbarer Rechtsgüter erforderlich. Eine solche Rechtsgutverletzung wird im Hinblick auf geschädigte Endverbraucher regelmäßig nicht vorliegen, weswegen ein Schadensersatzanspruch gemäß § 823 BGB gegenüber der handelnden natürlichen Person nicht bestünde. Auch werden die anderen Normen des allgemeinen Deliktsrechts, (z. B. § 826 BGB) mit Blick auf den Endverbraucher nur schwerlich erfüllt sein. Ein solcher Schadensersatzanspruch bestünde regelmäßig nur im geschäftlichen Verkehr wegen einer Verletzung des Rechts am eingerichteten und ausgeübten Gewerbebetriebs. In dieser Schlechterstellung der Verbraucher, die bspw. im Falle der Insolvenz des Unternehmens an relevant werden könnte, durch die Beschränkung des Kreises der Passivlegitimierten auf das Unternehmen liegt der denkbare Verstoß gegen die Jedermann-Rechtsprechung.

---

985 *Eden*, Persönliche Schadensersatzhaftung, S. 201 ff.
986 *Eden*, Persönliche Schadensersatzhaftung, S. 219 ff.
987 *Eden*, Persönliche Schadensersatzhaftung, S. 219 m.w.N., der erhebliche Effizienzvorteile, Qualitätssteigerungen oder die Erschließung neuer Märkte anführt.

205 Auch geht der Verweis darauf, dass die Bejahung der Passivlegitimation aus europäischer Perspektive nicht geboten sei, da sich die entsprechenden Judikate nicht mit Fragen des Adressatenkreises bzw. der Passivlegitimation selbst befasst hätten, an der Sache vorbei. Denn da die Entwicklung der privaten Durchsetzung des Kartellrechts immer noch am Anfang steht und zu Beginn der Entwicklung Fragen der Passivlegitimation nicht im Fokus standen, ist es nicht verwunderlich, dass sich weder die europäischen noch die nationalen Gerichte dezidiert mit der Frage der Passivlegitimation auseinandergesetzt haben. Dies betrifft übrigens nicht nur die Frage nach der Passivlegitimation natürlicher Personen, sondern auch die Frage nach der Passivlegitimation der Konzernmutter bei Verstößen von Tochterunternehmen. Zum anderen wird von der die Passivlegitimation natürlicher Person befürwortenden Ansicht – wie bereits dargelegt wurde – zurecht auf die Tendenz in der Rechtsprechung hingewiesen, im Sinne des *effet utile* einer extensiven Auslegung zu folgen, woran auch der Einwand der ablehnenden Ansicht nichts ändert. Zudem übersieht die ablehnende Ansicht, dass die *EU-Kommission* in der Kartellschadensersatzrichtlinie die Frage der Passivlegitimation natürlicher Personen eben doch „durch die Hintertür" über die Definition des Kronzeugen bejahend regelt. Dem hat sich auch der deutsche Gesetzgeber in der 9. GWB-Novelle angeschlossen. Zudem ist die starke Betonung des Fehlens der Unternehmenseigenschaft bei natürlichen Personen zur Ablehnung der Passivlegitimation derselben aus teleologischer Sicht nicht zwingend. Schließlich dient der Unternehmensbegriff – wie aufgezeigt wurde – vor allem auch der Bestimmung des Anwendungsbereichs der materiell-rechtlichen Verbotstatbestände des AEUV und des GWB und trifft weniger eine Entscheidung bezüglich der Frage nach dem Adressaten der Sanktion.

206 Im Übrigen liegt die Bejahung der Passivlegitimation natürlicher Personen, die Organmitglieder sind, auf der Linie der überzeugenden Rechtsprechung des *BGH* in Sachen *Baustoff* und *Breuer*[988] und stellt somit auch keinen Fremdkörper in der Rechtsordnung dar. Aus der dieser Rechtsprechung zugrundeliegenden Dogmatik folgt, wie herausgearbeitet wurde, dass die Außenhaftung für unmittelbare als auch mittelbare Verletzungshandlungen nicht nur Organmitglieder, sondern auch sonstige nachgeordnete Unternehmensangehörige trifft. Im Kartelldeliktsrecht kann die Unternehmenseigenschaft über § 9 OWiG auch sonstigen nachgeordneten Unternehmensangehörige zugerechnet werden. Insofern besteht ein Gleichlauf zwischen allgemeinem und Sonderdeliktsrecht. D. h., dass die Delegation von Pflichten grundsätzlich haftungsbefreiend gegenüber dem Organmitglied (sofern die bei Delegation entstehenden Auswahl-, Instruktions- und

988 BGHZ 109, 297–306 – Baustoff; BGHZ 166, 84–117 – Breuer.

Überwachungspflichten erfüllt werden), wohingegen die Delegation an nachgeordnete sonstige Unternehmensangehörige bei tatsächlicher Übernahme haftungsbegründend wirkt.

207 Zudem ist die Unterscheidung zwischen dem Bestehen einer Haftung bei Organisationspflichtverletzung und positiver Kenntnis vom drohenden Verstoß und der Ablehnung einer Haftung bei Organisationspflichtverletzung und fehlender Kenntnis vom drohenden Verstoß – die teilweise selbst von Befürwortern der Passivlegitimation gemacht wird – abzulehnen, da die Unterscheidung rechtlich unzutreffend und zudem nicht sachgerecht ist. Sie steht im Übrigen in Widerspruch zu den Urteilen in Sachen *Baustoff*, *Breuer* und *Siemens/Neubürger*.[989] Die Vertreter dieser Differenzierung verkennen zudem, dass durch die Anerkennung von § 81 GWB als Verweisungsziel i. S. v. § 33 Abs. 3 GWB a. F. bzw. § 33e Abs. 1 GWB n. F. nicht nur § 9 OWiG, sondern auch §§ 8, 14 OWiG und ferner § 130 OWiG Anwendung finden.[990] Daher führen auch Aufsichtspflichtverletzungen, zumindest solange sie die Voraussetzungen der §§ 8, 14 OWiG oder § 130 OWiG erfüllen, zu einer kartelldeliktsrechtlichen Schadensersatzhaftung. Wie gezeigt wurde, können Aufsichtspflichten in Form von Verkehrssicherungspflichten jedoch auch in vorliegendem Kontext originär zivilrechtlich begründet werden. Sachgerecht ist die Unterscheidung deshalb nicht, weil dies zur Konsequenz hätte, dass derjenige, der schlechter überwacht, privilegiert würde, obgleich die zitierten Judikate den Manager außenwirksam zur (Kartellrechts)Compliance und zur Errichtung eines effektiven Compliance-Systems verpflichten und Verstöße dagegen in den Judikaten Schadensersatzansprüche begründeten. Dies muss auch für das Kartelldeliktsrecht gelten. Die zivilrechtlichen Aufsichts- und Compliance-Pflichten der Geschäftsleitung vom herrschenden Unternehmen im Konzern erstrecken sich entsprechend der Rechtslage im Gesellschafts- und Kartellordnungswidrigkeitenrecht dabei auch auf Tochtergesellschaften.[991]

208 Bei Nichteinschreiten trotz positiver Kenntnis vom drohenden Verstoß ergibt sich die Haftung aus § 33 Abs. 3 GWB a. F. bzw. § 33a Abs. 1 GWB n. F. i. V. m. § 81 GWB i. V. m. §§ 8, 9 bzw. §§ 14, 9 OWiG durch die Anerkennung von § 81 GWB i. V. m. § 9 OWiG als Verweisungsziel. Zum anderen findet § 830 BGB Anwendung. Daher begründet auch die Anstiftung und Beihilfe seitens Managern eine Schadensersatzhaftung.

---

989 BGHZ 109, 297–306 – Baustoff; BGHZ 166, 84–117 – Breuer; *LG München I*, Urteil vom 10. Dezember 2013 – 5 HKO 1387/10 – Siemens/Neubürger.

990 So für die Anwendbarkeit von § 130 OWiG bereits *Dreher*, WuW 2009, 133, 136; ähnlich *Twele*, Die Haftung des Vorstands für Kartellrechtsverstöße, S. 97.

991 Siehe dazu bereits oben unter B. II. 2. a) cc), Rn. 65, C. I. 1. b) bb), Rn. 104 und C. I. 1. b) ff).

b) Zwischenergebnis

209 Nach alledem ist die Passivlegitimation natürlicher Personen i. R. v. § 33 Abs. 3 S. 1 GWB a. F. bzw. § 33a Abs. 1 GWB n. F. zu bejahen, wobei sich der passivlegitimierte Personenkreis aus der Anwendung von § 81 GWB i. V. m. § 9 OWiG als Verweisungsziel des § 33 Abs. 3 GWB a. F. bzw. § 33a Abs. 1 GWB n. F. ergibt. Die Passivlegitimation gilt sowohl für Rechtsverletzungen durch aktives Tun, durch Unterlassen und für Aufsichtspflichtverletzungen.

210 Die Haftung für aktives Tun folgt aus § 33 Abs. 3 S. 1 GBW a. F. bzw. § 33a Abs. 1 GWB n. F. i. V. m. § 81 GWB i. V. m. § 9 OWiG.

211 Die Haftung für Unterlassen folgt zunächst aus § 33 Abs. 3 S. 1 GWB a. F. bzw. § 33a Abs. 1 GWB n. F. i. V. m. § 81 GWB i. V. m. §§ 8, 9 OWiG bei positiver Kenntnis von Kartellrechtsverstößen und bei bewusstem Unterlassen von Aufsichtsmaßnahmen im Einzelfall, ohne dass eine konkrete Kenntnis vom Kartellrechtsverstoß nötig ist.[992] In diesen Fällen besteht eine Garantenstellung zur Verhinderung der Kartellrechtsverstöße.

212 Dazu besteht eine Haftung bei Aufsichtspflichtverletzungen gemäß § 33 Abs. 3 S. 1 GWB a. F. bzw. § 33a Abs. 1 GWB n. F. i. V. m. § 81 GWB i. V. m. §§ 130, 9 OWiG[993], soweit die Voraussetzungen der Haftung gemäß § 33 Abs. 3 S. 1 GWB a. F. bzw. § 33a Abs. 1 GWB n. F. i. V. m. § 81 GWB i. V. m. §§ 8, 9 OWiG nicht vorliegen.

213 Dieses Ergebnis entspricht inhaltlich auch der Rechtsprechung des *BGH* zur Außenhaftung sowohl bei aktivem Tun als auch bei Unterlassen bzw. Aufsichtspflichtverletzungen. Dabei ist ggf. die Wirkung der Delegation von Pflichten bei der Bestimmung des Passivlegitimierten im Einzelfall zu berücksichtigen. Soweit es um die Haftung von Organmitgliedern und die aus der Ressortverteilung resultierenden Probleme bezüglich der Bestimmung der Verantwortung geht, ist grundsätzlich auf die interne Geschäfts- bzw. Ressortverteilung abzustellen, sofern – vorbehaltlich etwaiger vertikaler Delegation auf nachgelagerte Unternehmensebenen[994] – nicht die Verkehrssicherungspflicht hinsichtlich der Einrichtung eines Compliance-Systems und dessen Überwachung gemäß des Urteils des *LG München I* in Sachen *Siemens/Neubürger* betroffen ist. Diese Pflichten treffen wegen des

---

992 Ein solcher Einzelfall wird regelmäßig durch Kartellrechtsverstöße in der Vergangenheit indiziert.

993 Im Einzelfall können die zivilrechtlichen Aufsichtspflichten jedoch weiterreichen als die durch § 130 OWiG begründete Aufsichtspflicht, *Pelz*, in: Corporate Compliance, § 5 Rn. 37.

994 In diesem Fall bestehen Auswahl-, Instruktions- und Überwachungspflichten; siehe dazu bereits oben unter C. I. 3. b) bb).

Grundsatzes der Gesamtverantwortung das Organ als Ganzes.[995] Zudem findet § 830 BGB in Fällen von Anstiftung oder Beihilfe Anwendung.

214 Im Endeffekt kann eine trennscharfe Differenzierung zwischen Täterschaft und Teilnahme unterbleiben, da bei Ansprüchen gemäß § 33 Abs. 3 S. 1 GWB a. F. bzw. § 33a Abs. 1 GWB n. F. i. V. m. § 81 GWB i. V. m. den Normen des OWiG das Einheitstäterprinzip gilt. Soweit hilfsweise im Rahmen der Begründung auf allgemeine deliktsrechtliche Grundsätze rekurriert wird, so bleibt festzuhalten, dass formal zwar zwischen Täterschaft und Teilnahme differenziert wird, dies wegen § 830 Abs. 2 BGB hinsichtlich der Rechtsfolgen keinen Unterschied macht. Durch das geschilderte Ergebnis wird der gewünschte Gleichlauf zwischen bußgeld- und zivil- bzw. deliktsrechtlicher Haftung von Managern erreicht.

5. Weitere Anspruchsvoraussetzungen

215 Neben der Passivlegitimation müssen die weiteren Voraussetzungen des § 33 Abs. 3 GWB a. F. bzw. § 33a Abs. 1 GWB n. F. vorliegen, damit ein Kartellschadensersatzanspruch gegenüber dem Manager besteht. Hinsichtlich dieser Voraussetzungen wird grundsätzlich auf die einschlägigen Kommentierungen verwiesen. Es sollen nur einige wenige Punkte ausführlicher dargestellt werden. Da es sich um einen sonderdeliktsrechtlichen Anspruch handelt, finden die §§ 249 ff., 276 ff., 837 ff. BGB ergänzend Anwendung, sofern nichts Anderes geregelt ist.[996]

a) Verstoß

216 Selbstverständlich muss ein Verstoß gegen eine Vorschrift des GWB, gegen Artt. 101, 102 AEUV oder eine Verfügung der Kartellbehörde vorliegen, § 33 Abs. 3 S. 1 i. V. m. § 33 Abs. 1 S. 1 GWB a. F. bzw. § 33a Abs. 1 i. V. m. § 33 Abs. 1 GWB n. F. Der Kartellrechtsverstoß in diesem Sinne indiziert regelmäßig die Rechtswidrigkeit nach allgemeinen deliktsrechtlichen Grundsätzen.[997] Ausnahmsweise kommt eine Rechtfertigung in Betracht, wobei zu beachten ist, dass die *eventualiter* zur Rechtfertigung führenden Interessen

---

995 Siehe dazu im Einzelnen oben unter B. II. 2. a) cc).

996 *Emmerich*, in: Immenga/Mestmäcker, § 33 Rn. 47; *Rehbinder*, in: Loewenheim/Meessen/Riesenkampff/Kersting/Meyer-Lindemann, § 33 Rn. 34; *Schulte/Just*, in: Schulte/Just, § 33 Rn. 26.

997 *Emmerich*, in: Immenga/Mestmäcker, § 33 Rn. 48; *Meeßen*, Der Anspruch auf Schadensersatz bei Verstößen gegen EU-Kartellrecht, S. 338; *Rehbinder*, in: Loewenheim/Meessen/Riesenkampff/Kersting/Meyer-Lindemann, § 33 Rn. 36.

regelmäßig bereits im Tatbestand der relevanten Norm des GWB oder des AEUV Berücksichtigung finden dürften.[998]

b) Verschulden

217 Der Schadensersatzanspruch gemäß § 33 Abs. 3 S. 1 GWB a. F. bzw. § 33a Abs. 1 GWB n. F. setzt voraus, dass der Kartellrechtsverstoß im Sinne der Norm vorsätzlich oder fahrlässig begangen wurde. Das Verschulden muss sich auf den gesamten objektiven Tatbestand, d. h. den Verletzungserfolg (Kartellrechtsverletzung), die Verletzungshandlung (Tun oder Unterlassen) sowie die haftungsbegründende Kausalität, beziehen.[999] Das Verschuldenserfordernis verstößt nach überzeugender Auffassung zudem nicht gegen europäisches Recht.[1000] Daran ändert auch die Schadensersatzrichtlinie nichts, da nach Erwägungsgrund 11 das Verschuldenskriterium grundsätzlich zulässig ist.[1001]

aa) Vorsatz

218 Hinsichtlich der Definition von Vorsatz und Fahrlässigkeit gelten die allgemeinen zivilrechtlichen Grundsätze, wonach Vorsatz das Wissen und Wollen der Tatbestandsverwirklichung[1002] im Bewusstsein der Rechtswidrigkeit[1003]

---

998 *Emmerich*, in: Immenga/Mestmäcker, § 33 Rn. 48; *Meeßen*, Der Anspruch auf Schadensersatz bei Verstößen gegen EU-Kartellrecht, S. 338 f., der eine Rechtfertigung wegen Notwehr gemäß § 227 BGB, § 15 OWiG und Notstand gemäß § 228 BGB, § 16 OWiG für denkbar hält, eine rechtfertigende Einwilligung wegen Sittenwidrigkeit als Rechtfertigung ausschließt; *Meeßen*, a. a. O., S. 339 f. zur Rechtslage in England und Frankreich; *Rehbinder*, in: Loewenheim/Meessen/Riesenkampff/Kersting/Meyer-Lindemann, § 33 Rn. 36; aus europarechtlicher Sicht *Mestmäcker/Schweitzer*, Europäisches Wettbewerbsrecht, § 22 Rn. 39.

999 *Staudinger*, in: Handkommentar BGB, § 823 Rn. 84; vgl. *Wagner*, in: Münchener Kommentar zum BGB, § 823 Rn. 50.

1000 *Emmerich*, in: Immenga/Mestmäcker, § 33 Rn. 49 m.w.N.; *Rehbinder*, in: Loewenheim/Meessen/Riesenkampff/Kersting/Meyer-Lindemann, § 33 Rn. 36 m.w.N.; a. A. *GA van Gerven*, Slg. 1994, I 1212, 1258, Rn. 53 – Banks.

1001 So auch *Rehbinder*, in: Loewenheim/Meessen/Riesenkampff/Kersting/Meyer-Lindemann, § 33 Rn. 36.

1002 Exemplarisch statt vieler *Unberath*, in: Beck'scher Onlinekommentar zum BGB, § 276 Rn. 10.

1003 Dies ist ständige Rechtsprechung und h. M., siehe etwa *BGH* NJW 1965, 962, 963 und BGHZ 115, 286, 299; ferner *Unberath*, in: Beck'scher Onlinekommentar zum BGB, § 276 Rn. 13 mit zahlreichen w.N.; aus kartellrechtlicher Sicht *Bechtold/Bosch*, GWB, § 33 Rn. 23.

ist.[1004] Die Anforderungen an das Bewusstsein der Rechtswidrigkeit sind dabei nicht überzustrapazieren.[1005] Die Verletzung einer elementaren Verhaltenspflicht genügt diesbezüglich.[1006] In diesem Fall ist ein besonderes Bewusstsein der Verletzung einer Vertragspflicht nicht erforderlich.[1007] Auch das bewusste Verschließen vor der Kenntnis der (sittenwidrigen) Umstände negiert das Bewusstsein der Rechtswidrigkeit nicht.[1008]

219 Irrtümer über tatsächliche Umstände schließen den Vorsatz aus[1009], wobei Abweichungen vom Kausalverlauf unbeachtlich sind, solange sie sich innerhalb des nach allgemeiner Lebenserfahrung Vorhersehbaren halten und keine andere Bewertung der Tat rechtfertigen.[1010] Das Bewusstsein der Rechtswidrigkeit kann grundsätzlich durch einen Rechtsirrtum ausgeschlossen sein.[1011] In diesem Fall wird zwar der Vorsatz ausgeschlossen, gleichzeitig aber ein Fahrlässigkeitsvorwurf begründet, soweit der Irrtum nicht unvermeidbar war.[1012] Auch schließt ein auf Rechtsblindheit (= Leichtfertigkeit oder Gewissenlosigkeit) beruhender Irrtum über die grundlegenden Anforderungen des Rechts den Vorsatz nicht aus.[1013]

220 Im kartellrechtlichen Kontext bedeutet dies, dass das Bewusstsein der Rechtswidrigkeit vorbehaltlich des Vorliegens etwaiger Irrtümer regelmäßig bei *Hardcore*-Verstößen indiziert ist, während hingegen bei anderen Kartellrechtsverstößen eine Einzelfallbetrachtung angezeigt ist.[1014]

1004 *Bornkamm*, in: Langen/Bunte, § 33 Rn. 123; *Krohs*, in: Kölner Kommentar zum Kartellrecht, § 33 Rn. 197; *Roth*, in: FK-GWB, § 33 Rn. 120.

1005 *Stadler*, in: Jauernig, BGB, § 276 Rn. 15.

1006 Vgl. *BGH* NJW 1970, 1082; *Unberath*, in: Beck'scher Onlinekommentar zum BGB, § 276 Rn. 13.

1007 *BGH* NJW 1970, 1082.

1008 So zu § 826 BGB *BGH* NJW-RR 2009, 1207 Rn. 20; BGHZ 129, 136, 175 = NJW 1995, 1739.

1009 Statt vieler *Stadler*, in: Jauernig, BGB, § 276 Rn. 21.

1010 *BGH* NJW 1951, 596; *BGH* NJW 1963, 148, 150; *BGH* NJW 1971, 459, 461.

1011 Statt vieler *Unberath*, in: Beck'scher Onlinekommentar zum BGB, § 276 Rn. 13; dazu sogleich unter C. I. 5. b) dd) (2) und C. I. 5. b) dd) (3).

1012 *Schulze*, in: Handkommentar BGB, § 276 Rn. 7; *Stadler*, in: Jauernig, BGB, § 276 Rn. 21; *Unberath*, in: Beck'scher Onlinekommentar zum BGB, § 276 Rn. 13 f.; im kartellrechtlichen Kontext *Emmerich*, in: Immenga/Mestmäcker, § 33 Rn. 48; *Krohs*, in: Kölner Kommentar zum Kartellrecht, § 33 Rn. 200; ähnlich *Rehbinder*, in: Loewenheim/Meessen/Riesenkampff/Kersting/Meyer-Lindemann, § 33 Rn. 37.

1013 *Grundmann*, in: Münchener Kommentar zum BGB, § 276 Rn. 159 m.w.N.

1014 Bei *Hardcore*-Verstößen sind Irrtumskonstellationen kaum vorstellbar; ähnlich auch *Brinker*, NZKart 2013, 341 und *Krohs*, in: Kölner Kommentar zum Kartellrecht, § 33 Rn. 201.

bb) Fahrlässigkeit

221 Fahrlässig handelt gemäß § 276 Abs. 1 BGB, wer die im Verkehr erforderliche Sorgfalt außer Acht lässt. Es gilt grundsätzlich ein objektiver Sorgfaltsmaßstab.[1015] Zur Begründung von Fahrlässigkeit ist es erforderlich, dass die rechtswidrige Verwirklichung des Tatbestandes für den Täter erkennbar und vermeidbar war.[1016] Ferner ist erforderlich, dass die Rechtswidrigkeit erkennbar war.[1017] Zulasten des potenziellen Schuldners bestehen weitgehende Prüfungspflichten.[1018] Bei Unklarheiten darf man nicht nicht auf eigene Überzeugungen verlassen, sondern muss Rechtsrat bei einem Rechtskundigen einholen.[1019] Nur ein unvermeidbarer Rechtsirrtum schließt Fahrlässigkeit aus.[1020]

222 Im vorliegenden Kontext ist von Bedeutung, dass bei Erkennbarkeit der Gefahr die Gefahrverwirklichung stets als rechtswidrig qualifiziert wird, soweit eine Gesellschaft einen hohen rechtlichen Organisationsgrad aufweist.[1021] Denn als Rechtskundige gelten nicht nur Rechtsanwälte[1022], sondern auch abgestuft nach Schwierigkeitsgrad des in Rede stehenden Problems andere Rechtskundige.[1023] Die Einholung spezialisierten Rechtsrates kann nur bei sehr spezifischen Fragen oder bei sehr konkreten Anhaltspunkten für eine Fehlberatung verlangt werden.[1024] Im kartellrechtlichen Kontext ist es jedoch aufgrund der Komplexität der auftretenden Rechtsfragen eher ausgeschlossen, dass andere Rechtskundige als Rechtsanwälte das erforderliche

---

1015 Statt vieler für die ständige Rechtsprechung *BGH* NJW 2001, 1786 und BGHZ 80, 186, 193 = NJW 1981, 1603 und für die h. M. *Unberath*, in: Beck'scher Onlinekommentar zum BGB, § 276 Rn. 20 m.w.N.

1016 BGHZ 39, 281, 285 = NJW 1963, 1609; *Grundmann*, in: Münchener Kommentar zum BGB, § 276 Rn. 52, 63 m.w.N.

1017 *Grundmann*, in: Münchener Kommentar zum BGB, § 276 Rn. 73 m.w.N.; *Unberath*, in: Beck'scher Onlinekommentar zum BGB, § 276 Rn. 30.

1018 Für das Kartellrecht *Roth*, in: FK-GWB, § 33 Rn. 124 m.w.N.; allgemein *Unberath*, in: Beck'scher Onlinekommentar zum BGB, § 276 Rn. 30.

1019 *BGH* NJW 1970, 463, 464; *Grundmann*, in: Münchener Kommentar zum BGB, § 276 Rn. 73.

1020 *Unberath*, in: Beck'scher Onlinekommentar zum BGB, § 276 Rn. 30.

1021 *Grundmann*, in: Münchener Kommentar zum BGB, § 276 Rn. 73; dort auch zu folgendem Text.

1022 Grundsätzlich genügt die standesmäßig nachgewiesene Kompetenz, vgl. *BGH* NJW 1966, 1227, 1232; *BGH* NJW 1976, 2162; *BGH* NJW 1981, 1098.

1023 In allgemeinen Fällen auch der Hausjurist: BGHZ 62, 29, 39 = NJW 1974, 315; BGHSt 5, 111, 118 = NJW 1954, 1127; *BGH* NJW 1966, 1227, 1232: „namhafte Juristen"; *BGH* MDR 1982, 461: „Bundeswirtschaftsministerium und Bundeskartellamt oder sonstige Behörden in ihrem Zuständigkeitsbereich".

1024 Vgl. BGHZ 2, 387 = NJW 1951, 712; *BGH* VersR 1968, 148, 150.

Maß an Vertrauen beanspruchen können, um die Unvermeidbarkeit eines Verbotsirrtums begründen zu können.[1025] Die Prüfungspflichten sind ferner bei Unübersichtlichkeit der Rechtslage noch einmal erhöht und erfordern eine eingehende Prüfung. Grundsätzlich können keine Ausnahmen von der Konsultationspflicht gemacht werden. Etwas anderes gilt nur unter sehr engen Voraussetzungen und in außergewöhnlichen Fällen (z. B. Dringlichkeit oder seltener Unzumutbarkeit). Diese Fälle sollten jedoch im vorliegenden Kontext bspw. auf existenzbedrohende Szenarien (der Gesellschaft) begrenzt werden.[1026] Im Fall verbleibender Rechtsunsicherheit sind das Maß an Rechtsunsicherheit und das Gewicht des Interesses an sofortiger Rechtsverwirklichung, namentlich die Zumutbarkeit eines Zuwartens bzw. die Befugnis, auch bei Unsicherheit zu handeln, abzuwägen.[1027] Ist die sofortige Rechtsdurchsetzung nicht geboten, genügt bereits ein geringes Maß an Rechtsunsicherheit für schuldhaftes Verhalten, soweit sich die Gefährdung realisiert.[1028] Je zumutbarer das Abwarten ist, desto eher ist die ungünstigere Auslegung als Verhaltensmaßstab anzulegen.[1029]

cc) Beweislast

223 Liegt ein objektiver Kartellrechtsverstoß vor, greift ein Anscheinsbeweis bzw. wird widerleglich vermutet, dass das Verschulden vorliegt, sodass es dem Handelnde in diesem Fall obliegt, sich zu entlasten.[1030] Ein Indiz für die Bejahung des Verschuldens sind auch Maßnahmen, die von den Beteiligten zur Verschleierung des Kartellres bzw. des Kartellrechtsverstoßes ergriffen worden sind.[1031]

1025 So überzeugend für Rechtsauskünfte durch die Industrie- und Handelskammer *OLG München*, WuW/E OLG 4977, 4981 f.– Parfum-Discount.

1026 Ähnlich und auch bei verbleibender Rechtsunsicherheit *Grundmann*, in: Münchener Kommentar zum BGB, § 276 Rn. 76.

1027 *Grundmann*, in: Münchener Kommentar zum BGB, § 276 Rn. 74 m.w.N.

1028 *BGH* NJW 1951, 398; *BGH* NJW 1972, 1045, 1046; *BGH* NJW 1974, 1903, 1904; BGHZ 74, 281, 284 f. = NJW 1979, 1882; BGHZ 89, 296, 302 f. = NJW 1984, 1028; *BGH* VersR 1993, 112.

1029 Vgl. *BGH* VersR 1977, 58.

1030 *Meeßen*, Der Anspruch auf Schadensersatz bei Verstößen gegen EU-Kartellrecht, S. 341 f. m.w.N., der auch darauf verweist, dass die Rechtsprechung teilweise auf das Instrument des Anscheinsbeweises und teilweise auf das Instrument der Vermutung zurückgreift und die dogmatische Verankerung mithin unklar ist; für das Vorliegen eines Anscheinsbeweises *Roth*, in: FK-GWB, § 33 Rn. 120.

1031 *Krüger*, Kartellregress, S. 98 m.w.N.

dd) Irrtümer

224 In der Jurisprudenz wird grundsätzlich zwischen Tatbestands- und Verbotsirrtümern unterschieden, die sich beide zumindest teilweise verschuldensausschließend auswirken können. Obgleich ein Irrtum über tatsächliche Umstände (Tatbestandsirrtum) grundsätzlich den Vorsatz ausschließt, ist er im vorliegenden kartellrechtlichen Kontext weniger relevant.[1032] Insofern wird er vorliegend nur kurz behandelt werden.

225 Von großer Praxisrelevanz sind in vorliegendem Kontext hingegen Irrtumskonstellationen, die sich auf Rechtsfragen beziehen. Die große Praxisrelevanz ergibt sich aus dem Wechsel vom System der Administrativfreistellung (Verbot mit Erlaubnisvorbehalt) auf das System der Legalausnahme mit Wirkung zum 1. Mai 2004 durch die Einführung der VO (EG) 1/2003, namentlich Art. 1 der VO (EG) 1/2003.[1033] Auf nationaler Ebene wurde der Wechsel mit der 7. GWB-Novelle vollzogen, wodurch ein Gleichlauf mit dem europäischen Recht erzielt werden sollte. Das Unternehmen trifft nach dem nunmehr geltenden System der Legalausnahme die Pflicht, sein Verhalten kartellrechtlich selbst einzuschätzen und über die kartellrechtliche Zulässigkeit selbst zu befinden (sog. kartellrechtliche Selbsteinschätzung).[1034] Denn die mit dem alten System der Administrativfreistellung verbundene konstitutive Freistellung nach Anmeldung durch das Unternehmen, wurde abgeschafft. Im neuen Recht besteht kein Anspruch der Unternehmen mehr auf eine *ex ante*-Bewertung durch die *EU-Kommission* oder das *BKartA*. Eine solche *ex ante*-Bewertung ist zwar grundsätzlich im Einzelfall auch im System der Legalausnahme möglich, vgl. Art. 10 der VO (EG) 1/2003 und § 32c GWB. Zudem kann die *EU-Kommission* informelle Beratungsschreiben (*guidance letters)* mit Rechtsstandpunkten versenden.[1035] Ferner können nationale Wettbewerbsbehörden – die zwar keine Genehmigungen oder Negativatteste in Bezug auf das Unionskartellrecht erteilen dürfen – nach Art. 5 Abs. 2 der VO (EG) Nr. 1/2003 entscheiden, dass für sie kein Anlass besteht, tätig zu werden, wenn die Voraussetzungen für ein Verbot nach den ihr vorliegenden Informationen nicht gegeben sind. Das Tätigenden der Behörden

---

1032 Ähnlich *Meeßen*, Der Anspruch auf Schadensersatz bei Verstößen gegen EU-Kartellrecht, S. 344 m.w.N. zu den wenigen relevanten Beispielen aus der Praxis.

1033 Vgl. dazu und zum folgenden Text auch *Twele*, Die Haftung des Vorstands für Kartellverstöße, S. 52 ff. m.w.N.; ferner *Spindler*, in: Festschrift für Canaris, S. 403, 407 f.

1034 Ausführlich zu den rechtlichen Anforderungen an die kartellrechtliche Selbsteinschätzung *Karbaum*, Kartellrechtliche Compliance – Rechtsgrundlagen und Umsetzung, S. 60–96.

1035 Siehe dazu *EU-Kommission*, Bekanntmachung der Kommission über informelle Beratung bei neuartigen Fragen zu den Artikeln 81 und 82 des Vertrages.

liegt jedoch im pflichtgemäßen Ermessen der Behörde[1036] und wird nur in seltenen Einzelfällen erfolgen, da das mit der Einführung des Systems der Legalausnahme verfolgte Ziel die Entlastung der Behörden war[1037] und die Übertragung des Bewertungsrisikos auf die Unternehmen mithin gewollt war.[1038] Mithin muss das Unternehmen sämtliche Handlungen kartellrechtlich selbst einschätzen[1039], was eine originäre Vorstandsaufgabe darstellt.[1040] Die der kartellrechtlichen Bewertung zugrundeliegenden Lebenssachverhalte werfen in der Praxis oftmals komplexe Fragen ökonomischer und rechtlicher Art auf, die die Selbsteinschätzung schwierig gestalten.[1041] Die große Haftungsrelevanz ist somit evident. Die erforderliche kartellrechtliche Selbsteinschätzung wird dabei für viele Manager, die über keinen entsprechenden juristischen bzw. kartellrechtlichen Hintergrund verfügen, schlechterdings nicht in belastbarer Art und Weise zu leisten sein. Selbst für entsprechend qualifizierte Manager oder Rechtsanwälte oder Justiziare stellt die Subsumption unter die kartellrechtlichen Verbotsnormen oder die Freistellungsnormen mit den zahlreichen unbestimmten Rechtsbegriffen mitunter eine Herausforderung dar.[1042] Nach alledem ist die kartellrechtliche Selbsteinschätzung mit erheblichen Schwierigkeiten und Unsicherheiten verbunden und behaftet. Insofern sind zahlreiche Konstellationen denkbar, in denen Irrtümer relevant werden können[1043] bzw. in denen das Management bei der kartellrechtlichen Selbsteinschätzung auf externen Rat vertrauen muss und sich vorhandene Unsicherheiten selbst unter größtem Aufwand nicht ausschließen lassen.[1044] Der Verlust an Rechtssicherheit durch die Umstellung auf das System der Legalausnahme ging mithin mit einer Steigerung des Haftungsrisikos für Unternehmen und ihre Organe einher[1045], wobei der genaue Grad dies Haftungsrisikos davon bestimmt wird, wie streng die Anforderungen an das Vorliegen von Irrtümern bzw.

1036 Für § 32c GWB, Gesetzesbegründung zur 7. GWB-Novelle, BT-Drs. 15/3640, S. 52.

1037 Erwägungsgrund 3 der VO (EG) 1/2003.

1038 Vgl. *EU-Kommission*, Bekanntmachung der Kommission über informelle Beratung bei neuartigen Fragen zu den Artikeln 81 und 82 des Vertrages, Rn. 3.

1039 *Schneider*, in: Langen/Bunte, § 2 Rn. 8.

1040 *Schwintowski*, NZG 2005, 200, 201.

1041 Siehe dazu *Twele*, Die Haftung des Vorstands für Kartellrechtsverstöße, S. 53 ff. m.w.N.; *Brinker*, NZKart 2013, 341 kritisiert die *EU-Kommission* und europäischen Gerichte dafür, dass sie dieses Problem der Praxis nicht hinreichend berücksichtigten.

1042 Vgl. *Spindler*, in: Festschrift für Canaris, S. 403, 407 ff. und *Twele*, Die Haftung des Vorstands für Kartellrechtsverstöße, S. 53 ff. m.w.N.

1043 Eingängig *Twele*, Die Haftung des Vorstands für Kartellrechtsverstöße, S. 53 ff.

1044 Ähnlich *Brinker*, NZKart 2013, 341, 342.

1045 Vgl. *Dreher*, in: Festschrift für Konzen, S. 85 ff., insb. S. 91 f. und *Spindler*, in: Festschrift für Canaris, S. 403, 408.

das Vertrauen auf externen Rat definiert werden. Dabei sollte – genau wie bei der Diskussion um den Anwendungsbereich der *Business Judgement Rule* – berücksichtigt werden, dass wohlfahrsteigerndes unternehmerisches Handeln durch überbordende Haftungsrisiken verhindert wird.[1046] Das gilt insbesondere, wenn wie nach hier vertretener Ansicht, natürliche Personen hinsichtlich kartellrechtlicher Schadensersatzansprüche passivlegitimiert sind.

(1) Tatbestandsirrtum

226 Tatbestandsirrtümer werden vor allem bei der Anwendung der Gruppenfreistellungsverordnungen relevant, wenn es darum geht, die Frage nach der Eröffnung des Anwendungsbereiches der Gruppenfreistellungsverordnungen mittels Analyse der Marktanteile zu klären.[1047]

(2) Verbotsirrtum

227 Rechtsirrtümer werden unter dem Terminus Verbotsirrtum behandelt, wobei der **vermeidbare** Verbotsirrtum lediglich den Vorsatz, nicht aber die Fahrlässigkeit, während der **unvermeidbare** Verbotsirrtum das Verschulden an sich ausschließt.[1048] Ein vermeidbarer Verbotsirrtum schließt demnach die Haftung dem Grunde nach nicht aus, kann sich jedoch im Rahmen des Gesamtschuldnerausgleichs u. U. positiv, d. h. die im Gesamtschuldnerinnenregress zu tragende Quote reduzierend, auswirken.[1049] Die Anforderungen, die seitens der Rechtsprechung an das Vorliegen eines solchen unvermeidbaren Verbotsirrtum gestellt werden, sind streng.[1050] Das Risiko,

---

1046 So auch eingängig *Brinker*, NZKart 2013, 341, 342.

1047 *Twele*, Die Haftung des Vorstands für Kartellrechtsverstöße, S. 54 f., 56; aus ordnungswidrigkeitenrechtlicher Sicht *Klusmann*, in: Handbuch des Kartellrechts, § 55 Rn. 61.

1048 *Unberath*, in: Beck'scher Onlinekommentar zum BGB, § 276 Rn. 13; zur Behandlung von Verbotsirrtümern im österreichischem Kartellrecht *Brugger*, ecolex 2010, 1166 ff.; dies gilt, wie bereits gezeigt wurde, im (Sonder)Deliktsrecht. Gemäß § 11 Abs. 2 OWiG entfällt im Ordnungswidrigkeitenrecht in solchen Fällen hingegen die Schuld.

1049 Vgl. dazu *Krüger*, Kartellregress, S. 98 f.; siehe dazu im Einzelnen unter C. III.

1050 BGHZ 89, 296, 303 = NJW 1984, 1028, 1030; *BGH* NJW 1994, 2754, 2755; vgl. *BKartA*, Az. B 3 – 6/05, Rn. 45 – OTC-Arzneimittel, abrufbar unter http://www.bundeskartellamt.de/SharedDocs/Entscheidung/DE/Entscheidungen/Kartellverbot/2007/B3-6-05.pdf?__blob=publicationFile&v=5, zuletzt abgerufen am 28.2.2017 um 16:15 Uhr; *Emmerich*, in: Immenga/Mestmäcker, § 33 Rn. 48; ausführlich zum Verbotsirrtum auch *Rengier*, in: Karlsruher Kommentar OWiG, § 11 Rn. 50 ff.

die Rechtslage unzutreffend zu beurteilen, trägt grundsätzlich der Schuldner.[1051]

228 Ein Verbotsirrtum kann sowohl hinsichtlich Kenntnis der einschlägigen Verbotsnorm als auch bezüglich deren Auslegung vorliegen.[1052] Denkbar ist auch ein das Vorliegen eines Irrtums über Rechtfertigungsgründe (sog. indirekter Verbotsirrtum).[1053] Ausgeschlossen ist ein Irrtum bei einem Verstoß gegen eine unanfechtbare Verfügung einer Kartellbehörde.[1054] In der Praxis ist als Beispiel denkbar, dass ein Manager die wettbewerbliche Bedeutung des Verhaltens zutreffend erkennt, das Verhalten jedoch irrtümlich als gemäß Art. 101 Abs. 3 AEUV oder § 2 Abs. 1 GWB freigestellt ansieht oder irrtümlicherweise davon ausgeht, dass das Verhalten von einer Gruppenfreistellungsverordnung erfasst ist.[1055]

229 Der Handelnde muss sich im Rahmen des Zumutbaren über die rechtlich relevanten Vorschriften in seinem Geschäftsbereich – wozu das Kartellrecht zweifelsfrei gehört – informieren, die Rechtslage sorgfältig prüfen und ggf. ist Rechtsrat einzuholen.[1056] Dem Handelnden müssen öffentlich diskutierte Probleme geläufig sein.[1057] Es handelt sich um eine Berufspflicht, an die höhere Anforderungen als an die Sorgfaltspflicht bei Fahrlässigkeitsdelikten zu stellen sind[1058], wobei der Umfang der Informations- und Erkundigungspflicht durch die Stellung des Handelnden, die Vorbildung in kartellrechtlichen Fragen sowie die Größe des Unternehmen bestimmt wird.[1059] Maßgeblich ist der Lebens- und Berufskreis des Handelnden.[1060]

1051 BGHZ 89, 296, 303 = NJW 1984, 1028, 1030; vgl. auch *Emmerich*, in: Immenga/Mestmäcker, § 33 Rn. 48.

1052 Vgl. *Meeßen*, Der Anspruch auf Schadensersatz bei Verstößen gegen EU-Kartellrecht, S. 342.

1053 Wie bereits dargelegt wurde, dürften die im Rahmen der Rechtfertigung relevanten Interessen im kartellrechtlichen Kontext bereits auf Tatbestandsebene Berücksichtigung gefunden haben, weswegen der indirekte Verbotsirrtum wohl eher nur in theoretischen Konstellationen relevant sein dürfte. Im Folgenden wird eher daher nicht weiter behandelt werden.

1054 *Bornkamm*, in: Langen/Bunte, § 33 Rn. 123.

1055 *Brinker*, NZKart 2013, 341; *Twele*, Die Haftung des Vorstands für Kartellrechtsverstöße, S. 57.

1056 *Klusmann*, in: Handbuch des Kartellrechts, § 55 Rn. 63 f.; *Roth*, in: FK-GWB, § 33 Rn. 125 mit zahlreichen w.N.; siehe dazu bereits oben unter B. II. 2. a) cc), Rn. 68 zur Rechtslage im Gesellschaftsrecht und sogleich unter C. I. 5. b) dd) (3), Rn. 232 und 235.

1057 *KG* WuW/E OLG 1407, 1409 – Bilder aus Gold; *Twele*, Die Haftung des Vorstands für Kartellrechtsverstöße, S. 59 m.w.N. aus der Rechtsprechung.

1058 *Twele*, Die Haftung des Vorstands für Kartellrechtsverstöße, S. 59 f. m.w.N.

1059 *Twele*, Die Haftung des Vorstands für Kartellrechtsverstöße, S. 60.

1060 *Twele*, Die Haftung des Vorstands für Kartellrechtsverstöße, S. 60 m.w.N.

Das bedeutet, dass die Anforderungen an die Informationspflicht des Handelnden mit steigender Stellung im Unternehmen, mit gemachten kartellrechtlichen Erfahrungen in der Vergangenheit oder der Betrauung mit Geschäftsbereichen, in denen das Kartellrecht regelmäßig relevant ist und mit zunehmender Größe des Unternehmens steigen.[1061] Im Rahmen der Zumutbarkeit wird eine fortwährende Information verlangt.[1062] Die Erkundigungspflicht entfällt ausnahmsweise nur, wenn nach verständiger Würdigung kein begründeter Anlass für die Annahme besteht, dass eine Rechtsverletzung vorliegen könnte.[1063]

230 Zusammenfassend trifft den Handelnden eine umfassende Informations- und Erkundigungspflicht. M. a. W. wird erwartet, dass der Handelnde kartellrechtlich bedenkliches Verhalten erkennt.[1064]

(3) Vermeidbarkeit des Verbotsirrtums

231 Ein Verbotsirrtum ist vermeidbar, soweit der Schädiger bei Anwendung der im Verkehr erforderlichen Sorgfalt hätte erkennen können, dass eine andere Beurteilung seines Verhaltens durch die Gerichte zu erwarten war.[1065] Der *BGH* formulierte in einem Judikat bezüglich eines Verbotsirrtums im Kartellordnungswidrigkeitenrecht, geprägt durch die strafrechtliche Rechtsprechung, wie folgt:[1066]

> „Danach ist der Irrtum unüberwindlich, wenn der Täter trotz der ihm nach den Umständen des Falles, seiner Persönlichkeit sowie seinem Lebens- und Berufskreis

---

1061 *Twele*, Die Haftung des Vorstands für Kartellrechtsverstöße, S. 60 m.w.N. aus der Rechtsprechung.

1062 *KG* WuW/E OLG 1407, 1409 – Bilder aus Gold.

1063 *Roth*, in: FK-GWB, § 33 Rn. 125 m.w.N.

1064 *Twele*, Die Haftung des Vorstands für Kartellrechtsverstöße, S. 60 m.w.N.

1065 *BGH* WuW/E BGH 2341, 2345 – Taxizentrale Essen; *OLG Düsseldorf* WuW/E DE-R 2763, 2766 – Post-Konsolidierer; *OLG München*, WuW/E OLG 4977, 4981 – Parfum-Discount; *Bechtold/Bosch*, GWB, § 33 Rn. 23–25; *Bornkamm*, in: Langen/Bunte, § 33 Rn. 123; *Emmerich*, in: Immenga/Mestmäcker, § 33 Rn. 48; *Lübbig*, in: Münchener Kommentar zum WettbR, § 33 Rn. 67; *Rehbinder*, in: Loewenheim/Meessen/Riesenkampff/Kersting/Meyer-Lindemann, § 33 Rn. 37; *Roth*, in: FK-GWB, § 33 Rn. 125 ff. m.w.N.; *Topel*, in: Handbuch des Kartellrechts, § 50 Rn. 86; aus europarechtlicher Sicht *Mestmäcker/Schweitzer*, Europäisches Wettbewerbsrecht, § 22 Rn. 34 ff.; teilweise findet sich die semantische Abweichung, wonach die Vermeidbarkeit vorliege, soweit der Täter mit einer abweichenden Beurteilung der Rechtslage durch die Gerichte unter keinen Umständen zu rechnen brauchte; siehe ferner *Spindler*, in: Festschrift für Canaris, S. 403, 417 ff.

1066 BGHSt 21, 18, 20 = NJW 1966, 842.

zuzumutenden Anspannung des Gewissens die Einsicht in das Unrechtmäßige seines Handelns nicht zu gewinnen vermochte. [...] Das setzt voraus, dass er alle seine geistigen Erkenntniskräfte eingesetzt und etwa auftauchende Zweifel durch Nachdenken und erforderlichenfalls durch Einholung von Rat beseitigt hat. [...] Hätte der Täter bei gehöriger Anspannung seines Gewissens das Unrechtmäßige seines Tuns erkennen können, so ist sein Verbotsirrtum verschuldet."

232 Mithin hat der Kartellrechtsverletzer die Rechtslage gründlich zu prüfen. Im Rahmen dieser Prüfung kann es bei Zweifeln auch erforderlich sein, externen Rechtsrat einzuholen und ggf. eine auf Kartellrecht spezialisierte Kanzlei zu mandatieren.[1067] Höchstrichterliche Entscheidungen sind zu beachten.[1068] Die Hoffnung auf eine Änderung der höchstrichterlichen Rechtsprechung enthaftet den Handelnden nicht.[1069] Ist eine Rechtsfrage bislang noch nicht höchstrichterlich entschieden, enthaftet eine fehlerhafte Rechtsberatung allein noch nicht, selbst wenn der vertretene Standpunkt ernsthaft vertreten werden kann.[1070] Enthaftend wegen Unvermeidbarkeit wirkt der Irrtum nur, soweit der Handelnde mit einer anderen Beurteilung durch das Gericht nicht zu rechnen brauchte.[1071] Dabei ist nicht erforderlich, dass eine für den Handelnden ungünstige Entscheidung undenkbar gewesen ist.[1072] Mithin kann sich der Handelnde nicht ohne Weiteres auf eine ihm günstige Rechtsauffassung berufen, da durch strenge Sorgfaltsmaßstäbe verhindert werden soll, dass das Risiko der zweifelhaften Rechtslage auf andere abgeschoben wird.[1073]

1067 Allgemein *BGH* NJW 1994, 2754, 2755; kartellrechtsspezifisch *BKartA*, Az. B 3 – 6/05, Rn. 45 – OTC-Arzneimittel, abrufbar unter http://www.bundeskartellamt.de/SharedDocs/Entscheidung/DE/Entscheidungen/Kartellverbot/2007/B3-6-05.pdf?__blob=publicationFile&v=5, zuletzt abgerufen am 28.2.2017 um 16:15 Uhr; vgl. *OLG Karlsruhe* WuW/E OLG 3508, 3513; *Meeßen*, Der Anspruch auf Schadensersatz bei Verstößen gegen EU-Kartellrecht, S. 342; vgl. ferner den Überblick über die Verhaltenspflichten bei *Roth*, in: FK-GWB, § 33 Rn. 125.

1068 So bereits RGZ 105, 356, 359; *BGH* NJW 1994, 2754, 2755; *Rehbinder*, in: Loewenheim/Meessen/Riesenkampff/Kersting/Meyer-Lindemann, § 33 Rn. 37.

1069 *Roth*, in: FK-GWB, § 33 Rn. 126.

1070 *BGH* WuW/E BGH 2341, 2344 f. – Taxizentrale Essen; *BGH* WuW/E BGH 2603, 2607 f. – Neugeborenentransporte; *Meeßen*, Der Anspruch auf Schadensersatz bei Verstößen gegen EU-Kartellrecht, S. 342; *Rehbinder*, in: Loewenheim/Meessen/Riesenkampff/Kersting/Meyer-Lindemann, § 33 Rn. 37; *Topel*, in: Handbuch des Kartellrechts, § 50 Rn. 86.

1071 *Bornkamm*, in: Langen/Bunte, § 33 Rn. 95.

1072 *BGH* WuW/E BGH2341, 2345 – Taxizentrale Essen.

1073 *BGH* WuW/E BGH 2341, 2345 – Taxizentrale Essen; *BGH* WuW/E BGH 2603, 2607 f. – Neugeborenentransporte; *BGH* WuW/E BGH 3121, 3127 – Bedside

Im Ergebnis trägt der Handelnde das volle Risiko der unklaren Rechtslage.[1074]

233 Soweit sich der Handelnde hinsichtlich der Rechtmäßigkeit seines Handelns auf eine solche obergerichtliche bzw. höchstrichterliche Rechtsprechung stützen kann, liegt ein unvermeidbarer Verbotsirrtum vor.[1075] Einer gerichtlich nicht bestätigten Rechtsauffassung einer Kartellbehörde muss der Handelnde nicht Folge leisten.[1076]

234 Ausnahmsweise dürfte ein unvermeidbarer Verbotsirrtum dann vorliegen, wenn das nationale Kartellrecht ein gemäß Art. 101 AEUV kartellrechtswidriges Verhalten vom Anwendungsbereich des Kartellrechts ausnimmt.[1077] Dies beeinflusst zwar die Prüfung nach Art. 101 AEUV nicht und das Verhalten bleibt daran gemessen rechtswidrig. Jedoch entfällt in diesem Fall das Verschulden zumindest solange, bis der nationale Gesetzgeber die nationale Rechtslage der europäischen Rechtslage anpasst oder die Europarechtswidrigkeit durch ein nationales Gericht festgestellt wird. Ferner kann nach Ansicht der Generalanwältin *Kokott* eine Entscheidung eines nationalen Gerichts Anknüpfungspunkt für die Anerkennung eines schuldausschließenden Verbotsirrtums sein, wenn das Gericht in ihr zu dem Schluss gelangt, dass ein bestimmtes Marktverhalten keine Zuwiderhandlung gegen das Unionskartellrecht darstellt.[1078]

Testkarten; *KG* WuW/E OLG 1407, 1409 – Bilder aus Gold; *OLG Düsseldorf* WuW/E DE-R 4477 – Intertemporales Verjährungsrecht; *Bechtold/Bosch*, GWB, § 33 Rn. 22.

1074 *BGH* WuW/E BGH 2603, 2607 – Neugeborenentransporte; *Bornkamm*, in: Langen/Bunte, § 33 Rn. 123 m.w.N.; *Topel*, in: Handbuch des Kartellrechts, § 50 Rn. 86; kritisch wegen der Befürchtung einer zu weitgehenden Einschränkung der Handlungsfreiheit *Roth*, in: FK-GWB, § 33 Rn. 128.

1075 *Meeßen*, Der Anspruch auf Schadensersatz bei Verstößen gegen EU-Kartellrecht, S. 342 f. m.w.N. und Beispielen aus der Rechtsprechung, wobei die Entscheidung eines Fachsenats am *OLG* um die Unvermeidbarkeit zu begründen, durch die Nichtannahme der Revision durch den *BGH* bestätigt sein muss; ähnlich *Roth*, in: FK-GWB, § 33 Rn. 127 f. m.w.N., der – entgegen der bisherigen Rechtsprechung – dafür plädiert, dass eine Rechtsansicht als vertretbar angesehen werden sollte und Fahrlässigkeit somit ausschließt, soweit diese Rechtsansicht von einem Kollegialgericht geteilt wurde (= unvermeidbarer Verbotsirrtum). Gleiches soll gelten, soweit es an entgegenstehender höchstrichterlicher Rechtsprechung oder entsprechenden Hinweisen fehlt und keine abweichende, im Wesentlichen einheitliche Rechtsprechung der Instanzgericht existiert; *Rengier*, in: Karlsruher Kommentar OWiG, § 11 Rn. 81 m.w.N.; *Twele*, Die Haftung des Vorstands für Kartellrechtsverstöße, S. 58 m.w.N.

1076 *Roth*, in: FK-GWB, § 33 Rn. 128 m.w.N.

1077 *Meeßen*, Der Anspruch auf Schadensersatz bei Verstößen gegen EU-Kartellrecht, S. 343 m.w.N. und einem Praxisbeispiel; dort auch zu folgendem Text.

1078 *Kokott*, Schlussanträge der Generalanwältin vom 28. Februar 2013, Rechtssache C-681/11, ECLI:EU:C:2013:126, Rn. 89 – Schenker; anders der *EuGH*, Urteil

235 Wenngleich der Handelnde – wie bereits ausgeführt – grundsätzlich das Risiko der unklaren Rechtslage trägt, wurde es in der Rechtsprechung im Einzelfall als enthaftend angesehen, wenn der Handelnde in schwierigen (kartell)rechtlichen Fragen auf die Expertise und Beratung eines im Kartellrecht spezialisierten Anwalts vertraut hat.[1079] Auskünfte der

---

vom 18. Juni 2013, Rs. C-681/11, ECLI:EU:C:2013:126, Rn. 33 ff. – Schenker, wo der Gerichtshof entschied, dass sich Unternehmen grundsätzlich nicht auf die Richtigkeit einer rechtlichen Einschätzung nationaler Behörden und Gerichte hinsichtlich des EU-Kartellrechts verlassen könne; kritisch dazu zurecht *Bettel/Thomas*, ZWeR 2013, 272 ff., *passim* und *Kling/Thomas*, Kartellrecht, § 23 Rn. 28; das Urteil des *EuGH* in Sachen Schenker ist auch aus anderen Gründen abzulehnen, siehe dazu sogleich Fn. 1079.

1079 Vgl. *BGH* WuW/E BGH 2341, 2345 – Taxizentrale Essen; *OLG Karlsruhe* WuW/E OLG 3508, 3513 – Allkauf-Saba II; *Roth*, in: FK-GWB, § 33 Rn. 125 m.w.N.; der *EuGH*, Urteil vom 18. Juni 2013, Rs. C-681/11, ECLI:EU:C:2013:126, Rn. 33 ff. – Schenker hat sich hinsichtlich der subjektiven Voraussetzungen des unvermeidbaren Verbotsirrtums bei Verhängung einer Geldbuße wegen Verstößen gegen europäisches Kartellrecht restriktiver als der *BGH* geäußert. Nach dem *EuGH* soll ein unvermeidbarer Verbotsirrtum nur dann vorliegen, soweit ein Grundsatz des Unionsrechts wie der Grundsatz des Vertrauensschutzes einschlägig ist. Der Rat eines (erfahrenen) Anwalts soll jedoch kein berechtigtes Vertrauen auf die Rechtmäßigkeit begründen. Diese Auffassung ist abzulehnen, da sie die ohnehin strengen Maßstäbe in nicht vertretbarerweise weiter verschärft. Es ist nicht ersichtlich, warum im Zivilrecht bezüglich der Behandlung von Verbotsirrtümern noch strengere Maßstäbe gelten sollten, als dies im Straf- und Ordnungswidrigkeitenrecht der Fall ist. Es stellt eine nicht gerechtfertigte, zu weitgehende Einschränkung der Handlungsfreiheit dar, einem juristisch nicht aus- bzw. vorgebildeten Manager bzw. dem Unternehmen eine garantieähnliche Haftung aufzuerlegen und eine überbordende Haftung zu etablieren. Dies ist insbesondere mit dem im Kartellordnungswidrigkeitenrecht geltenden Schuldprinzip nicht vereinbar. Gleiches gilt analog für das Kartelldeliktsrecht, wo nach deutschem Recht das Verschulden eine notwendige Haftungsvoraussetzung ist; auch die Generalanwältin in diesem Verfahren *Kokott*, Schlussanträge der Generalanwältin vom 28. Februar 2013, Rs. C-681/11, ECLI:EU:C:2013:126, Rn. 38–78 – Schenker (hinsichtlich der Einholung von Rechtsrat), Rn. 79–102 (hinsichtlich Vertrauen des Unternehmens auf die Entscheidung einer nationalen Wettbewerbsbehörde) plädierte überzeugend abweichend und definierte Kriterien, die im Wesentlichen denen von den deutschen Gerichten aufgestellten Kriterien entsprechen; überzeugend *Brinker*, NZKart 2013, 341 ff.; ähnlich *Roth*, in: FK-GWB, § 33 Rn. 128; ablehnend und sehr kritisch insbesondere für alle Verstöße, die keine *Hardcore*-Verstöße darstellen, mit weiteren Nachweisen auch *Topel*, in: Handbuch des Kartellrechts, § 50 Rn. 87; weitere Nachweise zu kritischen Stimmen aus der Literatur bei *Bornkamm*, in: Langen/Bunte, § 33 Rn. 124; skeptisch hinsichtlich der verschuldensausschließenden Wirkung von Irrtümern angesichts der Praxis der *EU-Kommission* zeigt sich *Karbaum*, Kartellrechtliche Compliance – Rechtsgrundlagen

Rechtsabteilung sind wegen der wirtschaftlichen Interessenverquickung regelmäßig nicht mit der Beratung eines spezialisierten Anwalts gleichzusetzen.[1080] Jedoch darf sich der Handelnde nicht ungeprüft bzw. blind auf den eingeholten Rechtsrat verlassen.[1081] Er muss zunächst dafür Sorge tragen, dass der Anwalt auf umfassender Tatsachengrundlage beraten kann.[1082] Zudem treffen ihn Überprüfungspflichten und bei Zweifeln ist ggf. ein zweiter Rat einzuholen.[1083] Die Überprüfungspflicht betrifft zumindest die Prüfung auf innere Folgerichtigkeit und darauf, ob die relevanten Tatsachen berücksichtigt wurden.[1084] Soweit dem Handelnden eine andere, dem eingeholten Rechtsrat widersprechende Rechtsmeinung bekannt ist, scheidet die enthaftende Wirkung des Verbotsirrtums aus.[1085]

(4) Zwischenergebnis

236 Griffig zusammengefasst wirkt ein Verbotsirrtum verschuldensausschließend, wenn der Handelnde die Rechtsunsicherheit trotz sorgfältiger Prüfung – ggf. unter zur Hilfenahme externen Rats – nicht erkennt oder wenn ihm bei Erkenntnis dieser Unsicherheit auch unter Berücksichtigung der schutzwürdigen Interessen des anderen Teils nicht zugemutet werden kann, eine weitere Klärung der Rechtsfrage herbeizuführen oder abzuwarten, ehe er seine Interessen durchzusetzen versucht.[1086]

---

und Umsetzung, S. 82, der darauf hinweist, dass die Position der *EU-Kommission* nicht konsistent ist und insoweit nicht ausgeschlossen werden kann, dass in der Zukunft Rechtsirrtümer auch nach Auffassung der *EU-Kommission* verschuldensausschließend wirken.

1080 *Twele*, Die Haftung des Vorstands für Kartellrechtsverstöße, S. 62 m.w.N.

1081 Ausführlich *Roth*, in: FK-GWB, § 33 Rn. 126; *Twele*, Die Haftung des Vorstands für Kartellrechtsverstöße, S. 62 m.w.N.

1082 *Roth*, in: FK-GWB, § 33 Rn. 126 m.w.N.

1083 *Roth*, in: FK-GWB, § 33 Rn. 126 m.w.N.; ausführlich auch *Krohs*, in: Kölner Kommentar zum Kartellrecht, § 33 Rn. 202 unter Bezugnahme auf eine Entscheidung des *BGH* im Kartellordnungswidrigkeitenrecht.

1084 *Roth*, in: FK-GWB, § 33 Rn. 126.

1085 *OLG Düsseldorf* WuW/E DE-R 2763, 2768 – Post-Konsolidierer; vgl. *OLG Düsseldorf* WuW/E DE-R 4477, 4479 – Intertemporales Verjährungsrecht; *Lübbig*, in: Münchener Kommentar zum WettbR, § 33 Rn. 67; *Roth*, in: FK-GWB, § 33 Rn. 126.

1086 Vgl. *BGH* WuW/E BGH 2341, 2346 – Taxizentrale Essen und *OLG Düsseldorf* WuW /E DE-R, 2763, 2768 – Post-Konsolidierer.

ee) Verschulden bei Aufsichtspflichtverletzungen

(1) Grundsätze

237 Auf der Ebene des Verschuldens ist auch bei Aufsichtspflichtverletzungen Vorsatz oder Fahrlässigkeit erforderlich, da anderenfalls kein Schadensersatzanspruch besteht. Hinsichtlich des Verschuldens bei Aufsichtspflichtverletzungen (mittelbare Kartellrechtsverletzung) ist der Anknüpfungspunkt für das Verschulden ein anderer als bei Kartellrechtsverstößen durch unmittelbares Handeln. Anders als bei unmittelbarem Handeln ist der Bezugspunkt nicht die Kartellrechtsverletzung selbst, sondern das vorsätzliche oder fahrlässige Nichtnachkommen einer im konkreten Einzelfall hinsichtlich Inhalt und Umfang objektiv bestimmten Sorgfalts- bzw. Aufsichtspflicht, was eine Aufsichtspflichtverletzung begründet.[1087] Auch ein Verstoß gegen die aus dem Gesellschaftsrecht folgende Pflicht zur Schaffung eines Compliance-Systems und im Speziellen zur Pflicht zur Kartellrechtscompliance stellt eine Aufsichtspflichtverletzung dar.[1088] Eine vorsätzliche Aufsichtspflichtverletzung liegt demnach nur vor, wenn der Manager mit Wissen und Wollen auf Aufsichtsmaßnahmen zur Verhinderung von Kartellrechtsverstößen verzichtet. Bei entsprechender Risikogeneigtheit der betrieblichen Tätigkeit kann bereits das Nichteinrichten eines Compliance-Systems den Schluss auf *dolus eventualis* nahelegen oder *vice versa* bei Einrichtung eines Compliance-Systems dagegen sprechen.[1089] Auch das (bewusste) Nichtbefassen seitens der Manager mit potentiell (kartell)rechtswidrigen Aktivitäten des Unternehmens oder das Ignorieren von ernstzunehmenden Warnungen oder Anzeichen diesbezüglich kann als Indiz für das Vorliegen von Eventualvorsatz gewertet werden.[1090]

238 Fahrlässigkeit wäre bereits dann ausgeschlossen, wenn die im Verkehr erforderliche Sorgfalt eingehalten wird. Insoweit kann nicht immer trennscharf zwischen der Frage nach dem Bestehen einer Aufsichtspflichtverletzung und der Frage nach dem Verschulden im Falle einer Aufsichtspflichtverletzung abgegrenzt werden, spielen doch die gleichen Überlegungen eine Rolle.[1091] Es besteht mithin eine untrennbare Verquickung der beiden Fragen. Der

---

1087 *Förster*, in: Beck'scher Onlinekommentar zum BGB, § 823 Rn. 386 m.w.N.

1088 Siehe dazu bereits oben unter B. II. 2. a) cc), C. I. 1. a) cc) (1), Rn. 88 und C. I. 1. b) bb), Rn. 105.

1089 *Kuhlen*, NZWiSt 2015, 121, 126 am Ende, dort Fn. 82; *Rönnau/Becker*, NStZ 2016, 569, 574 m.w.N.; siehe im Übrigen zu Compliance-Systemen unten unter C. I. 5. b) ee) (2).

1090 *Rönnau/Becker*, NStZ 2016, 569, 574.

1091 Vgl. *Krohs*, in: Kölner Kommentar zum Kartellrecht, § 33 Rn. 204 ff.

BGH formuliert in ständiger Rechtsprechung hinsichtlich der zu treffenden Aufsichtsmaßnahmen bzw. Sicherheitsvorkehrungen wie folgt:[1092]

> „Zu berücksichtigen ist jedoch, dass nicht jeder abstrakten Gefahr vorbeugend begegnet werden kann. Ein allgemeines Verbot, andere nicht zu gefährden, wäre utopisch. Eine Verkehrssicherung, die jede Schädigung ausschließt, ist im praktischen Leben nicht erreichbar. Haftungsbegründend wird eine Gefahr erst dann, wenn sich für ein sachkundiges Urteil die naheliegende Möglichkeit ergibt, dass Rechtsgüter anderer verletzt werden. Deshalb muss nicht für alle denkbaren Möglichkeiten eines Schadenseintritts Vorsorge getroffen werden. Es sind vielmehr nur die Vorkehrungen zu treffen, die geeignet sind, die Schädigung anderer tunlichst abzuwenden. **Der im Verkehr erforderlichen Sorgfalt ist genügt, wenn im Ergebnis derjenige Sicherheitsgrad erreicht ist, den die in dem entsprechenden Bereich herrschende Verkehrsauffassung für erforderlich hält.** Daher reicht es anerkanntermaßen aus, diejenigen Sicherheitsvorkehrungen zu treffen, die ein verständiger, umsichtiger, vorsichtiger und gewissenhafter Angehöriger der betroffenen Verkehrskreise für ausreichend halten darf, um andere Personen vor Schäden zu bewahren und die den Umständen nach zuzumuten sind." [Hervorhebung durch den Verfasser]

239 Eine Aufsichtspflichtverletzung ist überdies nicht verschuldet, wenn sich der Aufsichtspflichtige über Schutzbedürfnis des Verkehrs nicht im Klaren war, weil er die Gefahr nicht selbst erkennen konnte oder weil er von der Existenz einer entsprechenden Garantenstellung bzw. Verkehrssicherungspflicht nicht hätte wissen müssen.[1093] Die konkrete Verletzungshandlung und der konkrete Verletzungserfolgs müssen jedoch nicht vorhersehbar sein.[1094] Im kartellrechtlichen Kontext ist es, wie aus den obigen Ausführungen hervorgeht, jedoch mit Blick auf die überragende Bedeutung des Kartellrechts praktisch nicht denkbar, dass der Aufsichtspflichtige über das Bestehen einer Aufsichtspflicht bzw. über das korrespondierende Schutzbedürfnis des Verkehrs im Unklaren ist. Mithin bleibt es dabei, dass der Anknüpfungspunkt für das Verschulden bei Aufsichtspflichtverletzungen das vorsätzliche oder fahrlässige Nichtnachkommen einer im konkreten Einzelfall hinsichtlich Inhalt und Umfang objektiv bestimmten Sorgfalts- bzw. Aufsichtspflicht bleibt.

1092 Exemplarisch *BGH* NJW 2014, 2104, 2105, dort Rn. 9 m.w.N.
1093 Vgl. *Förster*, in: Beck'scher Onlinekommentar zum BGB, § 823 Rn. 387 m.w.N.
1094 Vgl. *Förster*, in: Beck'scher Onlinekommentar zum BGB, § 823 Rn. 387 m.w.N.

(2) Fahrlässigkeit – Auswirkungen von Compliance-Systemen

240 Davon ausgehend stellt sich die Frage, wie sich die Implementierung von (kartellrechtlichen) Compliance-Programmen auf die Frage nach dem Bestehen einer Aufsichtspflichtverletzung bzw. auf die Frage nach dem Verschulden im Falle einer Aufsichtspflichtverletzung auswirkt.[1095] Soweit wie hier die Verletzung einer Aufsichtspflicht bei Bestehen einer Garantenstellung als haftungsbegründend für natürliche Personen angesehen wird[1096], gilt es eine überbordende Haftung zu vermeiden. Denn im arbeitsteiligen Wirtschaftsleben ist es gerade in großen Unternehmen bzw. Konzernen quasi unmöglich, jedweden Rechtsverstoß zu verhindern.[1097] Daher darf man die Anforderungen an die Aufsichtspflichten nicht derart überspannen, dass unternehmerisches Handeln wegen zu großer Haftungsrisiken verhindert wird.[1098] Dazu gibt es zwei Möglichkeiten, wobei es angezeigt ist, Anleihen bei der geschilderten kartellbußgeldrechtlichen Entscheidungspraxis zu nehmen, in der – wie bereits dargestellt wurde[1099] – die Implementierung eines wirksamen und nachhaltigen Compliance-Programms (= qualifiziertes Compliance-Programm) mit wirksamen Aufsichtsmaßnahmen als enthaftend gewertet wird:

241 **(1)** Wie bereits ausgeführt wurde, spielt sowohl auf der Ebene der Aufsichtspflichtverletzung als auch auf der Ebene des Verschuldens bei Aufsichtspflichtverletzungen die im Verkehr erforderliche Sorgfalt (Fahrlässigkeit) eine Rolle, da anderenfalls kein Schadensersatzanspruch besteht. Fahrlässigkeit wäre bereits dann ausgeschlossen, wenn die im Verkehr erforderliche Sorgfalt eingehalten wird. Im vorliegenden Zusammenhang ist diese Sorgfalt eingehalten, wenn die nach der Aufsichtspflicht gebotenen Sicherheitsmaßnahmen implementiert werden[1100], m. a. W., wenn ein qualifiziertes

1095 So auch *Krohs*, in: Kölner Kommentar zum Kartellrecht, § 33 Rn. 206; vgl. *Topel*, in: Handbuch des Kartellrechts, § 50 Rn. 88, wobei nach dort vertretener Ansicht ein solches Programm vor allem i. R. v. § 831 BGB eine Exkulpationsmöglichkeit relevant werden soll; eine enthaftende Wirkung von kartellrechtlichen Compliance-Programmen im Rahmen des Verschuldens lehnt *Bornkamm*, in: Langen/Bunte, § 33 Rn. 125 ohne nähere Auseinandersetzung in nicht überzeugender Weise ab; nach *Karbaum*, Kartellrechtliche Compliance – Rechtsgrundlagen und Umsetzung, S. 359 liegt bereits keine Aufsichtspflichtverletzung vor.

1096 Siehe dazu oben unter C. I. 4. a) gg) und C. I. 4. b).

1097 Vgl. *Klusmann*, in: Handbuch des Kartellrechts, § 55 Rn. 36.

1098 Der *BGH* WuW/E BGH 2262 – Aktenvermerke stellt ferner den Betriebsfrieden und die Würde des Arbeitnehmers als zu berücksichtigende Interessen in die Abwägung ein.

1099 Siehe oben unter C. I. 4. a) dd), Rn. 190.

1100 So im Ergebnis auch *Krohs*, in: Kölner Kommentar zum Kartellrecht, § 33 Rn. 207 ff.; vgl. *Förster*, in: Beck'scher Onlinekommentar BGB, § 823 Rn. 386; vgl. *Twele*, Die Haftung des Vorstands für Kartellrechtsverstöße, S. 129; vgl. *Wagner*,

Compliance-System zur Verhinderung von Kartellrechtsverstößen eingeführt wird.

242 (2) *De lege ferenda* bestünde zusätzlich die Möglichkeit, die Einrichtung eines qualifizierten Compliance-Systems bezüglich Aufsichtspflichtverletzungen *expressis verbis* für haftungsausschließend zu erklären.

243 Ein Compliance-System wäre i. S. v. **(1)** und **(2)** als qualifiziert in diesem Sinne anzusehen, wenn es anerkannten Maßstäben genügt und wirksame und nachhaltige Aufsichtsmaßnahmen beinhaltet, was bspw. durch eine Zertifizierung von entsprechenden unabhängigen Stellen[1101] oder Rechtsanwaltskanzleien sichergestellt werden kann. Ein Compliance-System, was als bloßer Papiertiger existiert, lediglich dem *window dressing* dient und letztlich *pro forma* eingerichtet wurde, kann nicht verschuldensausschließend wirken.[1102] Dabei ist zu berücksichtigen, dass Compliance-Maßnahmen selbst dann wirksam und ausreichend sein können und somit enthaftende Wirkung entfalten, wenn es im Einzelfall zu einem Rechtsverstoß kommt.[1103] Der *BGH* formuliert dazu wie folgt[1104]:

> „Es ist weder möglich noch notwendig, betriebliche Aufsichtsmaßnahmen so zu gestalten, daß sie alle vorsätzlichen Verstöße gegen betriebliche Pflichten verhindern."

244 Dem folgt das *OLG Frankfurt*, wenn es urteilt[1105]:

> „Allein der Umstand, daß Betriebsangehörige Zuwiderhandlungen begehen, ist jedenfalls kein ausreichendes Indiz für die Unzulänglichkeit der ergriffenen Aufsichtsmaßnahmen."[1106]

245 Mithin ist die Aufsichtspflicht des Aufsichtspflichtigen durch Zumutbarkeitserwägungen und die Eigenverantwortung der Betriebsangehörigen begrenzt.[1107]

---

in: Münchener Kommentar zum BGB, § 823 Rn. 48; nach *Karbaum*, Kartellrechtliche Compliance – Rechtsgrundlagen und Umsetzung, S. 359 liegt bereits keine Aufsichtspflichtverletzung vor.

1101 Siehe dazu bspw. *Schmidt*, in: Corporate Compliance, § 45, *passim*.

1102 So auch *Rönnau/Becker*, NStZ 2016, 569, 574.

1103 *Dittrich/Linsmeier*, NZKart 2014, 485, 491.

1104 *BGH* WuW/E BGH 2262 – Aktenvermerke.

1105 OLG Frankfurt, NJW-RR 1993, 231.

1106 Dies erkennen zutreffend auch *Dreher/Zimmerer*, ÖZK 2017, 59, 66.

1107 *OLG Düsseldorf* WuW/E DE-R 1893 – Transportbeton.

246 Grundsätzlich sind i. R. v. Compliance-Bemühungen die Bereiche Prävention, Aufklärung und Reaktion von Relevanz.[1108] Erster Anhaltspunkt für die Strukturierung in der Praxis bietet das Urteil des *LG München I* in der Sache *Siemens/Neubürger*.[1109] Im Übrigen bieten die i. R. v. § 130 OWiG herausgearbeiteten Grundsätze weitere Anhaltspunkte dafür, wie ein qualifiziertes und damit haftungsausschließendes Compliance-Programm strukturiert sein muss.[1110, 1111]

247 Mithin muss es sich um ein auf Schadensprävention und Risikokontrolle angelegtes Compliance-System handeln, dessen Umfang im Einzelfall an Art, Größe und Organisation des Unternehmens, den zu beachtenden Vorschriften, der geografischen Präsenz sowie an Verdachtsfällen aus der Vergangenheit ausgerichtet ist.[1112] Dafür sollten Maßnahmen ergriffen werden, die die Organisation, die Kommunikation bzw. Instruktion von Mitarbeitern und die Kontrolle betreffen.[1113] Die vorzunehmende Risikoanalyse, die die Grundlage für die Entscheidung über die im Einzelfall erforderlichen Maßnahmen bildet, ist neben den Verdachtsfällen aus der Vergangenheit

---

1108 *Dittrich*, CCZ 2015, 209; *Dittrich/Linsmeier*, NZKart 2014, 485, 491; zur praktischen Umsetzung von kartellrechtlichen Compliance-Systemen ausführlich *Karbaum*, Kartellrechtliche Compliance – Rechtsgrundlagen und Umsetzung, S. 275–358.

1109 Siehe dazu oben unter B. II. 2. a) cc), Rn. 64–65.

1110 So im Ergebnis auch *Krohs*, in: Kölner Kommentar zum Kartellrecht, § 33 Rn. 208 ff., freilich ohne dies immer klar zu benennen; vgl. auch *Twele*, Die Haftung des Vorstands für Kartellrechtsverstöße, S. 131; bei *Klusmann*, in: Handbuch des Kartellrechts, § 55 Rn. 36 finden sich Beispiele aus der Rechtsprechung zu § 130 OWiG zu Maßnahmen, deren kumulatives Vorliegen für die Erfüllung der Aufsichtspflicht für erforderlich und ausreichend erachtet wurde.

1111 Der Haftungsausschluss sollte sich bei fehlender unmittelbarer Beteiligung am Kartellrechtsverstoß durch Organwalter auch auf die Haftung des Unternehmens erstrecken. Denn in diesem Fall hat das Unternehmen die ihm zumutbaren Aufsichtsmaßnahmen unternommen. Der Geschädigte wird auch nicht rechtlos gestellt, da nach hier vertretener Ansicht die Passivlegitmation natürlicher Personen bejaht wird, was i. V. m. dem weiten Anwendungsbereich des § 9 OWiG dazu führt, dass der für die Kartellrechtsverletzung im Unternehmen Verantwortliche persönlich haftbar gemacht werden kann.

1112 *LG München I*, Urteil vom 10. Dezember 2013 – 5 HKO 1387/10, Rn. 89 m.w.N.– Siemens/Neubürger; *Twele*, Die Haftung des Vorstands für Kartellrechtsverstöße, S. 130 f.

1113 *Krohs*, in: Kölner Kommentar zum Kartellrecht, § 33 Rn. 208 m.w.N.; *Twele*, Die Haftung des Vorstands für Kartellrechtsverstöße, S. 131 ff.; ein Maßnahmenkatalog findet sich bei *Klusmann*, in: Handbuch des Kartellrechts, § 55 Rn. 36; zur praktischen Umsetzung von kartellrechtlichen Compliance-Systemen ausführlich *Karbaum*, Kartellrechtliche Compliance – Rechtsgrundlagen und Umsetzung, S. 275–358.

auch an der kartellrechtlichen Risikogeneigtheit der Unternehmenstätigkeit bzw. des relevanten Unternehmensbereiches und den Umständen in den relevanten Märkten auszurichten.[1114]

248 Zur Erinnerung lassen sich dem Urteil des *LG München I* in Sachen *Siemens/Neubürger* folgende Leitsätze entnehmen: **(1)** Es muss eine klare organisatorische Zuordnung der Compliance-Verantwortung geschaffen werden[1115]; **(2)** Die mit der Überwachung der Compliance beauftragten Personen müssen hinreichende Befugnisse zur Sanktionierung von aufgedeckten Verstößen haben[1116]; **(3)** Weisungsrechte gegenüber nachgeordneten Mitarbeitern, die insbesondere die Abstellung von Rechtsverstößen betreffen, sind Teil eines funktionierenden Compliance-Systems[1117]; **(4)** Die Verpflichtung zur Schaffung eines funktionierenden Compliance-Systems und zur Überwachung von dessen Effizienz trifft jedes Mitglied des Gesamtvorstands.[1118]

249 In den Bereich der Kommunikation bzw. Instruktion fallen Kartellrechtsschulungen hinsichtlich kartellrechtlicher Grundkenntnisse und relevanter Spezialkenntnisse für die betroffenen Mitarbeiter unterschiedlicher Unternehmensbereiche, das Erstellen von Leitfäden zu häufigen kartellrechtlich relevanten Sachverhalten oder die Herausgabe von Richtlinien zum Kartellschadensersatz, wobei sowohl die Teilnahme als auch der Wissensstand kontrolliert werden müssen.[1119] Zudem sind die Schulungen regelmäßig zu wiederholen.[1120] Den Mitarbeitern muss deutlich gemacht werden, dass Kartellrechtsverstöße nicht im Interesse des Unternehmens liegen.[1121] Ziel sollte es sein, eine Compliance-Kultur zu schaffen, die die Unternehmensangehörigen dazu befähigt, selbst einzuschätzen, welches Verhalten

---

1114 Ausführlich und instruktiv *Dittrich*, CCZ 2015, 209, 210; *Krohs*, in: Kölner Kommentar zum Kartellrecht, § 33 Rn. 208 m.w.N.; ferner ausführlich *Karbaum*, Kartellrechtliche Compliance – Rechtsgrundlagen und Umsetzung, S. 277–288; *Twele*, Die Haftung des Vorstands für Kartellrechtsverstöße, S. 131 f. m.w.N.

1115 *LG München I*, Urteil vom 10. Dezember 2013 – 5 HKO 1387/10, Rn. 98 – Siemens/Neubürger.

1116 *LG München I*, Urteil vom 10. Dezember 2013 – 5 HKO 1387/10, Rn. 99 – Siemens/Neubürger; so auch *Krohs*, in: Kölner Kommentar zum Kartellrecht, § 33 Rn. 209, der zurecht auch auf eine angemessene Ausstattung mit Personal, Zeit und Geld hinweist.

1117 *LG München I*, Urteil vom 10. Dezember 2013 – 5 HKO 1387/10, Rn. 100 – Siemens/Neubürger.

1118 *LG München I*, Urteil vom 10. Dezember 2013 – 5 HKO 1387/10, Rn. 101 – Siemens/Neubürger.

1119 *Krohs*, in: Kölner Kommentar zum Kartellrecht, § 33 Rn. 209; *Twele*, Die Haftung des Vorstands für Kartellrechtsverstöße, S. 132 m.w.N.; ausführlich zum Komplex Kommunikation bzw. Instruktion auch *Dittrich*, CCZ 2015, 209, 210 f.

1120 *Twele*, Die Haftung des Vorstands für Kartellrechtsverstöße, S. 132 m.w.N.

1121 *Dittrich*, CCZ 2015, 209, 210.

kartellrechtlich unbedenklich ist, welches eindeutig verboten ist und einen Anreiz schafft, in Grenzfällen aktiv mit der Rechts- und Compliance-Abteilung ggf. unter Einbeziehungen externen Rechtsrats nach rechtlich zulässigen Lösungen zu suchen.[1122]

250 Insbesondere hinsichtlich der zu implementierenden Kontrollmechanismen ist es angezeigt, sich an den für § 130 OWiG durch die Rechtsprechung herausgearbeiteten Grundsätzen zu orientieren[1123], da, wie bereits gezeigt wurde, ein Haftungsgleichlauf zwischen Ordnungswidrigkeiten- und Zivilrecht besteht.[1124] Dies ist bereits daher angezeigt, weil die Normen des OWiG zur Begründung der Passivlegitimation natürlicher Personen herangezogen wurden, sodass insoweit eine Verschränkung der Rechtsgebiete vorliegt. Erforderlich ist ein Mindestmaß an Kontrolle[1125], was über das bloße Vertrauen darauf, dass sich nachgeordnete Mitarbeiter an die Instruktionen und Inhalte der kartellrechtlichen Schulungen halten, hinausgeht.[1126] Auch hier gilt, wie grundsätzlich bei der Implementierung des Compliance-Systems, dass Verstöße in der Vergangenheit den Sorgfaltsmaßstab und somit

---

1122 *Dittrich*, CCZ 2015, 209, 210 f.

1123 Vgl. *Krohs*, in: Kölner Kommentar zum Kartellrecht, § 33 Rn. 210.

1124 So auch für mittelbare Verletzungshandlungen *Karbaum*, Kartellrechtliche Compliance – Rechtsgrundlagen und Umsetzung, S. 193 ff., insb. S. 195; siehe grundsätzlich zum Haftungsgleichlauf bereits oben unter C. I. 4. a) bb), Rn. 163 und C. I. 4. a) gg), Rn. 201.

1125 *BGH* NJW 1973, 1511, 1513 f.: „Er hätte vielmehr, wenn auch nur durch gelegentliche Stichproben, die Beachtung seiner Anweisungen auch überwachen müssen (vgl. hierzu Rebmann-Roth-Herrmann, Gesetz über Ordnungswidrigkeiten, § 33 Anm. 12; *Göhler*, Gesetz über Ordnungswidrigkeiten, § 33 Anm. 5 A). Das hat er nicht getan. Solche Überwachungsmaßnahmen hätten, falls der Angeklagte durch Arbeit überlastet war, nicht notwendig von ihm selbst durchgeführt werden müssen; es hätte genügt, wenn er hiermit einen ihm verantwortlichen Mitarbeiter beauftragt hätte. Auch kann es nicht darauf ankommen, ob durch Stichproben tatsächlich Mißstände aufgedeckt worden wären. Entscheidend ist allein, daß durch erkennbare Überwachung der mit der Weinherstellung befaßten Betriebsangehörigen der Gefahr einer Falschbezeichnung der verschnittenen Weine weitgehend vorgebeugt worden wäre. Das Unterlassen jeglicher Aufsichtsmaßnahme ist jedenfalls unter keinem Gesichtspunkt gerechtfertigt."; vgl. *Rogall*, in: Karlsruher Kommentar OWiG, § 130 Rn. 40.

1126 *Krohs*, in: Kölner Kommentar zum Kartellrecht, § 33 Rn. 210; vgl. *Twele*, Die Haftung des Vorstands für Kartellrechtsverstöße, S. 133; vgl. ferner *Rönnau/Becker*, NStZ 2016, 569, 574, die sich dahingehend einlassen, dass die glaubhafte Erklärung, die Leistungsfähigkeit des Compliance-Systems unterschätzt zu haben, möglicherweise verschuldensausschließend auswirken kann, sofern sich das Vertrauen des Handelnden (= Einrichtung des Compliance-Systems) durch die Steuerungs- und Vermeidungsbemühungen tatsächlich auf das Ausbleiben der Realisierung der Gefahr und nicht nur auf eine Minderung des Risikos bezieht.

die Anforderungen an die Manager erhöhen.[1127] In der Regel sollten sogenannte weiche Kontrollmechanismen genügen.[1128] Bei entsprechenden Verstößen in der Vergangenheit ist jedoch eine regelmäßige und systematische Überwachung der betroffenen Bereiche erforderlich, die z. B. in der Kontrolle der geführten Akten, der elektronischen Dokumente und Korrespondenz bestehen kann.[1129] Denkbar wäre auch, eine generelle Gegenzeichnungspflicht durch die Compliance- oder Rechtsabteilung einzuführen. Ferner ist die Einhaltung des Compliance-Programms selbst bzw. die Umsetzung der verschiedenen Phasen des Compliance-Programms entsprechend der Vorgaben zu kontrollieren.[1130]

251 Teil eines qualifizierten Compliance-Programms ist es, den Rechtsverstoß umgehend zu beenden und Sanktionen gegen kartellrechtswidrig handelnde Unternehmensangehörige beim ersten Verstoß anzudrohen oder bei wiederholten Verstößen zu verhängen[1131], damit das Compliance-Programm nicht zum Papiertiger verkommt und seine enthaftende Wirkung verliert.[1132] Nach einem Kartellrechtsverstoß sind die präventiven Elemente des Compliance-Programms auf Basis der gewonnen Erkenntnisse anzupassen.[1133]

1127 Siehe dazu bereits oben unter B. II. 2. a) cc), Rn. 63 und C. I. 1. b) bb), Rn. 105; ferner *Krohs*, in: Kölner Kommentar zum Kartellrecht, § 33 Rn. 210.

1128 *Krohs*, in: Kölner Kommentar zum Kartellrecht, § 33 Rn. 210, der gezielte Fragebögen, systematische Belehrungs- und Kontrollgespräche sowie eine Vorlagepflicht für von Vertragsmustern abweichende Vertragsklauseln nennt; anders *Twele*, Die Haftung des Vorstands für Kartellrechtsverstöße, S. 133 m.w.N., der grundsätzlich für eine überraschende und stichprobenartige Überprüfung der im Rahmen der Schulungen festgelegten Verhaltensweisen auf ihre tatsächliche Einhaltung hin plädiert.

1129 *Krohs*, in: Kölner Kommentar zum Kartellrecht, § 33 Rn. 210 m.w.N., der auf die dabei auftretenden Konflikte mit dem Datenschutzrecht, dem TK-Recht und der Würde der Mitarbeiter insbesondere bei verdachtsunabhängigen Kontrollen hinweist; ähnlich *Dittrich*, CCZ 2015, 209, 211, der zudem für die Einbindung kartellrechtlicher Kontrollmaßnahmen in die Arbeitsprozesse plädiert.

1130 *Twele*, Die Haftung des Vorstands für Kartellrechtsverstöße, S. 133 m.w.N.

1131 *Twele*, Die Haftung des Vorstands für Kartellrechtsverstöße, S. 133 m.w.N.; ähnlich *Dittrich*, CCZ 2015, 209, 212, der jedoch auf den Interessenkonflikt hinweist, dem das Unternehmen ausgesetzt sein kann. Denn um in den Genuss der Kronzeugenregelung zu kommen, ist das Unternehmen ggf. auf die Mithilfe und Kenntnis des kartellrechtswidrig Handelnden angewiesen. Daher hält *Dittrich* es für möglich, dem Täter ein Amnestieangebot zu unterbreiten und auf arbeitsrechtliche Sanktionen und Schadensersatzansprüche zu verzichten, um die fortlaufend Kooperation des Täters im Interesse des Unternehmens zu erhalten; vgl. ferner *Klusmann*, in: Handbuch des Kartellrechts, § 55 Rn. 36, der von „feststellbarer Umsetzungsernsthaftigkeit“ spricht.

1132 Vgl. auch *Rönnau/Becker*, NStZ 2016, 569, 574.

1133 *Dittrich*, CCZ 2015, 209, 212.

Zudem sollte auf die drohenden Schadensersatzansprüche wegen aufgrund von Kartellrechtsverstößen geleisteter Bußgeldzahlungen der Gesellschaft gegen den Unternehmensangehörigen hingewiesen werden, um den Abschreckungseffekt zwecks gesteigerter Rechtsbefolgung zu erhöhen.[1134]

252 An dieser Stelle ist vollständigkeitshalber darauf hinzuweisen, dass sich die Aufsichtspflicht und somit auch die Pflicht zur Implementierung eines Compliance-Systems analog zur Rechtslage im Gesellschaftsrecht und Ordnungswidrigkeitenrecht auch auf Konzernstrukturen erstrecken kann[1135], weswegen das korrespondierende Unterlassen entsprechender Maßnahmen eine Haftung begründen kann.[1136]

1134 *Twele*, Die Haftung des Vorstands für Kartellrechtsverstöße, S. 133 m.w.N.; ob ein solcher Abschreckungseffekt nach dem Urteil des *LAG Düsseldorf*, wonach solche Geldbußen keinen ersatzfähigen Schaden darstellen, noch besteht, ist sehr zweifelhaft, siehe dazu oben unter B. II. 2. a) aa), Rn. 55–56.

1135 *Dittrich/Linsmeier*, NZKart 2014, 485, 486; *Karbaum*, Kartellrechtliche Compliance – Rechtsgrundlagen und Umsetzung, S. 256 ff., 269 f.; *Schneider*, NZG 2009, 1321, 1324 ff; *Seeliger/Mross*, in: FK-GWB, E Allg. Teil, Rn. 208 ff. m.w.N.; siehe dazu bereits oben unter B. II. 2. a) cc), Rn. 68, C. I. 1. b) bb), Rn. 105 und C. I. 1. b) ff).

1136 Vgl. *Krohs*, in: Kölner Kommentar zum Kartellrecht, § 33 Rn. 211, der sich jedoch nur auf passivlegitimierte Unternehmen bezieht; konkrete Vorschläge für zu ergreifende Maßnahmen macht *Schneider*, NZG 2009, 1321, 1326 m.w.N., der folgende Punkte nennt: **(1)** Schaffung einer Zuständigkeit für konzernweite Compliance; **(2)** Implementierung eines konzernweiten Compliance-Programm und konzernweiten Informationssystem (konzernweites Reporting); **(3)** Konzernweite Überwachung, dessen Umfang von der konkreten Konzern-Compliance-Organisation abhängt; **(4)** Compliance darf nicht nur ein Papiertiger sein; **(5)** Bei *dezentraler* Konzernleitung (= Einfluss nur auf Personalpolitik und Konzernfinanzierung) muss der Vorstand des herrschenden Unternehmens lediglich sicherstellen, dass die Tochtergesellschaft ein Compliance-System implementiert, während die konkrete Ausgestaltung und Durchführung der Tochtergesellschaft obliegt; **(6)** Bei *zentraler* Konzernleitung (= Tochtergesellschaften werden wie ein Betrieb des herrschenden Unternehmens geführt) ist das Pflichtenprogramm des Vorstands des herrschenden Unternehmens hinsichtlich der Einführung und Durchführung eines Compliance-Systems in der Mutter- und Tochtergesellschaft identisch, d. h. ihn trifft auch die Verantwortung für die Durchsetzung und Durchführung im Tochterunternehmen. Diese Kriterien entsprechen den dargestellten gesellschaftsrechtlichen Pflichten (siehe dazu oben unter B. II. 2. a) cc), Rn. 68) und korrespondieren im Übrigen auch mit den i. R. v. § 130 OWiG aufgestellten Grundsätzen (siehe dazu oben unter C. I. 1. b) bb), Rn. 105 und C. I. 1. b) ff)); zu alledem auch *Seeliger/Mross*, in: FK-GWB, E Allg. Teil, Rn. 208 ff. m.w.N.

ff) Mitverschulden und Schadensminderungspflicht

253 Hinsichtlich der Berücksichtigung von einem *eventualiter* vorliegenden Mitverschulden oder einer *eventualiter* bestehenden Schadensminderungspflicht gelten die allgemeinen zivilrechtlichen Grundsätze.[1137]

gg) Zwischenergebnis

254 Nach allgemeinen Grundsätzen muss der Kartellrechtsverstoß mithin verschuldet, d. h. vorsätzlich oder fahrlässig, begangen worden sein, um einen Schadensersatzanspruch auszulösen. Dies gilt auch für die hier in Rede stehende Schadensersatzhaftung gemäß § 33 Abs. 3 GWB a. F. bzw. § 33a Abs. 1 GWB n. F.

255 Als sichere Häfen für Manager, die ein Verschulden ausschließen, gelten nach dem Gesagten Tatbestandsirrtümer und unvermeidbare Verbotsirrtümer, wobei bezüglich der Anforderungen an das Vorliegen eines unvermeidbaren Verbotsirrtums strenge Maßstäbe gelten.

256 Im Falle einer Aufsichtspflichtverletzung ist eine Haftung ausgeschlossen, soweit der Manager Sicherheitsvorkehrungen getroffen hat, die ein verständiger, umsichtiger, vorsichtiger und gewissenhafter Angehöriger der betroffenen Verkehrskreise für ausreichend halten darf, um andere Personen vor Schäden zu bewahren und die den Umständen nach zuzumuten sind. Im kartellrechtlichen Kontext bedeutet dies, dass die Implementierung eines wirksamen und nachhaltigen Compliance-Programms (= qualifiziertes Compliance-Programm), welches auf Schadensprävention und Risikokontrolle angelegt und dessen Umfang im Einzelfall an Art, Größe und Organisation des Unternehmens einschließlich der Konzernunternehmen, den zu beachtenden Vorschriften, der geografische Präsenz sowie an Verdachtsfällen aus der Vergangenheit ausgerichtet ist und wirksame Aufsichtsmaßnahmen enthält, regelmäßig haftungsausschließend wirkt, wobei an die Wirksamkeit der Aufsichtsmaßnahmen strenge Maßstäbe zu stellen sind.

c) Kausalität

257 Das Tun oder Unterlassen des Managers muss kausal für den Schadenseintritt sein, wobei sowohl die Äquivalenz- und die Adäquanztheorie unter

---

1137 *Bornkamm*, in: Langen/Bunte, § 33 Rn. 126; *Lübbig*, in: Münchener Kommentar zum WettbR, § 33 Rn. 68; *Roth*, in: FK-GWB, § 33 Rn. 130 m.w.N.

Berücksichtigung des Schutzzwecks der Norm anzuwenden sind. Diesbezüglich wird auf die einschlägigen Kommentierungen verwiesen.[1138]

d) Schaden

258 Hinsichtlich des Schadensbegriffs und der Bestimmung desselben gelten die allgemeinen Grundsätze der §§ 249 ff. BGB.[1139] Diesbezüglich wird auf die einschlägigen Kommentierungen verwiesen.[1140] Mitunter gestaltet sich die Bezifferung des Schadens schwierig.[1141] Die 9. GWB-Novelle bringt insoweit mit § 33a Abs. 2, 3 GWB n. F. etwas Erleichterung. Durch das *ORWI*-Urteil des *BGH* ist auch die lange Zeit virulente Frage nach der Zulässigkeit der *passing on-defence* dergestalt entschieden, dass sie im Rahmen der Vorteilsausgleichung zu berücksichtigen ist.[1142] Zum Schaden eines Aktionärs bzw. Gesellschafters wird auf die Ausführungen bezüglich der Aktivlegitimation verwiesen (siehe dazu unter C. I. 5. e) cc)).

259 Soweit in anderem Zusammenhang namentlich vom *ArbG Essen*[1143] vertreten wurde, der Schadensersatzanspruch sei im Innenregress zwischen Unternehmen und natürlicher Person – u. a. mit Blick auf die Unterschiede bezüglich der wirtschaftlichen Leistungsfähigkeit sowie dem Umstand, dass die Vorteile aus dem kartellrechtswidrigen Verhalten primär dem Unternehmen zufließen – der Höhe nach auf eine Mio. Euro zu begrenzen, da dies der Wertung des § 81 Abs. 4 GWB entspreche, ist dies nach hier vertretener Ansicht *de lege lata* kein Modell, welches sich bezüglich des kartellrechtlichen Schadensersatzanspruches ins Außenverhältnis zwischen natürlicher Person als Rechtsverletzer und geschädigtem Kartellopfer übertragen lässt. Eine solche Haftungsbegrenzung im Außenverhältnis widerspricht dem gesetzlichen Zweck des Schadensersatzanspruches,

---

1138 Statt vieler *Ollerdißen*, in: Handbuch des Kartellrechts, § 61 Rn. 58 ff.; zur Kausalität bei Kollegialentscheidungen ausführlich *Fleischer*, in: Münchener Kommentar zum GmbHG, § 43 Rn. 267 ff. m.w.N. und *Spindler*, in: Münchener Kommentar zum AktG, § 93 Rn. 175 m.w.N.

1139 *Rehbinder*, in: Loewenheim/Meessen/Riesenkampff/Kersting/Meyer-Lindemann, § 33 Rn. 46; *Topel*, in: Handbuch des Kartellrechts, § 50 Rn. 89.

1140 Statt vieler *Rehbinder*, in: Loewenheim/Meessen/Riesenkampff/Kersting/Meyer-Lindemann, § 33 Rn. 46 ff. und *Topel*, in: Handbuch des Kartellrechts, § 50 Rn. 89 ff.

1141 Vgl. *Emmerich*, in: Immenga/Mestmäcker, § 33 Rn. 68 ff., insb. Rn. 73; *Rehbinder*, in: Loewenheim/Meessen/Riesenkampff/Kersting/Meyer-Lindemann, § 33 Rn. 46 ff., insb. Rn. 48 f.

1142 *BGH*, Urteil vom 28. Juni 2011 – Az. KZR 75/10, Rn. 57 ff. = BGHZ 190, 145 ff. = NJW 2012, 928 ff. = *BGH* WuW/E DE-R 3431 ff. – ORWI.

1143 *ArbG Essen*, Urteil vom 19. Dezember 2013 – 1 Ca 657/13, der Regressanspruch sollte mit Blick auf § 81 Abs. 4 GWB auf eine Million Euro begrenzt sein.

zwecks Verhaltenssteuerung eine abschreckende und präventive Wirkung zu entfalten und wälzt zudem das Insolvenzrisiko (zumindest, soweit das Unternehmen bzw. der Unternehmensträger nicht solvent sind) in unzulässigerweise auf das geschädigte Kartellopfer ab. Es erscheint mit Blick auf die Verteilung des Insolvenzrisikos vielmehr sachgerecht zu sein, eine Haftungsbegrenzung zugunsten der natürlichen Person im Innenverhältnis beim Gesamtschuldnerausgleich zwischen Unternehmen und natürlicher Person zu diskutieren.[1144]

e) Aktivlegitimation; Begriff des Betroffenen

260 In der Vergangenheit stellte die Frage nach der Aktivlegitimation i. R. v. § 33 Abs. 1 S. 2 und 3 GWB a. F. i. V. m. § 33 Abs. 3 GWB a. F. (inhaltlich entsprechen sie dem § 33 Abs. 1, 3 GWB n. F. i. V. m. § 33a Abs. 1 GWB n. F.) einen der größten Streitpunkte dar, wobei insbesondere die Aktivlegitimation entlang der Wertschöpfungskette bis zum Endverbraucher bezweifelt und für eine Beschränkung der Aktivlegitimation auf die unmittelbare Marktgegenseite argumentiert wurde.[1145] In theoretisch-dogmatischer Hinsicht wurde dieser Streit stark von US-amerikanischen[1146] und europäischen Einflüssen[1147] geprägt.

261 Ausgangspunkt war der Wortlaut der Norm, wonach gemäß § 33 Abs. 1 S. 2 und 3 GWB a. F. der Betroffenen aktivlegitimiert ist, der als Mitbewerber oder sonstiger Marktteilnehmer definiert wurde und durch den Verstoß beeinträchtigt ist.

1144 Siehe dazu unten unter C. III. 1. c) und C. III. 1. d); zu Änderungen *de lege ferenda* siehe D., Rn 404.

1145 *Emmerich*, in: Immenga/Mestmäcker, § 33 Rn. 10; *Rehbinder*, in: Loewenheim/Meessen/Riesenkampff/Kersting/Meyer-Lindemann, § 33 Rn. 11 ff. m.w.N. für die vertretenen Ansichten; vgl. ferner *Topel*, in: Handbuch des Kartellrechts, § 50 Rn. 45 m.w.N.

1146 Die ersten Kartellrechtsvorschriften, das sogenannte Dekartellierungs- und Dekonzentrierungsrecht, wurde nach dem Vorbild der amerikanischen Anti-Trust-Politik und Rechtsgedanken nachgebildet und dementsprechend ausgelegt, so *Bunte*, in: Langen/Bunte, Einführung Rn. 5; ferner spielt nach *Roth*, in: FK-GWB, § 33 Rn. 13 m.w.N. in den USA für die Durchsetzung des Anti-Trust-Rechts die Privatklage eine überragende Rolle. Mit der *passing on-defence* befasst sich der *US Supreme Court* in dem Urteil *Hanover Shoe, Inc. v. United Shoe Machinery Corp.*, 392 U.S. 481 (1968), mit dem Kreis der Ersatzberechtigten im Urteil *Illinois Brick Co. v. Illinois*, 431 U.S. 720 (1977).

1147 Zuvorderst sind die Urteile des *EuGH* in Sachen Courage = *EuGH*, Urteil vom 20. September 2001 – Rs. C-453/99, Slg. 2001 und Manfredi = *EuGH*, Urteil vom 13. Juli 2006 – Rs. C-295/04 bis C-298/04, Slg. 2006 zu nennen.

262 War die ältere Rechtsprechung des *BGH* zu § 33 GWB i.d. bis zum 1. Juli 2005 gültigen Fassung noch von dem Bestreben geprägt, den Kreis der Ersatzberechtigten i. R. d. Schutzgesetzerfordernis mittels des sogenannten Zielgerichtetheitskriteriums[1148] zu begrenzen[1149], wurde dieser schon zuvor vor dem Hintergrund der Courage-Rechtsprechung des *EuGH*[1150] kritisierten Rechtsprechung durch die in der 7. GWB-Novelle enthaltene Streichung des Schutzgesetzerfordernis die Grundlage entzogen, womit eine Ausweitung des Kreises der Aktivlegitimierten beabsichtigt war.[1151]

263 Eine Klärung in dieser Frage brachte das *ORWI*-Urteil des *BGH*, indem sogar noch zur alten Rechtslage (unter Geltung von § 33 GWB mit Schutzgesetzerfordernis) geurteilt wurde, dass der Kreis der Aktivlegitimierten mit Blick auf das europäische Recht und die Rechtsprechung in Sachen Courage und Manfredi des *EuGH* weit zu fassen ist und mithin auch mittelbare Abnehmer entlang der Wertschöpfungskette und Endverbraucher aktivlegitimiert sind.[1152] Das Urteil des *BGH* beansprucht wegen des *obiter dictums* auch Geltung für § 33 GWB i.d.F. der 7. GWB-Novelle.[1153] Ein solches weites Verständnis liegt auch der EU-Kartellschadensersatzrichtlinie (RL 2014/104/EU) und der 9. GWB-Novelle zugrunde, wie sich aus Artt. 2 Nr. 6, 3 Abs. 1 und 12 sowie Erwägungsgrund 3 sowie §§ 33 Abs. 1, 3, 33a Abs. 1, 33c, 33e Abs. 1 GWB n. F. ergibt.[1154] Jedoch soll der Kreis der Aktivlegitimierten auch bei grundsätzlich weitem Verständnis nach Ansicht der Literatur i. R. d. Schutzzwecks der Norm begrenzt werden können.[1155] Dies sei auch grundsätzlich

---

1148 Dazu erläuternd *Emmerich*, in: Immenga/Mestmäcker, § 33 Rn. 17.

1149 Vgl. *Emmerich*, in: Immenga/Mestmäcker, § 33 Rn. 11; vgl. *Rehbinder*, in: Loewenheim/Meessen/Riesenkampff/Kersting/Meyer-Lindemann, § 33 Rn. 12; vgl. ferner *Topel*, in: Handbuch des Kartellrechts, § 50 Rn. 45 m.w.N.

1150 *EuGH*, Urteil vom 20. September 2001 – Rs. C-453/99, Slg. 2001 – Courage; bestätigt durch *EuGH*, Urteil vom 13. Juli 2006 – Rs. C-295/04 bis C-298/04, Slg. 2006 – Manfredi.

1151 Gesetzesbegründung zur 7. GWB-Novelle, BT-Drs. 15/3640, S. 53; *Emmerich*, in: Immenga/Mestmäcker, § 33 Rn. 11; *Rehbinder*, in: Loewenheim/Meessen/Riesenkampff/Kersting/Meyer-Lindemann, § 33 Rn. 11; vgl. *Topel*, in: Handbuch des Kartellrechts, § 50 Rn. 46.

1152 *BGH*, Urteil vom 28. Juni 2011 – Az. KZR 75/10, Rn. 24, 26 – ORWI; zustimmend exemplarisch *Emmerich*, in: Immenga/Mestmäcker, § 33 Rn. 18.

1153 *BGH*, Urteil vom 28. Juni 2011 – Az. KZR 75/10, Rn. 66 ff. – ORWI; so auch *Rehbinder*, in: Loewenheim/Meessen/Riesenkampff/Kersting/Meyer-Lindemann, § 33 Rn. 15.

1154 So auch *Mestmäcker/Schweitzer*, Europäisches Wettbewerbsrecht, § 23 Rn. 36, 38; *Rehbinder*, in: Loewenheim/Meessen/Riesenkampff/Kersting/Meyer-Lindemann, § 33 Rn. 16; *Topel*, in: Handbuch des Kartellrechts, § 50 Rn. 47, 49 m.w.N.

1155 *Alexander*, Schadensersatz und Abschöpfung im Lauterkeits- und Kartellrecht, S. 351 ff.; *Bornkamm*, in: Langen/Bunte, § 33 Rn. 34 ff.; *Emmerich*, in: Immenga/Mestmäcker, § 33 Rn. 16; *Rehbinder*, in: Loewenheim/Meessen/Riesenkampff/Kersting/

mit der EU-Kartellschadensersatzrichtlinie (RL 2014/104/EU) vereinbar, wie Erwägungsgrund 11 zeige.[1156]

264 Nachdem somit die Frage nach der Aktivlegitimation mittelbarer Abnehmer entlang der Wertschöpfungskette und Endverbraucher geklärt ist, stellt sich nunmehr umso dringender die Frage, ob auch Aktionäre und sonstige Gesellschafter sowohl der am Kartellrechtsverstoß beteiligten als auch der durch den Kartellrechtsverstoß geschädigten juristischen Person i. R. d. kartelldeliktsrechtlichen Schadensersatzanspruches aktivlegitimiert sind.[1157] In diesem Zusammenhang wird zu untersuchen sein, ob die überkommene Auffassung aus dem allgemeinen Deliktsrecht, wonach sogenannte Reflexschäden[1158] grundsätzlich nicht ersatzfähig sind, vor dem Hintergrund der Jedermann-Rechtsprechung des *EuGH* in Sachen *Courage, Manfredi* und *Kone* beibehalten oder zumindest im Kartelldeliktsrecht von ihr abgewichen werden muss.

aa) Jedermann-Rechtsprechung

265 Wie bereits angedeutet wurde, zieht der *EuGH* den Kreis der Aktivlegitimierten in seiner Judikatur sehr weit. Im Folgenden werden die maßgeblichen Entscheidungen dargestellt, um sie für die weitere Abhandlung nutzbar zu machen.

Meyer-Lindemann, § 33 Rn. 16; *Roth,* in: Festschrift für Westermann, S. 1355, 1367 ff., der sich skeptisch zeigt, ob der *EuGH* in Zukunft eine solche Einschränkung vornehmen wird; vgl. auch *Topel,* in: Handbuch des Kartellrechts, § 50 Rn. 46, wo ausgeführt wird, dass die Formel der praktischen Wirksamkeit des *EuGH* identisch sei mit der Bestimmung und Gestaltung der Durchsetzbarkeit anhand des Schutzzwecks der Norm.

1156 So auch *Rehbinder,* in: Loewenheim/Meessen/Riesenkampff/Kersting/Meyer-Lindemann, § 33 Rn. 16.

1157 Die Frage nach der Aktivlegitimation von Aktionären und Gesellschaftern bezüglich Innenregressansprüchen gemäß § 93 AktG und § 43 GmbHG sind nicht Teil der nachfolgenden Ausführungen, da es sich um ein Thema der Organinnenhaftung handelt. Zu den dortigen Problemen wird auf *Bank,* in: Haftung von Unternehmensorganen, Kapitel 3, Rn. 9–106 verwiesen; eine Schutzlücke, gerade vor dem Hintergrund des Ziels der Verhaltenssteuerung, sieht auch *Schmitz,* Die Haftung des Vorstands gegenüber den Aktionären, S. 239 ff.

1158 Der Reflexschaden wird dabei als Schaden definiert, der in der bloßen (mittelbaren) Minderung des Beteiligungswertes (bspw. durch den Rückgang des Aktienkurses oder Wertminderung des Gesellschaftsanteils) besteht und darauf zurückzuführen ist, dass die juristische Person ihrerseits einen Schaden erlitten hat (im Falle der Beteiligung am Kartellrechtsverstoß z. B. in Form der Geldbuße oder im Falle der Schädigung durch den Kartellrechtsverstoß z. B. in Form der Zahlung kartellbedingter überhöhter Preise).

(1) *EuGH*, Rs. C-453/99 – *Courage*

266 In der *Courage*-Entscheidung, der materiell-rechtlich eine Ausschließlichkeitsbindung und eine Mindestbezugsverpflichtung des Pächters eines Pubs durch die verpachtende Brauerei zu Grunde lag[1159], urteilte der *EuGH*, dass nationale Gerichte durch Art. 85 EG (ehemals Art. 81 EG, heute Art. 101 AEUV) daran gehindert seien, dem an einer verbotenen Vereinbarung Beteiligten einen Schadensersatzanspruch per se zu verweigern.[1160]

267 Denn

> „[d]ie volle Wirksamkeit des Artikels 85 EG-Vertrag [heute Art. 101 Abs. 1 AEUV] und insbesondere die praktische Wirksamkeit des in Artikel 85 Absatz 1 [heute Art. 101 Abs. 1 AEUV] ausgesprochenen Verbots wären beeinträchtigt, **wenn nicht jedermann Ersatz des Schadens verlangen könnte, der ihm** durch einen Vertrag, der den Wettbewerb beschränken oder verfälschen kann, oder durch ein entsprechendes Verhalten **entstanden ist**."[1161] [Hervorhebungen und Anmerkungen durch den Verfasser]

268 In Ermangelung einer einschlägigen Gemeinschaftsregelung müsse das innerstaatliche Recht der Mitgliedsstaaten die Verfahrensmodalitäten eines solchen Schadensersatzanspruches regeln[1162], wobei diese mit Blick auf den Äquivalenzgrundsatz[1163] nicht weniger günstig ausgestaltet sein dürften als die Modalitäten entsprechender innerstaatlicher Klagen.[1164] Ferner dürfe wegen des Effektivitätsgrundsatzes[1165] die Ausübung der durch die Gemeinschaftsrechtsordnung verliehenen Rechte nicht praktisch unmöglich gemacht oder übermäßig erschwert werden.[1166] Nach Ansicht des *EuGH* steht es den Nationalstaaten jedoch frei, eine ungerechtfertigte Bereicherung des Anspruchsberechtigten aufgrund des Schutzes der gemeinschaftsrechtlich gewährleisteten Rechte zu verhindern.[1167] Auch könnten die Nationalstaaten unter Beachtung der Grundsätze der Äquivalenz und Effektivität das Recht derjenigen Partei, die eine erhebliche Verantwortung für die Wettbewerbsverfälschung trage, einschränken oder zur Gänze verwehren, vom Vertragspartner Schadensersatz zu verlangen.[1168] Dabei sei insbesondere zu

---

1159 *EuGH*, Urteil vom 20. September 2001 – Rs. C-453/99, Slg. 2001, Rn. 3–16 – Courage.
1160 *EuGH*, Urteil vom 20. September 2001 – Rs. C-453/99, Slg. 2001, Rn. 28 – Courage.
1161 *EuGH*, Urteil vom 20. September 2001 – Rs. C-453/99, Slg. 2001, Rn. 26 – Courage.
1162 *EuGH*, Urteil vom 20. September 2001 – Rs. C-453/99, Slg. 2001, Rn. 29 – Courage.
1163 Siehe dazu bereits oben unter C. I. 4. a) cc)(2).
1164 *EuGH*, Urteil vom 20. September 2001 – Rs. C-453/99, Slg. 2001, Rn. 29 – Courage.
1165 Siehe dazu bereits oben unter C. I. 4. a) cc)(3).
1166 *EuGH*, Urteil vom 20. September 2001 – Rs. C-453/99, Slg. 2001, Rn. 29 – Courage.
1167 *EuGH*, Urteil vom 20. September 2001 – Rs. C-453/99, Slg. 2001, Rn. 30 – Courage.
1168 *EuGH*, Urteil vom 20. September 2001 – Rs. C-453/99, Slg. 2001, Rn. 31 – Courage.

prüfen, ob der Anspruchssteller der anderen Partei „eindeutig unterlegen" gewesen sei, so dass seine Freiheit, die Vertragsbedingungen auszuhandeln, und seine Fähigkeit, durch den rechtzeitigen Einsatz aller ihm zur Verfügung stehenden Rechtsschutzmöglichkeiten den Schadenseintritt zu verhindern oder den Schadensumfang zu begrenzen, ernsthaft beschränkt oder nicht vorhanden gewesen sei.[1169]

(2) *EuGH*, Rs. C-295/04 bis C-298/04 – *Manfredi*

269 Die grundsätzlichen Aussagen des *EuGH* aus dem Courage-Urteil wurden in der *Manfredi*-Entscheidung bestätigt.[1170] Der Gerichtshof führt aus, dass

> „[i]nfolgedessen [der Courage-Rechtsprechung des *EuGH*] [...] **jedermann Ersatz des ihm entstandenen Schadens verlangen [kann]**, wenn zwischen dem Schaden und einem nach Artikel 81 EG [heute Art. 101 Abs. 1 AEUV] verbotenen Kartell oder Verhalten **ein ursächlicher Zusammenhang besteht**."[1171] [Hervorhebungen und Anmerkungen durch den Verfasser]

270 Mangels einer Gemeinschaftsregelung sei die Bestimmung der Einzelheiten über die Ausübung dieses Rechts einschließlich derjenigen für die Anwendung des Begriffs „ursächlicher Zusammenhang" Aufgabe innerstaatlichen Rechts, wobei der Äquivalenz- und der Effektivitätsgrundsatz zu beachten seien.[1172] Dies gelte auch für die Bestimmung des Anspruchsumfangs, der Verjährungsfrist des Schadensersatzanspruchs und des für Schadensersatzklagen zuständigen Gerichts.[1173] Zum Anspruchsumfang ergänzt der *EuGH* die *Courage*-Entscheidung wegen des Effektivitätsgrundsatzedahingehend, dass ein Geschädigter nicht nur Ersatz des Vermögensschadens (*damnum cessans*), sondern auch den entgangenen Gewinn (*lucrum cessans*) sowie die Zahlung von Zinsen verlangen können muss.[1174] Die Zuerkennung von Strafschadensersatz sei durch das Gemeinschaftsrecht nicht geboten.[1175] Er könne wegen des Äquivalenzgrundsatzes aber dann von einem

---

1169 *EuGH*, Urteil vom 20. September 2001 – Rs. C-453/99, Slg. 2001, Rn. 32 f. – Courage.

1170 *EuGH*, Urteil vom 13. Juli 2006 – Rs. C-295/04 bis C-298/04, Slg. 2006, Rn. 60 – Manfredi.

1171 *EuGH*, Urteil vom 13. Juli 2006 – Rs. C-295/04 bis C-298/04, Slg. 2006, Rn. 61 – Manfredi.

1172 *EuGH*, Urteil vom 13. Juli 2006 – Rs. C-295/04 bis C-298/04, Slg. 2006, Rn. 62 – Manfredi.

1173 *EuGH*, Urteil vom 13. Juli 2006 – Rs. C-295/04 bis C-298/04, Slg. 2006, Rn. 92 ff., 77 ff. und 71 ff. – Manfredi.

1174 *EuGH*, Urteil vom 13. Juli 2006 – Rs. C-295/04 bis C-298/04, Slg. 2006, Rn. 95 ff. – Manfredi.

1175 *EuGH*, Urteil vom 13. Juli 2006 – Rs. C-295/04 bis C-298/04, Slg. 2006, Rn. 93 – Manfredi.

Verletzer geschuldet sein, wenn das nationale Recht für vergleichbare Sachverhalte pönalen Schadensersatz vorsehe.[1176]

(3) *EuGH*, Rs. C-557/12 – *Kone*

271 Die ohnehin schon weitgehende Rechtsprechung in den Sachen *Courage* und *Manfredi* wurde erneut ausgedehnt durch das Urteil des *EuGH* in der Rechtssache *Kone*.[1177] Dort urteilte der *EuGH*, dass ein Kartellant auch in einer *umbrella pricing*-Konstellation[1178] gegenüber dem Drittabnehmer, schadensersatzpflichtig sein kann.[1179] Zunächst wiederholt der Gerichtshof die bekannte Jedermann-Formel, wie sie in den Urteilen *Courage* und *Manfredi* entwickelt wurde.[1180] Der Gerichtshof führt anschließend wie folgt aus[1181]:

> „31 Bezüglich der im Ausgangsverfahren in Rede stehenden nationalen Regelung ergibt sich aus der Vorlageentscheidung, dass das österreichische Recht einen Schadensersatzanspruch in einem Fall wie dem des Ausgangsverfahrens kategorisch ausschließt, weil davon ausgegangen wird, dass der Kausalzusammenhang zwischen dem entstandenen Schaden und dem betreffenden Kartell in Ermangelung einer vertraglichen Beziehung zu einem Kartellbeteiligten durch die eigenständige Entscheidung des Unternehmens, das nicht am Kartell beteiligt ist, aber aufgrund des Kartells einen höheren Preis festgesetzt hat (*umbrella pricing*), unterbrochen wurde.
>
> 32 Zwar ist, wie in Rn. 24 des vorliegenden Urteils ausgeführt, die **Bestimmung der Regeln für die Anwendung des Begriffs ‚ursächlicher Zusammenhang' grundsätzlich Aufgabe des innerstaatlichen Rechts des einzelnen Mitgliedstaats. Nach der in Rn. 26 des vorliegenden Urteils angeführten Rechtsprechung des Gerichtshofs müssen diese nationalen Regeln jedoch die volle Wirksamkeit des Wettbewerbsrechts der Union sicherstellen** (vgl. in diesem Sinne Urteil VEBIC, EU:C:2010:739, Rn. 63). Sie müssen daher speziell das mit Art. 101 AEUV verfolgte Ziel berücksichtigen, das darin besteht, die Aufrechterhaltung eines wirksamen und unverfälschten Wettbewerbs im Binnenmarkt zu gewährleisten und damit Preise, die unter den Bedingungen eines freien Wettbewerbs festgesetzt werden. **Infolgedessen hat der Gerichtshof,**

1176 *EuGH*, Urteil vom 13. Juli 2006 – Rs. C-295/04 bis C-298/04, Slg. 2006, Rn. 93 – Manfredi.

1177 *EuGH*, Urteil vom 5. Juni 2014, Rs. C-557/12, Rn. 29 ff. – Kone.

1178 *EuGH*, Urteil vom 5. Juni 2014, Rs. C-557/12, Rn. 2 – Kone; in einer solchen Konstellation gleicht ein Kartellaußenseiter unter dem Schutzschirm im „Windschatten" des Kartells seine Preise an den Kartellpreis an.

1179 *EuGH*, Urteil vom 5. Juni 2014, Rs. C-557/12, Leitsatz – Kone.

1180 *EuGH*, Urteil vom 5. Juni 2014, Rs. C-557/12, Rn. 21 f. – Kone.

1181 *EuGH*, Urteil vom 5. Juni 2014, Rs. C-557/12, Rn. 31 ff. – Kone.

wie in Rn. 22 des vorliegenden Urteils ausgeführt, entschieden, dass die nationalen Regeln jedermann das Recht zuerkennen müssen, Ersatz des ihm entstandenen Schadens zu verlangen.

33 **Die volle Wirksamkeit von Art. 101 AEUV wäre aber in Frage gestellt, wenn das jedem zustehende Recht, Ersatz des ihm entstandenen Schadens zu verlangen, nach dem nationalen Recht kategorisch und unabhängig von den speziellen Umständen des konkreten Falles vom Vorliegen eines unmittelbaren Kausalzusammenhangs abhängig gemacht würde** und aufgrund der Tatsache ausgeschlossen wäre, dass der Betroffene vertragliche Beziehungen nicht zu einem Kartellbeteiligten, sondern zu einem Kartellaußenseiter hatte, auch wenn dessen Preispolitik eine Folge des Kartells ist, das zu einer Verfälschung der auf wettbewerbsorientierten Märkten herrschenden Preisgestaltungsprozesse beigetragen hat.

34 Daher kann ein durch das ‚umbrella pricing' Geschädigter den Ersatz des ihm durch die Mitglieder eines Kartells entstandenen Schadens verlangen, obwohl er keine vertraglichen Beziehungen zu ihnen hatte, wenn erwiesen ist, dass dieses Kartell nach den Umständen des konkreten Falles und insbesondere den Besonderheiten des betreffenden Marktes ein ‚umbrella pricing' durch eigenständig handelnde Dritte zur Folge haben konnte, und wenn diese Umstände und Besonderheiten den Kartellbeteiligten nicht verborgen bleiben konnten. Es ist Sache des vorlegenden Gerichts, zu prüfen, ob diese Voraussetzungen erfüllt sind." [Hervorhebungen durch den Verfasser]

272 Aus dem Urteil – insbesondere i. V. m. den vom *EuGH* wiedergegebenen Ausführungen des vorlegenden Gerichts[1182] – geht hervor, dass der *EuGH* eine mittelbare Verursachung für die Aktivlegitimation ausreichen lässt, sogar wenn der Kläger kein Abnehmer eines Kartellanten war, da der Zurechnungszusammenhang zwischen Kartellrechtsverstoß und Schaden nicht durch die zwar eigenverantwortliche, aber doch kartellpreisbedingt Entscheidung des Marktteilnehmers unterbrochen wird.[1183] Dies muss sowohl im Horizontal- als auch im Vertikalverhältnis gelten.[1184] Im Ergebnis hält der *EuGH* somit auch mittelbare Schäden bei Kartellrechtsverstößen für ersatzfähig, sofern sie adäquat kausal verursacht wurden.[1185] Eine Einschränkung

---

1182 *EuGH*, Urteil vom 5. Juni 2014, Rs. C-557/12, Rn. 14 f., 31 – Kone.

1183 *EuGH*, Urteil vom 5. Juni 2014, Rs. C-557/12, insb. Rn. 33 ff. – Kone; dies erkennt auch *Rehbinder*, in: Loewenheim/Meessen/Riesenkampff/Kersting/Meyer-Lindemann, § 33 Rn. 16.

1184 *Rehbinder*, in: Loewenheim/Meessen/Riesenkampff/Kersting/Meyer-Lindemann, § 33 Rn. 16.

1185 Vgl. *EuGH*, Urteil vom 5. Juni 2014, Rs. C-557/12, Rn. 29 f., 34 – Kone; aus den Ausführungen des Gerichtshofs ergibt sich, dass es sich um eine Art adäquater Kausalität handelt, da auf die „möglichen Folgen des Kartells, die den

des Kreises der Aktivlegitimierten im haftungsbegründenden Tatbestand aufgrund des Schutzzwecks der Norm nimmt der *EuGH*, anders als das vorlegende Gericht, nicht vor.[1186] Vielmehr lehnt der *EuGH* eine Begrenzung der Aktivlegitimation aufgrund von Schutzzweckerwägungen, die von den Kartellanten in der Form vorgetragen wurden, dass die Gewährung eines Schadensersatzanspruches beim *umbrella pricing* negative Auswirkungen auf die Kooperationsbereitschaft von Unternehmen während der Ermittlungen hätte, was dem Effektivitätsgrundsatz widerspräche, sogar ab.[1187] Da Schutzzweckerwägungen ein Grund für das vorlegende Gericht waren, das Verfahren auszusetzen[1188], ist davon auszugehen, dass für eine solche Einschränkung des Kreises der Aktivlegitimierten im haftungsbegründenden Tatbestand aufgrund des Schutzzwecks der Norm nach Ansicht des *EuGH* eher kein Platz ist. Diese Linie des *EuGH* dürfte auch nicht durch die EU-Kartellschadensersatzrichtlinie (RL 2014/104/EU) die Grundlage entzogen sein.[1189] Dies ergibt sich Erwägungsgrund 11, der die Grundaussagen der Rechtsprechung des *EuGH* prägnant zusammenfasst und wie folgt lautet:

> „Da keine entsprechenden unionsrechtlichen Vorschriften bestehen, gelten für Schadensersatzklagen die innerstaatlichen Vorschriften und Verfahren der Mitgliedstaaten. Nach der Rechtsprechung des Gerichtshofs der Europäischen Union (im Folgenden ‚Gerichtshof') kann jedermann Ersatz des ihm entstandenen Schadens verlangen, wenn zwischen dem Schaden und einer Zuwiderhandlung gegen die Wettbewerbsvorschriften ein ursächlicher Zusammenhang besteht. Alle nationalen Vorschriften, die die Geltendmachung des Anspruchs auf Ersatz eines durch eine Zuwiderhandlung gegen Artikel 101 oder 102 AEUV entstandenen Schadens einschließlich der in dieser Richtlinie nicht behandelten Aspekte (wie den Begriff des ursächlichen Zusammenhangs zwischen der Zuwiderhandlung und dem Schaden) betreffen, müssen dem Effektivitäts- und dem Äquivalenzgrundsatz entsprechen. Sie sollten folglich nicht so formuliert sein oder angewandt werden, dass sie die Geltendmachung des durch den AEUV garantierten Rechts auf Schadensersatz übermäßig erschweren oder praktisch unmöglich machen, oder weniger günstig formuliert sein oder angewandt werden als die Regeln, die auf

---

Kartellbeteiligten nicht verborgen bleiben können" zur Begründung der Haftung im Falle des *umbrella pricing* abgestellt wird.

1186 Vgl. *EuGH*, Urteil vom 5. Juni 2014, Rs. C-557/12, Rn. 13 ff., 36 – Kone; *Kollmann/Aufdermauer*, Deutscher Anwaltspiegel 2014, 3, 5.

1187 *EuGH*, Urteil vom 5. Juni 2014, Rs. C-557/12, Rn. 36 – Kone

1188 *EuGH*, Urteil vom 5. Juni 2014, Rs. C-557/12, Rn. 13 ff., 31 – Kone; vgl. *Kollmann/Aufdermauer*, Deutscher Anwaltspiegel 2014, 3, 5.

1189 Vgl. dazu auch *Zetzsche*, WuW 2016, 65, 68, der zutreffend betont, dass die EU-Kartellschadensersatzrichtlinie (RL 2014/104/EU) keine Beschränkung des Kreises der Aktivlegitimierten vornimmt und – wie bereits dargestellt wurde – an vielen Stellen von einem sehr weiten Kreis derselben ausgeht.

ähnliche, innerstaatliches Recht betreffende Klagen anwendbar sind. **Wenn die Mitgliedstaaten in ihrem nationalen Recht andere Voraussetzungen für Schadensersatz vorsehen, wie etwa Zurechenbarkeit, Adäquanz oder Verschulden, sollten sie diese Bedingungen beibehalten können, sofern sie mit der Rechtsprechung des Gerichtshofs, dem Effektivitäts- und dem Äquivalenzgrundsatz und den Bestimmungen dieser Richtlinie im Einklang stehen.**" [Hervorhebungen durch den Verfasser]

273 Damit stellt der Richtliniengeber die Zulässigkeit von dem nationalen Recht entspringenden anderen Voraussetzungen unter den Vorbehalt, dass sie mit der Rechtsprechung des *EuGH* kompatibel sind, fest. Mithin ist es angesichts der dargestellten Rechtsprechung des *EuGH* in der Rechtssache Kone in der Zukunft kaum denkbar, eine Begrenzung von Schadensersatzansprüchen bzw. des Kreises der Aktivlegitimierten im haftungsbegründenden Tatbestand mit dem Schutzzweck der Norm bzw. Schutzzweckerwägungen zu begründen.[1190] Denn entweder sind solche Begrenzungen angesichts des Urteils des *EuGH* in der Rechtssache Kone bei extensivem Verständnis des Urteils mit Blick auf den Äquivalenz- und Effektivitätsgrundsatz gar nicht mehr zulässig. Oder aber – bei weniger extensiver Interpretation des Urteils – ist jedenfalls der Schutzzweck der Norm sehr weit zu fassen.[1191] M. a. W. dürfte im haftungsbegründenden Tatbestand ein Schadensersatzanspruch lediglich mittels der Äquivalenz- und der Adäquanztheorie begrenzt werden, während im haftungsausfüllenden Tatbestand auch normative Erwägungen berücksichtigt werden können.[1192] Daher bestehen nach hier vertretener Ansicht erhebliche Zweifel an der Richtigkeit der unter C. I. 5. e), Rn. 263 dargestellten Literaturansicht, wonach auch unter Geltung der EU-Kartellschadensersatzrichtlinie (RL 2014/104/EU) eine Begrenzung des Kreises der Aktivlegitimierten *a priori* durch den Schutzzweck der Norm möglich sei.[1193]

1190 So auch *Zetzsche*, ZHR 179 (2015), 490, 504; *ders.*, WuW 2016, 65, 69.

1191 So auch *Stöber*, EuZW 2014, 257, 259, wo es heißt: „Schließlich fällt der auf einem Preisschirmeffekt beruhende Schaden auch in den Schutzbereich der verletzten Norm. *Das Verbot von Kartellen im Allgemeinen und von Preiskartellen im Besonderen dient dazu, den Markt vor Wettbewerbsverfälschungen und namentlich vor künstlich erhöhten Preisen zu schützen.* Nach diesem Schutzzweck kann es keinen Unterschied machen, ob ein überhöhter Preis von einem – unmittelbaren oder mittelbaren – Abnehmer der Kartellbeteiligten selbst oder aber vom Abnehmer eines Kartellaußenseiters gezahlt wird, *solange die Preisverfälschung nur in einem inneren Zusammenhang mit der wettbewerbswidrigen Abrede und den durch sie geschaffenen Risiken steht.* Letzteres ist, wie ausgeführt wurde, in den Fällen des Eintritts von Preisschirmeffekten zu bejahen." [Hervorhebungen durch den Verfasser].

1192 In diesem Sinn auch *Zetzsche*, WuW 2016, 65, 69 f.

1193 Siehe dazu auch *Zetzsche*, WuW 2016, 65, 69.

(4) Zwischenergebnis

274 Nach alledem lässt sich aus der maßgeblichen Rechtsprechung des *EuGH* keine Einschränkung des Kreises der Aktivlegitimierten im haftungsbegründenden Tatbestand ableiten.[1194] Vielmehr vertritt der *EuGH* ein ausgesprochen extensives Verständnis, weswegen der Kreis der Aktivlegitimierten sowohl unmittelbare als auch mittelbare Abnehmer sowie Drittabnehmer von Kartellaußenseitern umfasst. Eine Begrenzung aufgrund des Schutzzwecks der Norm scheint dabei in Zukunft eher nicht mehr möglich zu sein.

bb) Betroffenheit

(1) Mitbewerber und sonstige Marktteilnehmer

275 Da davon auszugehen ist, dass der Gesetzgeber den Kreis der Anspruchsberechtigten von Beseitigungs- und Unterlassungsansprüchen einerseits und Schadensersatzansprüchen andererseits kongruent gestalten wollte[1195], erfasst der Verweis des § 33 Abs. 3 GWB a. F. auf § 33 Abs. 1 GWB a. F. (inhaltlich entsprechen sie dem § 33 Abs. 1, 3 GWB n. F. i. V. m. § 33a Abs. 1 GWB n. F.) auch das Betroffenheitskriterium, sodass der Betroffene gemäß § 33 Abs. 1 S. 1, 3 GWB a. F. i. V. m. § 33 Abs. 3 GWB a. F. (inhaltlich entsprechen sie dem § 33 Abs. 1, 3 GWB n. F. i. V. m. § 33a Abs. 1 GWB n. F.) berechtigt ist, Schadensersatzansprüche geltend zu machen.

276 Nach § 33 Abs. 1 S. 3 GWB a. F. bzw. § 33 Abs. 3 GWB n. F. gilt als betroffen und somit als aktivlegitimiert, wer als Mitbewerber oder sonstiger Marktteilnehmer durch den Verstoß beeinträchtigt ist. Da die Begriffe Mitbewerber und sonstige Marktteilnehmer im GWB nicht definiert werden, bietet sich als Auslegungshilfe ein Seitenblick in das UWG von 2004 an, welches sachlich wie zeitlich der Verabschiedung des GWB nahe liegt.[1196] Mitbewerber sind demnach Unternehmen, die in einem konkreten Wettbewerbsverhältnis zu den Kartellanten stehen, die einen Verstoß gegen kartellrechtliche Vorschriften begehen.[1197] Der potenzielle Schadensersatzkläger muss als

---

1194 So auch *Zetzsche*, WuW 2016, 65, 68.

1195 *Rehbinder*, in: Loewenheim/Meessen/Riesenkampff/Kersting/Meyer-Lindemann, § 33 Rn. 18; *Roth*, in: Festschrift für Huber, S. 1133, 1154; so auch *Staebe*, in: Schulte/Just, § 33 Rn. 29; dagegen *Bechtold/Bosch*, GWB, § 33 Rn. 10 f.

1196 *Emmerich*, in: Immenga/Mestmäcker, § 33 Rn. 12; *Lettl*, Kartellrecht, § 11 Rn. 34; *Mäsch*, in: PK-KartellR, § 33 Rn. 19.

1197 *Emmerich*, in: Immenga/Mestmäcker, § 33 Rn. 13; *Mäsch*, in: PK-KartellR, § 33 Rn. 20; *Topel*, in: Handbuch des Kartellrechts, § 50 Rn. 47 f.; vgl. *Staebe*, in: Schulte/Just, § 33 Rn. 10.

Folge aus § 33 Abs. 1 S. 3 GWB a. F. bzw. § 33 Abs. 3 GWB n. F. als Marktbeteiligter über Transaktionen am sachlich und räumlich relevanten Markt geschädigt worden sein.[1198]

277 Sonstige Marktbeteiligte sind alle natürlichen oder juristischen Personen, die von dem Kartellrechtsverstoß in ihrem Marktverhalten beeinträchtigt sein könnten.[1199] Damit wurde der Kreis der Anspruchsberechtigten bewusst erweitert, sodass nunmehr Abnehmer, Lieferanten und grundsätzlich auch Endverbraucher ohne Rücksicht auf die Zielgerichtetheit der Kartellabsprache zu diesem Kreis zählen.[1200] Maßgeblich ist mit Blick auf die Rechtsprechung des *EuGH* vielmehr, dass jedermann, der zumindest in seiner Eigenschaft als Marktteilnehmer – also Akteur am Markt – betroffen (also geschädigt) wurde, aktivlegitimiert ist.[1201] Ob damit, wie *Emmerich* meint, der Ausschluss der Aktivlegitimation von Aktionären und Gesellschaftern einhergeht[1202], wird noch zu untersuchen sein.

278 Zu beachten ist, dass nach der Courage-Rechtsprechung des *EuGH* grundsätzlich auch die Kartellanten aktivlegitimiert sein können, wobei ihr Verursachungsbeitrag nach der Gesetzesbegründung i. R. d. Mitverschuldens gemäß § 254 BGB berücksichtigt werden soll.[1203] Ein Schadensersatzanspruch soll auch nach der Rechtsprechung des *EuGH* ausgeschlossen sein, soweit der den Anspruch geltend machende Kartellant eine erhebliche Verantwortung für die Wettbewerbsverzerrung trägt, da ein einzelner keinen Nutzen aus seinem eigenen rechtswidrigen Verhalten ziehen solle.[1204]

1198 *Emmerich*, in: Immenga/Mestmäcker, § 33 Rn. 13 m.w.N.; vgl. *Roth*, in: Festschrift für Westermann, S. 1355, 1371, der letztlich die Differenzierung über das Merkmal der Beeinträchtigung vornehmen möchte, da das Schutzgesetzerfordernis weggefallen und der Kreis der Anspruchsberechtigten weit gefasst sei.

1199 *Emmerich*, in: Immenga/Mestmäcker, § 33 Rn. 14; *Staebe*, in: Schulte/Just, § 33 Rn. 10.

1200 Gesetzesbegründung zur 7. GWB-Novelle, BT-Drs. 15/3640, S. 35, 53; Ausschussbericht des Ausschusses für Wirtschaft und Arbeit, BT-Drs. 15/5049, S. 49; *Bornkamm*, in: Langen/Bunte, § 33 Rn. 30 ff.; *Bornkamm*, in: Schadensersatzklagen gegen Kartellmitglieder, S. 51, 54; *Emmerich*, in: Immenga/Mestmäcker, § 33 Rn. 14; *Roth*, in: Festschrift für Huber, S. 1133, 1148, 1155 f.; *Topel*, in: Handbuch des Kartellrechts, § 50 Rn. 49; vgl. ferner *Rehbinder*, in: Loewenheim/Meesen/Riesenkampff/Kersting/Meyer-Lindemann, § 33 Rn. 12, 38.

1201 *Emmerich*, in: Immenga/Mestmäcker, § 33 Rn. 14.

1202 *Emmerich*, in: Immenga/Mestmäcker, § 33 Rn. 14.

1203 Gesetzesbegründung zur 7. GWB-Novelle, BT-Drs. 15/3640, S. 53; *Emmerich*, in: Immenga/Mestmäcker, § 33 Rn. 11; durchaus kritisch *Topel*, in: Handbuch des Kartellrechts, § 50 Rn. 47.

1204 *EuGH*, Urteil vom 20. September 2001 – Rs. C-453/99, Slg. 2001, Rn. 24, 31 – Courage; siehe zu den Details *Emmerich*, in: Immenga/Mestmäcker, § 33 Rn. 19.

279 Für die Beurteilung der Aktivlegitimation bei vertikalen Absprachen gelten grundsätzlich die gleichen Maßstäbe, wobei in Ermangelung eines konkreten Wettbewerbsverhältnisses zwischen den in einem Vertikalverhältnis stehenden Unternehmen auf die Tatbestandsalternative der sonstigen Marktteilnehmer zurückgegriffen werden muss.[1205]

(2) Beeinträchtigung

280 Da der Kreis der Aktivlegitimierten mit Blick auf die Rechtsprechung des *EuGH* in Sachen Courage spätestens seit der 7. GWB-Novelle weit gefasst ist, ist es folgerichtig, auch das Merkmal der Beeinträchtigung entsprechend weit zu fassen.[1206] Es stellt sich jedoch die Frage, worin der potenziell Aktivlegitimierte beeinträchtigt sein muss, um Beseitigungs- und Unterlassungsansprüche sowie Schadensersatzansprüche geltend machen zu können. Vor dem Hintergrund der Schutzrichtung des GWB, welches den Schutz des Wettbewerbs und den damit verknüpften Individualschutz bezweckt[1207], dass eine Beeinträchtigung der Handlungsfreiheit auf dem Markt bzw. der Wettbewerbsfreiheit[1208] durch das rechtswidrige Verhalten als Störquelle sowie dem aus dem rechtswidrigen Verhalten entstehende Zustand fortwährender Störung vorliegen muss[1209]; als stärkste Form ist die sich im eingetretenen Schaden manifestierte Beeinträchtigung anzusehen.[1210] Eine solche Beeinträchtigung liegt demnach jedenfalls dann vor, wenn negativ auf die legitimen Chancen der Marktbeteiligten gegenüber der idealtypischen Wettbewerbssituation eingewirkt wird[1211], was regelmäßig durch die Verschlechterung der

---

1205 Vgl. *Topel*, in: Handbuch des Kartellrechts, § 50 Rn. 51 ff.

1206 *Emmerich*, in: Immenga/Mestmäcker, § 33 Rn.15; *Meeßen,* Der Anspruch auf Schadensersatz bei Verstößen gegen EU-Kartellrecht, S. 176 f. Vgl. *Bornkamm*, in: Langen/Bunte, § 33 Rn. 30 ff., insb. Rn. 32 ff.

1207 *Nordemann*, in: Loewenheim/Meessen/Riesenkampff/Kersting/Meyer-Lindemann, § 1 Rn. 6 f. m.w.N.; *Zimmer*, in: Immenga/Mestmäcker, § 1 Rn. 12 m.w.N.

1208 *Bulst*, Schadensersatzansprüche der Marktgegenseite, S. 112; *Rehbinder*, in: Loewenheim/Meessen/Riesenkampff/Kersting/Meyer-Lindemann, § 33 Rn. 12; vgl. ferner *Roth*, in: Festschrift für Huber, S. 1133, 1141; vgl. auch *Topel*, in: Handbuch des Kartellrechts, § 50 Rn. 48.

1209 Vgl. *Bulst*, Schadensersatzansprüche der Marktgegenseite, S. 112 m.w.N.

1210 *Bulst*, Schadensersatzansprüche der Marktgegenseite, S. 111; *Roth*, in: FS Westermann, S. 1355, 1372.

1211 *Emmerich*, in: Immenga/Mestmäcker, § 33 Rn. 15; *Rehbinder*, in: Loewenheim/Meessen/Riesenkampff/Kersting/Meyer-Lindemann, § 33 Rn. 16; zur Streitfrage um die Aktivlegitimation von Aktionären und Gesellschaftern und die Beeinträchtigung derselben sogleich unter C. I. 5. e) cc).

wirtschaftlichen Position indiziert sein wird.[1212] Mithin ist die Beeinträchtigung regelmäßig im Kartellrechtsverstoß zu sehen, durch den in die Rechtsstellung eines Dritten eingegriffen wird.[1213] Nach überzeugender Ansicht spricht weder der Wortlaut noch die Systematik für eine Beschränkung auf eine Beeinträchtigung der Wettbewerbsfreiheit oder ähnlichem.[1214] Dieser Maßstab gilt grundsätzlich auch bei vertikalen Wettbewerbsbeschränkungen, wobei ggf. Besonderheiten zu berücksichtigen sind.[1215]

(3) Zwischenergebnis

281 Aus alledem ergibt sich, dass der Kreis der Aktivlegitimierten weit gefasst ist.

cc) Insbesondere Aktionäre und Gesellschafter

282 Nachdem nun dargestellt wurde, wie es um die Aktivlegitimation vor allem der Marktgegenseite und weiteren Absatzstufen bestellt ist, stellt sich nunmehr die Frage, ob auch Aktionäre und Gesellschafter aktivlegitimiert sind. M. a. W.: Ist jedermann tatsächlich jedermann – ist die Diktion des *EuGH* mithin wörtlich zu verstehen – oder werden und dürfen vor dem Hintergrund der geschilderten Rechtsprechung des *EuGH* Einschränkungen bezüglich der Aktivlegitimation der vorbezeichneten Personenkreise gemacht werden? Zur Beantwortung dieser Frage ist es angezeigt, die Rechtslage im allgemeinen Deliktsrecht in Kürze darzustellen. Dabei geht es zunächst um die Frage, ob ein Eingriff in das Mitgliedschaftsrecht eines Aktionärs oder Gesellschafters grundsätzlich dazu geeignet ist, einen deliktsrechtlichen Schadensersatzanspruch auszulösen, zu dessen Geltendmachung der Aktionär oder Gesellschafter auch aktivlegitimiert wäre. In der Folge wird das bisherige Meinungsspektrum bezüglich der Ersatzfähigkeit der sogenannten Reflexschäden dargestellt werden, bevor dies vor dem Hintergrund der Rechtsprechung des *EuGH* kritisch überprüft werden wird.

1212 *Mäsch*, in: PK-KartellR, § 33 Rn. 24.

1213 *Emmerich*, in: Immenga/Mestmäcker, § 33 Rn. 15; vgl. auch *Bulst*, Schadensersatzansprüche der Marktgegenseite, S. 112.

1214 *Bulst*, Schadensersatzansprüche der Marktgegenseite, S. 112; dies spricht im Übrigen dagegen, Aktionäre und sonstige Gesellschafter aus dem Kreis der Aktivlegitimierten auszuschließen.

1215 Vgl. *Emmerich*, in: Immenga/Mestmäcker, § 33 Rn. 20 ff. und *Topel*, in: Handbuch des Kartellrechts, § 50 Rn. 51 ff.; dort auch zu den einzelnen Fallgruppen sowie zur Aktivlegitimation bei Verstößen gegen das Missbrauchsverbot und fusionskontrollrechtliche Vorschriften; ausführlich ferner zu allen Fallgruppen der Betroffenheit *Rehbinder*, in: Loewenheim/Meessen/Riesenkampff/Kersting/Meyer-Lindemann, § 33 Rn. 19 ff.

(1) Eingriff in die Mitgliedschaftsrechte nach allgemeinen deliktsrechtlichen Grundsätzen

283 Nach allgemeiner Ansicht gehört das Mitgliedschaftsrecht als Gesamtheit der einzelnen Mitverwaltungs- und Vermögensrechte in Kapitalgesellschaften (AG[1216], GmbH[1217] etc.), in Personengesellschaften (GbR oder oHG) oder in Vereinen[1218] zu den von § 823 Abs. 1 BGB gegen Eingriffe von außenstehenden Dritten geschützten sonstigen Rechten, soweit der Zuweisungsgehalt des Mitgliedschaftsrechts betroffen ist.[1219] Der Zuweisungsgehalt bzw. Rechtsbestand ist betroffen, wenn sich der Eingriff gegen den Bestand der Mitgliedschaft selbst oder aber gegen Mitverwaltungs- (z. B. Stimmrechte) oder Vermögensrechte am Verbandsvermögen (z. B. Gewinnbezugsrechte, wobei nur die Teilhabe am Gewinn geschützt ist) oder Gleichbehandlungsrechte der Aktionäre richtet.[1220] Mithin beschreibt der Terminus des Zuweisungsgehalts die in dem Mitgliedsschaftsrecht verkörperten Rechte und Betätigungsmöglichkeiten.[1221] M. a. W. bedeutet dies, dass der Entzug der Mitgliedschaft durch Versteigerung oder Verpfändung[1222] selbst, nicht jedoch die vermögensmäßige Entwertung bspw. durch die Einschränkung

---

1216 RGZ 158, 248, 255.

1217 RGZ 100, 274, 278.

1218 BGHZ 110, 327 f.

1219 BGHZ 110, 323, 327 f., 334 = NJW 1990, 2877, 2878 – Schärenkreuzer; die Rechtsprechung hat sich bislang soweit ersichtlich jedoch noch nicht dazu geäußert, ob dies auch für das Mitgliedschaftsrecht in einer Personengesellschaft gilt; davon sollte jedoch ausgegangen werden, was auch der überwiegenden Meinung im Schrifttum entspricht; vgl. *OLG München* NJW-RR 1991, 928, 929, welches die „Beteiligung des Kl. am Stammkapital der Firma X" als sonstiges Recht i. S. d. § 823 Abs. 1 BGB anerkennt, weil damit Anteile an einem eingerichteten und ausgeübten Gewerbebetrieb gehalten werden; *Lutter*, AcP 180 (1980), 84, 130 f., wo sie als selbstständiger Gegenstand bezeichnet wird; *Schmidt*, JZ 1991, 157 ff., wo das Mitgliedschaftsrecht als Herrschaftsrecht bezeichnet wird; *Spindler*, in: Münchener Kommentar zum AktG, § 93 Rn. 305 m.w.N.; *Staudinger*, in: Handkommentar BGB, § 823 Rn. 41; *Teichmann*, in: Jauernig, BGB, § 823 Rn. 18; *Wagner*, in: Münchener Kommentar zum BGB, § 823 Rn. 306 f. mit zahlreichen weiteren Nachweisen; dort auch zur Dogmatik; vgl. *Förster*, in: Beck'scher Onlinekommentar BGB, § 823 Rn. 171.

1220 *OLG* Stuttgart NJOZ 2006, 1592, 1598; *Förster*, in: Beck'scher Onlinekommentar BGB, § 823 Rn. 171; *Grigoleit/Tomasic*, in: Grigoleit, AktG, § 93 Rn. 91; *Spindler*, in: Münchener Kommentar zum AktG, § 93 Rn. 303, 305 m.w.N.; *Wagner*, in: Münchener Kommentar zum BGB, § 823 Rn. 307; vgl. auch *Koch*, in: Hüffer/Koch, AktG, § 93 Rn. 64.

1221 Vgl. auch *Schmitz*, Die Haftung des Vorstands gegenüber den Aktionären, S. 253 ff.

1222 Vgl. RGZ 100, 274, 279 zum GmbH-Geschäftsanteil und RGZ 158, 248, 255 zur Aktie; ferner *Spindler*, in: Münchener Kommentar zum AktG, § 93 Rn. 303.

der Ertragsfähigkeit oder der Schmälerung des Gesellschaftsvermögens einen Schadensersatzanspruch begründen kann.[1223] Zur Begründung des Ausschusses der vermögensmäßigen Entwertung als schadensersatzbegründendes Ereignis wird darauf verwiesen, dass es sich bei dem Nachteil um einen nicht ersatzfähigen Vermögensschaden handele.[1224] Dieser Schaden müsse von der Gesellschaft zum Ausgleich der Wertminderung geltend gemacht werden, um die innergesellschaftliche Zuständigkeitsordnung nicht zu durchbrechen.[1225] Letztlich ist es entscheidend für die Qualifizierung des Mitgliedschaftsrechts oder Teilen davon als sonstiges Recht i. S. v. § 823 Abs. 1 BGB, ob das Mitgliedschaftsrecht als Ganzes oder der betroffene Teil als Einzelberechtigung absoluten Schutz genießt.[1226]

284 Neben der Verletzungshandlung durch außenstehende Dritte kommt auch eine Verletzungshandlung von innen durch andere Gesellschafter oder Gesellschaftsorgane in Betracht.[1227] Auch bei solchen Verletzungshandlungen von innen kann nur ein Eingriff in den Zuweisungsgehalt des Mitgliedschaftsrechts einen Schadensersatzanspruch auslösen.[1228] Diese Einschränkung bedeutet, dass nur organisationsrechtliche Eingriffe den Zuweisungsgehalt tangieren können.[1229] Daher kommt als solcher organisationsrechtlicher Eingriff bspw. eine verdeckte Gewinnausschüttung, die das Gewinnbezugsrecht anderer Gesellschafter verletzt, in Betracht.[1230] Ferner kommen als organisationsrechtliche Eingriffe die faktische Änderung der Satzung durch die Gesellschaftsorgane, eine ungleiche Behandlung der Aktionäre bei der Vergabe der Bezugsrechte bei Emissionen oder die falsche Auskunft über die Startmöglichkeiten eines Mitgliedes bei einer von der Gesellschaft

1223 *Förster*, in: Beck'scher Onlinekommentar BGB, § 823 Rn. 171; *Staudinger*, in: Handkommentar BGB, § 823 Rn. 41; *Wagner*, in: Münchener Kommentar zum BGB, § 823 Rn. 307 m.w.N.

1224 *Spindler*, in: Münchener Kommentar zum AktG, § 93 Rn. 304 m.w.N.; *Staudinger*, in: Handkommentar BGB, § 823 Rn. 41.

1225 *Spindler*, in: Münchener Kommentar zum AktG, § 93 Rn. 304.

1226 *Grunewald*, Die Gesellschafterklage, S. 99 mit Fn. 4 und 5; *Schmidt*, JZ 1991, 157, 159; *Wagner*, in: Münchener Kommentar zum BGB, § 823 Rn. 307.

1227 *Fleischer*, in: Münchener Kommentar zum GmbHG, § 43 Rn. 337; *Förster*, in: Beck'scher Onlinekommentar BGB, § 823 Rn. 172; *Koch*, in: Hüffer/Koch, AktG, § 93 Rn. 64; *Wagner*, in: Münchener Kommentar zum BGB, § 823 Rn. 306 mit zahlreichen weiteren Nachweisen; *ders.*, a. a. O., § 823 Rn. 308 äußert sich ablehnend gegenüber der Gewährung deliktischen Schutzes für das Mitgliedschaftsrecht im Innenverhältnis gegenüber dem Verband und seiner Organe.

1228 *Förster*, in: Beck'scher Onlinekommentar BGB, § 823 Rn. 172.

1229 *Förster*, in: Beck'scher Onlinekommentar BGB, § 823 Rn. 172; *Schmidt*, JZ 1991, 157, 159, der von einem Kompetenzübergriff spricht.

1230 RGZ 158, 248, 255; *OLG* Stuttgart NJOZ 2006, 1592, 1598; *Förster*, in: Beck'scher Onlinekommentar BGB, § 823 Rn. 172.

betriebenen wichtigen Veranstaltung in Betracht.[1231] Ein Verstoß gegen das allgemeine Recht der Aktionäre bzw. Gesellschafter auf gesetz-, satzungs- und allgemein pflichtgemäßes Verhalten begründet hingegen ebensowenig wie die Missachtung der Hauptversammlungszuständigkeit keinen organisationsrechtlichen Eingriff.[1232]

285 Nach allgemeiner Ansicht begründet dagegen die Beeinträchtigung reiner Vermögensinteressen, die etwa durch eine schlechte Geschäftsführung und die darauf basierende (bloße) Wertminderung eines Geschäftsanteils nach Kursverlusten eintritt, keinen ersatzfähigen Schaden i. R. v. § 823 Abs. 1 BGB (sog. Reflexschaden).[1233] Das Gleiche gilt für bloß faktische Angriffe, die gänzlich ungeeignet sind, die Mitgliedschaft in ihrem Zuweisungsgehalt zu treffen.[1234] Auch scheidet ein Schadensersatzanspruch aus, soweit die schädigende Handlung der Gesellschaftsorgane ausschließlich im Vollzug bindender Mehrheitsentscheidungen der Mitgliederversammlung besteht.[1235]

(2) Reflexschäden

286 Aus den vorstehenden Ausführungen ergibt sich sodann auch, was unter dem Terminus Reflexschaden (auch Doppelschaden genannt oder unter dem Stichwort Schadenskongruenz behandelt) zu verstehen ist. Der Sache nach handelt es sich um mittelbare Schäden des Aktionärs oder Gesellschafters, der sich daraus ergibt, dass sein Gesellschaftsanteil durch eine Schädigung des Gesellschaftsvermögens gleichsam mit geschädigt wird[1236], was sich exemplarisch bei einer börsennotierten Aktie im niedrigeren Börsenkurs der Aktie aufgrund der Schädigung des Gesellschaftsvermögens

---

1231 Durchaus kritisch m.w.N. zu den einzelnen Punkten *Spindler*, in: Münchener Kommentar zum AktG, § 93 Rn. 306 f.

1232 Vgl. *Bank*, in: Haftung von Unternehmensorganen, Kapitel 10, Rn. 44 m.w.N.

1233 RGZ 158, 248, 255; *OLG* Stuttgart NJOZ 2006, 1592, 1598; *Förster*, in: Beck'scher Onlinekommentar BGB, § 823 Rn. 172; *Spindler*, in: Münchener Kommentar zum AktG, § 93 Rn. 304 m.w.N.

1234 *Förster*, in: Beck'scher Onlinekommentar BGB, § 823 Rn. 172; *Wagner*, in: Münchener Kommentar zum BGB, § 823 Rn. 308.

1235 BGHZ 110, 323, 334 f. = NJW 1990, 2877 – Schärenkreuzer.

1236 *Bank*, in: Haftung von Unternehmensorganen, Kapitel 15, Rn. 84 f.; für das Aktienrecht *Spindler*, in: Münchener Kommentar zum AktG, § 93 Rn. 318 m.w.N.; vgl. auch *Fleischer*, in: Spindler/Stilz, AktG, § 93 Rn. 323; zu den sich bezüglich Reflexschäden ergebenden Besonderheiten im Verhältnis von Mutter- und Tochterunternehmen *Bank*, in: Haftung von Unternehmensorganen, Kapitel 15, Rn. 84 m.w.N., *Koch*, in: Hüffer/Koch, AktG, § 93 Rn. 63 m.w.N. und *Spindler*, in: Münchener Kommentar zum AktG, § 93 Rn. 319 m.w.N.

niederschlägt.[1237] Bei Vorliegen eines Reflexschadens soll der Aktionär bzw. Gesellschafter unter gewissen Voraussetzungen Schadensersatz nur an die juristische Person, nicht aber in eigenes Vermögen fordern können.[1238] Zur Begründung wird auf den Grundsatz der Kapitalerhaltung und die Zweckwidmung des Gesellschaftsvermögens verwiesen, die erforderten, dass der (Reflex)Schaden ausschließlich durch eine Ersatzleistung an die Gesellschaft ausgeglichen werde, da ansonsten ein Vorteil erlangt würde, der dem einzelnen Aktionär bzw. Gesellschafter während des Bestehens der Gesellschaft nicht zustehe.[1239] Diese Wertung ist explizit im Aktienrecht in § 117 Abs. 1 S. 2 AktG verankert, der ausdrücklich die Ersatzfähigkeit von mittelbaren Schäden durch die Schädigung der Gesellschaft ausschließt, was insoweit auch einen Ausschluss der Aktivlegitimation zur Folge hat.

287 Davon zu unterscheiden ist ein möglicher (unmittelbarer) Eigenschaden des Aktionärs in seinem Privatvermögen.[1240] Ein solcher tritt bspw. dann ein, wenn **(1)** ein Überbrückungsdarlehen gewährt wurde, welches im späteren Insolvenzverfahren aufgrund von Pflichtverletzungen eines Vorstandsmitglieds ausfällt, **(2)** der Aktionär zu einem übereilten Aktienverkauf unter aktuellem Kurswert aufgrund unrichtiger Verlautbarungen der Gesellschaft verleitet wurde oder **(3)** der entgangene Gewinn bei Veräußerung des Gesellschaftsanteils.[1241] Ein solcher unmittelbarer Schaden begründet ebenso eine Aktivlegitimation des Aktionärs bzw. Gesellschafters wie der Schadensausgleich zugunsten der juristischen Person aus eigenen Mitteln durch Zahlung an die juristische Person oder deren Gläubiger bei gleichzeitigem Verzicht gegenüber der Gesellschaft auf Aufwendungsersatz oder Rückzahlung.[1242]

288 Hinsichtlich der denkbaren Schadensposten der Aktionäre bzw. Gesellschafter ist mithin zwischen folgenden Konstellationen zu unterscheiden[1243]: **(1)** Der sogenannte Verwässerungsschaden beschreibt den Schaden,

---

1237 *Koch*, in: Hüffer/Koch, AktG, § 93 Rn. 63.

1238 *Bank*, in: Haftung von Unternehmensorganen, Kapitel 3, Rn. 110 m.w.N.; vgl. *Koch*, in: Hüffer/Koch, AktG, § 93 Rn. 63 m.w.N.; vgl. *Spindler*, in: Münchener Kommentar zum AktG, § 93 Rn. 308.

1239 *BGH* NJW 1987, 1077; *Spindler*, in: Münchener Kommentar zum AktG, § 93 Rn. 319 m.w.N.; vgl. auch *Bank*, in: Haftung von Unternehmensorganen, Kapitel 3, Rn. 110.

1240 *Fleischer*, in: Spindler/Stilz, AktG, § 93 Rn. 323 m.w.N.; *Spindler*, in: Münchener Kommentar zum AktG, § 93 Rn. 319 m.w.N.; vgl. *Bank*, in: Haftung von Unternehmensorganen, Kapitel 3, Rn. 110, 112.

1241 *Bank*, in: Haftung von Unternehmensorganen, Kapitel 15, Rn. 85 m.w.N. aus der Rechtsprechung; vgl. auch *Zetzsche*, WuW 2016, 65, 67 m.w.N.

1242 *Bank*, in: Haftung von Unternehmensorganen, Kapitel 3, Rn. 112 m.w.N.

1243 *Zetzsche*, WuW 2016, 65, 66; dort auch zu folgendem Text; die folgenden Beispiele stammen ebenfalls von dort.

der durch die Reduzierung des relativen Aktien- bzw. Gesellschaftsanteils entstanden ist. Eine solche Reduzierung erfolgt bspw. bei einer Kapitalerhöhung, die aufgrund der Zahlung kartellrechtswidriger höherer Preise oder Entgelte nötig wurde, und der darauf beruhenden Verwässerung des Anteils (Anteil des Aktionärs vor der Kapitalerhöhung: 38 %; Anteil des Aktionärs nach der Kapitalerhöhung: 10 %). Der Vermögenswert bei Veräußerung im Zeitpunkt X nach Kapitalerhöhung beträgt 1 Mrd. Euro. Damit erhält der Aktionär 100 Mio. Euro statt 380 Mio. Euro ohne Kapitalerhöhung. Mithin besteht ein Verwässerungsschaden i.H.v. 280 Mio. Euro. **(2)** Der sogenannte Unterbewertungsschaden entsteht durch die Minderbewertung der juristischen Person infolge des Kartellrechtsverstoßes, was immer dann passiert, wenn die Unternehmensbewertung auf dem zukünftigen Unternehmenserfolg beruht. Ein Unterbewertungsschaden kann jedoch auch dadurch entstehen, dass die Markteinschätzung (Börsenkurs) oder die Unternehmensgröße (Umsatz) negativ durch den Kartellrechtsverstoß beeinflusst werden. Letztlich entspricht der Unterbewertungsschaden dem klassischen Verständnis des Reflexschadens, bei dem der Schaden normativ der juristischen Person zuzuordnen ist.[1244] **(3)** Unmittelbarer Eigenschaden des Aktionärs bzw. Gesellschafters nach den dargestellten Grundsätzen.

289 Jüngst hatten das *LG Köln*[1245] in erster Instanz und das *OLG Düsseldorf*[1246] als Berufungsinstanz einen Schadensersatzanspruch der Gründer einer durch den Missbrauch einer marktbeherrschenden Stellung geschädigten Aktiengesellschaft verneint und die Klage abgewiesen. Die Beschwerde gegen die Nichtzulassung der Revision wurde vom *BGH* mittels Beschluss zurückgewiesen.[1247] Die Kläger begehrten erstinstanzlich Ersatz eines Verwässerungsschadens und eines Unterbewertungsschadens und konzentrierten sich in der Berufung auf den Ersatz des Verwässerungsschadens.[1248] Das *OLG Düsseldorf* verneinte den Schadensersatzanspruch der Kläger mit dem Argument, die Kläger als Aktionäre der durch den Marktmachtmissbrauch unmittelbar geschädigten Aktiengesellschaft seien nicht vom Schutzzweck der verletzten Norm erfasst, da dieser nur Anbieter oder Nachfrager erfasse, die auf einem der vom wettbewerbswidrigen Verhalten betroffenen Märkte tätig sind.[1249] Dies entspricht auch der bereits dargestellten herrschenden

---

1244 Vgl. *Zetzsche*, WuW 2016, 65, 67 m.w.N.

1245 *LG Köln*, Urteil vom 28. Mai 2013 – Az. 87 O (Kart) 8/06.

1246 *OLG Düsseldorf*, Urteil vom 2. Juli 2014 – Az. VI-U (Kart) 22/13; eine ausführliche Besprechung des Urteils findet sich bei *Zetzsche*, WuW 2016, 65 ff.

1247 *BGH*, Beschluss vom 18. Mai 2015 – Az. KZR 36/14.

1248 Wohlmöglich in der Erkenntnis, dass es sich bei dem geltend gemachten Unterbewertungsschaden um einen nach überkommener Dogmatik nicht ersatzfähigen Reflexschaden handele, vgl. auch *Zetzsche*, WuW 2016, 65, 67.

1249 *OLG Düsseldorf*, Urteil vom 2. Juli 2014 – Az. VI-U (Kart) 22/13, Rn. 38 ff., insb. Rn. 40, 42.

Meinung im Schrifttum.[1250] Etwas anderes ergebe sich auch nicht aus der Rechtsprechung des *EuGH* oder des *BGH* sowie der 7. GWB-Novelle.[1251] Die Rechtsprechung habe stets nur über Sachverhalte entschieden, die mit Schadensersatzansprüchen von Marktteilnehmern zusammenhingen.[1252] Auch die 7. GWB-Novelle begrenze den Kreis der Ersatzberechtigten auf Mitbewerber und sonstige Marktteilnehmer.[1253]

(3) Vereinbarkeit mit der Jedermann-Rechtsprechung des *EuGH*

290 Mithin stellt sich die Frage, ob die überkommene Meinung bezüglich der fehlenden Ersatzfähigkeit von Reflexschäden sowie der kategorische Ausschluss aus dem Schutzzweck der Norm von Aktionären einer durch Marktmachtmissbrauch geschädigten Aktiengesellschaft vereinbar mit der Jedermann-Rechtsprechung des *EuGH* sind.

291 Wenngleich das *OLG Düsseldorf* zu recht feststellt, dass der *EuGH* stets nur Sachverhalte entschieden hat, die mit Schadensersatzansprüchen von Mitbewerbern oder sonstigen Marktteilnehmern zusammenhingen, so wäre es nach hier vertretener Meinung doch zu kurz gegriffen, bei dieser Feststellung stehen zu bleiben.[1254] Denn wie bereits dargelegt wurde, ist in der Rechtsprechung des *EuGH* weder eine personelle Einschränkung des Kreises der Ersatzberechtigten zu entnehmen noch ist eine derart weitgehende, kategorische Einschränkung des Kreises der Ersatzberechtigten *a priori* durch Schutzzweckerwägungen zu rechtfertigen.[1255] Insoweit sind das Merkmal der Betroffenheit und mit ihm die Begriffe des sonstigen Marktteilnehmers und der Beeinträchtigung dahingehend auszulegen, dass Aktionäre und Gesellschafter grundsätzlich als Aktivlegitimierte in Betracht kommen. Denn zu berücksichtigen ist, dass – anders als das *OLG Düsseldorf* meint[1256] – das Unternehmen letztlich ungeachtet der eigenen Rechtspersönlichkeit als Investitionsvehikel betrachtet werden kann, welches dem Zweck der Haftungsbegrenzung dient. Legt man dieses Verständnis zugrunde, lässt sich die hier vertretene Auslegung, die den Aktionär grundsätzlich zum Kreis der Aktivlegitimierten zählt, auch ohne Brüche in die bisherige Dogmatik einfügen, die – wie oben unter C. I. 5. e) bb) geschildert – bisher

---

1250 Siehe dazu oben unter C. I. 5. e), Rn. 263, C. I. 5. e) bb) (1) und C. I. 5. e) bb) (2).
1251 *OLG Düsseldorf*, Urteil vom 2. Juli 2014 – Az. VI-U (Kart) 22/13, Rn. 42 ff.
1252 *OLG Düsseldorf*, Urteil vom 2. Juli 2014 – Az. VI-U (Kart) 22/13, Rn. 42 ff.
1253 *OLG Düsseldorf*, Urteil vom 2. Juli 2014 – Az. VI-U (Kart) 22/13, Rn. 48.
1254 Im Ergebnis auch *Zetzsche*, WuW 2016, 65 ff., *passim*.
1255 Siehe dazu bereits oben unter C. I. 5. e) aa) (3) und C. I. 5. e) aa) (4); ferner *Zetzsche*, WuW 2016, 65, 68 f.
1256 *OLG Düsseldorf*, Urteil vom 2. Juli 2014 – Az. VI-U (Kart) 22/13, Rn. 51.

zur Begründung der Aktivlegitimation an die Tätigkeit am Markt und die Beeinträchtigung der Handlungsfreiheit auf dem Markt bzw. der Wettbewerbsfreiheit anknüpft. Vor dem Hintergrund des *Kone*-Urteils und der Folgen für die Einschränkbarkeit von Schadensersatzansprüchen im haftungsbegründenden Tatbestand (siehe dazu oben unter C. I. 5. e) aa) (3) und C. I. 5. e) aa) (4)) liegt der Schwerpunkt der Argumentation daher bei mittelbaren Schäden im haftungsausfüllenden Tatbestand und dort insbesondere bei der Vorteilsausgleichung bzw. der Schadensweiterwälzung.[1257] So könnte exemplarisch eingewandt werden, die Verwässerung beruhe nicht auf dem Kartellrechtsverstoß oder der kartellbedingte Mehrpreis konnte weitergewälzt werden.[1258]

292 Aus der hier befürworteten grundsätzlichen Berücksichtigung von Aktionären und Gesellschaftern im Kreis der Aktivlegitimierten ergibt sich jedoch nicht, dass sämtliche denkbaren Schadenspositionen ersatzfähig sind. Soweit es die bislang herrschende Meinung betrifft, nach der reine Reflexschäden (vor allem Unterbewertungsschäden) nicht ersatzfähig seien, ist festzuhalten, dass dem die Rechtsprechung des *EuGH* im Ergebnis nicht entgegensteht. Wie der *EuGH* in dem *Manfredi*-Urteil ausdrücklich festgehalten hat, „hindert das Gemeinschaftsrecht die innerstaatlichen Gerichte jedoch nicht daran, dafür Sorge zu tragen, dass der Schutz der gemeinschaftsrechtlich gewährleisteten Rechte nicht zu einer ungerechtfertigten Bereicherung der Anspruchsberechtigten führt“.[1259] Auch die EU-Kartellschadensersatzrichtlinie (RL 2014/104/EU) enthält in den Artt. 2 und 3 Abs. 3 ein Verbot der Überkompensation. Letztlich ist der reine Reflexschaden bei normativer Betrachtungsweise der juristischen Person und nicht dem einzelnen Gesellschafter zuzuordnen, weswegen die gesellschaftsrechtliche Kompetenzordnung zu respektieren und somit die juristische Person allein aktivlegitimiert ist.

293 Hingegen ist der Verwässerungsschaden eines Aktionärs oder Gesellschafters ersatzfähig, sofern der Nachweis der Ausschlussgründe (mangelnde Kausalität, Vorteilsausgleichung und Schadensweiterwälzung) misslingt.[1260]

294 Zudem bleibt die Möglichkeit, etwaige unmittelbare Eigenschäden des Aktionärs bzw. Gesellschafters geltend zu machen, unberührt.

1257 Zutreffend und ausführlich *Zetzsche*, WuW 2016, 65, 69 f.

1258 *Zetzsche*, WuW 2016, 65, 69 f.

1259 *EuGH*, Urteil vom 13. Juli 2006 – Rs. C-295/04 bis C-298/04, Slg. 2006, Rn. 94 – Manfredi.

1260 *Zetzsche*, WuW 2016, 65, 69 f.

dd) Zwischenergebnis

295 Nach hier vertretener Auffassung sind demnach Aktionäre und sonstige Gesellschafter aktivlegitimiert, da aufgrund der Rechtsprechung des *EuGH* eine Begrenzung des Kreises der Aktivlegitimierten aufgrund von Schutzzweckerwägungen im haftungsbegründenden Tatbestand nicht zulässig ist. Begrenzungen können jedoch im haftungsausfüllenden Tatbestand auch aufgrund normativer Erwägungen vorgenommen werden. Nicht ersatzfähig sind – in Übereinstimmung mit der überkommenen Dogmatik – reine Reflexschäden bzw. Unterbewertungsschäden. Als Schadensposten kommen vielmehr der Verwässerungsschaden sowie unmittelbare Eigenschäden in Betracht.

f) Zwischenergebnis

296 Nach alledem ist der Kreis der Aktivlegitimierten seit der 7. GWB-Novelle weit gefasst. Maßgeblich beeinflusst wird die Bestimmung des Kreises der Aktivlegitimierten vom europäischen Recht und der Rechtsprechung des *EuGH*. Diese Entwicklung wirkte sich auch auf die Rechtsprechung des *BGH* aus, der im Urteil in der Rechtssache *ORWI* die Aktivlegitimation der verschiedenen Marktstufen bejahte.

297 Der Rechtsprechung des *EuGH* ist keine Einschränkung des Kreises der Aktivlegitimierten im haftungsbegründenden Tatbestand zu entnehmen. Stattdessen vertritt der *EuGH* ein ausgesprochen extensives Verständnis, weswegen der Kreis der Aktivlegitimierten sowohl unmittelbare als auch mittelbare Abnehmer sowie Drittabnehmer von Kartellaußenseitern umfasst. Aus dem Urteil des *EuGH* in der Rechtssache *Kone* folgt, dass eine Begrenzung des Kreises der Aktivlegitimierten *a priori* durch den Schutzzweck der Norm nicht möglich ist. Daraus resultiert, dass im haftungsbegründenden Tatbestand ein Schadensersatzanspruch lediglich mittels der Äquivalenz- und der Adäquanztheorie begrenzt werden kann, während im haftungsausfüllenden Tatbestand auch normative Erwägungen berücksichtigt werden können.

298 Nach § 33 Abs. 1 S. 2 und 3 GWB a. F. i. V. m. § 33 Abs. 3 GWB a. F. bzw. § 33 Abs. 1, 3 GWB n. F. i. V. m. § 33a Abs. 1 GWB n. F. gilt als betroffen und somit als aktivlegitimiert, wer als Mitbewerber oder sonstiger Marktteilnehmer durch den Verstoß beeinträchtigt ist. Grundsätzlich ist es erforderlich, dass der Mitbewerber oder sonstiger Marktteilnehmer zumindest in seiner Eigenschaft als Marktteilnehmer – also Akteur am Markt – betroffen (also geschädigt) wurde. Die erforderliche Beeinträchtigung muss die der Handlungsfreiheit auf dem Markt bzw. die Wettbewerbsfreiheit betreffen. Eine solche Beeinträchtigung liegt demnach jedenfalls dann vor, wenn negativ

auf die legitimen Chancen der Marktbeteiligten gegenüber der idealtypischen Wettbewerbssituation eingewirkt wird, was regelmäßig durch die Verschlechterung der wirtschaftlichen Position indiziert sein wird.

299 Davon abweichend sind Aktionäre oder sonstigen Gesellschafter – entgegen der vorherrschenden Ansicht in der Rechtsprechung und Literatur – mit Blick auf die Rechtsprechung des *EuGH*, insbesondere in der Rechtssache *Kone*, grundsätzlich aktivlegitimiert, da es sich beim Mitgliedsschaftsrecht um ein geschütztes Rechtsgut handelt. Die Aktivlegitimation kann nicht kategorisch im Rahmen des haftungsbegründenden Tatbestands *a priori* aufgrund wegen Schutzzweckerwägungen ausgeschlossen werden. Das bedeutet jedoch nicht, dass sämtliche Schadensposten ersatzfähig sind. Der Schwerpunkt der Argumentation liegt vielmehr im haftungsausfüllenden Tatbestand, wo auch normative Erwägungen berücksichtigt werden können. Im Ergebnis lässt sich festhalten, dass reine Reflexschäden bzw. Unterbewertungsschäden in Übereinstimmung mit der überkommenen Dogmatik auch im Kartelldeliktsrecht nicht ersatzfähig sind, da diese Schäden normativ der juristischen Person zuzuordnen sind. Grundsätzlich ersatzfähig nach den dargestellten Grundsätzen sind demnach Verwässerungsschäden oder unmittelbare Eigenschäden, sofern Ausschlussgründe nicht greifen.

6. Verjährung

300 Die Verjährung richtet sich nach § 33h GWB n. F.[1261], der mit Wirkung vom 27. Dezember 2016 in Kraft getreten ist und ab diesem Datum – da es sich bei der Verjährung nicht um materiell-rechtliche Regelungen handelt – auf bis zu diesem Zeitpunkt noch nicht verjährte Schadensersatzansprüche anwendbar ist.[1262] Im Gegensatz zur Rechtslage vor Inkrafttreten der 9. GWB-Novelle wird die kenntnisabhängige Verjährungsfrist gemäß § 33h Abs. 1 GWB n. F. für Unterlassungs-, Beseitigungs- und Schadensersatzansprüche einheitlich um zwei Jahre auf fünf Jahre verlängert (vorher betrug die Verjährungsfrist einheitlich drei Jahre).[1263] Daneben tritt die kenntnisunabhängige Verjährungsfrist gemäß § 33h Abs. 3 GWB n. F., deren Beibehaltung damit nach Auffassung des Gesetzgebers entgegen anders lautender Stimmen in der Literatur richtlinienkonform ist.[1264] Von hoher praktischer Relevanz ist der Umstand, der gleichzeitig eine einschneidende Änderung zur bisherigen Rechtslage darstellt, dass die

1261 Zur Verjährung nach neuer Rechtslage auch *Seifert*, WuW 2017, 474 ff.
1262 Zur Übergangsregelung *Soyez*, WuW 2017, 240, 243; dazu auch *Seifert*, WuW 2017, 474, 477 f.
1263 Gesetzesbegründung zur 9. GWB-Novelle, BT-Drs. 18/10207, S. 65.
1264 *Soyez*, WuW 2017, 240, 241 m.w.N.

kenntnisunabhängige Verjährungsfrist nach neuer Rechtslage gemäß § 33h Abs. 3 Nr. 2 GWB n. F. erst mit Beendigung der Zuwiderhandlung zu laufen beginnt, was sowohl für einzelne Zuwiderhandlung als auch die dauernde oder fortgesetzte Zuwiderhandlung gegen das Wettbewerbsrecht gilt.[1265] Durch diese Neuerung können sich die Rechtsverletzer nicht länger auf den Ablauf der kenntnisunabhängigen Verjährungsfrist berufen, soweit eine Zuwiderhandlung oder ein Teil davon mehr als zehn Jahre vor dem verjährungshemmenden bzw. -unterbrechenden Ereignis in der Vergangenheit liegen, was sich – gerade mit Blick auf die Verzinsung gemäß § 33a Abs. 4 S. 1 GWB n. F. des Schadensersatzanspruches – als sehr lukrativ für die Kläger herausstellen dürfte.[1266] Bezüglich des weiteren Inhalts der Norm wird auf die einschlägigen Kommentierungen verwiesen.

301 Darüber hinaus soll an dieser Stelle lediglich darauf hingewiesen werden, dass nach Auffassung des *BGH* die Verjährung der Ansprüche gegen Leitungsorgane unabhängig von der Verjährung der Ansprüche gegen das Unternehmen im kartellrechtlichen Sinne bzw. die juristische Person ist.[1267] D. h., die Verjährung der Ansprüche verläuft nicht synchron, weswegen der Verjährungsbeginn separat bestimmt werden muss und auch eine etwaige Verjährungshemmung oder ein etwaiger Verjährungsneubeginn eigenständig beurteilt werden müssen. Mit Blick auf § 199 Abs. 1 Nr. 2 BGB und den für den Verjährungsbeginn relevanten subjektiven Tatbestand der groben Fahrlässigkeit sollte der Geschädigte vom Unternehmen im eigenen Interesse verlangen, die intern für den kartellrechtsverstoßbefangenen Bereich zuständigen Mitarbeiter unabhängig von der Hierarchieebene (also Leitungsorgane und sonstige Mitarbeiter) zu benennen, da dies eine verhältnismäßig einfache Möglichkeit zur Aufklärung ist.[1268]

7. Beweislast

302 Im Rahmen der Diskussion um die Ausweitung der persönlichen Haftung werden, wie auch im Rahmen dieser Arbeit gezeigt wurde, vielfältige Einwände erhoben, die im Grundsatz darauf zielen, eine überbordende persönliche Haftung zu vermeiden, da in diesem Fall auch gewolltes, da

1265 *Soyez*, WuW 2017, 240, 241 f. m.w.N.

1266 *Soyez*, WuW 2017, 240, 242; zur Hemmung zur Anwendung auf Altfälle auch *Seifert*, WuW 2017, 474, 479 ff.

1267 *BGH* NJW 2001, 964 f. = ZIP 2001, 370 mit Anmerkung von *Brüggemeier*; dazu durchaus kritisch *Wagner*, in: Münchener Kommentar zum BGB, § 823 Rn. 126; *Wagner*, VersR 2001, 1057, 1058 f.

1268 Vgl. *Wagner*, in: Münchener Kommentar zum BGB, § 823 Rn. 126; anders *Foerste*, VersR 2002, 1, 5 f.

wohlfahrtsförderndes, unternehmerisches Handeln, dem stets ein gewisses Risikopotenzial innewohnt, abgeschreckt würde. Wenngleich in der vorliegenden Arbeit zu Gunsten der Passivlegitimation natürlicher Personen und mithin für eine Erweiterung der persönlichen Haftung argumentiert wird, verkennt der Verfasser nicht, dass es sich dabei um ein legitimes Ziel handelt. Daher muss diesem berechtigten Interesse an anderer Stelle Rechnung getragen werden, wie es bereits im Rahmen der Ausführungen zur *Business Judgment Rule* und zum Verschulden, insbesondere auch bei Aufsichtspflichtverletzungen, geschehen ist.

303 Auch eignet sich die Verteilung der Beweislast, um das berechtige Interesse an der Vermeidung einer überbordenden persönlichen Haftung zu berücksichtigen. Die Berücksichtigung erfolgt dergestalt, dass **(1)** die Beweislastumkehr des § 831 BGB mangels Anwendbarkeit der Norm nicht greift[1269] und **(2)** auch die durch die Rechtsprechung im Wege der Rechtsfortbildung zur Produzentenhaftung entwickelten Beweiserleichterungen zum Nachteil des Unternehmens nicht anwendbar sind.[1270] Schließlich beruhen diese auf dem Gedanken der Risikonutznießung.[1271] Da der direkte Nutzen der unternehmerischen Tätigkeit jedoch nicht dem Organwalter bzw. dem nachgeordneten Mitarbeiter, sondern der juristischen Person als Trägerin des Unternehmens zukommt, entfällt der Grund für die Beweiserleichterung im Verhältnis zum Organwalter oder nachgeordneten Mitarbeiter.[1272] Mithin muss der Kläger vollumfänglich beweisen, dass der Organwalter oder der nachgeordnete Mitarbeiter unmittelbar oder mittelbar nach den dargelegten Grundsätzen ersatzpflichtig ist.[1273] Zusätzlich kommt der Organwalter bzw. nachgeordnete Mitarbeiter ggf. in den Genuss weiterer Haftungserleichterungen (siehe dazu sogleich unter C. III. und insbesondere C. IV.).

II. Allgemeine deliktsrechtliche Anspruchsgrundlagen

304 Neben der bereits dargestellten Haftung gemäß § 33 Abs. 3 S. 1 GWB a. F. bzw. § 33a Abs. 1 GWB n. F. ist zu untersuchen, ob ein Rückgriff auf das allgemeine Deliktsrecht des BGB zulässig ist und eine persönliche Außenhaftung gemäß den §§ 823 ff. BGB in Betracht kommt.

1269 Siehe dazu unten unter C. II. 2. e).

1270 *Altmeppen*, in: Roth/Altmeppen, GmbHG, § 43 Rn. 61; *Wagner*, in: Münchener Kommentar zum BGB, § 823 Rn. 105, 125 m.w.N.

1271 *Altmeppen*, in: Roth/Altmeppen, GmbHG, § 43 Rn. 61.

1272 Vgl. *Altmeppen*, in: Roth/Altmeppen, GmbHG, § 43 Rn. 61.

1273 Zur Darlegungs- und Beweislast *Altmeppen*, ZIP 1995, 881, 887 ff. m.w.N.

1. Anwendbarkeit neben spezialgesetzlichem Schadensersatzanspruch – Konkurrenzverhältnis

305 Zunächst stellt sich die Frage, ob die §§ 823 ff. BGB überhaupt neben dem spezialgesetzlichen Schadensersatzanspruch anwendbar sind. Denkbar ist, dass die Schadensersatzansprüche in Idealkonkurrenz oder in Spezialität zueinanderstehen. Im letztgenannten Fall ist zu klären, wie weit die Spezialität reicht. Dabei ist zwischen den verschiedenen denkbaren Anspruchsgrundlagen zu differenzieren.

a) Verhältnis zu § 823 Abs. 1 und Abs. 2 BGB

306 Soweit wie nach hier vertretener Ansicht die Passivlegitimation natürlicher Personen i. R. v. § 33 Abs. 3 S. 1 GWB a. F. bzw. § 33a Abs. 1 GWB n. F. bejaht wird, ist der kartellrechtliche Schadensersatzanspruch grundsätzlich spezieller als die in § 823 Abs. 1 und 2 BGB enthaltenen Anspruchsgrundlagen.[1274] Dies gilt jedoch nur insoweit, als der Anspruch auf einen Eingriff in den eingerichteten und ausgeübten Gewerbebetrieb gestützt wird, da dieser nach allgemeiner Ansicht subsidiär gegenüber anderen Anspruchsgrundlagen ist.[1275] Soweit der Anspruch gemäß § 823 Abs. 1 BGB auf die Verletzung anderer Rechte bzw. Rechtsgüter gestützt wird – bspw. auf Eingriffe in das Mitgliedsschaftsrecht – stehen die Ansprüche in Idealkonkurrenz zueinander.[1276] Dies gilt sowohl für unmittelbare als auch für mittelbare Verletzungshandlungen.[1277] Daneben bleibt § 823 Abs. 2 BGB i. V. m. anderen verletzten Schutzgesetzen, wie bspw. den §§ 298 ff. StGB, anwendbar.[1278] Im Ergebnis besteht Idealkonkurrenz zu sämtlichen Deliktstatbeständen inner- und außerhalb des BGB, soweit der Anspruch nicht auf den Eingriff in den eingerichteten und ausgeübten Gewerbebetrieb gestützt wird.[1279] Dies

---

1274 *Emmerich*, in: Immenga/Mestmäcker, § 33 Rn. 113; *Rehbinder*, in: Loewenheim/Meessen/Riesenkampff/Kersting/Meyer-Lindemann, § 33 Rn. 77; so auch *Eden*, Persönliche Schadensersatzhaftung, S. 163 m.w.N. zum Verhältnis von *lex specialis* zu *lex generalis* für den Fall, dass die speziellere Norm nicht einschlägig ist.

1275 BGHZ 36, 252, 256 f. = NJW 1962, 1103 – Gründerbildnis; *Bornkamm*, in: Langen/Bunte, § 33 Rn. 174; *Emmerich*, in: Immenga/Mestmäcker, § 33 Rn. 113; *Rehbinder*, in: Loewenheim/Meessen/Riesenkampff/Kersting/Meyer-Lindemann, § 33 Rn. 77.

1276 Vgl. *Eden*, Persönliche Schadensersatzhaftung, S. 165.

1277 *Karbaum*, Kartellrechtliche Compliance – Rechtsgrundlagen und Umsetzung, S. 177, 181.

1278 *Eden*, Persönliche Schadensersatzhaftung, S. 165; *Emmerich*, in: Immenga/Mestmäcker, § 33 Rn. 113; *Karbaum*, Kartellrechtliche Compliance – Rechtsgrundlagen und Umsetzung, S. 177; a. A. *Bornkamm*, in: Langen/Bunte, § 33 Rn. 174.

1279 Vgl. *Emmerich*, in: Immenga/Mestmäcker, § 33 Rn. 113.

entspricht auch dem Willen des historischen Gesetzgebers, der den Anwendungsbereich der anwendbaren Vorschriften durch die Einführung von § 33 Abs. 3 GWB und somit das Bestehen kartellrechtlicher Schadensersatzansprüche – gerade vor dem Hintergrund der Bestrebungen zur Stärkung des *private enforcement* – nicht einschränken, sondern erweitern wollte.[1280]

307 Verneint man dagegen die Passivlegitimation natürlicher Personen im Rahmen des kartellrechtlichen Schadensersatzanspruches, ist kein Grund ersichtlich, warum der spezialgesetzliche Schadensersatzanspruch die allgemeine Norm des § 823 Abs. 1 und 2 BGB hinsichtlich Eingriffen in den eingerichteten und ausgeübten Gewerbebetrieb verdrängen sollte.[1281] In diesem Fall bleibt § 823 Abs. 1 und 2 BGB vollumfänglich – genau wie § 826 BGB – anwendbar.[1282]

b) Verhältnis zu § 826 BGB

308 Da § 826 BGB im Vergleich zum spezialgesetzlichen Schadensersatzanspruch andere Anforderungen hat, stehen auch diese Ansprüche in Idealkonkurrenz zueinander.[1283]

c) Verhältnis zum UWG

309 Neigte die ältere Rechtsprechung[1284] noch dazu, eine Kartellrechtsverletzung stets als wettbewerbswidriges Verhalten gemäß § 1 UWG a. F. (Rechtsbruch) bzw. § 4 Nr. 11 UWG (Verletzung unmittelbar wettbewerbsregelnder Vorschriften) oder § 4 Nr. 10 UWG (gezielten Behinderung von Mitbewerbern) zu betrachten, wodurch die Ansprüche in Idealkonkurrenz zueinander standen, so betrachtet die neuere Rechtsprechung[1285] § 33 Abs. 3 GWB a. F.

1280 BT-Drs. II/1158, S. 44; *Eden*, Persönliche Schadensersatzhaftung, S. 164; vgl. ferner *Meeßen*, Der Anspruch auf Schadensersatz bei Verstößen gegen EU-Kartellrecht, S. 370 im Kontext der 7. GWB-Novelle.

1281 *Karbaum*, Kartellrechtliche Compliance – Rechtsgrundlagen und Umsetzung, S. 177; vgl. dazu ferner *Eden*, Persönliche Schadensersatzhaftung, S. 163 ff.

1282 *Eden*, Persönliche Schadensersatzhaftung, S. 163 ff.; *Karbaum*, Kartellrechtliche Compliance – Rechtsgrundlagen und Umsetzung, S. 177; ferner *Roth*, in: FK-GWB, § 33 Rn. 195.

1283 *Emmerich*, in: Immenga/Mestmäcker, § 33 Rn. 113; *Rehbinder*, in: Loewenheim/Meessen/Riesenkampff/Kersting/Meyer-Lindemann, § 33 Rn. 77; *Roth*, in: FK-GWB, § 33 Rn. 197.

1284 *BGH* WuW/E BGH 2819 = NJW-RR 1993, 550 – Zinssubvention; *BGH* WuW/E BGH 1519, 1520 = NJW 1978, 2095 – 4 zum Preis von 3; *BGH* WuW/E BGH 893, 898 = NJW 1967, 1420– Hörgeräte.

1285 BGHZ 166, 154 – Probeabonnement = WuW/E DE-R 1779, Rn. 17 = NJW 2006, 2627.

bzw. § 33a Abs. 1 GWB n. F. grundsätzlich als abschließend, was Schadensersatzansprüche anbelangt.[1286] Etwas anderes gilt nach der neueren Rechtsprechung nur dann, wenn ein eigenständiger Tatbestand des UWG durch das kartellrechtswidrige Verhalten gleichzeitig verwirklicht wurde.[1287] Beispiele dafür sind der Boykott oder die gezielte Behinderung von Konkurrenten.[1288] Teilweise wird dafür plädiert, das Verdikt des *BGH* in Sachen Probeabonnement[1289] so zu lesen, dass Normen außerhalb des GWB immer dann in Idealkonkurrenz zu § 33 GWB stehen, soweit die Tatbestandsvoraussetzungen der Norm selbstständig erfüllt sind – d. h. nicht bloß an den Verstoß gegen das GWB anknüpfen – und damit anwendbar sind.[1290]

d) *Zwischenergebnis*

310 Sofern man die Passivlegitimation natürlicher Personen im Rahmen des kartellrechtlichen Schadensersatzanspruches wie hier bejaht, besteht mithin Idealkonkurrenz im Ergebnis zu sämtlichen Deliktstatbeständen inner- und außerhalb des BGB, soweit der Anspruch nicht auf den Eingriff in den eingerichteten und ausgeübten Gewerbebetrieb gestützt wird. D. h., dass Schadensersatzansprüche gemäß § 823 Abs. 1 und 2 BGB gesperrt sind, soweit sie auf Eingriffe in den eingerichteten und ausgeübten Gewerbebetrieb gestützt werden. Bei Verletzung anderer Rechte bzw. Rechtsgüter bleibt die Norm jedoch anwendbar. Sind Schutzgesetze außerhalb des GWB verletzt, wie bspw. die §§ 298 StGB, findet auch § 823 Abs. 2 BGB Anwendung. Verneint man hingegen die Passivlegitimation natürlicher Personen im Rahmen des kartellrechtlichen Schadensersatzanspruches, dann kann dieser spezialgesetzliche Schadensersatzanspruch bereits mangels Anwendbarkeit keine Sperrwirkung gegenüber § 823 Abs. 1 und 2 BGB entfalten. Dies gilt auch für Eingriffe in den eingerichteten und ausgeübten Gewerbebetrieb.

1286 Die ältere Rechtsprechung hatte zur Folge, dass der Kreis der Klageberechtigten entgegen § 33 Abs 2 a. F. über § 8 Abs. 3 UWG wesentlich erweitert wurde.

1287 BGHZ 166, 154, 159 ff. Tz. 13 ff. = NJW 2006, 2627 – Probeabonnement; *OLG Düsseldorf* WuW/E DE-R 3979, 3982; *Alexander,* Schadensersatz und Abschöpfung im Lauterkeits- und Kartellrecht, S. 50 ff. *ders.*, ZWeR 2007, 239, 244, 249 f.

1288 *Emmerich*, in: Immenga/Mestmäcker, § 33 Rn. 114; *Rehbinder,* in: Loewenheim/Meessen/Riesenkampff/Kersting/Meyer-Lindemann, § 33 Rn. 77.

1289 BGHZ 166, 154 – Probeabonnement = WuW/E DE-R 1779, Rn. 17 = NJW 2006, 2627.

1290 *Eden*, Persönliche Schadensersatzhaftung, S. 163; vgl. *Roth*, in: FK-GWB, § 33 Rn. 195.

311 § 826 BGB bleibt unabhängig davon, ob die Passivlegitimation natürlicher Personen im Rahmen kartellrechtlichen Schadensersatzanspruches bejaht oder verneint wird, anwendbar.

312 Anspruchsgrundlagen des UWG genauso wie andere denkbare Anspruchsgrundlagen aus anderen Gesetzen sind dann anwendbar, soweit die Tatbestandsvoraussetzungen der Norm selbstständig erfüllt sind und sich der Unwertgehalt nicht bloß im Bestehen eines Verstoßes gegen das GWB erschöpft.

2. Denkbare Anspruchsgrundlagen

313 Im Folgenden sollen die denkbaren Anspruchsgrundlagen kurz erwähnt werden. Hinsichtlich der Einzelheiten wird auf die entsprechende Literatur verwiesen.

a) § 823 Abs. 1 BGB

314 Ein Schadensersatzanspruch gemäß § 823 Abs. 1 BGB kann im vorliegenden Zusammenhang lediglich auf einen Eingriff in den eingerichteten und ausgeübten Gewerbebetrieb oder Eingriffe in Mitgliedschaftsrechte gestützt werden. Sofern ersteres nicht aufgrund des Konkurrenzverhältnisses gesperrt ist[1291], ergeben sich Schwierigkeiten hinsichtlich der Voraussetzung der Betriebsbezogenheit bzw. Zielgerichtetheit des Eingriffs, die dazu führen, dass regelmäßig eher nur horizontale Kartellrechtsverstöße einen Schadensersatzanspruch begründen können.[1292] Dies bedeutet, dass vertikale Kartellrechtsverstöße regelmäßig keinen Schadensersatzanspruch begründen. Darüber hinaus würde auch dem Endabnehmer bzw. Verbraucher kein Schadensersatzanspruch gemäß § 823 Abs. 1 BGB gegen den Manager zustehen. Diese Schwäche der Lösung über § 823 Abs. 1 BGB ist es letztlich auch, die nach hier vertretener Ansicht dazu führt, dass der Weg nicht gangbar ist.[1293]

1291 Siehe dazu bereits oben unter C. II. 1. a).

1292 *Karbaum*, Kartellrechtlich Compliance – Rechtsgrundlagen und Umsetzung, S. 183.

1293 Siehe dazu bereits oben unter C. I. 4. a) gg), Rn. 204.

b) § 823 Abs. 2 BGB i. V. m. der Verletzung eines Schutzgesetzes

315 Im Rahmen eines potenziellen Anspruchs gemäß § 823 Abs. 2 BGB[1294] kommen als verletzte Schutzgesetze im vorliegenden Zusammenhang insbesondere die §§ 298 ff. StGB in Betracht. Im Einzelfall ist auch eine Verletzung von § 263 StGB denkbar. Auch sind die Artt. 101, 102 AEUV als Schutzgesetze zu qualifizieren.[1295] Hinsichtlich der Einzelheiten wird auf die einschlägigen Kommentare verwiesen.

c) § 826 BGB

316 Hinsichtlich der Voraussetzungen des § 826 BGB wird auf die einschlägigen Kommentare verwiesen. Bei der potenziellen Haftung gemäß dieser Norm sind insbesondere die strengen Anforderungen bezüglich des subjektiven Tatbestands zu beachten.

d) § 830 BGB

317 Wie bereits ausgeführt wurde, bleibt § 830 BGB auch i. R. d. Kartelldeliktsrechts anwendbar.[1296] Auf § 830 Abs. 2 BGB stützte das *OLG Düsseldorf* auch die bislang einzige Verurteilung zu Schadensersatz gegenüber einem Manager.[1297]

e) § 831 BGB

318 § 831 BGB ist bereits nicht anwendbar, da natürliche Personen nach herrschender Meinung keine Geschäftsherren i. S. v. § 831 Abs. 1 BGB sind[1298]

1294 Zur Haftung von Organwaltern wegen der Verletzung von Schutzgesetzen i. S. v. § 823 Abs. 2 BGB umfassend *Verse*, ZHR 170 (2006), 398 ff., der auf das bestehende erhebliche Haftungsrisiko aufmerksam macht.

1295 Ausführlich m.w.N. *Eden*, Persönliche Schadensersatzhaftung, S. 193 ff., der eine persönliche Außenhaftung gemäß § 823 Abs. 2 BGB jedoch ablehnt, da es natürlichen Personen an der Unternehmenseigenschaft fehle. Dies ist vom hier vertretenen Standpunkt, nach dem auf § 9 OWiG zur Begründung der Passivlegitimation natürlicher Personen zurückgegriffen werden kann, nicht überzeugend.

1296 Siehe dazu bereits oben unter C. I. 4. a) bb)), Rn. 167.

1297 *OLG Düsseldorf*, Urteil vom 13. November 2013 – Az. VI-U (Kart) 11/13 = NZKart 2014, 68 ff. – Badarmaturen.

1298 *Wagner*, in: Münchener Kommentar zum BGB, § 823 Rn. 123 m.w.N.; *ders.*, a. a. O., § 831 Rn. 24, 53 f.; ferner *Eden*, Persönliche Schadensersatzhaftung, S. 71 ff. m.w.N.

und die Besorgung der Geschäfte i. S. v. § 831 Abs. 2 BGB auch nicht durch Vertrag übernommen haben.[1299]

3. Zwischenergebnis

319 Es bleibt festzuhalten, dass das Schutzniveau, welches die §§ 823 ff. BGB bieten, sehr niedrig und lückenhaft im Vergleich zur in der vorliegenden Arbeit favorisierten Lösung über das Kartelldeliktsrecht ist. Da dies dem identifizierten Bedürfnis nach verstärkter Verhaltenssteuerung nicht gerecht wird, ist dieser Lösungsansatz nicht sachgerecht. Letztlich kann das allgemeine Deliktsrecht daher das Kartelldeliktsrecht nur ergänzen.

III. Gesamtschuldnerischer Ausgleich

320 Der neu durch die 9. GWB-Novelle eingefügte § 33d GWB n. F. ordnet zunächst eine gesamtschuldnerische Haftung[1300] bei gemeinschaftlicher Begehung eines Kartellrechtsverstoßes i. S. v. § 33a Abs. 1 GWB n. F. und trifft weitergehende Regelungen, z. B. bezüglich des gesamtschuldnerischen Innenausgleichs, § 33d Abs. 2 GWB n. F. Bezüglich des Innenausgleichs zwischen Kronzeugen und den übrigen Rechtsverletzern ist zudem § 33e Abs. 3 GWB n. F. relevant. Die Regelung des § 33d Abs. 3 bis 5 GWB n. F., die grundsätzlich eine Haftungsprivilegierung zugunsten kleiner und mittlerer Unternehmen

---

1299 *BGH* NJW 1974, 1371, 1372; BGHZ 109, 297, 304 f. = NJW 1990, 976; *BGH* NJW 1994, 1801, 1803; *Sprau*, in: Palandt, BGB, § 831 Rn. 17 m.w.N.; *Wagner*, in: Münchener Kommentar zum BGB, § 823 Rn. 123 m.w.N.; *ders.*, a. a. O., § 831 Rn. 24, 53 f.; ferner *Eden*, Persönliche Schadensersatzhaftung, S. 71 ff. m.w.N.; angesichts der Ausführungen unter C. I. 3. b) aa) betreffend die Übernahme von Verkehrspflichten durch Manager sind daran jedoch zumindest Zweifel angebracht, vgl. auch *Altmeppen*, in: Roth/Altmeppen, GmbHG, § 43 Rn. 61. Laut *Wagner*, in: Münchener Kommentar zum BGB, § 831 Rn. 53 m.w.N. wurde die Norm tatsächlich in der Vergangenheit so verstanden, um die Außenhaftung leitender Mitarbeiter zu begründen. Im Ergebnis kann dies jedoch dahinstehen, da § 831 BGB ohnehin aus Gründen der Spezialität von § 33a GWB verdrängt werden würde.

1300 Siehe ausführlich zum schadensrechtlichen Innenausgleich *Hösch*, Der schadensrechtliche Innenausgleich, *passim*, die einerseits bereits die Vorgaben der EU-Kartellschadensersatzrichtlinie (RL 2014/104/EU) mit einbezieht und andererseits – entgegen der hier vertretenen Meinung – die Passivlegitimation natürlicher Personen ablehnt; siehe ferner ausführlich zur alten Rechtslage *Krüger*, Kartellregress, *passim*; siehe ferner zur alten Rechtslage mit Ausblick auf die Änderungen durch die EU-Kartellschadensersatzrichtlinie (RL 2014/104/EU) *Rust*, NZKart 2015, 502 ff.

vorsehen, sind nicht Gegenstand der nachfolgenden Ausführungen. Einzelheiten zum Innenausgleich nach alter Rechtslage werden nachfolgend nicht dargestellt. Diesbezüglich wird auf die einschlägigen Kommentierungen verwiesen.

1. Allgemeine Grundsätze

321 § 33d Abs. 1 S. 1 GWB n. F. ordnet an, dass bei Begehung eines gemeinschaftlichen Verstoßes durch mehrere i. S. d. § 33a Absatz 1 GWB n. F. alle als Gesamtschuldner zum Ersatz des daraus entstehenden Schadens verpflichtet sind.[1301] Im Übrigen finden gemäß § 33 Abs. 1 S. 1 GWB n. F. die §§ 830 und 840 Abs. 1 BGB Anwendung.

322 Das Verhältnis der Gesamtschuldner untereinander wird von § 33d Abs. 2 GWB n. F. maßgeblich bestimmt. Gemäß § 33a Abs. 2 S. 1 GWB n. F., der Art. 11 Abs. 5 Satz 1 der EU-Kartellschadensersatzrichtlinie (RL 2014/104/EU) umsetzt[1302], hängt das Verhältnis der Gesamtschuldner untereinander, sowohl bezüglich der Verpflichtung zum Ersatz an sich als auch bezüglich des Umfangs desselben, von den Umständen ab und dabei insbesondere davon, in welchem Maß sie den Schaden verursacht haben. Gemäß § 33d Abs. 2 S. 2 GWB n. F. finden die §§ 421–425 BGB sowie § 426 Abs. 1 S. 2 und Abs. 2 BGB im Übrigen Anwendung.

323 Welche Konsequenz hat die neue Rechtslage nun für den gesamtschuldnerischen Innenausgleich zwischen passivlegitimiertem Unternehmen und passivlegitimierter natürlicher Person, für den der Gesetzgeber keine Sonderregeln geschaffen hat? Zunächst ist festzuhalten, dass eine nach oben dargelegten Grundsätzen passivlegitimierte natürliche Person ein Rechtsverletzer i. S. v. §§ 33 Abs. 1, 33a Abs. 1 GWB n. F. und daher der Logik des § 33d Abs. 1 S. 1 GWB n. F. nach Gesamtschuldner ist, sodass die Berücksichtigung natürlicher Personen im gesamtschuldnerischen Innenausgleich angezeigt ist. Denn es wäre inkonsequent, zunächst die Passivlegitimation natürlicher Personen i. R. v. § 33 Abs. 3 GWB a. F. bzw. § 33a Abs. 1 GWB n. F. mittels Rückgriff auf § 81 GWB i. V. m. § 9 OWiG ggf. i. V. m. §§ 8, 9 bzw.

1301 Siehe zur neuen Rechtslage auch *Krüger*, WuW 2017, 229 ff., der darauf hinweist, dass viele Fragen, die sich bereits unter Geltung des GWB a. F. stellten, durch die 9. GWB-Novelle nicht geklärt worden seien und dass deren praktische Relevanz zunehmend steige.

1302 Die Richtlinie folgt dem Prinzip der Verteilung anhand der relativen Verantwortung der Schädigers. Wenngleich die Festlegung der Kriterien zur Bestimmung der relativen Verantwortung Sache der Mitgliedsstaaten ist, nennt die Richtlinie in Erwägungsgrund 37 jedoch Kriterien wie Umsatz, Marktanteil oder die Rolle im Kartell.

§ 130 OWiG zu bejahen, dann aber die natürliche Person nicht als Gesamtschuldner zu qualifizieren.

324 Wie bereits ausgeführt wurde, sind gemäß § 33d Abs. 2 S. 1 GWB n. F. grundsätzlich die Umstände, insbesondere das Maß der Schadensverursachung, ausschlaggebend dafür, ob und in welcher Höhe die Gesamtschuldner untereinander zum Ersatz verpflichtet sind. Mithin stellt sich die Frage, anhand welchen Maßstabs dieses Maß der Schadensverursachung im Verhältnis von rechtsverletzendem Unternehmen (im Regelfall eine juristische Person) und rechtsverletzender natürlichen Person bestimmt werden soll. Dabei muss vor allem berücksichtigt werden, dass die juristische Person selbst nicht handlungsfähig ist und sich dazu natürlicher Personen bedient. Dies kann und darf nicht dazu führen, dass der natürlichen Person regelmäßig und pauschal der Großteil der Schadensverursachung zugewiesen wird. Denn der Umstand ist in die Betrachtung miteinzubeziehen, dass dem Unternehmen im kartellrechtlichen Sinne, also regelmäßig der juristischen Person, unmittelbar alle Vorteile aus dem kartellrechtswidrigen Handeln zufließen, während die natürliche Person regelmäßig mittelbar Vorteile dadurch erlangt (z. B. Bonuszahlungen, Beförderungen).[1303] Ferner handelt die natürliche Person ja gerade für das Unternehmen im kartellrechtlichen Sinne, ist dabei aber nicht von jedweder Verantwortung – gerade unter präventiven Gesichtspunkten und Gründen der Verhaltenssteuerung – frei zu sprechen. Diesbezüglich muss weiterhin berücksichtigt werden, dass eine zu hoch bemessene Sanktion – sei es in Form einer drohenden Geldbuße oder drohender Schadensersatzansprüche – ihrerseits keinen verhaltenssteuernden Effekt entfaltet.[1304] Insofern wird nachfolgend eine in den Augen des Verfassers sachgerechte Lösung dargestellt werden.

a) Gesetzesbegründung zur 9. GWB-Novelle

325 Zunächst ist es angezeigt, sich mit der Gesetzbegründung und den darin enthaltenen Vorstellungen des Gesetzgebers zu befassen, um daraus ggf. Rückschlüsse ziehen zu können. Mit § 33d Abs. 2 S. 1 GWB n. F. folge der Gesetzgeber der allgemeinen Regel des § 254 Abs. 1 BGB und der bisherigen Rechtsprechung zum Innenausgleich, wonach ein deliktisch verursachter Schaden auf mehrere Ersatzpflichtige entsprechend den Grundsätzen über das Mitverschulden zu verteilen sei.[1305] Entsprechend heißt es in der

1303 Siehe dazu bereits oben unter B. II. 2. a) bb).

1304 Siehe dazu bereits oben unter B. I. 2., Rn. 43 und B. II. 2. b), Rn. 70.

1305 Gesetzesbegründung zur 9. GWB-Novelle, BT-Drs. 18/10207, S. 58 m.w.N.; zum Streit über den Ausgleichsmaßstab nach altem Recht *Krüger*, WuW 2017, 229, 230 m.w.N.

Gesetzesbegründung, dass in erster Linie das Maß der Verursachung und erst in zweiter Linie auf etwaiges Verschulden abzustellen sei.[1306] Dabei könne die vorzunehmende Abwägung zur Quotelung oder aber zur alleinigen Belastung eines Rechtsverletzers eines Ersatzpflichtigen führen.[1307] Ausschlaggebend für das Maß der beiderseitigen Verursachung sei, mit welchem Grad von Wahrscheinlichkeit die beiderseitigen Verursachungsbeiträge zur Herbeiführung des schädigenden Erfolges geeignet waren.[1308] Ein Erfolg sei i. S. v. § 254 Abs. 1 BGB vorwiegend verursacht, soweit er durch den Verursachungsbeitrag in höherem Grad wahrscheinlich wurde.[1309] Wenngleich nicht Teil der Gesetzebegründung, aber dennoch vorliegend relevant ist, dass die zeitliche Reihenfolge, in der die Gesamtschuldner ihre Verursachungsbeiträge gesetzt haben, grundsätzlich ebenso unerheblich für Abwägung i. R. v. § 33d Abs. 2 GWB n. F. ist, wie die Zahl der Haftungsgründe.[1310] Neben dem an die Rolle des betreffenden Schädigers bei der Begehung des Verstoßes anknüpfenden Verursachungs- und Verschuldenskriterium, sollen laut der Gesetzesbegründung auch der Marktanteil des betreffenden Unternehmens, der Umsatz mit von dem Verstoß betroffenen Waren und Dienstleistungen sowie die durch den Verstoß erzielten Mehrerlöse zwecks Bestimmung des Haftungsanteils berücksichtigt werden, wobei die Rechtsprechung hinsichtlich des Zusammenspiels der einzelnen Kriterien den Einzelfall Rechnung tragen soll.[1311] Eine verengende Betrachtung auf ein Kriterium spiegelt nach Ansicht des Gesetzgebers nicht mehr die individuelle Verantwortung der einzelnen Schädiger wider.[1312] Nach der Rechtsprechung zur alten Rechtslage sollen ferner auch andere Abwägungskriterien wie die wirtschaftliche Leistungsfähigkeit zu berücksichtigen sein.[1313] Dies sollte auch nach neuer Rechtslage insbesondere im vorliegenden Zusammenhang berücksichtigt werden. Zudem dürfte ergänzend auf das Kopfteilsprinzip des § 426 Abs. 1 BGB zurückgegriffen werden.[1314]

1306 Gesetzesbegründung zur 9. GWB-Novelle, BT-Drs. 18/10207, S. 58; siehe dazu grundsätzlich *Gehrlein*, in: Beck'scher Onlinekommentar zum BGB, § 426 Rn. 9 m.w.N.; *Stürner*, in: Jauernig, BGB, § 426 Rn. 9 m.w.N.; zur Verschuldensabwägung ausführlich *Krüger*, Kartellregress, S. 96 ff.

1307 Gesetzesbegründung zur 9. GWB-Novelle, BT-Drs. 18/10207, S. 58 m.w.N.

1308 Gesetzesbegründung zur 9. GWB-Novelle, BT-Drs. 18/10207, S. 58.

1309 Gesetzesbegründung zur 9. GWB-Novelle, BT-Drs. 18/10207, S. 58 m.w.N.

1310 *Krüger*, WuW 2017, 229, 230 unter Verweis auf das auch in der Gesetzbegründung zur 9. GWB-Novelle, BT-Drs. 18/10207, S. 58, zitierte Urteil des *OLG Düsseldorf*.

1311 Gesetzesbegründung zur 9. GWB-Novelle, BT-Drs. 18/10207, S. 58.

1312 Gesetzesbegründung zur 9. GWB-Novelle, BT-Drs. 18/10207, S. 58.

1313 *BGH*, Urteil vom 18. November 2014 – Az. KZR 15/12, Rn. 41 ff, insb. Rn. 66 ff. = BGHZ 203, 193, 212 – Calciumcarbid; dagegen *Krüger*, WuW 2017, 229, 230 m.w.N.

1314 *Krüger*, WuW 2017, 229, 231.

b) Konsequenzen für den Gesamtschuldnerausgleich in concreto

326 Die vorstehenden Ausführungen betreffend die Gesetzesbegründung lassen folgende Schlüsse zu: **(1)** Der Gesetzgeber hat hinsichtlich des Gesamtschuldnerausgleichs zwischen Unternehmen im kartellrechtlichen Sinne bzw. juristischen Personen und passivlegitimierten natürlichen Personen keine besonderen Regeln vorgesehen. **(2)** Die Gesetzesbegründung ist tendenziell auf den Fall des Gesamtschuldnerausgleichs zwischen Unternehmen im kartellrechtlichen Sinne zugeschnitten. **(3)** Angesichts der Tatsache, dass der passivlegitimierten natürlichen Person zwar die Unternehmenseigenschaft mittels der Anwendung von § 81 GWB i. V. m. § 9 OWiG als Verweisungsziel des § 33 Abs. 3 GWB a. F. bzw. § 33a Abs. 1 GWB n. F. zugerechnet wird, diese letztlich jedoch kein Unternehmen im kartellrechtlichen Sinn per se sind, ist der in der Gesetzesbegründung vorgesehene Kriterienkatalog zur Bestimmung des Haftungsanteils im Innenverhältnis nur bedingt auf den Gesamtschuldnerausgleich zwischen Unternehmen im kartellrechtlichen Sinne und passivlegitimierter natürlicher Person anwendbar. Dies betrifft insbesondere die Kriterien Marktanteil des betreffenden Unternehmens, der Umsatz mit von dem Verstoß betroffenen Waren und Dienstleistungen sowie die durch den Verstoß erzielten Mehrerlöse. **(4)** Mithin ist beim Gesamtschuldnerausgleich zwischen Unternehmen im kartellrechtlichen Sinne und passivlegitimierter natürlicher Person zunächst die allgemeine Regel des § 254 Abs. 1 BGB maßgeblich, wonach ein deliktisch verursachter Schaden auf mehrere Ersatzpflichtige entsprechend den Grundsätzen über das Mitverschulden zu verteilen ist. Zur Bestimmung des Mitverschuldens in erster Linie auf das Maß der Verursachung und erst in zweiter Linie auf etwaiges Verschulden abzustellen.[1315] Die Abwägung kann zur Quotelung oder aber zur alleinigen Belastung eines Rechtsverletzers führen. Ausschlaggebend für das Maß der beiderseitigen Verursachung ist, mit welchem Grad von Wahrscheinlichkeit die beiderseitigen Verursachungsbeiträge zur Herbeiführung des schädigenden Erfolges geeignet waren. Ein Erfolg ist i. S. v. § 254 Abs. 1 BGB vorwiegend verursacht, soweit er durch den Verursachungsbeitrag in höherem Grad wahrscheinlich wurde.

1315 Bußgeldspezifische Abwägungsfaktoren wie die wirtschaftliche Leistungsfähigkeit, die weder einen Verursachungsbeitrag noch im Rahmen des Verschuldens relevant sind, sollen – entgegen *BGH*, Urteil vom 18 November 2014 – Az. KZR 15/12, Rn. 41 ff, insb. Rn. 66 ff. = BGHZ 203, 193, 212 – Calciumcarbid – als Abwägungsfaktor nicht relevant sein, so *Krüger*, WuW 2017, 229, 230 m.w.N.

c) *Haftungseinheit*

327 Da der in der Gesetzesbegründung vorgesehene Kriterienkatalog, wie dargelegt wurde, nur bedingt zur Anwendung auf den Gesamtschuldnerinnenregress zwischen Unternehmen im kartellrechtlichen Sinne und passivlegitimierter natürlicher Person geeignet ist, erlangt im vorliegenden Zusammenhang die aus dem allgemeinen Recht der Gesamtschuld stammende Figur der Haftungseinheit an Relevanz. Danach sind mehrere Rechtsverletzer aus rechtlichen oder tatsächlichen Gründen bei der Quotelung des Schadens im Rahmen des Gesamtschuldnerinnenregresses als ein einziger Beteiligter zu behandeln.[1316]

328 Als tatsächlicher Grund kommt dabei bspw. die Verwirklichung eines Schadensverursachungsbeitrags vor dem Hinzutreten weiterer Schädiger in Betracht.[1317] Zudem besteht aus tatsächlichen Gründen eine Haftungseinheit zwischen dem Geschäftsherren und seinem Erfüllungs- oder Verrichtungsgehilfen.[1318] Gleiches gilt für Schädiger, die aus sonstigen Gründen für einen gemeinsamen Verursachungsbeitrag verantwortlich sind.[1319] Als rechtlicher Grund kommt etwa ein Rechtsgeschäft zwischen Ehepaaren in Betracht, die gemeinsam mit einem anderen Ehepaar einen Kredit aufgenommen haben.[1320]

329 Die Haftungseinheit hat zur Konsequenz, dass der drei Gesamtschuldnern (Geschäftsherr, Verrichtungsgehilfe, Dritter) gegenüberstehende Geschädigte ohne eigenen Tatbeitrag jeden der drei Gesamtschuldner auf den ganzen Schaden in Anspruch nehmen kann. Bezüglich des Gesamtschuldnerinnenregresses haftet jedoch nicht jeder Gesamtschuldner auf 1/3, sondern Geschäftsherr und Verrichtungsgehilfe zusammen auf 1/2 sowie der Dritte auf 1/2.[1321] M. a. W. heißt das, dass auf die Rechtsverletzer, die die

---

1316 BGHZ 6, 26 ff; *BGH* NJW 2010, 1592; *Gehrlein*, in: Beck'scher Onlinekommentar BGB, § 426 Rn. 10; *Schulze*, in: Handkommentar BGB, § 426 Rn. 9; *Stürner*, in: Jauernig, BGB, § 426 Rn. 10.

1317 BGHZ 54, 283 ff; BGHZ 61, 213, 218 = NJW 1973, 2022; *Gehrlein*, in: Beck'scher Onlinekommentar BGB, § 426 Rn. 10 m.w.N.; *Stürner*, in: Jauernig, BGB, § 426 Rn. 10.

1318 BGHZ 6, 3, 27 = NJW 1952, 1087; *BGH* NJW 2010, 1592; *BGH* DB 1970, 1682; *Gehrlein*, in: Beck'scher Onlinekommentar BGB, § 426 Rn. 10 m.w.N.; *Schulze*, in: Handkommentar BGB, § 426 Rn. 9; *Stürner*, in: Jauernig, BGB, § 426 Rn. 10.

1319 BGHZ 61, 213, 218 = NJW 1973, 2022; *BGH* NJW 1983, 623; *BGH* NJW 1971, 33; *OLG Hamm* NJW RR 2009, 1034 f.; *Gehrlein*, in: Beck'scher Onlinekommentar BGB, § 426 Rn. 10.

1320 *Gehrlein*, in: Beck'scher Onlinekommentar BGB, § 426 Rn. 10 m.w.N. und weiteren Beispielen.

1321 *Stürner*, in: Jauernig, BGB, § 426 Rn. 11 m.w.N.

Haftungseinheit bilden, gemeinsam nur eine Quote entfällt.[1322] Hinsichtlich dieser Quote wiederum haften die Rechtsverletzer, die die Haftungseinheit bilden, im Innenverhältnis zu den anderen Gesamtschuldnern als Gesamtschuldner für die Quote.[1323] Der Ausgleich innerhalb der Haftungseinheit erfolgt nach allgemeinen Regeln.[1324] Die Vereinbarung zwischen den Gesamtschuldnern einer Haftungsfreistellung eines Rechtsverletzers, der Teil einer Haftungseinheit ist, wirkt sich ebenfalls zugunsten anderer Mitglieder der Haftungseinheit aus.[1325]

330 Im vorliegenden Zusammenhang bedeuten die obigen Ausführungen zur Haftungseinheit, dass sowohl zwischen dem Unternehmen im kartellrechtlichen Sinne und seinen Organen (wegen der Verwirklichung eines Schadensverursachungsbeitrags vor dem Hinzutreten weiterer Schädiger) als auch zwischen dem Unternehmen im kartellrechtlichen Sinne und seinen Angestellten als Erfüllungs- bzw. Verrichtungsgehilfen eine Haftungseinheit besteht. D. h., sie können im Außenverhältnis von dem oder den Geschädigten auf den ganzen Schaden in Anspruch genommen werden und sie haften jeweils gemeinsam für eine Quote im Innenverhältnis gegenüber den anderen Gesamtschuldnern. Der Ausgleich bezüglich der gemeinsamen Quote innerhalb der Haftungseinheit richtet sich wiederum nach den allgemeinen Grundsätzen der Gesamtschuld. Daraus folgt, dass zunächst die Quote der Haftungseinheit anhand der in der Gesetzesbegründung niedergelegten Methode ermittelt wird. Anschließend wird die Quotelung

1322 *Gehrlein*, in: Beck'scher Onlinekommentar BGB, § 426 Rn. 10; *Schulze*, in: Handkommentar BGB, § 426 Rn. 9.

1323 BGHZ 55, 344, 349; BGHZ 61, 213, 220; *BGH* NJW-RR 1989, 920; *Gehrlein*, in: Beck'scher Onlinekommentar BGB, § 426 Rn. 10 m.w.N.; *Schulze*, in: Handkommentar BGB, § 426 Rn. 9; *Stürner*, in: Jauernig, BGB, § 426 Rn. 16.

1324 *Gehrlein*, in: Beck'scher Onlinekommentar BGB, § 426 Rn. 10 m.w.N.; die Ansicht, nach der derjenige, der für Fremdverschulden (z. B. Geschäftsherr) hafte von demjenigen, der schuldhaft handele (z. B. Erfüllungs- oder Verrichtungsgehilfe), freizustellen bzw. im Gesamtschuldnerinnenregress nicht ausgleichspflichtig sei (so *Gehrlein*, in: Beck'scher Onlinekommentar BGB, § 426 Rn. 9, 10 m.w.N.; *Stürner*, in: Jauernig, BGB, § 426 Rn. 9 m.w.N.), ist nicht auf die vorliegende Konstellation übertragbar, in der der Gesamtschuldnerinnenregress innerhalb eines Unternehmens im kartellrechtlichen Sinne und dessen passivlegitimierten Organen oder sonstigen Angestellten behandelt wird. Denn die ausgeurteilten Sachverhalte betrafen stets Konstellationen, in denen die Gesamtschuldner nicht zum selben Unternehmen gehörten (siehe exemplarisch *BGH* NJW 1980, 2348 ff.). Eine Übertragung dieser Ansicht auf die vorliegende Konstellation würde bedeuteten, dass das sorgfältig austarierte Zusammenspiel von Haftung für unmittelbares Tun und Unterlassen bzw. Aufsichtspflichtverletzungen im Gesamtschuldnerinnenregress nachträglich konterkariert würde. Das kann nicht gewollt sein.

1325 *Stürner*, in: Jauernig, BGB, § 426 Rn. 13 m.w.N.

innerhalb der Haftungseinheit vorgenommen, wobei andere Kriterien zugrunde gelegt werden sollten (dazu sogleich).

d) Gesamtschuldnerausgleich der Haftungseinheit in concreto

331 Nach der Gesetzesbegründung ist, wie bereits dargestellt, in erster Linie das Maß der Verursachung ausschlaggebend für die Bestimmung des jeweils im Innenverhältnis zu tragenden Anteils maßgeblich, wobei ausschlaggebend für das Maß der beiderseitigen Verursachung ist, mit welchem Grad von Wahrscheinlichkeit die beiderseitigen Verursachungsbeiträge zur Herbeiführung des schädigenden Erfolges geeignet waren. Da das Unternehmen im kartellrechtlichen Sinne bzw. die juristische Person nicht handlungsfähig ist und sie letztlich immer durch natürliche Personen handeln muss, ist regelmäßig davon auszugehen, dass das Maß der Verursachung zur Bestimmung des jeweils im Innenverhältnis zu tragenden Anteils von Unternehmen im kartellrechtlichen Sinne und natürlicher Person nicht geeignet ist, um sachgerechte Ergebnisse zu erzielen. Denn seitens des Unternehmens im kartellrechtlichen Sinne ist die unternehmerische Tätigkeit (am Markt) als Eröffnung einer (kartellrechtlichen) Gefahrenquelle als Verursachungsbeitrag sowie das Tun oder Unterlassen der Organe oder leitenden Angestellten i. S. v. § 30 OWiG, ggf. i. V. m. § 130 OWiG, welches dem Unternehmen auch zivilrechtlich gemäß § 31 BGB zugerechnet wird[1326], anzusehen, während seitens der natürlichen Person das konkrete Tun oder Unterlassen, welches zum Kartellrechtsverstoß führte, als Verursachungsbeitrag anzusehen ist. Hinsichtlich dieser beiden Verursachungsbeiträge lässt sich jedoch nicht feststellen, welcher der beiden mit einem höheren Grad der Wahrscheinlichkeit zur Herbeiführung des schädigenden Ereignisses geeignet war. Vielmehr ist es so, dass beide Verursachungsbeiträge *conditio sine qua non* für den Kartellrechtsverstoß sind, da sie beide nicht hinwegzudenken sind, ohne dass der tatbestandsmäßige Erfolg entfiele.

332 Insoweit ist hauptsächlich auf das in zweiter Linie relevante Verschuldenskriterium zur Bestimmung des jeweils zu tragenden Anteils zurückzugreifen. Auch hier ist zunächst grundsätzlich von einem Verschulden zu gleichen Teilen auszugehen, wobei die Art des in Rede stehenden Verstoßes zu einem abweichenden Ergebnis führen kann.[1327] Dabei ist zunächst abzuwägen zwischen dem Grad des Verschuldens ([bedingter] Vorsatz und [grobe] Fahrlässigkeit), aber auch bei Vorliegen des gleichen Grades an Verschulden.[1328] Zugunsten des Unternehmens (was zu einer Verringerung des

1326 Siehe dazu bereits oben unter C. I. 2.
1327 Vgl. (zum GWB a. F.) *Krüger*, Kartellregress, S. 96 ff.
1328 So auch *Krüger*, Kartellregress, S. 96 ff., ins. S. 97–100.

zu tragenden Anteils führt), können sich unter anderem folgende Umstände auswirken: **(1)** Haftung des Unternehmens basiert auf Unterlassen (der Organe oder der leitenden Angestellten i. S. v. § 30 OWiG), insbesondere bei Existenz eines qualifizierten Compliance-Systems[1329]; **(2)** Grad des Vorsatzes bzw. der Fahrlässigkeit[1330], d. h. fahrlässiges Handeln oder Unterlassen ist geeignet, zugunsten des Unternehmens zu wirken während vorsätzliches Handeln eher zu dessen Lasten wirkt; **(3)** Kein *Hardcore*-Verstoß, der grundsätzlich eher fahrlässiges Handeln indiziert, bzw. Schwere des Verstoßes.[1331] Zuungunsten des Unternehmens wirken sich dagegen unter anderem aus: **(1)** Haftung des Unternehmens basiert auf (vorsätzlichem) Tun (der Organe oder der leitenden Angestellten i. S. v. § 30 OWiG); **(2)** Fehlende Implementierung eines qualifizierten Compliance-Systems (im Falle der Kartellrechtsverletzung durch Unterlassen)[1332]; **(3)** Bezüglich des Grades des Verschuldens gilt das soeben Ausgeführte entsprechend; **(4)** *Hardcore*-Verstoß, der eher vorsätzliches Handeln indiziert bzw. Schwere des Verstoßes; **(5)** Weisung zum Kartellrechtsverstoß bzw. Druck auf nachgeordnete Unternehmensebenen zur Erreichung der Unternehmensziele.[1333]

333 Zugunsten der natürlichen Person können sich unter anderem folgende Umstände auswirken: **(1)** Haftung basiert auf Unterlassen (der Organe oder der leitenden Angestellten i. S. v. § 30 OWiG), insbesondere bei Implementierung eines qualifizierten Compliance-Systems; **(2)** Grad des Vorsatzes bzw. der Fahrlässigkeit, d. h. fahrlässiges Handeln oder Unterlassen ist geeignet, zugunsten der natürlichen Person zu wirken während vorsätzliches Handeln eher zu deren Lasten wirkt; **(3)** Kein *Hardcore*-Verstoß, der grundsätzlich eher fahrlässiges Handeln indiziert bzw. Schwere des Verstoßes; **(4)** Handeln auf Weisung bzw. Druck, wobei dies bei offensichtlich rechtswidrigen Weisungen ausscheidet. Hier kann von der natürlichen Person erwartet werden, dass sie der arbeitsrechtlich unwirksamen rechtswidrigen Weisung in standhafter Selbstbehauptung nicht Folge leistet, da niemand zur Befolgung einer entsprechenden Weisung verpflichtet ist.[1334] Zuungunsten der natürlichen Person können sich unter anderem folgende Umstände auswirken: **(1)** Haftung basiert auf Tun; **(2)** Bezüglich des Grades des Verschuldens gilt das soeben Ausgeführte entsprechend; **(3)** Fehlende Implementierung eines qualifizierten Compliance-Systems (im Falle der Kartellrechtsverletzung durch Unterlassen der Organmitglieder oder zuständiger leitender Angestellte); **(4)** *Hardcore*-Verstoß, der eher vorsätzliches Handeln indiziert

1329 Siehe dazu bereits oben unter C. I. 5. b) ee)(2).
1330 Vgl. (zum GWB a. F.) *Krüger*, Kartellregress, S. 97 f.
1331 Vgl. (Zum GWB a.F) *Krüger*, Kartellregress, S. 98.
1332 Ähnlich *Krüger*, Kartellregress, S. 99.
1333 Vgl. für das Verhältnis zwischen Unternehmen *Krüger*, Kartellregress, S. 99 f.
1334 Zum Themenkomplex instruktiv *Kühn*, NZA 2015, 10 ff., *passim*.

bzw. Schwere des Verstoßes; **(5)** Handeln aus eigenem Antrieb bzw. aus wirtschaftlichem Eigeninteresse.

334 Darüber hinaus ist in Übereinstimmung mit der Rechtsprechung die wirtschaftliche Leistungsfähigkeit zu berücksichtigen.[1335]

2. Haftungsreduzierung durch Teilnahme an Kronzeugenprogrammen

335 Das so gefundene Ergebnis kann anschließend durch die Anwendung von § 33e Abs. 3 GWB n. F. modifiziert werden, der wie folgt lautet:

> Die übrigen Rechtsverletzer können von dem Kronzeugen Ausgleichung nach § 33d Absatz 2 nur bis zur Höhe des Schadens verlangen, den dieser seinen unmittelbaren und mittelbaren Abnehmern oder Lieferanten verursacht hat. Diese Beschränkung gilt nicht für die Ausgleichung von Schäden, die anderen als den unmittelbaren oder mittelbaren Abnehmern oder Lieferanten der an dem Kartell beteiligten Unternehmen aus dem Verstoß entstehen.

336 Der Gesetzgeber hat damit mit der 9. GWB-Novelle (in Umsetzung von Art. 11 der EU-Kartellschadensersatzrichtlinie (RL 2014/104/EU) den Kronzeugen weitgehend privilegiert. Gegenüber den anderen Rechtsverletzern ist der Innenregress gemäß § 33e Abs. 3 S. 1 GWB n. F. der Höhe nach auf den Betrag beschränkt, den er seinen Abnehmern (bzw. Lieferanten) als Schaden durch den Verstoß verursacht hat. Ist der Rechtsverletzer eine natürliche Person, so ist auf die Abnehmer bzw. Lieferanten des Unternehmens abzustellen, für den die natürliche Person gehandelt hat. Damit ist eine Haftung im Innenregress für Schäden der Abnehmer oder Lieferanten anderer Rechtsverletzer ausgeschlossen. In dem Maß, indem der Kronzeuge privilegiert wird, wächst der Haftungsanteil gemäß § 33d Abs. 2 S. 1 GWB n. F., den er zu tragen hätte, den anderen Rechtsverletzern entsprechend deren Haftungsquoten an. Dies gilt sowohl für die Rechtsverletzer, die nicht Teil der Haftungseinheit sind als auch für den Ausgleich innerhalb der Haftungseinheit.

1335 Siehe *BGH*, Urteil vom 18. November 2014, KZR 15/12, Rn. 41 ff, insb. Rn. 66 ff. = BGHZ 203, 193, 212 – Calciumcarbid.

3. Ausgleichsvereinbarungen und Vergleiche mit den Geschädigten

a) Ausgleichsvereinbarungen

337 Mit Blick auf den Gesetzeswortlaut des § 33d Abs. 2 S. 2 GWB n. F. ist nicht eindeutig, ob auch nach neuer Rechtslage Ausgleichsvereinbarungen zwischen den Rechtsverletzern nach Beendigung des Kartellrechtsverstoßes rechtlich zulässig sind.[1336] Denn war nach alter Rechtslage noch § 426 Abs. 1 S. 1 BGB anwendbar, der diese Möglichkeit ausdrücklich vorsieht (Merkmal „ein anderes bestimmt“), finden gemäß § 33d Abs. 2 S. 2 GWB n. F. nunmehr lediglich § 426 Abs. 1 S. 2 und Abs. 2 BGB im Übrigen Anwendung. Ein Verbot der Ausgleichsvereinbarungen im kartellrechtlichen Kontext stellte jedoch einen schwerwiegenden Eingriff in die Privatautonomie der Rechtsverletzer dar, zu dessen Rechtfertigung weder ein der EU-Kartellschadensersatzrichtlinie (RL 2014/104/EU) noch in der Gesetzesbegründung zur 9. GWB-Novelle eine Begründung zu finden ist. Daher ist davon auszugehen, dass solche Ausgleichsvereinbarungen weiterhin zulässig sind.[1337]

b) Vergleiche mit den Geschädigten

338 In Erwägungsgrund 48 zur EU-Kartellschadensersatzrichtlinie (RL 2014/104/EU) wird zum Ausdruck gebracht, dass Vergleiche zwischen Rechtsverletzern und Geschädigten in der Praxis bereits eine wichtige Rolle spielten und daher förderungswürdig seien. Daher enthält § 33f GWB n. F. diesbezüglich Sonderregelungen, die Art. 19 der EU-Kartellschadensersatzrichtlinie (RL 2014/104/EU) umsetzen.[1338] Zusammengefasst enthält § 33f Abs. 1 S. 1 GWB n. F. i. V. m. § 33f Abs. 2 GWB n. F. eine Befreiung des sich vergleichenden Rechtsverletzer vom Innenregress in Höhe seines Anteils an dem Schaden, soweit nichts anderes vereinbart ist.[1339] Zudem ordnet § 33f Abs. 1 S. 2 GWB n. F. an, dass übrigen Gesamtschuldner nur zum Ersatz des Schadens verpflichtet sind, der nach Abzug des Anteils des sich vergleichenden Gesamtschuldners verbleibt, was der beschränkten Gesamtwirkung im

---

1336 Zur Rechtslage nach GWB a. F. *Krüger*, Kartellregress, S. 149 ff.

1337 Ebenso *Krüger*, WuW 2017, 229, 232 m.w.N.

1338 Durchaus kritisch zur Zielerreichung der Normen *Krüger*, WuW 2017, 229, 232.

1339 Vgl. *Krüger*, WuW 2017, 229, 232 zur Europarechtskonformität von § 33f Abs. 1 S. 1 GWB n. F., die er im Ergebnis mit Blick auf den in Art. 4 der EU-Kartellschadensersatzrichtlinie (RL 2014/104/EU) verankerten Effektivitätsgrundsatz bejaht.

allgemeinen Schuldrecht entspricht, soweit gemäß § 33f Abs. 1 S. 1 GWB n. F. nichts anderes vereinbart ist..[1340]

339 Darüber hinaus bietet § 33f Abs. 3 und 4 GWB n. F. den Vergleichsparteien die Möglichkeit, eine subsidiäre Haftung des Begünstigten für den Fall zu vereinbaren, dass der Geschädigte sich nicht vollumfänglich bei den anderen Gesamtschuldnern schadlos halten kann, sodass der volle Ersatz sichergestellt ist. Ob diese Norm in der Praxis relevant werden wird, ist abzuwarten.[1341]

340 Mit Blick auf Art. 3 der EU-Kartellschadensersatzrichtlinie (RL 2014/104/EU) kann der sich vergleichende Rechtsverletzer von den anderen Rechtsverletzern als Gesamtschuldner Ausgleich verlangen, soweit seine Vergleichszahlung seinen Anteil am zu ersetzenden Schaden übersteigt.[1342] Eine Beteiligung der anderen Gesamtschuldner an seiner Ausgleichsleistung darüber hinaus ist ausgeschlossen.[1343]

4. Verjährung

341 Die Regelverjährung des § 195 BGB gilt auch für den Ausgleichsanspruch des § 33d Abs. 2 S. 1 GWB n. F.[1344], wobei der Fristbeginn durch § 33h Abs. 7 GWB n. F. geregelt ist. Danach beginnt die dreijährige Frist erst mit der Befriedigung des Schadensersatzanspruchs nach § 33a Abs. 1 GWB n. F. Damit ist i. S. v. § 199 Abs. 1 Hs. 1 BGB etwas anderes bestimmt, so dass die *Ultimo*-Regel nicht gilt.[1345]

342 Gegenüber der alten Rechtslage bedeutet dies für die Rechtsverletzer eine Verbesserung, da die Verjährungsfrist für den gesetzlichen Ausgleichsanspruch des § 426 Abs. 1 BGB gemäß § 199 Abs. 1 BGB lief, sobald die Gesamtschuld bspw. mit Lieferung kartellbedingt überteuerter Lieferung entstand und der ausgleichsberechtigte Rechtsverletzer Kenntnis oder grob fahrlässige Unkenntnis von den relevanten Umständen hatte, was zur Folge hatte, dass der Anspruch regelmäßig verjährt war, bevor überhaupt Schadensersatzansprüche geltend gemacht werden konnten.[1346] In diesem Fall verblieb dem Rechtsverletzer nur die Regressmöglichkeit des § 426 Abs. 2 BGB

1340 Gesetzesbegründung zur 9. GWB-Novelle, BT-Drs. 18/10207, S. 61.
1341 Kritisch *Krüger*, WuW 2017, 229, 232.
1342 *Krüger*, WuW 2017, 229, 232.
1343 *Krüger*, WuW 2017, 229, 232 m.w.N.
1344 *Krüger*, WuW 2017, 229, 231.
1345 *Krüger*, WuW 2017, 229, 231.
1346 *Krüger*, WuW 2017, 229, 231 f.

aus übergegangenem Recht, dem jedoch gemäß §§ 412, 404 425 BGB Einreden entgegen gehalten werden konnten, was erfahrungsgemäß nachteilig ist.[1347]

5. Zwischenergebnis

343 Zusammenfassend ist festzuhalten, dass die passivlegitimierte natürliche Person als Rechtsverletzer gemäß § 33d Abs. 1 S. 1 GWB n. F. als Gesamtschuldner anzusehen ist und daher gemäß § 33d Abs. 2 S. 1 GWB n. F. am Gesamtschuldnerinnenregeress teilnimmt. Dabei ist jedoch zu berücksichtigen, dass auf das passivlegitimierte Unternehmen und die für dieses Unternehmen handelnde passivlegitimierte natürliche Person nur eine gemeinsame Quote entfällt, da diese eine Haftungseinheit bilden, für die sie im Innenverhältnis zu den anderen Gesamtschuldnern als Gesamtschuldner haften. Der Ausgleich innerhalb der Haftungseinheit erfolgt nach allgemeinen Regeln.

344 Für die Praxis bedeutet das, dass zunächst die Quote der Haftungseinheit anhand der in der Gesetzesbegründung niedergelegten Methode ermittelt wird. Danach ist in erster Linie auf das Maß der Verursachung und erst in zweiter Linie auf etwaiges Verschulden abzustellen. Maßgeblich für das Maß der beiderseitigen Verursachung ist, mit welchem Grad von Wahrscheinlichkeit die beiderseitigen Verursachungsbeiträge zur Herbeiführung des schädigenden Erfolges geeignet waren. Laut der Gesetzesbegründung sollen auch der Marktanteil des betreffenden Unternehmens, der Umsatz mit von dem Verstoß betroffenen Waren und Dienstleistungen sowie die durch den Verstoß erzielten Mehrerlöse zwecks Bestimmung des Haftungsanteils berücksichtigt werden. Anschließend wird die Quotelung innerhalb der Haftungseinheit vorgenommen, wobei andere Kriterien zugrunde gelegt werden müssen, da der natürlichen Person zwar die Unternehmenseigenschaft zugerechnet wird, sie aber letztlich kein Unternehmen per se ist. Dies ist darin begründet, dass der Gesetzgeber keine Sonderregelungen für den Gesamtschuldnerausgleich zwischen Unternehmen und natürlicher Person vorgesehen hat. Für die Quotelung in der Haftungseinheit ist das nach der Gesetzesbegründung in erster Linie ausschlaggebende Maß der Verursachung für die Bestimmung des jeweils im Innenverhältnis zu tragenden Anteils nicht geeignet, um sachgerechte Ergebnisse zu erzielen. Denn aufgrund der fehlenden Handlungsfähigkeit des Unternehmens bedient sich dieses stets natürlicher Personen, sodass auf das die Haftung begründende Handeln oder Unterlassen nicht einseitig zulasten der natürlichen Person abgestellt werden kann. Hinsichtlich der jeweiligen

1347 *Krüger*, WuW 2017, 229, 232.

Verursachungsbeiträge[1348] ist unmöglich feststellbar, welcher mit einem höheren Grad der Wahrscheinlichkeit zur Herbeiführung des schädigenden Ereignisses geeignet war, da beide Verursachungsbeiträge *conditio sine qua non* für den Kartellrechtsverstoß sind. Daher ist auf das in zweiter Linie relevante Verschuldenskriterium zur Bestimmung des jeweils zu tragenden Anteils zurückzugreifen, wobei zunächst grundsätzlich von einem Verschulden zu gleichen Teilen auszugehen ist. Abweichungen sind aufgrund der Umstände im Einzelfall möglich.[1349] Darüber hinaus ist in Übereinstimmung mit der Rechtsprechung die wirtschaftliche Leistungsfähigkeit zu berücksichtigen.

345 § 33e Abs. 3 S. 1 GWB n. F. enthält eine Privilegierung des Kronzeugen gegenüber den anderen Gesamtschuldnern. Der Innenregress ist der Höhe nach auf den Betrag beschränkt, den er seinen Abnehmern (bzw. Lieferanten) als Schaden durch den Verstoß verursacht hat. Bei einer rechtsverletzenden natürlichen Person ist auf die Abnehmer bzw. Lieferanten des Unternehmens abzustellen, für den die natürliche Person gehandelt hat. Soweit der Kronzeuge privilegiert wird, wächst der Haftungsanteil gemäß § 33d Abs. 2 S. 1 GWB n. F., den er zu tragen hätte, den anderen Rechtsverletzern entsprechend deren Haftungsquoten an. Dies gilt auch für den Ausgleich innerhalb der Haftungseinheit.

346 Ausgleichsvereinbarungen sind weiterhin möglich. Vergleiche sollen gefördert werden, wofür § 33f GWB n. F. eingefügt wurde.

347 Für den Ausgleichsanspruch des § 33d Abs. 2 S. 1 GWB n. F. gilt die Regelverjährung des § 195 BGB, wobei der Fristbeginn durch § 33h Abs. 7 GWB n. F. geregelt ist.

IV. Weitere rechtliche Möglichkeiten zur Haftungsreduzierung zugunsten des Managers

348 Da nach hier vertretener Meinung natürliche Personen nach den oben dargestellten Grundsätzen bezüglich des kartelldeliktsrechtlichen Schadensersatzanspruches gemäß § 33 Abs. 3 GWB a. F. bzw. § 33a Abs. 1 GWB n. F.

1348 Seitens des Unternehmens im kartellrechtlichen Sinne ist die unternehmerische Tätigkeit (am Markt) als Eröffnung einer (kartellrechtlichen) Gefahrenquelle als Verursachungsbeitrag sowie das Tun oder Unterlassen der Organe oder leitenden Angestellten i. S. v. § 30 OWiG, ggf. i. V. m. § 130 OWiG, welches dem Unternehmen auch zivilrechtlich gemäß § 31 BGB zugerechnet wird, anzusehen. Seitens der natürlichen Person das konkrete Tun oder Unterlassen, welches zum Kartellrechtsverstoß führte, als Verursachungsbeitrag anzusehen.

1349 Diesbezüglich wird nach oben unter C. III. 1. d), Rn. 332–334 verwiesen.

passivlegitimiert sind, stellt sich – gerade auch um eine überbordende Haftung zu vermeiden und der bereits dargestellten Interessenlage, wonach der wirtschaftliche Hauptnutzen dem Unternehmen zufällt, gerecht zu werden[1350] – die Frage, inwieweit neben den bereits dargestellten Möglichkeiten die Haftung ausgeschlossen oder reduziert werden kann. Dies dient nicht zuletzt dazu, den von der grundsätzlichen Bejahung der Passivlegitimation ausgehenden verhaltenssteuernden Effekt zu bewahren. Denn eine drohende Schadensersatzforderung bzw. Sanktion im Allgemeinen, die die wirtschaftliche Leistungsfähigkeit eines Rechtsverletzers übersteigt (*inability-to-pay*-Einwand), konterkariert den Abschreckungseffekt und damit auch den Anreiz zur Verhaltenssteuerung.[1351] Zudem besteht die Gefahr, dass anderenfalls grundsätzlich erwünschtes (und rechtmäßiges) unternehmerisches Handeln wegen des Haftungsrisikos unterbleibt, was zu gesamtwirtschaftlichen Schäden führte.

349 Im Folgenden werden exemplarisch Möglichkeiten zur Haftungsreduzierung dargestellt. Darüberhinaus wäre es zudem möglich, soweit nicht ohnehin verkehrsüblich, Berufshaftpflichtversicherungen abzuschließen oder sich im Einzelfall mit den Geschädigten zu vergleichen. Darauf soll vorliegend jedoch nicht näher eingegangen werden, da es sich um Möglichkeiten zur Haftungsreduzierung im weiteren Sinne handelt.

1. Teilnahme am Kronzeugenprogramm – § 33e GWB n. F.

350 Zunächst bietet § 33e GWB n. F. eine Möglichkeit zur Haftungsreduzierung im Außenverhältnis, die auf der EU-Kartellschadensersatzrichtlinie (RL 2014/104/EU) basiert.[1352] Privilegiert wird die Inanspruchnahme eines Kronzeugensprogramms der Kartellbehörden. § 33e GWB n. F. lautet wie folgt:

> (1) [1]Abweichend von § 33a Absatz 1 ist ein an einem Kartell beteiligtes Unternehmen oder eine an dem Kartell beteiligte natürliche Person, dem oder der im Rahmen eines Kronzeugenprogramms der vollständige Erlass der Geldbuße gewährt wurde (Kronzeuge), nur zum Ersatz des Schadens verpflichtet, der seinen oder ihren unmittelbaren und mittelbaren Abnehmern oder Lieferanten aus dem Verstoß entsteht. [2]Anderen Geschädigten ist der Kronzeuge nur zum Ersatz des aus dem Verstoß gemäß § 33a Absatz 1 entstehenden Schadens verpflichtet,

1350 Siehe dazu bereits oben unter B. II. 2. a) bb), Rn. 62 und C. III. 1., Rn. 324.
1351 Siehe dazu bereits oben unter B. I. 2., Rn. 43, B. II. 2. a) bb), Rn. 62 und B. II. 2. b), Rn. 70.
1352 Vgl. Erwägungsgründe 26 f., 38 der EU-Kartellschadensersatzrichtlinie (RL 2014/104/EU).

wenn sie von den übrigen Rechtsverletzern keinen vollständigen Ersatz erlangen konnten.

(2) In Fällen nach Absatz 1 Satz 2 ist der Kronzeuge nicht zum Ersatz des Schadens verpflichtet, soweit die Schadensersatzansprüche gegen die übrigen Rechtsverletzer bereits verjährt sind.

351 Durch die 9. GWB-Novelle ist somit der Streit hinsichtlich einer Privilegierung des Kronzeugen dahingehend vom Gesetzgeber entschieden worden, dass der Kronzeuge im Außenverhältnis weitgehend privilegiert wird. Ein großer Teil der Literatur hatte hingegen für eine Privilegierung im Innenverhältnis argumentiert.[1353] Dass der Begriff Kronzeuge i. S. v. § 33e GWB n. F. passivlegitimierte natürliche Personen auch dann erfasst, wenn sie nicht selbst die Unternehmenseigenschaft aufweisen, wurde mit Blick auf die maßgebliche Bonusregelung des *BKartA* und Erwägungsgrund 26 der EU-Kartellschadensersatzrichtlinie (RL 2014/104/EU) bereits oben dargelegt.[1354]

352 Nach § 33e Abs. 1 S. 1 GWB n. F. ist der Kronzeuge regelmäßig seinen eigenen Abnehmer bzw. Lieferanten sowie deren Abnehmer bzw. Lieferanten ersatzpflichtig.[1355] § 33e Abs. 1 S. 1 GWB n. F. schließt somit grundsätzlich die Ersatzpflicht von Kronzeugen für *umbrella pricing*-Schäden aus. § 33e Abs. 1 S. 2 GWB n. F. statuiert mit Blick auf die Privilegierung des § 33e Abs. 1 S. 1 GWB n. F. eine Ausfallhaftung des Kronzeugen auch für Schäden sonstiger Geschädigter (also auch für *umbrella pricing*-Schäden) für den Fall, dass diese von den übrigen, nicht privilegierten Rechtsverletzern keinen vollständigen Ersatz erlangen konnten.[1356] Der Gesetzgeber möchte dem Geschädigten zumuten, „zumindest einmal eine Zwangsvollstreckung wegen der Schadensersatzforderung gegen jeden der übrigen, nicht zahlungsunfähigen Schädiger zu versuchen."[1357] Soweit der „Geschädigte bei der Durchsetzung erfolglos [ist] oder nur ein Teil seiner Forderung befriedigt [wird], kann er seinen verbliebenen Schaden von dem Kronzeugen ersetzt verlangen."[1358] Als weitere Privilegierung sieht § 33e Abs. 2 GWB n. F.

1353 So für eine Privilegierung im Innenverhältnis i. R. d. Gesamtschuldnerausgleichs statt vieler *Krüger*, WuW 2017, 229, 231 m.w.N.

1354 Siehe dazu oben unter C. I. 4. a) ee); in Erwägungsgrund 26 der EU-Kartellschadensersatzrichtlinie (RL 2014/104/EU) heißt es: „Eine solche Offenlegung würde die Gefahr bergen, dass mitwirkende Unternehmen oder *ihre Führungskräfte einer zivilrechtlichen Haftung* oder strafrechtlichen Verfolgung *unter schlechteren Bedingungen ausgesetzt würden als die anderen Rechtsverletzer, die nicht mit den Wettbewerbsbehörden zusammenarbeiten.*" [Hervorhebungen durch den Verfasser].

1355 Gesetzesbegründung zur 9. GWB-Novelle, BT-Drs. 18/10207, S. 60.

1356 Vgl. Gesetzesbegründung zur 9. GWB-Novelle, BT-Drs. 18/10207, S. 60.

1357 Gesetzesbegründung zur 9. GWB-Novelle, BT-Drs. 18/10207, S. 60.

1358 Gesetzesbegründung zur 9. GWB-Novelle, BT-Drs. 18/10207, S. 60.

als Ausnahme zur soeben geschilderten Ausfallhaftung vor, dass der Kronzeuge nicht zum Ersatz des Schadens verpflichtet ist, soweit die Schadensersatzansprüche gegen die übrigen Rechtsverletzer bereits verjährt sind.[1359] Die Geschädigten sind mithin nach neuer Rechtslage dazu gehalten, ihre Ansprüche zügig geltend zu machen bzw. zumindest für die Hemmung der Verjährung Sorge zu tragen.

2. Freistellungsansprüche bzw. innerbetrieblicher Schadensausgleich

353 Neben der Inanspruchnahme eines Kronzeugenprogramms der Kartellbehörden, die zur Privilegierung nach § 33e GWB n. F. führt, ist es möglich und denkbar, dass die passivlegitimierte natürliche Person von der schadensersatzrechtlichen Haftung im Außenverhältnis etwa durch die juristische Person (freiwillig) freigestellt wird bzw. ihr entsprechende Freistellungsansprüche zustehen.[1360] Es ist zu differenzieren zwischen Freistellungsansprüchen von passivlegitimierten natürlichen Personen, die Organwalter der juristischen Person sind, und solchen Freistellungsansprüchen von passivlegitimierten natürlichen Personen, die als Arbeitnehmer zu qualifizieren sind. Diese Unterscheidung ist notwendig, da der Kreis der Passivlegitimierten wegen der Anwendbarkeit der §§ 9, 30 OWiG beide Gruppen erfasst und das *BAG* in seiner Rechtsprechung zum innerbetrieblichen Schadensausgleich spezielle arbeitsrechtliche Kriterien betreffend Arbeitnehmer aufgestellt hat, die nicht auf Organwalter anwendbar sind.[1361] Daneben ist – vor allem hinsichtlich der Freistellung von Organwaltern – zu unterscheiden zwischen der Freistellung durch bzw. Freistellungsansprüchen gegen die

---

1359 Vgl. Gesetzesbegründung zur 9. GWB-Novelle, BT-Drs. 18/10207, S. 60.

1360 Auch gegenüber Personengesellschaften können vergleichbare Freistellunganspruche von Gesellschaftern gemäß § 110 HGB bestehen, wobei die normativen Grenzen der Zulässigkeit deutlich weniger streng, zumindest soweit die Gesellschafter zustimmen, vgl. dazu *Bergmann*, in: Ebenroth/Boujong/Joost/Strohn, HGB, § 110 Rn. 20 m.w.N. und *Marsch-Barner/Wilk*, in: Handbuch Managerhaftung, § 21 Rn. 21.8 m.w.N.; für Freistellungsansprüche leitendender Angestellter von Personengesellschaften gelten die Grundsätze über den innerbetrieblichen Schadensausgleich; siehe dazu unter C. IV. 2. b), insb. C. IV. 2. b) dd).

1361 *Fleischer*, in: Spindler/Stilz, AktG, § 93 Rn. 206, dort auch Nachweise zur abweichenden Ansicht; *Henssler*, in: Münchener Kommentar zum BGB, § 619a Rn. 19; *Spindler*, in: Münchener Kommentar zum AktG, § 93 Rn. 177 m.w.N.; *Wicke*, Kompakt-Kommentar GmbHG, § 43 Rn. 18 m.w.N.; siehe unten unter C. IV. 2. b) dd), Rn. 367, dort Fn. 1423 zu den Ausnahmen.

juristische Person bzw. Gesellschaft selbst und der Freistellung durch bzw. Freistellungsansprüchen gegen die Gesellschafter oder Dritte.[1362]

354 Als Gründe für eine Freistellung von der Haftung kommen bspw. die Sicherung der Kooperation der natürlichen Person, die Förderung einer raschen Erledigung des Verfahrens sowie die Abwehr von Störungen des Geschäftsbetriebs und Betriebsklimas in Frage.[1363]

355 Solche Freistellungsansprüche gewinnen neben D&O-Versicherungen zunehmend an Bedeutung.[1364] Freistellungsansprüche können auf gesetzlicher oder vertraglicher Grundlage basieren. Soweit es vertragliche Freistellungsvereinbarungen betrifft, ist hinsichtlich der Zulässigkeit zwischen vor- und nachtatlichen Vereinbarungen zu unterscheiden. Vortatliche Zusagen sind dabei wegen des Verstoßes gegen §§ 134, 138 Abs. 1 BGB unzulässig und nichtig, soweit sie sich auf kartellrechtswidriges Verhalten beziehen.[1365] Der Verstoß gegen § 134 BGB ist in der Förderung des kartellrechtswidrigen Verhaltens durch die anvisierte Freistellung zu sehen, die eine psychische Beihilfe zu einer Ordnungswidrigkeit bzw. im Falle der Submissionsabsprache zu einer Straftat darstellt.[1366] Die Sittenwidrigkeit i. S. v. § 138 Abs. 1 BGB resultiert aus dem Umstand, dass die vortatliche Freistellungsvereinbarung dem Zweck der Straf- und Bußgeldvorschriften zuwiderlaufen würde.[1367] Gleiches gilt für den Zweck des Schadensersatzes, der, wie gezeigt, zumindest im hier relevanten Kartelldeliktsrecht auch präventiven Zwecken dient und eine Verhaltenssteuerung bewirken soll.[1368] Diese Ziele würden konterkariert werden. Solchen Bedenken sind nachtatliche Freistellungsvereinbarungen nicht ausgesetzt[1369], sofern das Interesse der Gesellschaft an der Freistellung überwiegt.[1370] Jedoch sind auch solche Vereinbarungen nicht schrankenlos zulässig, wobei sich die Schranken aus dem Straf- und Gesellschaftsrecht ergeben (dazu sogleich).[1371]

1362 Vgl. *Fleischer*, in: Spindler/Stilz, AktG, § 93 Rn. 255a ff.; *ders.*, in: Münchener Kommentar zum GmbHG, § 43 Rn. 385 ff.

1363 So ausführlich *Hasselbach/Seibel*, AG 2008, 770, 771 f. m.w.N. und *Seeliger/Mross*, in: FK-GWB, E Allg. Teil, Rn. 63 m.w.N., 396 ff.

1364 *Fleischer*, in: Spindler/Stilz, AktG, § 93 Rn. 255a; *ders.*, in: Münchener Kommentar zum GmbHG, § 43 Rn. 385.

1365 *BAG* NJW 2001, 1962, 1963; *Hasselbach/Seibel*, AG 2008, 770, 775; *Seeliger/Mross*, in: FK-GWB, E Allg. Teil, Rn. 63 m.w.N.; vgl. *Fleischer*, WM 2005, 909, 916 m.w.N., der dementsprechend Freistellungserklärungen für Außenhaftungsschäden für unbedenklich hält, denen im Innenverhältnis keine Pflichtverletzung zugrunde liegt.

1366 *Hasselbach/Seibel*, AG 2008, 770, 775; vgl. *Fleischer*, WM 2005, 909, 916 m.w.N.

1367 *Hasselbach/Seibel*, AG 2008, 770, 775; vgl. *Fleischer*, WM 2005, 909, 916 m.w.N.

1368 Siehe dazu bereits oben unter A. III.

1369 *Hasselbach/Seibel*, AG 2008, 770, 776; vgl. auch *Bergmann*, in: Ebenroth/Boujong/Joost/Strohn, HGB, § 110 Rn. 20 m.w.N.

1370 *Seeliger/Mross*, in: FK-GWB, E Allg. Teil, Rn. 63; vgl. auch *Marsch-Barner/Wilk*, in: Handbuch Managerhaftung, § 21 Rn. 21.25.

1371 *Hasselbach/Seibel*, AG 2008, 770, 775 f.

356 Im Folgenden werden jedoch ausschließlich Freistellungsansprüche bezüglich des Untersuchungsgegenstands, also bezüglich der Freistellung von kartelldelikstrechtlicher Haftung gegenüber Dritten, in Grundzügen thematisiert werden. Bezüglich sonstiger Freistellungsansprüche – bspw. betreffend die Erstattung von Kosten des Rechtsschutzes – wird auf die einschlägige Literatur verwiesen.[1372] Ebenso wird auf die Darstellung der Rechtslage hinsichtlich des Verzichts auf Schadensersatzansprüche oder ähnlich wirkender Rechtshandlungen einschließlich der bloßen Nichtgeltendmachung von Schadensersatzansprüchen der juristischen Person verzichtet und ebenfalls auf die einschlägige Literatur verwiesen.[1373] An dieser Stelle sei nur darauf hingewiesen, dass einem Verzicht insbesondere im Aktienrecht mit Blick auf § 93 Abs. 4 S. 3 AktG enge Grenzen gesetzt sind und der Aufsichtsrat nach der *ARAG/Garmenbeck*-Rechtsprechung des *BGH* grundsätzlich zur Geltendmachung von Schadensersatzansprüchen verpflichtet ist.[1374]

a) Freistellungsansprüche von Organwaltern

aa) Freistellungsansprüche gegen die juristische Person

357 Als Anspruchsgrundlage für einen gesetzlichen Freistellungsanspruch in Form eines Aufwendungsersatzanspruches des Organwalters gegen die juristische Person als Geschäftsherrin dient § 670 BGB (analog)[1375], da der Anstellungsvertrag als Geschäftsbesorgungsverhältnis i. S. v. § 675 Abs. 1 BGB zu

---

1372 Ausführlich *Thomas*, Die Haftungsfreistellung von Organmitgliedern, *passim*, insb. S. 251 ff. m.w.N.; zu alledem auch ausführlich *Marsch-Barner/Wilk*, in: Handbuch Managerhaftung, § 21 Rn. 21.4 ff.; siehe ferner *Bank*, in: Haftung von Unternehmensorganen, Kapitel 17, Rn. 84 m.w.N.; siehe auch *Mertens/Cahn*, in: Kölner Kommentar zum Aktiengesetz, § 84 Rn. 92 ff., u. a. zur Erstattung von Geldstrafen, Geldbußen und Geldauflagen; dazu auch *Marsch-Barner/Wilk*, in: Handbuch Managerhaftung, § 21 Rn. 21.32 ff.

1373 Statt vieler *Bank*, in: Haftung von Unternehmensorganen, Kapitel 17.

1374 Statt vieler *Hasselbach/Seibel*, AG 2008, 770, 772 ff. m.w.N.; siehe umfassend und rechtsvergleichend *Fleischer*, WM 2005, 909 ff.

1375 Für eine direkte Anwendung *Bastuck*, Enthaftung des Managements, S. 111 ff.; *Marsch-Barner/Wilk*, in: Handbuch Managerhaftung, § 21 Rn. 21.6; *Wagner*, in: Münchener Kommentar zum BGB, § 823 Rn. 127 m.w.N.; *ders.*, VersR 2001, 1057, 1062 f. m.w.N.; *Wicke*, Kompakt-Kommentar GmbHG, § 43 Rn. 19 m.w.N.; indifferent *Zöllner/Noack*, in: Baumbach/Hueck, GmbHG, § 43 Rn. 108; für eine analoge Anwendung *Fleischer*, in: Spindler/Stilz, AktG, § 93 Rn. 255b; *ders.*, in: Münchener Kommentar zum GmbHG, § 43 Rn. 386; vgl. ferner zum Meinungsstand *Thomas*, Die Haftungsfreistellung von Organmitgliedern, S. 239 ff. m.w.N.

qualifizieren ist.[1376, 1377] Im Zusammenspiel mit § 257 S. 1 BGB kann der Organwalter dann Befreiung von der Außenhaftung verlangen.[1378] Freilich dürfen die gesellschaftsrechtlichen Wertungen der § 93 Abs. 1, 2, 4 AktG, § 43 GmbHG nicht entgegenstehen.[1379] Danach steht dem Organwalter ein Freistellungsanspruch zu, soweit er (1) bei Ausübung seiner Tätigkeit als Organ einen Haftungstatbestand persönlich gegenüber Dritten verwirklicht hat, ohne (2) dabei seine Pflichten als Organwalter im Innenverhältnis zu verletzen.[1380, 1381]

1376 *Thomas*, Die Haftungsfreistellung von Organmitgliedern, S. 239 m.w.N.; nach *Marsch-Barner/Wilk*, in: Handbuch Managerhaftung, § 21 Rn. 21.6 f. gilt dies grundsätzlich für die Organwalter sämtlicher Kapitalgesellschaften wie Vorstandsmitglieder einer AG oder SE, Geschäftsführer einer GmbH, die persönlich haftenden Gesellschafter einer KGaA sowie die geschäftsführenden Direktoren und Verwaltungsratsmitglieder einer SE sowie Mitglieder eines gesetzlich vorgeschriebenen oder freiwilligen Aufsichtsrats und Mitglieder eines Beirats oder Gesellschafterausschusses, soweit letzteres als Auftrags- oder Geschäftsbesorgungsverhältnis zu qualifizieren ist; für Personengesellschaften regelt § 110 HGB den Aufwendungsersatzanspruch, siehe dazu oben unter C. IV. 2. a) aa), dort Fn. 1360.

1377 Grundsätzlich besteht ein Freistellungsanspruch nur für Organwalter und Mitarbeiter, die noch nicht ausgeschieden sind, also über einen noch bestehenden Dienst- oder Arbeitsvertrag verfügen, wobei Ausnahmen möglich sind; siehe dazu *Marsch-Barner/Wilk*, in: Handbuch Managerhaftung, § 21 Rn. 21.12.

1378 *Derleder/Fauser*, BB 2006, 949, 952; *Marsch-Barner/Wilk*, in: Handbuch Managerhaftung, § 21 Rn. 21.6.

1379 *Bastuck*, Enthaftung des Managements, S. 117 f.; *Thomas*, Die Haftungsfreistellung von Organmitgliedern, S. 241 f.; *Wagner*, in: Münchener Kommentar zum BGB, § 823 Rn. 127 m.w.N.; *ders.*, VersR 2001, 1057, 1062 f. m.w.N.; § 93 AktG mit seinen strengen Anforderungen gilt jedoch nur für die AG, KGaA und SE und kann nicht auf Gesellschaften anderer Rechtsform angewendet werden, vgl. *Marsch-Barner/Wilk*, in: Handbuch Managerhaftung, § 21 Rn. 21.13c m.w.N.

1380 *Bastuck*, Enthaftung des Managements, S. 102 ff., insb. S. 114 ff., der ausdrücklich auf ein kartellrechtliches Beispiel verweist; *Fleischer*, in: Spindler/Stilz, AktG, § 93 Rn. 255b; *ders.*, in: Münchener Kommentar zum GmbHG, § 43 Rn. 386; *Fleischer*, WM 2005, 909, 916 f.; *Hasselbach/Seibel*, AG 2008, 770, 775 f.; *Mertens/Cahn*, in: Kölner Kommentar zum Aktiengesetz, § 84 Rn. 90 f.; *Marsch-Barner/Wilk*, in: Handbuch Managerhaftung, § 21 Rn. 21.6 ff., insb. Rn. 21.13 ff., die zurecht darauf hinweisen, dass Aufwendungen aufgrund pflichtwidrigen Verhaltens nicht für erforderlich gehalten werden dürfen und ein Ersatz solcher Aufwendungen im Widerspruch zum gesellschaftsrechtlichen Innenhaftungsanspruch der Gesellschaft wegen der Pflichtverletzung stünde; *Thomas*, Die Haftungsfreistellung von Organmitgliedern, S. 239 ff. m.w.N.; *Zöllner/Noack*, in: Baumbach/Hueck, GmbHG, § 43 Rn. 108 m.w.N.; vgl. ferner *Schlechtriem*, in: Die Haftung der Leitungsorgane von Kapitalgesellschaften, S. 9, 73 f.; *Hasselbach/Seibel*, AG 2008, 770, 777 halten den Freistellungsanspruch jedoch für ausgeschlossen, soweit eine D&O-Versicherung greift, da in diesem Fall kein Grund für die Freistellung ersichtlich sei; siehe auch *Altmeppen*, in: Handbuch Managerhaftung, § 7 Rn. 7.27 f. zur gesamtschuldnerischen Haftung bei Verletzung vorvertraglicher Pflichten.

1381 Instruktiv zum Anspruch auf Vorschussleistungen und zur endgültigen Kostentragung differenzierend nach Gesellschaftsform *Marsch-Barner/Wilk*, in: Handbuch Managerhaftung, § 21 Rn. 21.14 ff. und 21.21 ff. jeweils m.w.N.

Wie bereits an anderer Stelle dieser Arbeit angedeutet wurde, ist zwischen den Pflichten der natürlichen Person im Innen- und Außenverhältnis zu differenzieren, wobei es grundsätzlich möglich ist, dass eine Ersatzpflicht im Außenverhältnis vorliegt, während im Innenverhältnis eine Pflichtverletzung nicht existiert.[1382] Dies ist vor allem der Fall, **(1)** wenn ein Rechtsirrtum (aufgrund von Entscheidungsdruck wegen einer Lage, die unverzügliches Handeln erforderte) vorliegt, **(2)** bei zweifelhafter Rechtslage und **(3)** bei unvermeidbaren Verbotsirrtümern bzw. dem Handeln entsprechend falschem Rechtsrat.[1383] Es handelt sich mithin vor allem auch um Konstellationen, in denen die *Business Judgement Rule* im Innenverhältnis zumindest sinngemäß auf rechtlich gebundene Entscheidungen bzw. Situationen mit unsicherer oder offener Rechtslage angewendet wird und somit das Verhältnis zur Legalitätspflicht betreffen.[1384] Die bloße Förderung der Interessen der Gesellschaft durch das rechtswidrige Verhalten dergestalt, dass der (eindeutige) Rechtsverstoß dem Interesse der Gesellschaft per Saldo nützt, genügt hingegen nicht, da die Legalitätspflicht vorrangig ist (sog. nützliche Pflichtverletzung).[1385] Nach alledem steht dem Organwalter ein Freistellungsanspruch zu, soweit im Außenverhältnis eine Ersatzpflicht besteht, im Innenverhältnis jedoch eine Pflichtverletzung nicht vorliegt, da der Manager bei offener oder unklarer Rechtslage oder im Falle eines unvermeidbaren Verbotsirrtums eine vertretbare und für die Gesellschaft günstige Position nach pflichtgemäßem Ermessen einnehmen darf, soweit die Rechtslage zuvor durch einen qualifizierten Experten sorgfältig geprüft und analysiert wurde und der Manager die Vor- und Nachteile des Geschäfts vor dem Hintergrund der möglichen Rechtswidrigkeit sorgfältig abgewogen hat.[1386] Die Ausführungen gelten entsprechend für Aufsichtspflichtverletzungen bzw. mittelbare Verletzungshandlungen (Haftung für Unterlassen). Ein Freistellungsanspruch kommt insbesondere in Betracht, soweit ein qualifiziertes Compliance-System[1387] eingerichtet wurde, welches entsprechend der Gefährdungslage im Einzelfall ausgestaltet wurde, auf Schadensprävention

---

1382 Siehe dazu bereits oben unter B. II. 2.a) cc), Rn. 68; so auch *Bastuck*, Enthaftung des Managements, S. 113 ff., *Dreher*, in: Festschrift für Konzen, S. 85, 100 und *Thomas*, Die Haftungsfreistellung von Organmitgliedern, S. 26 f. m.w.N.; vgl. ferner *Sieg/Zeidler*, in: Corporate Compliance, § 3 Rn. 36

1383 Siehe dazu bereits oben unter C. I. 5. b) dd); ferner m.w.N. *Bastuck*, Enthaftung des Managements, S. 115; siehe auch *Mertens/Cahn*, in: Kölner Kommentar zum Aktiengesetz, § 84 Rn. 90 f.

1384 Siehe dazu bereits oben unter B. II. 2. a) cc), insb. Rn. 66–68.

1385 *Bastuck*, Enthaftung des Managements, S. 115 m.w.N.; *Fleischer*, in: Spindler/Stilz, AktG, § 93 Rn. 36 m.w.N.; *Hölters*, in: Hölters, AktG, § 93 Rn. 75 m.w.N.; *Spindler*, in: Münchener Kommentar zum AktG, § 93 Rn. 91 ff.; *Thole*, ZHR, 173 (2009), 504, 512 ff.; *Ziemons*, in: Michalski, GmbHG, § 43 Rn. 74 ff.

1386 Siehe auch *Hölters*, in: Hölters, AktG, § 93 Rn. 76.

1387 Siehe dazu bereits oben unter C. I. 5. b) ee) (2).

und Risikokontrolle angelegt ist und trotzdem im Einzelfall eine Zuwiderhandlung geschieht, die in eine Rechtsverletzung mündet.[1388] In diesem Fall liegt keine Pflichtverletzung im Innenverhältnis vor.

358 Zudem steht dem pflichtgemäß handelnden Organwalter im Rahmen des Gesamtschuldnerausgleichs im Falle der Haftung gegenüber einem Dritten innerhalb der Haftungseinheit zwischen Gesellschaft und passivlegitimierter natürlicher Person ein Befreiungsanspruch gemäß § 426 Abs. 1 S. 1 BGB zu.[1389]

359 Weiterhin soll dem Organwalter ein Freistellungsanspruch gemäß § 280 BGB zustehen, soweit die Gesellschaft vertraglich einer Versicherungsverschaffungsklausel zugestimmt hat, vertrags- und somit pflichtwidrig jedoch nicht für ausreichenden Versicherungsschutz gesorgt hat und es zu einem Schadensfall kommt, der von dem vertraglich vorgesehenen Versicherungsschutz gedeckt gewesen wäre.[1390] Dem Verfasser scheint ein solches Szenario nicht allzu praxisrelevant zu sein.

360 Daneben sind auch noch andere vertragliche Freistellungskonstellationen[1391] denkbar, wobei jedoch gesellschaftsrechtliche Restriktionen, insbesondere hinsichtlich der Aktiengesellschaft aktienrechtliche Grenzen, zu beachten sind, deren Darstellung an dieser Stelle den Rahmen sprengen würde.[1392] Zumindest soweit eine Sorgfaltspflichtverletzung im Innenverhältnis vorliegt, sind Freistellungsvereinbarungen grundsätzlich nicht zulässig.[1393] Soweit keine Pflichtverletzung im Innenverhältnis vorliegt, soll an dieser

---

1388 Dass dies keine Versagung der enthaftenden Wirkung des Compliance-Systems zur Folge hat, wurde bereits oben unter C. I. 5. b) ee) (2), Rn. 243–244 dargelegt und entspricht auch der Rechtsprechung.

1389 *Fleischer*, in: Spindler/Stilz, AktG, § 93 Rn. 255b m.w.N.; *ders.*, in: Münchener Kommentar zum GmbHG, § 43 Rn. 386 m.w.N.; *Thomas*, Die Haftungsfreistellung von Organmitgliedern, S. 242 ff.; *Zöllner/Noack*, in: Baumbach/Hueck, GmbHG, § 43 Rn. 110.

1390 *Fleischer*, in: Spindler/Stilz, AktG, § 93 Rn. 255b m.w.N.; *ders.*, in: Münchener Kommentar zum GmbHG, § 43 Rn. 386 m.w.N.; *Thomas*, Die Haftungsfreistellung von Organmitgliedern, S. 246 ff.

1391 Zur Rechtsnatur *Thomas*, Die Haftungsfreistellung von Organmitgliedern, S. 8 f. m.w.N.

1392 Ausführlich *Thomas*, Die Haftungsfreistellung von Organmitgliedern, *passim*, insb. S. 21 ff. und S. 276 ff.; ferner *Bastuck*, Enthaftung des Managements, S. 121, *Marsch-Barner/Wilk*, in: Handbuch Managerhaftung, § 21 Rn. 21.25 ff. und *Zöllner/Noack*, in: Baumbach/Hueck, GmbHG, § 43 Rn. 111 m.w.N.; siehe auch *Hasselbach/Seibel*, AG 2008, 770, 775 f. und *Spindler*, in: Münchener Kommentar zum AktG, § 93 Rn. 250 ff.

1393 *Hölters*, in: Hölters, AktG, § 93 Rn. 390 m.w.N.; das bedeutet, dass in den oben beschriebenen Konstellationen, in denen ein Freistellungsanspruch gemäß § 670 BGB

Stelle darauf hingewiesen werden, dass im Ergebnis die gleichen, bereits dargestellten Maßstäbe bezüglich vertraglicher Freistellungsvereinbarungen gelten müssen wie im Rahmen des gesetzlichen Freistellungsanspruches gemäß § 670 BGB (analog).[1394] D. h., dass vertragliche Freistellungsvereinbarungen grundsätzlich dann zulässig sind, wenn das haftungsbegründende Verhalten des Managers im Außenverhältnis im Innenverhältnis keine Pflichtverletzung darstellt und die straf[1395]- und gesellschaftsrechtlichen Grenzen beachtet werden.[1396] Darüberhinaus scheint es sachgemäß, Freistellungsvereinbarungen für unzulässig zu erachten, soweit eine D&O-Versicherung den Schaden abdeckt[1397]; das gilt zumindest bis zur Deckungshöhe der D&O-Versicherung, sodass im Einzelfall entschieden werden muss, ob darüberhinaus gehende Freistellungsvereinbarungen durch sachliche Gründe gerechtfertigt werden können.

(analog) wegen fehlender Pflichtverletzung im Innenverhältnis besteht, regelmäßig auch eine vertragliche Freistellungsvereinbarung zulässig sein dürfte; in diesem Sinne auch *Thomas*, Die Haftungsfreistellung von Organmitgliedern, S. 275; siehe ferner *Marsch-Barner/Wilk*, in: Handbuch Managerhaftung, § 21 Rn. 21.21 ff., insb. Rn. 21.25 ff.; dort auch zu den Ausnahmen bezüglich der Aktiengesellschaft bei Zustimmung der Hauptversammlung gemäß § 93 Abs. 4 S. 3 AktG analog und zur großzügigeren Rechtslage bezüglich der GmbH bei Zustimmung der Gesellschafterversammlung, soweit es die Freistellung aus nicht gemäß § 30 GmbHG gebundenen Mitteln betrifft.

1394 So auch *Hasselbach/Seibel*, AG 2008, 770, 775 f.

1395 Aus strafrechtlicher Sicht kann der Abschluss einer Freistellungsvereinbarung eine gemäß § 266 StGB strafbare Untreue zulasten der Gesellschaft darstellen, soweit mit dem Abschluss der Freistellungsvereinbarung als freiwillige Leistung der Gesellschaft kein zukunftsbezogener Nutzen verbunden ist, was im Einzelfall zu prüfen ist, siehe dazu BGHSt 50, 331 ff. = AG 2006, 110 – Mannesmann; ferner *Hasselbach/Seibel*, AG 2008, 770, 776 und *Marsch-Barner/Wilk*, in: Handbuch Managerhaftung, § 21 Rn. 21.25 f.; mit Blick auf Personengesellschaften gelten großzügigere Grundsätze, zumindest soweit die Zustimmung der Gesellschafter vorliegt, siehe dazu statt vieler *Krause*, in: Handbuch Managerhaftung, § 40 Rn. 44 m.w.N. aus der Rechtsprechung; kritisch dazu jedoch jüngst *Schmidt*, JZ 2014, 878 ff., *passim* und *Radtke*, NStZ 2016, 639 ff., *passim*; die nachträgliche Freistellung von Geldbußen stellt nach BGHSt 37, 226 jedenfalls keine Strafvereitelung i. S. v. § 258 Abs. 2 StGB dar; ebenso liegt in diesen Fällen keine Begünstigung i. S. v. § 257 StGB vor, siehe dazu m.w.N. aus der Rechtsprechung *Marsch-Barner/Wilk*, in: Handbuch Managerhaftung, § 21 Rn. 21.42.

1396 Ausführlich *Hasselbach/Seibel*, AG 2008, 770, 776 f. m.w.N.

1397 *Hasselbach/Seibel*, AG 2008, 770, 777.

bb) Freistellungsansprüche gegen Gesellschafter oder Dritte

361 Soweit es Freistellungsansprüche gegen Gesellschafter oder Dritte bzw. eine Freistellung durch diese betrifft, bestehen nach allgemeiner Ansicht aus zivilrechtlicher Perspektive keine Bedenken.[1398] Jedoch können gesellschaftsrechtliche Wertungen, insbesondere aus dem Aktienrecht, zu Einschränkungen führen.[1399] Dort wird mit Blick auf die in § 76 Abs. 1 AktG verankerte Leitungsautonomie gefolgert, dass faktisch abhängigkeitsbegründende Freistellungsvereinbarungen gegenüber Organwaltern einer Aktiengesellschaft unzulässig seien.[1400] Dies gilt sowohl für die unabhängige Aktiengesellschaft als auch für den faktischen und qualifizierten faktischen Konzern, nicht aber für den Vertragskonzern.[1401] Für den GmbH-Geschäftsführer soll sich stattdessen wegen seiner aus § 37 Abs. 1 GmbHG folgenden Weisungsabhängigkeit etwas anderes ergeben.[1402] Freistellungsvereinbarungen mit dem GmbH-Geschäftsführer seien solange unbedenklich, soweit demjenigen, der Freistellung schuldet, eine gesellschaftsrechtlich determinierte Weisungsmöglichkeit gegenüber dem GmbH-Geschäftsführer zustehe.[1403] Eine solche gesellschaftsrechtlich determinierte Weisungsmöglichkeit bestehe zugunsten eines Allein- oder Mehrheitsgesellschafters, wobei die Freistellung im letzteren Fall jedoch auf einem Gesellschafterbeschluss beruhen müsse.[1404] Bezüglich der Besonderheiten hinsichtlich des Abschlusses konzerninterner Freistellungsvereinbarungen wird auf die einschlägige Literatur verwiesen.[1405]

1398 Siehe nur *Fleischer*, in: Spindler/Stilz, AktG, § 93 Rn. 255c; *ders.*, in: Münchener Kommentar zum GmbHG, § 43 Rn. 387; die zivilrechtlichen Grundlagen auch in Angrenzung zu anderen gesellschaftsrechtlichen Instituten erläutert *Thomas*, Die Haftungsfreistellung von Organmitgliedern, S. 8 ff.

1399 *Fleischer*, in: Spindler/Stilz, AktG, § 93 Rn. 255c; *ders.*, in: Münchener Kommentar zum GmbHG, § 43 Rn. 387; *Thomas*, Die Haftungsfreistellung von Organmitgliedern, *passim*, insb. S. 21–95.

1400 *Thomas*, Die Haftungsfreistellung von Organmitgliedern, S. 69 ff.; vgl. *Fleischer*, in: Spindler/Stilz, AktG, § 93 Rn. 255c; vgl. *ders.*, in: Münchener Kommentar zum GmbHG, § 43 Rn. 387; vgl. ferner *Habersack*, in: Festschrift für Ulmer, S. 151, 169 ff.

1401 *Thomas*, Die Haftungsfreistellung von Organmitgliedern, S. 69 ff. m.w.N.

1402 *Thomas*, Die Haftungsfreistellung von Organmitgliedern, S. 75 f.; vgl. aber *Habersack*, in: Festschrift für Ulmer, S. 151, 171.

1403 *Thomas*, Die Haftungsfreistellung von Organmitgliedern, S. 75 f.; vgl. *Fleischer*, in: Münchener Kommentar zum GmbHG, § 43 Rn. 387 m.w.N.

1404 Vgl. *Thomas*, Die Haftungsfreistellung von Organmitgliedern, S. 76 f.; bei einem Alleingesellschafter könne darauf verzichtet werden, da es einen unnötigen Formalismus darstelle.

1405 *Thomas*, Die Haftungsfreistellung von Organmitgliedern, S. 86 ff.; siehe ferner *Bank*, in: Haftung von Unternehmensorganen, Kapitel 17, Rn. 83 m.w.N. und *Zöllner/Noack*, in: Baumbach/Hueck, GmbHG, § 43 Rn. 109.

b) Innerbetrieblicher Schadensausgleich zugunsten von Arbeitnehmern

362 Unter dem Begriff des innerbetrieblichen Schadensausgleichs wird der Ausgleich von Schäden zwischen Arbeitgeber und Arbeitnehmer adressiert, die der Arbeitnehmer bei seiner Tätigkeit dem Arbeitgeber, seinen Kollegen oder betriebsfremden Dritten zufügt. Für diesen innerbetrieblichen Schadensausgleich hat die Rechtsprechung besondere Maßstäbe aufgestellt, die im Ergebnis zu einer Privilegierung des Arbeitnehmers führen. Davon erfasst werden sowohl vertragliche als auch deliktische Ansprüche.[1406] Die Privilegierung des Arbeitnehmers erfolgt auf der Ebene des Verschuldens in der Form, dass er nicht für jeden Grad des Verschuldens einzustehen hat.[1407]

aa) Entwicklung in der Rechtsprechung

363 Zunächst stand dem Arbeitnehmer nach der Rechtsprechung bei schadensgeneigter Tätigkeit ein Freistellungsanspruch gegen den Arbeitgeber zu, der bis zur Gesamthöhe des Schadens reichen konnte.[1408] Später wurde das Kriterium der Schadensgeneigtheit[1409] durch das Kriterium der betrieblich veranlassten Tätigkeit ersetzt, wobei die Rechtsfolge unverändert blieb.[1410]

bb) Dogmatische Grundlage und Gründe für Privilegierung

364 Die dogmatische Grundlage für die Privilegierung wird in § 254 BGB (analog) gesehen, wo maßgeblich der Gedanke der Mitverantwortung des Arbeitgebers verankert ist.[1411] Die Haftungsbeschränkung ist nicht abdingbar.[1412]

1406 *Henssler*, in: Münchener Kommentar zum BGB, § 619a Rn. 21 m.w.N.

1407 *Schreiber*, in: Handkommentar BGB, § 619a Rn. 6; vgl. *Hesse*, in: Beck'scher Onlinekommentar Arbeitsrecht, § 619a Rn. 5.

1408 BAGE 22, 63 = NJW 1969, 2299, 2301 = AP BGB § 611 Haftung des Arbeitnehmers Nr. 47 mit Anmerkung *Rieger*; *BAG* NJW 2011, 1096 (1097); *Bydlinski*, in: Münchener Kommentar zum BGB, § 426 Rn. 64.

1409 Nach *Schreiber*, in: Handkommentar BGB, § 619a Rn. 5 wurde darunter eine Tätigkeit verstanden, die typischerweise mit der Gefahr des konkreten Schadenseintrittes behaftet war und bei der erfahrungsgemäß auch einem aufmerksamen Arbeitnehmer ein entsprechender Fehler leicht unterlaufen konnte.

1410 *BAG* GS AP BGB § 611 Haftung des Arbeitnehmers Nr. 103; die Entwicklung der Rechtsprechung begrüßt *Henssler*, in: Münchener Kommentar zum BGB, § 619a Rn. 8 m.w.N.; vgl. *Hesse*, in: Beck'scher Onlinekommentar Arbeitsrecht, § 619a Rn. 5.

1411 *Henssler*, in: Münchener Kommentar zum BGB, § 619a Rn. 10 ff. m.w.N. zu alternativen Begründungsansätzen; *Hesse*, in: Beck'scher Onlinekommentar Arbeitsrecht, § 619a Rn. 5.

1412 *BAG* GS AP BGB § 611 Haftung des Arbeitnehmers Nr. 103; *Henssler*, in: Münchener Kommentar zum BGB, § 619a Rn. 13 f. m.w.N.; dort auch zur Kritik daran;

365 Von der Rechtsprechung werden zur Begründung drei Wertungsgesichtspunkte angeführt, die auch gleichzeitig deutlich machen, warum die Privilegierung nicht auch für Organwalter gilt: **(1)** Die Verantwortung des Arbeitgebers für die Organisation des Betriebs und die Gestaltung der Arbeitsbedingungen in rechtlicher und tatsächlicher Hinsicht; **(2)** Das Missverhältnis zwischen Haftungsrisiko und Arbeitsentgelt; **(3)** Die unterschiedliche Verhandlungsstärke von Arbeitgeber und Arbeitnehmer.[1413] *Fleischer* weist zurecht daraufhin, dass Organwalter „(a) den unternehmerischen Organisationsrahmen in Ausübung ihrer Leitungsaufgabe selbst vorgeben, (b) häufig in Form großzügiger Vergütungen eine Risikoprämie für die höhere Haftungsgefahr enthalten und durch eine D&O-Versicherung haftungsrechtlichen Basisschutz genießen, (c) der Gesellschaft bei der Aushandlung des Anstellungsvertrages auf ‚Augenhöhe' gegenübertreten"[1414], sodass der innerbetriebliche Schadensausgleich nicht angewendet werden kann.

cc) Keine unmittelbare Wirkung im Außenverhältnis

366 Die Haftungsprivilegierung wirkt nach überzeugender ständiger Rechtsprechung nicht unmittelbar im Außenverhältnis, da sie auf der spezifisch arbeitsvertraglichen Erwägung der Zurechnung des vom Arbeitgeber zu tragenden Betriebsrisikos beruht.[1415] Dem Arbeitnehmer steht jedoch in diesem Fall bei Vorliegen der weiteren Voraussetzungen ein Freistellungsanspruch gegenüber dem Arbeitgeber in der Höhe zu, in der er im Rahmen eines innerbetrieblichen Schadensausgleiches nicht haften würde.[1416] Umstritten ist, ob der Freistellungsanspruch auf §§ 670, 675 BGB analog oder auf § 242 BGB i. V. m. dem Arbeitsvertrag gestützt ist.[1417] Dieser Freistellungsanspruch dient dazu, die Haftungsprivilegierung des Arbeitnehmers bei betrieblich veranlassten Schäden im Außenverhältnis nicht leerlaufen

---

Hesse, in: Beck'scher Onlinekommentar Arbeitsrecht, § 619a Rn. 16 m.w.N. auch zur abweichenden Ansicht.

1413 *BAG* GS AP BGB § 611 Haftung des Arbeitnehmers Nr. 103; ausführlich *Krause*, NZA 2003, 577, 579 f.; vgl. auch *Bydlinski*, in: Münchener Kommentar zum BGB, § 426 Rn. 64; ferner *Schreiber*, in: Handkommentar BGB, § 619a Rn. 4.

1414 *Fleischer*, in: Spindler/Stilz, AktG, § 93 Rn. 206.

1415 BGHZ 108, 305, 307 ff. = NJW 1989, 3273, 3274 ff; *BGH* AP BGB § 611 Haftung des Arbeitnehmers Nr. 104; *BGH* NJW 1994, 852, 853 ff.; *Henssler*, in: Münchener Kommentar zum BGB, § 619a Rn. 24 m.w.N., dort auch zu den Ausnahmen bei einem spezifischen Näheverhältnis; *Hesse*, in: Beck'scher Onlinekommentar Arbeitsrecht, § 619a Rn. 38; ferner *Schreiber*, in: Handkommentar BGB, § 619a Rn. 8.

1416 *BAG* GS AP RVO §§ 898, 899 Nr. 4; *BAG* AP BGB § 611 Haftung des Arbeitnehmers Nr. 94; *Henssler*, in: Münchener Kommentar zum BGB, § 619a Rn. 25 m.w.N.; *Hesse*, in: Beck'scher Onlinekommentar Arbeitsrecht, § 619a Rn. 40 m.w.N.; ferner *Schreiber*, in: Handkommentar BGB, § 619a Rn. 8.

1417 *Henssler*, in: Münchener Kommentar zum BGB, § 619a Rn. 25 m.w.N., der den Streit um die dogmatische Grundlage als „reine juristische Konstruktionskontroverse

zulassen[1418], wobei gleichzeitig das Insolvenzrisiko sachgerecht verteilt wird.[1419] Denn dem Geschädigten darf es nicht zum Nachteil gereichen, dass die Rechtsverletzung betrieblich veranlasst war, da er sich den Schädiger nicht aussuchen kann.

dd) Persönlicher Anwendungsbereich

367 Die Grundsätze zum innerbetrieblichen Schadensausgleich und der Haftungsprivilegierung bei betrieblich veranlasster Tätigkeit gelten für Arbeitnehmer, Auszubildende und Leiharbeitnehmer[1420], nach neuerer Rechtsprechung auch für arbeitnehmerähnliche Personen.[1421] Auch Dienstleistungspflichtige oder ähnliche Personen können privilegiert sein.[1422] Für Organmitglieder von Aktiengesellschaften oder Gesellschaften mit beschränkter Haftung gelten die Grundsätze grundsätzlich nicht.[1423]

368 Umstritten ist es, ob leitende Angestellte in den Genuss der Haftungsprivilegierung kommen.[1424] Versagte der *BGH* leitenden Angestellten mehrfach die Haftungsprivilegierung[1425], ließ das *BAG* auch leitende Angestellte zumindest dann in den Genuss der Haftungsprivilegierung kommen, soweit die schädigende Handlung nicht mit der Leitungsfunktion im Zusammenhang

---

ohne praktische Relevanz" bezeichnet; siehe dazu auch m.w.N. *Hesse*, in: Beck'scher Onlinekommentar Arbeitsrecht, § 619a Rn. 40; ferner *Marsch-Barner/Wilk*, in: Handbuch Managerhaftung, § 21 Rn. 21.9 m.w.N.; für einen Freistellungsanspruch aus dem Arbeitsvertrag i. V. m. § 242 BGB *Schreiber*, in: Handkommentar BGB, § 619a Rn. 8; bei Eigenschäden des Arbeitnehmers besteht nach *BAG* NZA 2011, 406 ff. ein Aufwendungsersatzanspruch gemäß § 670 BGB analog.

1418 *Hesse*, in: Beck'scher Onlinekommentar Arbeitsrecht, § 619a Rn. 40.

1419 Vgl. Zum Insolvenzrisiko siehe auch *Henssler*, in: Münchener Kommentar zum BGB, § 619a Rn. 25.

1420 *Henssler*, in: Münchener Kommentar zum BGB, § 619a Rn. 16; *Hesse*, in: Beck'scher Onlinekommentar Arbeitsrecht, § 619a Rn. 6; siehe auch *Krause*, NZA 2003, 577, 581.

1421 *Henssler*, in: Münchener Kommentar zum BGB, § 619a Rn. 18; *Hesse*, in: Beck'scher Onlinekommentar Arbeitsrecht, § 619a Rn. 6; *Krause*, NZA 2003, 577, 582.

1422 *Henssler*, in: Münchener Kommentar zum BGB, § 619a Rn. 20 m.w.N.; *Krause*, NZA 2003, 577, 582.

1423 *Henssler*, in: Münchener Kommentar zum BGB, § 619a Rn. 19; dort auch zu den Ausnahmen, sofern diese ausnahmsweise als Arbeitnehmer oder arbeitnehmerähnliche Person zu qualifizieren sind; ferner *Hesse*, in: Beck'scher Onlinekommentar Arbeitsrecht, § 619a Rn. 6, dort auch zu Ausnahmen.

1424 *Henssler*, in: Münchener Kommentar zum BGB, § 619a Rn. 17.

1425 *BGH* AP BGB § 611 Haftung des Arbeitnehmers Nr. 51– Justitiar.; *BGH* VersR 1969, 474 – Leiter einer Kreditabteilung; *BGH* VersR 1985, 693 – Geschäftsführer; *Henssler*, in: Münchener Kommentar zum BGB, § 619a Rn. 17.

steht.[1426] Ob dies auch für schädigende Handlungen gilt, die im Zusammenhang mit der Leitungsfunktion stehen, hat das *BAG* offen gelassen.[1427] In jüngerer Zeit scheint sich der *BGH* der Linie des *BAG* anzuschließen.[1428] Die ältere Ansicht des *BGH* kann nicht überzeugen, sodass die Annäherung an die Rechtsprechung des *BAG* zu begrüßen ist.[1429] Jedoch ist es aus Wertungsgesichtspunkten angezeigt, die vom *BAG* bislang offen gelassene Frage, ob der leitenden Angestellte auch in den Genuss der Haftungsprivilegierung bei schädigenden Handlungen in Ausübung seiner Leitungsfunktion kommt, bejahend zu beantworten.[1430] Zunächst ist der Begriff des leitenden Angestellten bereits mangels einheitlicher Verwendung wenig trennscharf und schwammig, sodass er nicht als Differenzierungskriterium geeignet ist.[1431] Auch greifen die oben dargestellten Argumente, mit denen die Anwendbarkeit der Haftungsprivilegierung auf Organwalter abgelehnt wird[1432], mit Blick auf leitende Angestellte allenfalls sehr begrenzt.[1433] Zwar befinden diese sich zumeist in einer verantwortungsvollen, herausgehobenen Position, womit jedoch nicht zwingend eine entsprechende Kompensation im Entgelt einhergeht.[1434] Auch werden im Gegensatz zur Situation beim Organwalter regelmäßig keine D&O-Versicherungen zugunsten leitender Angestellter abgeschlossen werden. Darüber hinaus sind auch leitende Angestellte gerade in größeren Unternehmenseinheiten oder Konzernstrukturen in straffe Strukturen eingebunden, wodurch der Organisations- und Gestaltungsspielraum deutlich eingeengt ist.[1435] Die Versagung der Haftungsprivilegierung würde den leitenden Angestellten, der somit eher als arbeitnehmerähnlich zu qualifizieren ist, sowohl

---

1426 *Henssler*, in: Münchener Kommentar zum BGB, § 619a Rn. 17.

1427 *BAG* AP BGB § 611 Haftung des Arbeitnehmers Nr. 80; *Henssler*, in: Münchener Kommentar zum BGB, § 619a Rn. 17.

1428 BGHZ 148, 167, 172 = NJW 2001, 3123, 3124; *Henssler*, in: Münchener Kommentar zum BGB, § 619a Rn. 17; *Krause*, NZA 2003, 577,581.

1429 So auch *Henssler*, in: Münchener Kommentar zum BGB, § 619a Rn. 17.

1430 *Hasselbach/Seibel*, AG 2008, 770, 777, dort auch ganz allgemein zu Freistellungs- und Erstattungszusagen und deren Grenzen; *Krause*, NZA 2003, 577, 581 m.w.N.; *Hesse*, in: Beck'scher Onlinekommentar Arbeitsrecht, § 619a Rn. 6 m.w.N.; ähnlich *Henssler*, in: Münchener Kommentar zum BGB, § 619a Rn. 17 m.w.N., der für eine Einzelabwägung i. R. v. § 254 BGB plädiert; siehe ferner *Grützner/Behr*, DB 2015 561, 563 f. m.w.N. bezüglich der Anwendbarkeit auf Compliance Officer.

1431 *Henssler*, in: Münchener Kommentar zum BGB, § 619a Rn. 17 m.w.N.

1432 Siehe oben unter C. IV. 2. b) bb), Rn. 365.

1433 So auch sehr anschaulich *Henssler*, in: Münchener Kommentar zum BGB, § 619a Rn. 17; ferner *Hesse*, in: Beck'scher Onlinekommentar Arbeitsrecht, § 619a Rn. 6 und *Krause*, NZA 2003, 577,581.

1434 *Henssler*, in: Münchener Kommentar zum BGB, § 619a Rn. 17 m.w.N.

1435 *Krause*, NZA 2003, 577, 581 m.w.N.

gegenüber dem Organwalter als auch dem einfachen Arbeitnehmer nach Wertungsgesichtspunkt benachteiligen. Dies gilt sogar dann, wenn man die Ausführungen über die Freistellungsansprüche von Organwaltern entsprechend auf leitende Angestellte anwendet, da diese – wie gezeigt – in ihrer Position nicht die gleichen Einflussmöglichkeiten wie Organwalter auf die Organisation des Betriebs haben und monetär nicht vergleichbar entschädigt werden.

ee) Voraussetzungen im Einzelnen

(1) Betrieblich veranlasste Tätigkeit

369 Damit dem Arbeitnehmer ein Freistellungsanspruch gegen den Arbeitgeber in der Höhe, in der er im Rahmen eines innerbetrieblichen Schadensausgleichs nicht haften würde, zusteht, muss die schädigende Tätigkeit betrieblich veranlasst gewesen sein. Positives Tun steht dabei Aufsichtspflichtverletzungen bzw. mittelbaren Verletzungshandlungen (Haftung für Unterlassen) gleich.[1436] Die betriebliche Veranlassung ist gegeben, wenn die Tätigkeit dem Arbeitnehmer arbeitsvertraglich übertragen wurde oder zumindest im Interesse des Arbeitgebers für den Betrieb ausgeführt wurde[1437], wobei es hier nicht auf normative Wertungen ankommen kann, weswegen ein Kartellrechtsverstoß die betriebliche Veranlassung nicht entfallen lässt. Anderenfalls würde jedes pflichtwidrige Verhalten die betriebliche Veranlassung ausschließen, da es nicht im Interesse des Arbeitgebers läge. Entscheidend ist mithin, dass die Handlung als solche ungeachtet des Rechtsverstoßes *in concreto* im Interesse des Arbeitgebers liegt. Auch eine nicht zum eigentlichen vertraglichen Pflichtenkreis des Arbeitnehmers gehörende Tätigkeit kann im Interesse des Betriebs liegen, soweit die Tätigkeit objektiv dem Interesse des Arbeitgebers entspricht oder der Arbeitnehmer subjektiv nach sorgfältiger Prüfung davon ausgehen durfte, die vorzunehmende Handlung sei betrieblich geboten.[1438] Vorliegend erfüllt ein Kartellrechtsverstoß diese Kriterien jedoch nicht, da Wertungsgesichtspunkte mit Blick auf die empfindliche Sanktionierung entgegenstehen und rechtswidrige Tätigkeiten weder objektiv im Interesse des Arbeitgebers

---

1436 Vgl. *BAG* AP BGB § 611 Haftung des Arbeitnehmers Nr. 111; vgl. ferner *Bayreuther*, NZA 2015, 1239, 1242 und *Krause*, NZA 2003, 577, 582 m.w.N.

1437 *BAG* NZA 1994, 1083, 1086; *BAG* NJW 2003, 377, 378; *Hesse*, in: Beck'scher Onlinekommentar Arbeitsrecht, § 619a Rn. 7; *Schreiber*, in: Handkommentar BGB, § 619a Rn. 5 m.w.N.

1438 *BAG* AP BGB § 611 Haftung des Arbeitnehmers Nr. 77; *BAG* NZA 2011, 345, 347; *Hesse*, in: Beck'scher Onlinekommentar Arbeitsrecht, § 619a Rn. 7 m.w.N.

noch subjektiv betrieblich geboten sind. Das Merkmal der betrieblichen Veranlassung ist mithin umfassend zu verstehen, weswegen nur solche Fälle nicht erfasst sind, in denen sich das allgemeine Lebensrisiko des Arbeitnehmers realisiert.[1439] Die betriebliche Veranlassung erfordert einen räumlichen und zeitlichen Zusammenhang zur Arbeitstätigkeit bzw. betrieblichen Sphäre, der ausscheidet, soweit der Arbeitnehmer aufgrund eines eigenständigen Entschlusses im privaten Interesse handelt (sogenannte Handlung bei Gelegenheit).[1440] Ein solcher Zusammenhang genügt jedoch nicht. Vielmehr muss die Tätigkeit „in nahem Zusammenhang mit dem Betrieb und seinem betrieblichen Wirkungskreis stehen."[1441] Ein Weisungsverstoß des Arbeitnehmers führt nicht dazu, dass die betriebliche Veranlassung entfällt[1442], sondern wird in der Haftungszurechnung gemäß § 254 BGB analog berücksichtigt.[1443] Im kartellrechtlichen Kontext bedeuten vorstehenden Ausführungen, dass Kartellrechtsverstöße grundsätzlich betrieblich veranlasst sind.

(2) Differenzierung nach Grad des Verschuldens

370 Obgleich die Grundsätze zum innerbetrieblichen Schadensausgleich, wie bereits dargestellt wurde, nicht unmittelbar im Außenverhältnis gelten, steht dem Arbeitnehmer jedoch in diesem Fall grundsätzlich ein Freistellungsanspruch gegenüber dem Arbeitgeber in der Höhe zu, in der er im Rahmen eines innerbetrieblichen Schadensausgleiches nicht haften würde. Die Verteilung des Schadens nach den Grundsätzen des innerbetrieblichen Schadensausgleiches, die somit auch die Existenz und die Höhe des Freistellungsanspruches bei Ansprüchen von Dritten gegen den Arbeitnehmers wegen Schäden als Folge betrieblich veranlasster Tätigkeiten bestimmen, knüpft an den Grad des Verschuldens an.[1444] Die Rechtsprechung unterscheidet dabei zwischen vier Verschuldensgraden, namentlich **(1)** leichteste Fahrlässigkeit, **(2)** mittlere Fahrlässigkeit, **(3)** grobe Fahrlässigkeit und **(4)** Vorsatz.[1445] Bezugspunkt für das Verschulden ist nicht nur die

---

1439 *Schreiber*, in: Handkommentar BGB, § 619a Rn. 5; *Krause*, NZA 2003, 577, 582.

1440 *Hesse*, in: Beck'scher Onlinekommentar Arbeitsrecht, § 619a Rn. 7 m.w.N.

1441 *BAG* AP BGB § 611 BGB Haftung des Arbeitnehmers Nr. 122 = NZA 2003, 37, 38 m.w.N.

1442 *BAG* AP BGB § 611 Haftung des Arbeitnehmers Nr. 122.

1443 *Hesse*, in: Beck'scher Onlinekommentar Arbeitsrecht, § 619a Rn. 7 m.w.N.

1444 *Henssler*, in: Münchener Kommentar zum BGB, § 619a Rn. 32; *Hesse*, in: Beck'scher Onlinekommentar Arbeitsrecht, § 619a Rn. 9.

1445 *BAG* GS AP BGB § 611 Haftung des Arbeitnehmers Nr. 103; *BAG* AP BGB § 611 Haftung des Arbeitnehmers Nr. 126.

Pflichtverletzung, sondern auch der Schadenseintritt.[1446] Ergänzend wird hinsichtlich der Voraussetzungen betreffend den Vorsatz und die Fahrlässigkeit im kartellrechtlichen Kontext auf die obigen Ausführungen verwiesen.[1447] Bei leichtester Fahrlässigkeit ist der Schaden regelmäßig vom Arbeitgeber zu tragen.[1448] Eine Schadensteilung findet bei mittlerer Fahrlässigkeit statt.[1449] Bei grober Fahrlässigkeit ist der Schaden regelmäßig vom Arbeitnehmer zu tragen, es sei denn, der Schaden steht außer Verhältnis zum Arbeitslohn.[1450] Bei Vorsatz scheidet eine Schadensteilung von vornherein aus.[1451] Jüngst hat das *BAG* den Begriff der gröbsten Fahrlässigkeit geprägt, der jedoch keinen neuen Grad des Verschuldens darstellt, aber die Schadensteilung im Einzelfall ausschließt.[1452] Wenngleich das *BAG* eine Begrenzung der Haftung auf einen Höchstbetrag, der am monatlichen Verdienst des Arbeitnehmers orientiert wäre, ablehnt[1453], so lässt sich jedoch – soweit ersichtlich – aus der Judikatur des *BGA* eine faktische Haftungshöchstgrenze ableiten, die selbst bei grob fahrlässigen Pflichtverletzungen ein Jahresentgelt nicht übersteigt.[1454]

(a) Leichteste Fahrlässigkeit

371 Fälle leichtester Fahrlässigkeit, die immer dann vorliegen, wenn der Schaden auf einem für die Tätigkeit typischen Versehen beruht[1455], sind im

---

1446 *BAG* NZA 2011, 345, 347; *BAG* AP BGB § 254 Nr. 15.

1447 Siehe dazu oben unter C. I. 5. b).

1448 *Henssler*, in: Münchener Kommentar zum BGB, § 619a Rn. 32, 35; *Hesse*, in: Beck'scher Onlinekommentar Arbeitsrecht, § 619a Rn. 9; *Schreiber*, in: Handkommentar BGB, § 619a Rn. 6.

1449 *Henssler*, in: Münchener Kommentar zum BGB, § 619a Rn. 32; *Hesse*, in: Beck'scher Onlinekommentar Arbeitsrecht, § 619a Rn. 9; *Schreiber*, in: Handkommentar BGB, § 619a Rn. 6.

1450 Zur Ausnahme *BAG* NZA 2002, 612 ff.; *Henssler*, in: Münchener Kommentar zum BGB, § 619a Rn. 32; *Hesse*, in: Beck'scher Onlinekommentar Arbeitsrecht, § 619a Rn. 9; *Schreiber*, in: Handkommentar BGB, § 619a Rn. 6.

1451 *Henssler*, in: Münchener Kommentar zum BGB, § 619a Rn. 32; *Hesse*, in: Beck'scher Onlinekommentar Arbeitsrecht, § 619a Rn. 9; *Schreiber*, in: Handkommentar BGB, § 619a Rn. 6.

1452 *BAG* AP BGB § 611 Haftung des Arbeitnehmers Nr. 111; kritisch *Krause*, NZA 2003, 577, 583.

1453 *BAG* NZA 1998, 140, 141; *BAG* NZA 2013, 640; siehe auch *Henssler*, in: Münchener Kommentar zum BGB, § 619a Rn. 36.

1454 *Hübsch*, NZA-RR 1999, 393, 396; *Hesse*, in: Beck'scher Onlinekommentar Arbeitsrecht, § 619a Rn. 9

1455 *Henssler*, in: Münchener Kommentar zum BGB, § 619a Rn. 35; *Hesse*, in: Beck'scher Onlinekommentar Arbeitsrecht, § 619a Rn. 10.

vorliegenden Kontext wegen der überragenden Bedeutung des Kartellrechts für die Wirtschaftsordnung und der Pflicht zur Kartellrechtscompliance[1456] sowie der daraus resultierenden diesbezüglichen Pflicht zur Schulung der Arbeitnehmer[1457] schlechthin nicht denkbar.

(b) Mittlere Fahrlässigkeit

372 Für die Definition des Begriffes der mittleren Fahrlässigkeit wird zunächst auf § 276 Abs. 2 BGB zurückgegriffen.[1458] Darüber hinaus ist eine umfassende Abwägung vorzunehmen, in deren Rahmen der Schaden zwischen Arbeitgeber und Arbeitnehmer aufgeteilt wird.[1459] Zu den Abwägungskriterien[1460] gehören der Grad des Verschuldens des Arbeitnehmers, die Gefahrgeneigtheit der Tätigkeit, die Höhe des Schadens, ein bereits vom Arbeitgeber einkalkuliertes oder durch Versicherung abdeckbares Risiko, die Stellung des Arbeitnehmers im Betrieb, das Entgelt sowie persönliche Verhältnisse des Arbeitnehmers.[1461] Daneben ist das Betriebsrisiko des Arbeitgebers ebenso zu berücksichtigen wie die vertragliche Übernahme einer bestimmten Gefahr durch den Arbeitnehmer gegen eine Risikoprämie.[1462] Ferner ist der Verstoß gegen rechtmäßige Weisungen durch den Arbeitnehmer sowie das pflichtwidrige Unterlassen von Kontrollmaßnahmen seitens des Arbeitgebers, die einen Organisationsmangel begründen, relevant.[1463] Keine Rolle spielt die wirtschaftliche Leistungsfähigkeit Arbeitnehmers.[1464] Im vorliegenden kartellrechtlichen Kontext dürfte der Anwendungsbereich der mittleren Fahrlässigkeit wegen der soeben geschilderten hohen Bedeutung des Kartellrechts sowie der Pflicht zur Kartellrechtscompliance[1465] sowie der

---

1456 Siehe dazu bereits oben unter C. I. 1. b) bb), Rn. 105.

1457 Siehe dazu bereits oben unter C. I. 5. b) ee) (2), Rn. 249.

1458 *Hesse*, in: Beck'scher Onlinekommentar Arbeitsrecht, § 619a Rn. 11 m.w.N.; vgl. *Henssler*, in: Münchener Kommentar zum BGB, § 619a Rn. 34.

1459 *Henssler*, in: Münchener Kommentar zum BGB, § 619a Rn. 37; *Hesse*, in: Beck'scher Onlinekommentar Arbeitsrecht, § 619a Rn. 11.

1460 *BAG* GS AP BGB § 611 Haftung des Arbeitnehmers Nr. 103; *Henssler*, in: Münchener Kommentar zum BGB, § 619a Rn. 37 m.w.N.; *Hesse*, in: Beck'scher Onlinekommentar Arbeitsrecht, § 619a Rn. 11; *Schreiber*, in: Handkommentar BGB, § 619a Rn. 6.

1461 Die Berücksichtigung der persönlichen Verhältnisse ist umstritten. Zu den im Rahmen der persönlichen Verhältnisse relevanten Kriterien und zur Kritik daran *Henssler*, in: Münchener Kommentar zum BGB, § 619a Rn. 37 m.w.N. und *Hesse*, in: Beck'scher Onlinekommentar Arbeitsrecht, § 619a Rn. 11 m.w.N.

1462 *Henssler*, in: Münchener Kommentar zum BGB, § 619a Rn. 37 m.w.N.

1463 *Henssler*, in: Münchener Kommentar zum BGB, § 619a Rn. 37 m.w.N.

1464 *Henssler*, in: Münchener Kommentar zum BGB, § 619a Rn. 37.

1465 Siehe dazu bereits oben unter C. I. 1. b). bb), Rn. 105.

daraus resultierenden diesbezüglichen Pflicht zur Schulung der Arbeitnehmer[1466] eher eng und entsprechend der Fallgruppen hinsichtlich des Freistellungsanspruchs der Organwalter[1467] gefasst sein, sodass im Wesentlichen Fälle von Rechtsirrtümern (aufgrund von Entscheidungsdruck wegen einer Lage, die unverzügliches Handeln erforderte), zweifelhafter Rechtslage und unvermeidbaren Verbotsirrtümern bzw. dem Handeln entsprechend falschem Rechtsrat erfasst sein werden. In diesen Fällen dürfte die Einzelfallabwägung regelmäßig zugunsten des Arbeitnehmers ausfallen (müssen), auch damit der Arbeitnehmer nicht gegenüber dem Organwalter ohne sachlichen Grund schlechter behandelt wird.

(c) Grobe bzw. gröbste Fahrlässigkeit

373 Grobe Fahrlässigkeit wird immer dann angenommen, wenn bei der Tätigkeit die im Verkehr erforderliche Sorgfalt in einem umgewöhnlich hohen Grade verletzt und dasjenige verletzt, das jedem anderen in der konkreten Situation hätte einleuchten müssen.[1468] Erforderlich ist zudem, dass eine subjektive Vorwerfbarkeit vorliegt, die das gewöhnliche Maß weit übersteigt.[1469] Mithin ist entscheidend, dass der schädigende Arbeitnehmer anhand seiner individuellen Fähigkeiten die objektiv gebotene Sorgfalt hätte erkennen und erbringen können.[1470] Wie bereits ausgeführt wurde, ist der Schaden bei grober Fahrlässigkeit regelmäßig vom Arbeitnehmer zu tragen[1471], wobei es im Einzelfall nicht ausgeschlossen ist, dass der Schaden bei wertender Betrachtung aufgeteilt wird, da sich das Betriebsrisiko trotz der groben Fahrlässigkeit zumindest teilweise realisiert.[1472] Dies ist insbesondere dann anzunehmen, wenn der Schaden in einem deutlichen Missverhältnis zu dem erzielbaren Einkommen des Arbeitnehmers steht und somit existenzgefährdende Wirkung hat.[1473]

1466 Siehe dazu bereits oben unter C. I. 5. b) ee) (2), Rn. 249.
1467 Siehe dazu oben unter C. IV. 2. a) aa), Rn. 357.
1468 *BAG* NZA 2011, 345, 347 F.; *BAG* AP BGB § 611 Haftung des Arbeitnehmers Nr. 82.
1469 *BAG* AP BGB § 611 Haftung des Arbeitnehmers Nr. 117; weitere Nachweise bei *Henssler*, in: Münchener Kommentar zum BGB, § 619a Rn. 36, dort Fn. 127.
1470 *BAG* NZA 2006, 1428, 1430; *Henssler*, in: Münchener Kommentar zum BGB, § 619a Rn. 36 m.w.N.; *Hesse*, in: Beck'scher Onlinekommentar Arbeitsrecht, § 619a Rn. 12.
1471 Siehe dazu oben unter C. IV. 2. b) ee) (2), Rn. 370.
1472 *BAG* NZA 2011, 345, 348; *BAG* NZA 2013, 640.
1473 *BAG* AP BGB § 611 Haftung des Arbeitnehmers Nr. 117; *BAG* AP BGB § 611 Haftung des Arbeitnehmers Nr. 97; *Henssler*, in: Münchener Kommentar zum BGB, § 619a Rn. 36 m.w.N.; *Hesse*, in: Beck'scher Onlinekommentar Arbeitsrecht, § 619a Rn. 12 m.w.N., wo sich auch Beispiele aus der Rechtsprechung finden.

374 Unter dem Terminus gröbster Fahrlässigkeit wird ein schlechterdings nicht mehr hinnehmbares Verhalten verstanden, was bspw. beim mehrfachen Verstoß gegen Sicherheitsvorschriften zum Schutz vor tödlichen Gefahren, der subjektiv unentschuldbar ist, vorliegt.[1474] Ein solcher Verstoß aus gröbster Fahrlässigkeit schließt die Haftungserleichterung nicht grundsätzlich, aber nach negativer Abwägung im Einzelfall aus.[1475]

375 Im kartellrechtlichen Kontext gelten insoweit keine Besonderheiten hinsichtlich der Bestimmung der groben bzw. gröbsten Fahrlässigkeit. Es ist jedoch im Einzelfall sorgfältig zu prüfen, ob eine Quotelung des Schadens wegen der zumindest teilweisen Realisierung des Betriebsrisikos in Betracht kommt, um eine Existenzgefährdung des Arbeitnehmers zu vermeiden. Insoweit ist der Arbeitnehmer auch gegenüber dem Organwalter privilegiert. Dies ist mit Blick auf die Verantwortung des Arbeitgebers für die Organisation des Betriebs und die Gestaltung der Arbeitsbedingungen in rechtlicher und tatsächlicher Hinsicht sowie das Missverhältnis zwischen Haftungsrisiko und Arbeitsentgelt gerechtfertigt.[1476]

(d) Vorsatz

376 Ein die Anwendbarkeit der Grundsätze über den innerbetrieblichen Schadensausgleich ausschließendes vorsätzliches Handeln oder Unterlassen liegt beim Wissen und Wollen des rechtswidrigen Erfolges vor, wobei – abweichend von allgemeinen zivilrechtlichen Grundsätzen[1477] – neben der vorsätzlichen Pflichtverletzung und dem Vorsatz bezüglich der Rechtsgutsverletzung noch der Vorsatz auf den konkreten Schaden hinzutreten muss.[1478] Ein Verstoß gegen eine konkrete Weisung des Arbeitgebers indiziert nicht ohne Weiteres den Vorsatz.[1479] Das bedeutet, dass der Arbeitnehmer erst vorsätzlich handelt, wenn er den Schaden in seiner konkreten Höhe zumindest als möglich voraussieht und ihn für den Fall des Eintritts billigend in Kauf nimmt.[1480] Daraus folgt gleichzeitig, dass *dolus eventualis* genügt.[1481] Erst die

---

1474 *BAG* AP BGB § 611 Haftung des Arbeitnehmers Nr. 111.

1475 *BAG* AP BGB § 611 Haftung des Arbeitnehmers Nr. 111; *BAG* NZA 2011, 345, 346.

1476 Siehe dazu bereits oben unter C. IV. 2. b) bb).

1477 Nachweise zu den allgemeinen zivilrechtlichen Grundsätzen bei *BAG* AP BGB § 611 Haftung des Arbeitnehmers Nr. 122.

1478 *BAG* AP VVG § 67 Nr. 1; *BAG* AP BGB § 611 Haftung des Arbeitnehmers Nr. 122; *Henssler*, in: Münchener Kommentar zum BGB, § 619a Rn. 38 m.w.N.; *Hesse*, in: Beck'scher Onlinekommentar Arbeitsrecht, § 619a Rn. 13 m.w.N.

1479 *BAG* AP BGB § 611 Haftung des Arbeitnehmers Nr. 122.

1480 *BAG* AP BGB § 611 Haftung des Arbeitnehmers Nr. 122.

1481 *Hesse*, in: Beck'scher Onlinekommentar Arbeitsrecht, § 619a Rn. 13.

Erfüllung der im Vergleich zu allgemeinen zivilrechtlichen Grundsätzen strengeren Anforderungen an den Vorsatz des Arbeitnehmers, die auch mit Blick auf § 826 BGB gelten, lassen es gerechtfertigt erscheinen, eine etwaige Mitverantwortung des Arbeitgebers gänzlich auszublenden.[1482] Vertraut der Arbeitnehmer somit darauf, dass der für möglich gehaltene Schaden nicht eintritt, handelt er nicht vorsätzlich, sondern grob fahrlässig.[1483] Jedoch sind an das Vertrauen des Arbeitnehmers auf den Nichteintritt des Schadens strenge Anforderungen bzw. *vice versa* an die konkrete Vorstellung vom Schaden keine allzu hohen Voraussetzungen zu stellen.[1484]

(3) Auswirkungen von Versicherungsschutz

377 Im Rahmen des innerbetrieblichen Schadensausgleichs stellt sich die Frage, ob und ggf. wie sich ein bestehender Versicherungsschutz auf die Anwendbarkeit der dargestellten Grundsätze auswirkt. Die ständige Rechtsprechung des *BAG*, die von der überwiegenden Ansicht in der Literatur unterstützt wird[1485], differenziert wie folgt: Eine freiwillig vom Arbeitnehmer abgeschlossene Berufshaftpflicht steht der Anwendung der Grundsätze über den innerbetrieblichen Schadensausgleich nicht entgegen.[1486] Die Frage nach der Haftung unter Berücksichtigung der Grundsätze über den innerbetrieblichen Schadensausgleich und dem Eingreifen des Versicherungsschutzes sind mithin getrennt voneinander zu beurteilen (sog. Trennungsprinzip).[1487] Diese Leitlinie gilt auch für den Abschluss von D&O-Versicherungen für leitende Angestellte durch den Arbeitgeber[1488], da diese im Interesse des Arbeitgebers zur Abdeckung von (Vermögens)Schäden abgeschlossen werden, die von der Betriebshaftpflichtversicherung nicht abgedeckt sind[1489], um so den Rückgriff in Innenverhältnis abzusichern.[1490] Etwas anderes gilt

---

1482 Ausführlich *Henssler*, in: Münchener Kommentar zum BGB, § 619a Rn. 38 und *Hesse*, in: Beck'scher Onlinekommentar Arbeitsrecht, § 619a Rn. 13 jeweils m.w.N.

1483 Vgl. *BAG* AP BGB § 611 Haftung des Arbeitnehmers Nr. 122; *Hesse*, in: Beck'scher Onlinekommentar Arbeitsrecht, § 619a Rn. 13.

1484 *Henssler*, in: Münchener Kommentar zum BGB, § 619a Rn. 38.

1485 *Hesse*, in: Beck'scher Onlinekommentar Arbeitsrecht, § 619a Rn. 14 m.w.N.

1486 *BAG* AP BGB § 611 Haftung des Arbeitnehmers Nr. 111; *BAG* NZA 2011, 345, 346; *Henssler*, in: Münchener Kommentar zum BGB, § 619a Rn. 39a.

1487 *Henssler*, in: Münchener Kommentar zum BGB, § 619a Rn. 39a; vgl. *Hesse*, in: Beck'scher Onlinekommentar Arbeitsrecht, § 619a Rn. 14.

1488 *Henssler*, in: Münchener Kommentar zum BGB, § 619a Rn. 39a m.w.N.; *Hesse*, in: Beck'scher Onlinekommentar Arbeitsrecht, § 619a Rn. 14.

1489 *Hesse*, in: Beck'scher Onlinekommentar Arbeitsrecht, § 619a Rn. 14 m.w.N.; vgl. *Thüsing/Traut*, NZA 2010, 140.

1490 *Hesse*, in: Beck'scher Onlinekommentar Arbeitsrecht, § 619a Rn. 14.

jedoch, soweit „die Vertragsparteien den Abschluss einer Berufshaftpflichtversicherung vertraglich ausbedungen haben und der Arbeitnehmer dafür eine zusätzliche Vergütung erhält".[1491] Der Ausschluss der Haftungsprivilegierung gilt allerdings nur insoweit, wie die Versicherung im Innenverhältnis Deckung gewährt.[1492] Hingegen kann sich der Arbeitnehmer „nicht auf [die] Haftungsbeschränkung berufen, wenn zu seinen Gunsten eine gesetzlich vorgeschriebene Haftpflichtversicherung (z. B. Kfz-Haftpflichtversicherung) eingreift."[1493] Grund für den Ausschluss der Haftungsprivilegierung bei gesetzlich vorgeschriebener Haftpflichtversicherung ist der Umstand, dass der Gesetzgeber das Risiko abschließend verteilt.[1494]

ff) Zwischenergebnis

378 Mithin bietet der innerbetriebliche Schadensausgleich ein differenziertes System der Haftungsprivilegierung zugunsten des Arbeitnehmers, der – da die Grundsätze des innerbetrieblichen Schadensausgleichs nicht unmittelbar im Außenverhältnis hinsichtlich Schadensersatzsprüchen Dritter gelten – einen Freistellungsanspruch des Arbeitnehmers gegenüber dem Arbeitgeber in der Höhe begründet, in der er im Rahmen eines innerbetrieblichen Schadensausgleiches nicht haften würde. Die Grundsätze des innerbetrieblichen Schadensausgleichs gelten für Arbeitnehmer und leitende Angestellte gleichermaßen.

379 Es ist davon auszugehen, dass die Tätigkeit bzw. das Unterlassen, welches den Kartellrechtsverstoß darstellt, regelmäßig betrieblich veranlasst sind, da normative Wertungen die betriebliche Veranlassung nicht entfallen lassen können und mithin entscheidend ist, ob die Handlung als solche ungeachtet des Rechtsverstoßes *in concreto* im Interesse des Arbeitgebers liegt.

380 Bei der Differenzierung der Haftungsprivilegierung nach Grad des Verschuldens wird im Wesentlichen das gleiche Ergebnis erzielt, welches auch bezüglich des Freistellungsanspruches des Organwalters gegenüber der juristischen Person gilt. Zusammengefasst ist der Arbeitnehmer bzw.

1491 *BAG* NZA 2011, 345, 346; *Henssler*, in: Münchener Kommentar zum BGB, § 619a Rn. 39a; *Hesse*, in: Beck'scher Onlinekommentar Arbeitsrecht, § 619a Rn. 15.

1492 *Hesse*, in: Beck'scher Onlinekommentar Arbeitsrecht, § 619a Rn. 15.

1493 *BGH* AP BGB § 611 Haftung des Arbeitnehmers Nr. 68; *BAG* AP BGB § 611 Haftung des Arbeitnehmers Nr. 111, konkretisiert durch *BAG* NZA 2011, 345, 346; dazu auch *Henssler*, in: Münchener Kommentar zum BGB, § 619a Rn. 39 m.w.N. und *Hesse*, in: Beck'scher Onlinekommentar Arbeitsrecht, § 619a Rn. 15 m.w.N.

1494 *BGH* AP BGB § 611 Haftung des Arbeitnehmers Nr. 68; *BAG* AP BGB § 611 Haftung des Arbeitnehmers Nr. 111; *Hesse*, in: Beck'scher Onlinekommentar Arbeitsrecht, § 619a Rn. 15 m.w.N.

leitende Angestellte regelmäßig bei Vorliegen von Rechtsirrtümern (aufgrund von Entscheidungsdruck wegen einer Lage, die unverzügliches Handeln erforderte), zweifelhafter Rechtslage und unvermeidbaren Verbotsirrtümern bzw. dem Handeln entsprechend falschem Rechtsrat trotz der Einordnung in die Fallgruppe der mittleren Fahrlässigkeit vollständig von der Haftung freigestellt, da in diesen Fällen die Einzelfallabwägung regelmäßig zugunsten des Arbeitnehmers ausfallen wird. Dies gilt umso mehr, damit der Arbeitnehmer nicht gegenüber dem Organwalter ohne sachlichen Grund schlechter behandelt wird.

381 Bei grob fahrlässigen bzw. gröbst fahrlässigen Pflichtverletzungen trägt der Arbeitnehmer bzw. leitende Angestellte den Schaden vollständig alleine, wobei im Einzelfall sorgfältig zu prüfen ist, ob eine Quotelung des Schadens wegen der zumindest teilweisen Realisierung des Betriebsrisikos in Betracht kommt, um eine Existenzgefährdung des Arbeitnehmers zu vermeiden. Insoweit ist der Arbeitnehmer auch gegenüber dem Organwalter privilegiert.

382 Bei vorsätzlichen Pflichtverletzungen scheidet die Anwendung der Haftungsprivilegierung regelmäßig aus. *Dolus eventualis* genügt. Es ist jedoch zu beachten, dass sich der Vorsatz, abweichend von allgemeinen zivilrechtlichen Grundsätzen, nicht nur auf Pflichtverletzung und die Rechtsgutsverletzung, sondern auch auf den konkreten Schaden beziehen muss. Soweit der Arbeitnehmer darauf vertraut, dass der für möglich gehaltene Schaden nicht eintritt, handelt er nicht vorsätzlich, sondern grob fahrlässig, wobei an das Vertrauen des Arbeitnehmers auf den Nichteintritt des Schadens strenge Anforderungen bzw. *vice versa* an die konkrete Vorstellung vom Schaden keine allzu hohen Voraussetzungen zu stellen sind.

383 Das Bestehen von Versicherungsschutz schließt nur dann die Anwendung der Haftungsprivilegierung aus, wenn es sich um eine gesetzliche Haftpflichtversicherung handelt. Gleiches gilt ausnahmsweise für Berufshaftpflichtversicherung, die vertraglich ausbedungen wurde und der Arbeitnehmer dafür eine zusätzliche Vergütung erhält, aber nur soweit die Versicherung im Innenverhältnis Deckung gewähnt. Andere, seitens des Arbeitnehmers freiwillig abgeschlossene Berufshaftpflichtversicherungen schließen den innerbetrieblichen Schadensausgleich nicht aus. Auch das Bestehen einer D&O-Versicherung, die vom Arbeitgeber für leitende Angestellte regelmäßig im eigenen Interesse abgeschlossen wird, lassen den innerbetrieblichen Schadensausgleich unberührt.

c) *Zwischenergebnis*

384 Mithin bestehen sowohl für passivlegitimierte Organwalter als auch für Arbeitnehmer und leitende Angestellte rechtliche Möglichkeiten der

Haftungsfreistellung in Form der hier behandelten Freistellungsansprüche bezüglich Schadensersatzansprüchen von geschädigten Dritten, die der Interessenlage zwischen passivlegitimierter natürlicher Person und juristischer Person entsprechen.[1495]

3. Zwischenergebnis

385 Nach den obigen Ausführungen stehen der passivlegitimierten natürlichen Person im Wesentlichen zwei Wege – namentlich die Teilnahme am Kronzeugenprogramm gemäß § 33e GWB n. F. sowie die Geltendmachung von Freistellungsansprüchen – offen, mit denen die Schadensersatzhaftung gemäß § 33 Abs. 3 GWB a. F. bzw. § 33a Abs. 1 GWB n. F. begrenzt werden kann. Die zwei Wege unterscheiden sich dabei insoweit, als dass die Teilnahme am Kronzeugenprogramm die kartellordnungswidrigkeitenrechtliche Bußgeldhaftung vollständig ausschließt, während die Schadensersatzhaftung gemäß § 33e Abs. 1 S. 1 GWB n. F. grundsätzlich auf Ansprüche von unmittelbaren und mittelbaren Abnehmern oder Lieferanten begrenzt ist. Anderen Geschädigten gegenüber, was insbesondere *umbrella pricing*-Konstellationen betrifft, besteht eine Schadensersatzhaftung nur unter den engen Voraussetzungen des § 33e Abs. 1 S. 2, Abs. 2 GWB n. F. Diese Haftungsprivilegierung ist lediglich an einen ordnungsgemäßen Kronzeugen- bzw. Bonusantrag geknüpft; weitere Voraussetzungen müssen nicht erfüllt sein. Es ist daher unerheblich, um was für eine Art des Kartellrechtsverstoßes es sich handelt und ob dieser vorsätzlich oder fahrlässig, möglicherweise aufgrund von unsicherer Rechtslage oder ähnlichem zustande kam. Insoweit ist es auch gerechtfertigt, die Schadensersatzhaftung nur zu begrenzen, nicht gänzlich auszuschließen. Der Weg, mittels Freistellungsansprüchen eine Haftungsreduzierung zu erreichen, führt bei Vorliegen der dargestellten engeren Voraussetzungen letztlich dazu, dass die passivlegitimierte natürliche Person vollständig von der Schadensersatzhaftung im Außenverhältnis freigestellt wird, letztlich aber das Insolvenzrisiko trägt.

386 Erneut wird darauf hingewiesen, dass es noch weitere, vorliegend nicht näher behandelte Möglichkeiten zur Haftungsreduzierung im weiteren Sinne wie den Abschluss einer Berufshaftpflichtversicherung oder den Abschluss eines Vergleichs mit dem Geschädigten im Einzelfall gibt.

1495 Zur Interessenlage oben unter C. IV, Rn. 348.

V. Zwischenergebnis

387 An dieser Stelle folgt, bevor sogleich das Gesamtergebnis formuliert wird, eine kurze Zusammenfassung der Ausführungen zur Außenhaftung bei Verstößen gegen das deutsche und europäische Kartellrecht unter besonderer Berücksichtigung der Passivlegitimation natürlicher Personen.

388 Das GWB enthält als sonderdeliktsrechtliche Anspruchsgrundlage für kartellrechtliche Schadensersatzansprüche § 33 Abs. 3 GWB a. F. bzw. § 33a Abs. 1 GWB n. F. Nach hier vertretener Auffassung sind natürliche Personen im Rahmen dieser Anspruchsgrundlage passivlegitimiert, da es sich bei bei § 81 GWB und somit auch § 9 OWiG um Verweisungsziele des kartelldeliktsrechtlichen Schadensanspruches handelt. Mithin besteht eine Außenhaftung natürlicher Personen. Im Kartellordnungswidrigkeiten- und Kartelldeliktsrecht kommt es dabei zu wechselseitiger Zurechnung von Handlungen und besonderen persönlichen Merkmalen gemäß §§ 9, 30 OWiG bzw. § 31 BGB zwischen natürlicher Person und Unternehmen im kartellrechtlichen Sinne, was regelmäßig juristische Personen in Form der Kapitalgesellschaften sein dürften. Eine Pflichtverletzung kann dabei durch Tun und Unterlassen (unmittelbare und mittelbare Verletzungshandlungen) begangen werden. Dieses Ergebnis ist dogmatisch fundiert und folgt den von der Rechtsprechung aufgestellten Leitlinien. Hinsichtlich des Verschuldens gelten die allgemeinen Grundsätze, wobei insbesondere unvermeidbare Verbotsirrtümer (Rechtsirrtümer) und die Implementierung eines qualifizierten Compliance-Systems (hinsichtlich mittelbaren Verletzungshandlungen bzw. Aufsichtspflichtverletzungen) verschuldensausschließend wirken können.

389 Der Kreis der Aktivlegitimierten ist weit gefasst. Aktivlegitimiert, weil betroffen i. S. d. § 33 Abs. 3 i. V. m. § 33 Abs. 1 S. 1, 3 GWB a. F. bzw. § 33a Abs. 1 i. V. m. § 33 Abs. 1, 3 GWB n. F. ist der Mitbewerber oder sonstiger Marktteilnehmer, der durch den Verstoß beeinträchtigt ist. Dazu ist grundsätzlich eine Beeinträchtigung der Handlungsfreiheit auf dem Markt bzw. der Wettbewerbsfreiheit nötig. Die Aktivlegitimation kann nach der Rechtsprechung des *EuGH* jedoch nicht kategorisch im Rahmen des haftungsbegründenden Tatbestands *a priori* wegen Schutzzweckerwägungen ausgeschlossen werden. Daher sind abweichend vom obigen Grundsatz, nachdem die Beeinträchtigung der Handlungsfreiheit auf dem Markt bzw. der Wettbewerbsfreiheit die i. R. v. § 33 Abs. 3 i. V. m. § 33 Abs. 1 S. 1, 3 GWB a. F. bzw. § 33a Abs. 1 i. V. m. § 33 Abs. 1, 3 GWB n. F. nötige Betroffenheit begründet, auch Aktionäre oder sonstige Gesellschafter grundsätzlich aktivlegitimiert, da es sich beim Mitgliedsschaftsrecht um ein geschütztes Rechtsgut handelt.

390 Schadensersatzansprüche gemäß § 823 Abs. 1 und 2 BGB sind wegen Spezialität des kartelldeliktsrechtlichen Schadensanspruchs gesperrt, soweit sie auf

Eingriffe in den eingerichteten und ausgeübten Gewerbebetrieb gestützt werden. Ansonsten besteht Idealkonkurrenz, sodass bei Verletzung anderer Rechte bzw. Rechtsgüter die Norm anwendbar bleibt. Sind Schutzgesetze außerhalb des GWB verletzt, wie bspw. die §§ 298 StGB, findet auch § 823 Abs. 2 BGB Anwendung. Zudem bleibt § 826 BGB anwendbar. Im Übrigen besteht zu den Anspruchsgrundlagen des UWG sowie anderer Gesetzen Idealkonkurrenz, soweit sich der Unwertgehalt nicht bloß im Verstoß gegen das GWB erschöpft.

391 Die passivlegitimierte natürliche Person ist als Rechtsverletzer gemäß § 33d Abs. 1 S. 1 GWB n. F. als Gesamtschuldner anzusehen und nimmt daher am Gesamtschuldnerinnenregeress gemäß § 33d Abs. 2 S. 1 GWB n. F. teil. Das passivlegitimierte Unternehmen und die für dieses Unternehmen handelnde passivlegitimierte natürliche Person bilden eine Haftungseinheit, für die nur eine gemeinsame Quote festzulegen ist, für die sie im Innenverhältnis zu den anderen Gesamtschuldnern als Gesamtschuldner haften. Der Ausgleich innerhalb der Haftungseinheit erfolgt nach allgemeinen Regeln. Die Quote wird in erster Linie anhand des Maßes der Verursachung und in zweiter Linie anhand etwaigem Verschuldens bestimmt. Maßgeblich für das Maß der beiderseitigen Verursachung ist, mit welchem Grad von Wahrscheinlichkeit die beiderseitigen Verursachungsbeiträge zur Herbeiführung des schädigenden Erfolges geeignet waren. Innerhalb der Haftungseinheit wird die Quotelung anhand anderer Kriterien vorgenommen, da der natürlichen Person zwar die Unternehmenseigenschaft zugerechnet wird, sie aber letztlich kein Unternehmen per se ist. Das Kriterium der Verursachung ist wenig geeignet, da unmöglich feststellbar, welcher Verursachungsbeitrag mit einem höheren Grad der Wahrscheinlichkeit zur Herbeiführung des schädigenden Ereignisses geeignet war, da beide Verursachungsbeiträge[1496] *conditio sine qua non* für den Kartellrechtsverstoß sind. Daher ist auf das in zweiter Linie relevante Verschuldenskriterium zur Bestimmung des jeweils zu tragenden Anteils zurückzugreifen, wobei zunächst grundsätzlich von einem Verschulden zu gleichen Teilen auszugehen ist. Abweichungen sind aufgrund der Umstände im Einzelfall möglich.[1497] Darüber hinaus ist in Übereinstimmung mit der Rechtsprechung die wirtschaftliche Leistungsfähigkeit zu berücksichtigen. Die Privilegierung des Kronzeugen gegenüber

---

1496 Zum einen ist das auf Seiten des Unternehmens die unternehmerische Tätigkeit (am Markt) als Eröffnung einer (kartellrechtlichen) Gefahrenquelle als Verursachungsbeitrag sowie das Tun oder Unterlassen der Organe oder leitenden Angestellten i. S. v. § 30 OWiG, ggf. i. V. m. § 130 OWiG, welches dem Unternehmen auch zivilrechtlich gemäß § 31 BGB zugerechnet wird, anzusehen, während seitens der natürlichen Person das konkrete Tun oder Unterlassen, welches zum Kartellrechtsverstoß führte, als Verursachungsbeitrag anzusehen ist.

1497 Diesbezüglich wird nach oben unter C. III. 1. d) verwiesen.

den anderen Gesamtschuldnern gemäß § 33e Abs. 3 S. 1 GWB n. F. ist zu beachten.

392 Eine Haftungsreduzierung kann vor allem auf zwei Wegen erfolgen. Zuvorderst ist die neu eingefügte Möglichkeit gemäß § 33e GWB n. F. zu nennen. Durch die Teilnahme am Kronzeugenprogramm wird die Schadensersatzpflicht grundsätzlich auf unmittelbare und mittelbare Abnehmer begrenzt. Eine Ersatzpflicht für Schäden, die durch *umbrella pricing*-Konstellationen verursacht werden, besteht daher regelmäßig (eher) nicht. Daneben besteht die Möglichkeit von Freistellungsansprüchen zu profitieren, die grundsätzlich die volle Schadenshöhe abdecken. Jedoch sind die Voraussetzungen enger gefasst. Zusammengefasst besteht ein Freistellungsanspruch sowohl für Organwalter als auch Arbeitnehmer und leitende Angestellte beim Vorliegen von Rechtsirrtümern (aufgrund von Entscheidungsdruck wegen einer Lage, die unverzügliches Handeln erforderte), zweifelhafter Rechtslage und unvermeidbaren Verbotsirrtümern bzw. dem Handeln entsprechend falschem Rechtsrat.

D. Zusammenfassung der Ergebnisse und Empfehlungen

„Jeder Mittelständler haftet mit seinem letzten Hosenknopf. Diese Kultur der persönlichen Verantwortung brauchen wir auch in DAX-Vorständen."

Guido Westerwelle (27. Dezember 1961 – † 18. März 2016), ehemaliger Bundesminister des Auswärtigen (vom 28. Oktober 2009 bis 17. Dezember 2013)*

„Verantwortlich ist man nicht nur für das, was man tut, sondern auch für das, was man nicht tut."

Lao-Tse (6. Jahrhundert v. Chr.), chinesischer Philosoph

394 Diese beiden Zitate fassen das Ergebnis der vorliegenden Arbeit sowohl hinsichtlich des übergeordneten Ziels als auch hinsichtlich der potenziell haftungsbegründenden Verletzungshandlung sehr gut zusammen. Mit Blick auf den Titel dieser Untersuchung wurde dargelegt, dass eine Außenhaftung von Managern[1498] bei Kartellrechtsverstößen *de lege lata* sowohl bei unmittelbaren als auch bei mittelbaren Verletzungshandlungen[1499] im Einzelfall bei Vorliegen aller Tatbestandsvoraussetzungen bestehen kann. Dass die Außenhaftung nicht aufgrund der fehlenden Passivlegitimation zu verneinen ist, stellt eine der zentralen Aussagen dieser Arbeit dar.

395 Die Außenhaftung von Managern bei Kartellrechtsverstößen ist auch aus Gründen der Verhaltenssteuerung und Generalprävention richtig und notwendig. Das Recht in seiner Gesamtheit als Organisations- und Herrschaftsinstrument zur sozialen Steuerung und Kontrolle dient der Verhaltenssteuerung und soll zu gemeinwohlförderndem Verhalten anreizen.[1500] Nur wenn und soweit das Recht *in praxi* durchgesetzt wird, enfaltet es eine Präge- und Erziehungswirkung.[1501]

396 Die Außenhaftung von Managern bei Kartellrechtsverstößen entspricht der Funktion des kartellrechtlichen Schadensersatzanspruches, der nach dem gesetzgeberischen Willen Teil eines effektiven zivilrechtlichen

---

1498 Der Begriff „Manager" umfasst in der vorliegenden Arbeit nicht nur Organwalter, sondern auch Mitarbeiter mittlerer und unterer Unternehmensebenen.

1499 Haftungsbegründend können dabei sowohl unmittelbare Verletzungshandlungen (durch aktives Tun) als auch mittelbare Verletzungshandlungen (durch Unterlassen) bzw. Aufsichtspflichtverletzungen sein.

1500 Siehe dazu oben unter A. I.

1501 Siehe dazu oben unter A. I.

Sanktionensystems sein sollte, von dem eine „zusätzliche spürbare Abschreckungswirkung“ ausgeht.[1502] Auch aus europarechtlicher Sicht ist es geboten, dass die Sanktion wirksam und abschreckend ist.[1503] Dies gilt ebenso für deren Zweck aus ökonomischer Sicht, die Sanktionen als Preise für bestimmte Handlungsoptionen ansieht, welche in die Kosten-Nutzen-Rechnung eingestellt werden.[1504] Von der Warte der ökonomischen Betrachtung her ist es entscheidend für die Wirksamkeit einer Sanktion (i. S. einer Schadensvermeidung), den direkt an der Schadensbegründung Beteiligten haftbar zu machen, um so dessen Verhalten mit dem Ziel der Schadensvermeidung zu steuern.[1505] Dies ist – aufgrund der fehlenden Handlungsfähigkeit des Unternehmens bzw. Unternehmensträgers – der Manager als natürliche Person.[1506]

397 Ökonomische Überlegungen stehen der Implementierung einer Außenhaftung von Managern bei Kartellrechtsverstößen nicht entgegen, sondern sind vielmehr geeignet, einigen Kritikpunkten zu begegnen und zeigen, dass eine Außenhaftung weitere positive Effekte für die Kartellrechtsdurchsetzung mit sich bringt.[1507] Mithin werden aus Sicht der ökonomischen Analyse des Rechts, nach der das Recht mehr Nutzen stiften als Kosten verursachen soll[1508], richtige Anreize gesetzt. Auch geht vom System der Innenhaftung keine hinreichende Abschreckungswirkung aus, weswegen eine Ergänzung durch die Außenhaftung geboten ist.[1509]

398 Den soeben zusammengefassten Aufgaben kann das Recht insgesamt und das Kartelldeliktsrecht im Speziellen in Gestalt von § 33 Abs. 3 GWB a. F. bzw. § 33a Abs. 1 GWB n. F. nur dann gerecht werden, soweit es auch *in praxi* in hinreichemdem Maße durchgesetzt wird, was zumindest momentan (noch) nicht geschieht[1510], und den richtigen Adressaten, namentlich den handelnden Manager, in die Pflicht nimmt, was bislang ebensowenig passiert. An dieser Stelle ist es ein Ziel dieser Arbeit gewesen, für eine Veränderung des *status quo* zu werben.

399 Im Rahmen der Erörterung der Außenhaftung von Managern bei Kartellrechtsverstößen ist zunächst zu klären gewesen, wie ein Manager als natürliche Person eine kartellrechtlich erhebliche Pflichtverletzung begehen kann, da es sich bei Kartellrechtsverstößen in materiell-rechtlicher Hinsicht um Sonderdelikte handelt.[1511] Dabei ist auf die Rechtslage im

1502 Siehe dazu oben unter A. II. 2.
1503 Siehe dazu oben unter A. II. 2.
1504 Siehe dazu oben unter B. I.
1505 Siehe dazu oben unter B. I. 1.
1506 Siehe dazu oben unter B. II. 2 und C. I., Rn. 80.
1507 Siehe dazu oben unter B. II. und B. III.
1508 Siehe dazu oben unter B, Rn. 39.
1509 Siehe dazu oben unter B. II. 2. a).
1510 Siehe dazu oben unter B. II. 1.
1511 Siehe dazu oben unter C. I. und C. I. 1.

Kartellordnungswidrigkeitenrecht zu rekurrieren, da dort ein fein austariertes System der Zurechung existiert und die Möglichkeit der Bebußung natürlicher Personen anerkannt ist. Eine kartellrechtlich erhebliche Pflichtverletzung kann der Manager durch aktives Tun in Form der unmittelbaren Täterschaft oder Teilnahme, durch Unterlassen i. S. v. § 8 OWiG (aufgrund der Überwachergarantenstellung des Betriebsinhabers zur Verhinderung von Gefahren einschließlich der Verhinderung betriebsbezogener Straftaten und Ordnungswidrigkeiten) und durch die Verletzung von Aufsichtspflichten i. S. v. § 130 OWiG begehen.[1512] An dieser Stelle soll hervorgehoben werden, dass eine Pflicht zur Kartellrechtscompliance besteht, die gesellschaftsrechtlich fundiert ist und sich auch auf Konzernstrukturen erstreckt.[1513] Auch die Aufsichtspflichten erstrecken sich auf Konzernstrukturen.[1514]

400 Betreffend die Rechtslage zur Außenhaftung wurde dargelegt, dass diese nach allgemeinem Deliktsrecht dogmatisch fundiert und durch die Rechtsprechung abgesichert ist. Für die vorliegende Frage nach der Außenhaftung von Managern bei Kartellrechtsverstößen war dies insoweit von Interesse, als dur das Kartelldeliktsrecht als Sonderdeliktsrecht Anleihen beim allgemeinen Deliktsrecht genommen werden können.[1515]

401 Hinsichtlich der für die Außenhaftung bei Kartellrechtsverstößen von Managern zentralen Frage nach der Passivlegitimation natürlicher Personen i. R. d. Anspruchs gemäß § 33 Abs. 3 GWB a. F. bzw. § 33a Abs. 1 GWB n. F. wurde eine *Tour d' Horizon* unternommen, i. R. derer die Argumente für und wider die Passivlegitimation bzw. für und wider die Anerkennung von § 81 GWB i. V. m. § 9 OWiG als Verweisungsziel der kartelldeliktsrechtlichen Schadensersatznorm sorgfältig gegeneinander abgewogen wurden.[1516] Die Darstellung der Argumente an dieser Stelle würde den Rahmen dieser Zusammenfassung sprengen, weswegen diesbezüglich nach oben verwiesen wird. Kurzgefasst sprachen neben den besseren Argumenten für die Anerkennung von § 81 GWB i. V. m. § 9 OWiG als Verweisungsziel – gewissermaßen als Ergebnis engerer juristischer Argumentation am Gesetzestext – noch weitere Gründe – wie die bessere Verhaltenssteuerung durch Abschreckung und Prävention –, die dem identifizierten Bedürfnis nach einer ebensolchen verstärkten Steuerung zur verbesserten Rechtsdurchsetzung und verstärkten generalpräventiven Wirkung des kartelldeliktsrechtlichen Schadensersatzanspruches entsprechen. Auch die europarechtlichen

1512 Siehe dazu oben unter C. I. 1.
1513 Siehe dazu oben unter C. I. 1. b) bb), Rn. 105.
1514 Siehe dazu oben unter C. I. 1. b) ff).
1515 Siehe dazu oben unter C. I. 3.
1516 Siehe dazu oben unter C. I. 4.

Implikationen, der Rechtsvergleich mit der persönlichen Außenhaftung im gewerblichen Rechtsschutz sowie der durch die 9. GWB-Novelle eingeführte § 33e GWB n. F. sprechen für die Passivlegitimation natürlicher Personen. Im Ergebnis ist nach hier vertretener Auffassung § 81 GWB i. V. m. § 9 OWiG als Verweisungsziel anzuerkennen, weswegen die Passivlegitimation natürlicher Personen zu bejahen ist. Ob im Rahmen des kartelldeliktsrechtlichen Schadensersatzanspruches hingegen gänzlich auf die Zurechnung der Unternehmeseigenschaft verzichtet werden kann, wie es gelegentlich vertreten wird, kann daher letztlich offenbleiben, wenngleich dies aufgrund der Funktion des Unternehmensbegriffs sowie der zentralen Aussage von BGHZ 166, 84 ff. – *Breuer* nicht abwegig erscheint.

402 Anknüpfend an die Ausführungen zur kartellrechtlich erheblichen Pflichtverletzung im Ordnungswidrigkeitenrecht seitens des Managers und deren Zurechnung kommen als haftungsbegründende Ereignisse sowohl unmittelbare Verletzungshandlungen (durch aktives Tun) als auch mittelbare Verletzungshandlungen (durch Unterlassen bzw. Aufsichtspflichtverletzung) unabhängig von der Kenntnis oder fahrlässiger Unkenntnis des (drohenden) Verstoßes in Frage.[1517] Dadurch, dass § 81 GWB als Verweisungsziel i. S. v. § 33 Abs. 3 GWB a. F. bzw. § 33e Abs. 1 GWB n. F. anzuerkennen ist, wodurch § 9 OWiG, §§ 8, 14 OWiG und ferner § 130 OWiG anwendbar sind, führen auch mittelbare Verletzungshandlungen zur kartelldeliktsrechtlichen Schadensersatzhaftung, soweit sie die Voraussetzungen der §§ 8, 14 OWiG oder § 130 OWiG erfüllen. Wie gezeigt wurde, können Aufsichtspflichten in Form von Verkehrssicherungspflichten jedoch auch in vorliegendem Kontext originär zivilrechtlich begründet werden. Die geltende Rechtslage im Gesellschaftsrecht mit Blick auf die Legalitäts- bzw. Legalitätskontrollpflicht und die sich daraus ergebende Pflicht zur Kartellrechtscompliance zum Schutz unternehmensfremder Dritter vor vom Unternehmen ausgehenden Gefahren ähnelt nämlich der Konstellation des Überwachergaranten im strafrechtlichen Sinne und begründet zivilrechtliche Handlungs- und Unterlassungspflichten (Verkehrssicherungspflichten), die Organmitglieder bzw. natürliche Personen i. S. v. § 9 OWiG treffen und eine persönliche Außenhaftung begründen, soweit diese tatsächlich übernommen wurden. Dies entspricht der Rechtsprechung des *BGH* in Sachen *Baustoff* und *Breuer*. Bezüglich der Haftung im Kollegialorgan ist grundsätzlich die Geschäftsverteilung maßgeblich. Wie bereits ausgeführt wurde, ist zu beachten, dass den Vorstand entsprechend der Rechtslage im Gesellschafts- und Ordnungswidrigkeitenrecht des herrschenden Unternehmens auch zivilrechtliche Aufsichts- und Compliance-Pflichten gegenüber

---

1517 Siehe dazu oben unter C. I. 4. dd), insb. Rn. 185–190 und C. I. 4. gg), Rn.203, 206–208; dort auch zu folgendem Text.

Tochtergesellschaften in Konzernstrukturen treffen. Eine umfassende Haftung auch für mittelbare Verletzungshandlungen ist zudem mit Blick auf die beabsichtigte Steuerungsfunktion des Rechts sachgerecht, weil anderenfalls derjenige Manager, der schlechter überwacht, privilegiert würde, obgleich Pflichten zur (Kartellrechts)Compliance und Errichtung eines effektiven Compliance-Systems bestehen. Möglich bleibt jedoch die Delegation – soweit diese zulässig ist – von Pflichten, die grundsätzlich haftungsbefreiend wirkt, sofern die bei Delegation entstehenden Auswahl-, Instruktions- und Überwachungspflichten erfüllt werden. Bezüglich des nachgeordenten Mitarbeiters, an den die Pflichten delegiert werden, wirkt sich die Delegation bei tatsächlicher Übernahme haftungsbegründend aus. Da daneben auch § 830 BGB Anwendung findet, begründen auch Anstiftung und Beihilfe seitens Managern eine Schadensersatzhaftung.

403 Zusammengefasst können in Anlehnung an den von § 9 OWiG erfassten Personenkreis folgende natürliche Personen grundsätzlich passivlegitimiert sein, wobei sowohl unmittelbare als mittelbare Verletzungshandlungen haftungsbegründend sind: **(1)** Vorstandsmitglieder einer Aktiengesellschaft oder Geschäftsführer einer GmbH sowie Organwalter sonstiger juristischer Personen und deren Gesellschafter von Personengesellschaften; **(2)** Leitende Mitarbeiter und in Teilbereichen eigenverantwortlich tätige Mitarbeiter; **(3)** Alle sonstigen Mitarbeiter des Unternehmens, soweit sie sich an dem Kartellrechtsverstoß beteiligen.[1518]

404 Dem Gesetzgeber wird empfohlen, *de lege ferenda* eine Klarstellung bezüglich der – wie in der vorliegenden Arbeit nachgewiesen wurde bereits *de lege lata* – zu bejahenden Passivlegitmation einzufügen, nachdem er mit der Formulierung von § 33e Abs. 1 S. 1 GWB n. F. bereits einen Schritt in diese Richtung unternommen hat. In diesem Zusammenhang könnte auch über die Einführung einer Haftungshöchstgrenze für passivlegitimierte natürliche Personen nachgedacht werden, die dann entsprechend in den Regelungen zur Gesamtschuld berücksichtigt werden müssten. Das *ArbG Essen* hatte im Kontext der gesellschaftsrechtlichen Innenhaftung und der Erstattung von kartellrechtlichen Geldbußen als Schaden durch den Manager eine Begrenzung analog zu § 81 GWB i. H. v. einer Mio. Euro angedacht.[1519] Nach hier vertretener Ansicht und unter Berücksichtigung

1518 Siehe dazu oben unter C. I. 1.

1519 Siehe *ArbG Essen*, Urteil vom 19. Dezember 2013 – 1 Ca 657/13; siehe dazu schon unter C. I. 5. d), Rn. 259; soweit dort mit Blick auf die Verteilung des Insolvenzrisikos (zumindest, soweit das Unternehmen bzw. der Unternehmensträger nicht solvent ist) von einer unzulässigen Abwälzzung desselben auf das geschädigte Kartellopfer die Rede ist, wäre dies zwar auch ein valider Einwand gegen eine entsprechende Änderung *de lege ferenda*. Jedoch ist auch zu berücksichtigen, dass eine Sanktion, die die wirtschaftliche Leistungsfähigkeit deutlich übersteigt,

der Verteilung des Insolvenzrisikos erschiene es jedoch angemessener, die Haftungshöchstgrenze prozentual am durchschnittlichen Jahreseinkommen zu bemessen oder pauschal eine höhere Grenze festzulegen. Die Einführung einer solchen Haftungshöchstgrenze würde im Übrigen dem in der vorliegenden Arbeit stark betonten verhaltenssteuernden Ansatz durch Prävention und Abschreckung nicht widersprechen, wenn gleichzeitig zum Ausgleich des Minus an präventiver und abschreckender Wirkung durch die Begrenzung der Haftungshöhe Folgendes vorgesehen wird: **(1)** Der Abschluss einer D&O- oder vergleichbaren Versicherung ist diesbezüglich ausgeschlossen; **(2)** Der Wortlaut des § 81 Abs. 4 S. 1 GWB wird so geändert, dass die Bebußung der natürlichen Person durch das *BKartA* nicht länger eine Ermessensentscheidung i. S. e. Kann-Vorschrift, sondern i. S. e. Soll-Vorschrift ist bzw. die Entscheidung über das „Ob" der Bebußung einen Fall des intendierten Ermessens i. S. d. Rechtsprechung des *BVerwG* darstellt.[1520] Diese Änderung ist auch gerade vor dem Hintergrund, dass nach wie vor zu wenige Anreize für private Kläger bestehen[1521], unabhängig von der Einführung einer Haftungshöchstgrenze zur Steigerung der generalpräventiven Wirkung der Bußgeldandrohung angezeigt.

405 Die nach hier vertretener Auffassung anzuerkennde Außenhaftung von Managern bei Kartellrechtsverstößen soll und darf jedoch nicht dazu führen, dass aus Angst vor einer überbordenden Haftung wohlfahrtssteigerndes unternehmerisches Handeln gänzlich unterlassen wird. Daher ist es gleichzeitig angezeigt, rechtliche Möglichkeiten anzuerkennen und vorzusehen, welche die Außenhaftung unter gewissen Voraussetzungen – die freilich so gewählt sein müssen, dass die mit der Statuierung der Außenhaftung verfolgten Ziele nicht konterkariert werden – reduzieren oder gänzlich ausschließen. Auf Ebene der Anspruchsvoraussetzungen sind Irrtumskonstellationen (insbesondere unvermeidbare Verbotsirrtümer) und die Implementierung von qualifizierten Compliance-Systemen hinsichtlich mittelbarer Verletzungshandlungen das bevorzugte Mittel.[1522] Hinsichtlich

---

nicht länger verhaltenssteuernd wirkt (sog. *inability-to-pay*-Einwand; siehe dazu bereits oben unter B. I. 2., Rn. 43, B. II. 2. a) bb), Rn. 62, B. II. 2. b), Rn. 70 und C. IV., Rn. 349). Insofern ist es grundsätzlich angezeigt, das Spannungsverhältnis unter Berücksichtigung der Interessen aller Beteiligten und des Zwecks des Schadensersatzes aufzulösen. Nach hier vetretener Auffassung wäre eine Haftungshöchstgrenze ein geeigneter Lösungsweg.

1520 Dass das *BKartA* von der Möglichkeit der Bebußung natürlicher Personen – entgegen der amtseigenen Einschätzung – zu zurückhaltend Gebrauch macht, wurde unter B. II. 2. a) aa), Rn. 56, dort Fn. 258 dargelegt.

1521 Siehe dazu unter B. II. 2. a) aa), Rn. 53–54, insb. Fn. 244–247.

1522 Siehe zu den Irrtumskonstellationen oben unter C. I. 5. b) dd); siehe zur Implementierung von qualifizierten Compliance-Systemen C. I. 5. b) ee) (2); dort jeweils auch zum folgenden Text.

beider rechtlicher Möglichkeiten gelten jedoch strenge Anforderungen, um die mit der Statuierung der Außenhaftung verfolgten Ziele nicht zu konterkarieren.

406 Hinsichtlich der Irrtumskonstellationen ist dem handelnden Manager zu raten, dass er den Entscheidungsprozess und die Umstände, unter denen er die Entscheidung trifft, sorgsam dokumentiert, um ggf. den entsprechenden Nachweis führen zu können. *In praxi* bedeutet dies z. B., dass er die sorgfältige Prüfung der Rechtslage unter Beachtung höchstrichterlicher Rechtsprechung, ggf. unter Heranziehung von qualifiziertem externen Rechtsrat in der Akte festhält, um nachzuweisen, dass der umfassenden Informations- und Erkundigungspflicht nachgekommen worden ist und *eventualiter* gute rechtliche Gründe bestanden, um von höchstrichterlicher Rechtsprechung abzuweichen oder bei Fehlen solcher Rechtsprechung entsprechend zu handeln. Gleiches gilt für die Berücksichtigung der schutzwürdigen Interessen des anderen Teils und die Unzumutbarkeit des weiteren Zuwartens bezüglich einer weiteren Klärung der Rechtsfrage, ehe mit der Durchsetzung der eigenen Interessen begonnen wird. Diese Dokumentation erfordert u. U. auch substantiierte betriebswirtschaftliche Darlegungen. Hinsichtlich des Vertrauens auf externen Rechtsrat ist jedoch daran zu erinnern, dass der Manager dafür zu Sorgen hat, dass der Anwalt auf umfassender Tatsachengrundlage beraten kann. Zudem treffen ihn Überprüfungspflichten bezüglich der inneren Folgerichtigkeit und Berücksichtigung der relevanten Tatsachen. Bei Zweifeln ist ggf. ein zweiter Rat einzuholen.

407 Ein qualifiziertes Compliance-System kann haftungsausschließend wirken, soweit es anerkannten Maßstäben genügt und wirksame, nachhaltige Aufsichtsmaßnahmen beinhaltet und nicht nur dem *window dressing* dient. Diesbezüglich ist es ratsam, eine Zertifizierung von entsprechenden unabhängigen Stellen oder Rechtsanwaltskanzleien anzustreben. Im Einzelfall können Irrtumskonstellationen auch hier Bedeutung erlangen. Soweit die Compliance-Maßnahmen den Maßstäben genügen, sind sie selbst dann wirksam und ausreichend und somit enthaftend, wenn es im Einzelfall zu einem Rechtsverstoß kommt. Das qualifizierte Compliance-System muss die Bereiche Prävention, Aufklärung und Reaktion umfassen. Es muss auf Schadensprävention und Risikokontrolle angelegt sein und vom Umfang her im Einzelfall an Art, Größe und Organisation des Unternehmens, den zu beachtenden Vorschriften, der geografischen Präsenz sowie an Verdachtsfällen aus der Vergangenheit im Unternehmen selbst und auch im relevanten Markt ausgerichtet sein. Anhaltspunkte für die Ausgestaltung bieten das Urteil des *LG München I* in der Sache Siemens/Neubürger und die i. R. v. § 130 OWiG herausgearbeiteten Grundsätze. *De lege ferenda* könnte es sinnvoll sein, gesetzgeberisch klarzustellen, dass qualifizierte Compliance-Systeme verschuldensausschließend wirken. Dies wäre ein geeignetes Mittel, um Rückschaufehler (sog. *hindsight bias*) zu vermeiden.

408 Hinsichtlich der Aktivlegitimation[1523] soll an dieser Stelle lediglich hervorgeboben werden, dass der Kreis der Aktivlegitimierten weit gefasst ist und nach der Rechtsprechung des *EuGH* eine Einschränkung im haftungsbegründenden Tatbestand *a priori* durch den Schutzzweck der Norm nicht möglich ist.[1524] Eine Eingrenzung im haftungsbegründenden Tatbestand kann daher lediglich mittels der Äquivalenz- und der Adäquanztheorie erfolgen, während im haftungsausfüllenden Tatbestand auch normative Erwägungen berücksichtigt werden können. Daraus resultiert – in Abweichung zur vorherrschenden Ansicht in Rechtsprechung und Literatur –, dass Aktionäre oder sonstige Gesellschafter grundsätzlich aktivlegitimiert sind, da es sich beim Mitgliedsschaftsrecht um ein geschütztes Rechtsgut handelt.[1525] Freilich hat dies nicht zur Folge, dass sämtliche Schadensposten ersatzfähig sind. Der Schwerpunkt der Argumentation liegt jedoch nicht im haftungsbegründenden, sondern vielmehr im haftungsausfüllenden Tatbestand, wo auch normative Erwägungen einfließen können. Zusammengefasst sind reine Reflexschäden bzw. Unterbewertungsschäden im Kartelldeliktsrecht nicht ersatzfähig – was der überkommenen Dogmatik entspricht –, da diese Schäden normativ der juristischen Person zuzuordnen sind. Grundsätzlich ersatzfähig sind jedoch Verwässerungsschäden oder unmittelbare Eigenschäden, sofern keine Ausschlussgründe greifen.

409 Hinsichtlich der übrigen Anspruchsvoraussetzungen wird – um den Rahmen der Zusammenfassung nicht zu sprengen – nach oben verwiesen.[1526]

410 Soweit es das Verhältnis zu Anspruchsgrundlagen aus dem allgemeinen Deliktsrecht der §§ 823 ff. BGB betrifft, besteht nach hier vertretener Auffassung – soweit man die Passivlegitimation natürlicher Personen im Rahmen des kartellrechtlichen Schadensersatzanspruches bejaht –, Idealkonkurrenz zu sämtlichen Deliktstatbeständen inner- und außerhalb des BGB, soweit der Anspruch nicht auf den Eingriff in den eingerichteten und ausgeübten Gewerbebetrieb gestützt wird.[1527] § 826 BGB bleibt stets anwendbar. Soweit die Tatbestandsvoraussetzungen der Norm selbstständig erfüllt sind und sich der Unwertgehalt nicht im Bestehen eines Verstoßen gegen das GWB erschöpft, bleiben Anspruchsgrundlagen des UWG genauso wie denkbare Anspruchsgrundlagen aus anderen Gesetzen anwendbar. Hinsichtlich der in Frage kommenden Anspruchsgrundlagen aus dem allgemeinen Deliktsrecht der §§ 823 ff. BGB wird – erneut mit Blick auf den Umfang der Zusammenfassung – nach oben verwiesen.[1528]

1523 Siehe dazu oben unter C. I. 5. e).
1524 Siehe dazu oben unter C. I. 5. e) aa); dort auch zu folgendem Text.
1525 Siehe dazu und zum folgenden Text unter C. I. 5. e) cc).
1526 Siehe dazu oben unter C. I. 5.
1527 Siehe dazu und zum folgenden Text unter C. II.
1528 Siehe dazu oben unter C. II. 2.

411 Die passivlegitimierte natürliche Person als Rechtsverletzer gemäß § 33d Abs. 1 S. 1 GWB n. F. ist als Gesamtschuldner anzusehen und nimmt demnach gemäß § 33d Abs. 2 S. 1 GWB n. F. am Gesamtschuldnerinnenregress teil.[1529] Jedoch kann § 33d GWB n. F. nicht uneingeschränkt angewendet werden.[1530] Auf das passivlegitimierte Unternehmen und die für dieses Unternehmen handelnde passivlegitimierte natürliche Person entfällt lediglich eine gemeinsame Quote, da diese eine Haftungseinheit nach allgemeinen schuldrechtlichen Grundsätzen bilden, für die sie im Innenverhältnis zu den anderen Gesamtschuldnern als Gesamtschuldner haften.[1531] Der Ausgleich innerhalb der Haftungseinheit erfolgt grundsätzlich nach allgemeinen Regeln, wobei Abweichungen im Einzelfall aufgrund des Verschuldens möglich sind.[1532] Ferner ist die wirtschaftliche Leistungsfähigkeit zu berücksichtigen. Zudem besteht auch für natürliche Personen mit Blick auf die Gesamtschuld der Anreiz, in den Genuss der Kronzeugenregelung zu gelangen, da § 33e Abs. 3 GWB n. F. eine weitreichende Privilegierung im Außenverhältnis vorsieht.[1533] Ferner können Ausgleichsvereinbarungen und Vergleiche geschlossen werden.[1534] *De lege ferenda* wäre es wünschenswert, dass der Gesetzgeber eine Klarstellung entsprechend der hier gemachten Ausführungen bezüglich des Gesamtschuldnerinnenregresses macht, damit die Rechtsanwendung erleichtert und die Rechtssicherheit gesteigert wird.

412 Um eine überbordende Haftung zu vermeiden und der bereits dargestellten Interessenlage, wonach der wirtschaftliche Hauptnutzen dem Unternehmen zufällt, gerecht zu werden[1535], ist es angezeigt, neben den bereits dargestellten Möglichkeiten zur Haftungsreduzierung (Irrtumskonstellationen und Implementierung von qualifizierten Compliance-Systemen) weitere rechtliche Möglichkeiten zur Haftungsreduzierung zu eröffnen.[1536] Vorliegend wurden zwei Optionen näher beleuchtet: die Teilnahme am Kronzeugenprogramm sowie Freistellungsansprüche gemäß § 33e GWB n. F. bzw. der innerbetriebliche Schadensausgleich. Der maßgebliche Unterschied ist, dass die Teilnahme am Kronzeugenprogramm die kartellordnungswidrigkeitenrechtliche Bußgeldhaftung vollständig ausschließt, während die Schadensersatzhaftung gemäß § 33e Abs. 1 S. 1 GWB n. F. grundsätzlich auf Ansprüche von unmittelbaren und mittelbaren Abnehmern oder Lieferanten begrenzt wird. Vor allem der Ersatz von Schäden in *umbrella pricing*-Konstellationen

1529 Siehe dazu oben unter C. III. 1.
1530 Siehe dazu oben unter C. III. 1. a) und C. III. 1. b).
1531 Siehe dazu oben unter C. III. 1. c).
1532 Siehe dazu oben unter C. III. 1. d).
1533 Siehe dazu oben unter C. III. 2.
1534 Siehe dazu oben unter C. III. 3.
1535 Siehe dazu oben unter C. IV.
1536 Siehe dazu oben unter C. IV.

ist nur unter den engen Voraussetzungen des § 33e Abs. 1 S. 2, Abs. 2 GWB n. F. möglich. Der Weg über die Haftungsfreistellung – sei es mittels Freistellungsansprüchen gemäß § 670 BGB (analog) oder mittels der Grundsätze über den innerbetrieblichen Schadensausgleich – führt bei Vorliegen der im Vergleich zu den Voraussetzungen des § 33e GWB n. F. engeren Voraussetzungen letztlich dazu, dass die passivlegitimierte natürliche Person vollständig von der Schadensersatzhaftung im Außenverhältnis freigestellt wird. Zudem kommt eine Freistellung von anderen Posten, bspw. Prozesskosten, in Betracht.

413 Abschließend möchte der Verfasser dieser Arbeit seine Hoffnung zum Ausdruck bringen, eine juristisch fundierte Darstellung hinsichtlich der Frage nach der Passivlegitimation von Managern als natürlichen Personen – eingebettet in umfassende Ausführungen zur Rechtsdurchsetzung, zum Zweck des (kartelldeliktsrechtlichen) Schadensersatzes und zu ökonomischen Überlegungen –, verfasst zu haben, die einerseits dem identifizierten Bedürfnis nach stärkerer Verhaltenssteuerung durch Abschreckung und Prävention gerecht wird und andererseits Wege aufzeigt, um eine überbordende Haftung, die neben unerwünschtem rechtswidrigen Verhalten *en passant* gewünschtes, unternehmerisches und wohlfahrtssteigerndes Verhalten verhindert, zu vermeiden.

Literaturverzeichnis

Abeltshauser, Thomas E.: Leitungshaftung im Kapitalgesellschaftsrecht: zu den Sorgfalts- und Loyalitätspflichten von Unternehmensleitern im deutschen und im US-amerikanischen Kapitalgesellschaftsrecht, 1. Auflage (1998), Köln, Berlin u. a.; zitiert als *Abeltshauser*, Leitungshaftung im Kapitalgesellschaftsrecht nach Seiten.

Ackermann, Thomas: Prävention als Paradigma: Zur Verteidigung eines effektiven kartellrechtlichen Sanktionensystems, in: ZWeR 2010, 329–352.

Adams, Michael: Ökonomische Theorie des Rechts, Konzepte und Anwendungen, 1. Auflage (2002), Frankfurt am Main et altri; zitiert als *Adams*, Ökonomische Theorie des Rechts nach Seiten.

Adams, Michael: Ökonomische Analyse der Gefährdungs- und Verschuldenshaftung, 1. Auflage (1985), Heidelberg; zitiert als *Adams*, Ökonomische Analyse der Gefährdungs- und Verschuldenshaftung nach Seiten.

Aderhold, Lutz (Hrsg.); Grunewald, Barbara (Hrsg.); Klingberg, Dietgard (Hrsg.); Paefgen, Walter G. (Hrsg.): Festschrift für Harm Peter Westermann zum 70. Geburtstag; 1. Auflage (2008), Köln; zitiert als *Bearbeiter*, in: Festschrift für Westermann nach Seiten.

Ahrens, Hans-Jürgen (Hrsg.); Bornkamm, Joachim (Hrsg.); Kunz-Hallstein, Hans Peter (Hrsg.): Festschrift für Eike Ullmann, 1. Auflage (2006), Saarbrücken; zitiert als *Bearbeiter*, in: Festschrift für Ullmann nach Seiten.

Alexander, Christian: Schadensersatz und Abschöpfung im Lauterkeits- und Kartellrecht, 1. Auflage (2010), Tübingen; zitiert als *Alexander*, Schadensersatz und Abschöpfung im Lauterkeits- und Kartellrecht nach Seiten.

Allain, Marie-Laure; Boyer, Marcel et altri: The Determination of Optimal Fines in Cartel Cases: The Myth of Underdeterrence; abrufbar unter http://www.cirano.qc.ca/pdf/publication/2011s-34.pdf, zuletzt abgerufen am 13.3.2016 um 20:30 Uhr; zitiert als *Allain/Boyer et al.*, The Myth of Underdeterrence nach Seiten.

Altmeppen, Holger; Roth, Günter H.: Gesetz betreffend die Gesellschaften mit beschränkter Haftung, Kommentar, 8. Auflage (2015), München; zitiert *Bearbeiter*, in: Roth/Altmeppen, GmbHG nach § und Rn.

Altmeppen, Holger: Haftung der Gesellschafter einer Personengesellschaft für Delikte, in: NJW 1996, 1017–1027.

Altmeppen, Holger: Haftung der Geschäftsleiter einer Kapitalgesellschaft für Verletzung von Verkehrssicherungspflichten, in: ZIP 1995, 881–891.

Arnold, Michael; Rudzio, Moritz: Die Pflicht des Vorstands der Aktiengesellschaft zur Einrichtung und Ausgestaltung einer Compliance-Organisation, in: KSzW 2016, 231–240.

Baker, Donald L.: The Use of Criminal Law Remedies to Deter and Punish Cartels and Bid-Rigging, in: George Washington Law Review, Vol. 69 (2001), 693–714.

Bamberger, Heinz Georg (Hrsg.); Roth, Herbert (Hrsg.); Hau, Wolfgang (Hrsg.); Poseck, Roman (Hrsg.): Beck'scher Onlinekommentar BGB, Stand: 15.6.2017, 43. Edition, München; zitiert als *Bearbeiter*, in: Beck'scher Onlinekommentar BGB nach § und Rn.

Bastuck, Burkhard: Enthaftung des Managements, 1. Auflage (1986), Köln u. a.; zitiert als *Bastuck*, Enthaftung des Managements nach Seiten.

Baumann, Wolfgang: Ökonomie und Recht – Ökonomische Effizienzjurisprudenz, in: RNotZ 2007, 297–305.

Baumbach, Aldolf (Begr.); Hueck, Alfred (Fortführung): Beck'sche Kurz-Kommentare; Gesetz betreffend die Gesellschaften mit beschränkter Haftung, 21. Auflage (2017), München; zitiert als *Bearbeiter*, in: Baumbach/Hueck, GmbHG, nach § und Rn.

Baums, Theodor (Hrsg.); Wertenbruch, Johannes (Hrsg.) et altri: Festschrift für Ulrich Huber zum siebzigsten Geburtstag, 1. Auflage (2006), Tübingen; zitiert als *Bearbeiter*, in: Festschrift für Huber nach Seiten.

Baur, Jürgen F. (Hrsg.); Hopt, Klaus J. (Hrsg.); Mailänder, K. Peter (Hrsg.): Festschrift für Ernst Steindorff zum 70. Geburtstag am 13. März 1990, 1. Auflage (1990), Berlin; zitiert als *Bearbeiter*, in: Festschrift für Steindorff nach Seiten.

Bayreuther, Frank: Haftung von Organen und Arbeitnehmern für Unternehmensgeldbußen, in: NZA 2015, 1239–1243.

Bechtold, Rainer (Begr.); Bosch, Wolfgang: GWB, Kartellgesetz, Gesetz gegen Wettbewerbsbeschränkungen (§§ 1–96, 130, 131), Kommentar, 8. Auflage (2015), München; zitiert als *Bechtold/Bosch*, GWB nach § und Rn.

Bechtold, Rainer; Bosch, Wolfgang: Der Zweck heiligt nicht alle Mittel, in: ZWeR 2011, 160–168.

Becker, Gary S.: Crime and Punishment: An Economic Approach, in: Journal of Political Economy, Vol. 76 (1968), 169–217.

Behr, Nicolai: Anmerkung zu einer Entscheidung des BGH, Urteil vom 09.05.2017 (1 StR 265/16) – Zur Möglichkeit der Bußgeldminimierung durch Nachbesserung des Compliance-Management-Systems durch das Unternehmen im Fall eines rechtswidrigen Verhaltens von Mitarbeitern, in: BB 2017, 1931–1932.

Behrens, Peter (Hrsg.); Hartmann-Rüppel, Marco (Hrsg.); Herrlinger, Justus (Hrsg.): Schadensersatzklagen gegen Kartellmitglieder, 1. Auflage (2010), Baden-Baden; zitiert als *Bearbeiter*, in: Schadensersatzklagen gegen Kartellmitglieder nach Seiten.

Berg, Werner (Hrsg.); Mäsch, Gerald (Hrsg.): Deutsches und Europäisches Kartellrecht, Kommentar, 2. Auflage (2015), Köln; zitiert als *Bearbeiter*, in: PK-KartellR nach § und Rn.

Bettel, Hauke; Thomas, Stefan: Der Verbotsirrtum im europäischen und nationalen Kartellbußgeldrecht – Zugleich Besprechung des Schenker-Urteils des EuGH, in: ZWeR 2013, 272–298.

Bien, Florian: Räuberische Aktionärsklagen oder effektive Kartellrechtsdurchsetzung?, in: WuW 2015, 331.

Bitter, Georg (Hrsg.); Lutter, Marcus (Hrsg.); Priester, Hans-Joachim (Hrsg.); Schön, Wolfgang (Hrsg.); Ulmer, Peter (Hrsg.): Festschrift für Karsten Schmidt zum 70. Geburtstag, 1. Auflage (2009), Köln; zitiert als Bearbeiter, in: Festschrift für Schmidt nach Seiten.

Blair, Roger D.: A suggestion for improved antitrust enforcement, in: The Antitrust Bulletin, Vol. 30 (1985), 433–456.

Blair, Roger D.; Durance, Christine Piette; Wang, Wenche: The Kone Decision: Economic Logic and Damage Estimation, in: The Antitrust Bulletin, Vol. 61 (2016), 393–410.

Bohn, Frank: Der Sanktionsgedanke im Bürgerlichen Recht, 1. Auflage (2005), Berlin; zitiert als *Bohn*, Der Sanktionsgedanke im Bürgerlichen Recht nach Seiten.

Bohnert, Joachim; Krenberger, Benjamin; Krumm, Carsten: Ordnungswidrigkeitengesetz, Kommentar, 4. Auflage (2016), München; zitiert als *Bohnert/Krenberger/Krumm*, OWiG nach § und Rn.

Bornkamm, Joachim (Hrsg.); Montag, Frank (Hrsg.); Säcker, Franz Jürgen (Hrsg.): Münchener Kommentar Europäisches und Deutsches Wettbewerbsrecht, Band 2, Gesetz gegen Wettbewerbsbeschränkungen (GWB), §§ 1–96, 130, 131, 2. Auflage (2015), München; zitiert als *Bearbeiter*, in: Münchener Kommentar zum WettbR nach § und Rn.

Bottke, Wilfried: Haftung aus Nichtverhütung von Straftaten Untergebener in Wirtschaftsunternehmen de lege lata, 1. Auflage (1994), Berlin; zitiert als *Bottke*, Haftung aus Nichtverhütung von Straftaten Untergebener nach Seiten.

Bottke, Wilfried: Empfiehlt es sich, die strafrechtliche Verantwortlichkeit für Wirtschaftsstraftaten zu verstärken?, in: wistra 1991, 81–91.

Boujong, Karlheinz (Begr. †); Ebenroth, Carsten Thomas (Begr. †); Joost, Detlev (Begr. und Hrsg.); Stohn, Lutz (Hrsg.): Handelsgesetzbuch, Band 1, §§ 1–342e, 3. Auflage (2014), München; zitiert als *Bearbeiter*, in: Ebenroth/Boujong/Joost/Strohn, HGB nach § und Rn.

Breit, William; Elzinga, Kenneth G.: Private Antitrust Enforcement: The New Learning, in: The Journal of Law and Economics, Vol. 28 (1985), 405–443.

Breit, William; Elzinga, Kenneth G.: Antitrust Penalties and attitudes towards Risk: An economic Analysis, in: Harvard Law Review, Vol. 86 (1973), 693–713.

Brinker, Ingo: Von Kartellrechts-Compliance, Rechtsirrtümern und Organhaftungsrisiken, in: NZKart 2013, 341–343.

Brinker, Ingo (Hrsg.); Scheuing, Dieter H. (Hrsg.); Stockmann, Kurt: Recht und Wettbewerb, Festschrift für Rainer Bechtold zum 65. Geburtstag, 1. Auflage (2006), München; zitiert als *Bearbeiter*, in: Festschrift für Bechtold nach Seiten.

Brox, Hans; Walker, Wolf-Dietrich: Allgemeiner Teil des BGB, 39. Auflage (2015), Köln; zitiert als *Brox/Walker*, Allgemeiner Teil des BGB nach Rn.

Brömmelmeyer, Christoph: Haftung und Zurechnung im Europäischen Kartellrecht – Für wen ist das Unternehmen verantwortlich, in: WuW 2017, 174–182.

Brugger, Walter: Verbotsirrtum und Kartellrecht, in: ecolex 2010, 1166–1169.

Brüggemeier, Gert: Organisationshaftung: Deliktsrechtliche Aspekte innenorganisatorischer Funktionsdifferenzierung, in: AcP, Bd. 191 (1991), 33–68.

Bulst, Friedrich Wenzel: Schadensersatzansprüche der Marktgegenseite im Kartellrecht, Zur Schadensabwälzung nach deutschem, europäischen und US-amerikanischem Recht; 1. Auflage (2006), Baden-Baden; zitiert als *Bulst*, Schadensersatzansprüche der Marktgegenseite nach Seiten.

Bundeskartellamt: Bekanntmachung Nr. 9/2006 über den Erlass und die Reduktion von Geldbußen in Kartellsachen – Bonusregelung – vom 7. März 2006; abrufbar unter http://www.bundeskartellamt.de/SharedDocs/Publikation/DE/Bekanntmachungen/Bekanntmachung%20-%20Bonusregelung.pdf?__blob=publicationFile&v=7, zuletzt abgerufen am 14.12.2016 um 11:44 Uhr; zitiert als *BKartA*, Bonusregelung nach Abschnitt und Rn.

Bundeskartellamt: Erfolgreiche Kartellverfolgung, Nutzen für Wirtschaft und Verbraucher, Stand Dezember 2016; abrufbar unter https://www.bundeskartellamt.de/SharedDocs/Publikation/DE/Broschueren/Informationsbroschüre%20-%20Erfolgreiche%20Kartellverfolgung.pdf?__blob=publicationFile&v=12, zuletzt abgerufen am 11.12.2017 um 21:13 Uhr; zitiert als *BKartA*, Erfolgreiche Kartellverfolgung nach Seiten.

Bundeskartellamt: Leitlinien für die Bußgeldzumessung in Kartellordnungswidrigkeitenverfahren, Stand: 25. Juni 2013; abrufbar unter https://www.bundeskartellamt.de/SharedDocs/Publikation/DE/Leitlinien/Bekanntmachung%20-%20Bußgeldleitlinien-Juni%202013.pdf?__blob=publicationFile&v=5, zuletzt abgerufen am 11.11.2017 um 13:10 Uhr; zitiert als *BKartA*, Leitlinien für die Bußgeldzumessung in Kartellordnungswidrigkeitenverfahren nach Seiten.

Bundeskartellamt: Jahresbericht 2014; abrufbar unter http://www.bundeskartellamt.de/DE/UeberUns/Publikationen/Jahresbericht/jahresbericht_node.html, zuletzt abgerufen am 14.12.2016 um 11:52 Uhr; zitiert als *BKartA*, Jahresbericht 2014 nach Seiten.

Bundeskartellamt: Jahresbericht 2015; abrufbar unter http://www.bundeskartellamt.de/DE/UeberUns/Publikationen/Jahresbericht/jahresbericht_node.html, zuletzt abgerufen am 14.12.2016 um 11:52 Uhr; zitiert als *BKartA*, Jahresbericht 2015 nach Seiten.

Bundeskartellamt: Jahresbericht 2016; abrufbar unter http://www.bundeskartellamt.de/SharedDocs/Publikation/DE/Jahresbericht/Jahresbericht_2016.pdf?__blob=publicationFile&v=4, zuletzt abgerufen am 26.11.2017 um 11:52 Uhr; zitiert als *BKartA*, Jahresbericht 2016 nach Seiten.

Bunte, Hermann-Josef (Hrsg.): Kartellrecht, Kommentar, Band 1, Deutsches Kartellrecht, 12. Auflage (2014), Köln; zitiert als *Bearbeiter*, in: Langen/Bunte nach § und Rn.

Bunte, Hermann-Josef (Hrsg.): Kommentar zum deutschen und europäischen Kartellrecht, Band 1, 8. Auflage (1998), Köln; zitiert als *Bearbeiter*, in: Langen/Bunte (1998) nach § und Rn.

Busche, Jan (Hrsg.); Röhling, Andreas (Hrsg.): Kölner Kommentar zum Kartellrecht, Band 1, §§ 1–34a GWB, 1. Auflage (2017), Köln; zitiert als *Bearbeiter*, in: Kölner Kommentar zum Kartellrecht nach § und Rn.

Bünder, Helmut: Bis zu fünf Jahre Haft für Kartellsünder, in: Frankfurter Allgemeine Zeitung vom 24. Oktober 2015; abrufbar unter http://www.faz.net/aktuell/wirtschaft/wirtschaftspolitik/monopolkommission-fordert-fuenf-jahre-haft-fuer-kartellsuender-13872993.html, zuletzt abgerufen am 7.3.2016 um 19:03 Uhr.

Bürkle, Jürgen: Compliance als Aufgabe des Vorstands der AG – Die Sicht des LG München I, in: CCZ 2015, 52–55.

Bürkle, Jürgen (Hrsg.); Hauschka, Christoph E. (Hrsg.): Der Compliance Officer – Ein Handbuch in eigener Sache, 1. Auflage (2015), München; zitiert als *Bürkle/Hauschka*, Der Compliance Officer nach Seiten.

Calkins, Stephen: Corporate Compliance and the Antitrust Agencies' Bi-Modal Penalties, in: Law and Contemporary Problems, Vol. 60 (1997), 127–167.

Callies, Christian: Grundlagen, Grenzen und Perspektiven europäischen Richterrechts, in: NJW 2005, 929–933.

Canaris, Claus-Wilhelm: Verstöße gegen das verfassungsrechtliche Übermaßverbot im Recht der Geschäftsfähigkeit und im Schadensersatzrecht, in: JZ 1987, 993–1004.

Caracas, Christian: Zur Anwendbarkeit von § 130 OWiG auf Konzernsachverhalte, in: CCZ 2016, 44–48.

Casper, Matthias: Persönliche Außenhaftung der Organe bei fehlerhafter Information des Kapitalmarkts?, in: BKR 2005, 83–90.

Coffee, John C.: „No Soul to Damn: No Body to Kick“: An Unscandalized Inquiry into the Problem of Corporate Punishment, in: Michigan Law Review, Vol. 79 (1981), 386–459.

Combe, Emmanuel; Monnier, Constance: Fines Against Hard Core Cartels in Europe: The Myth of Over Enforcement; abrufbar unter http://papers.ssrn.com/sol3/papers.cfm?abstract_id=1431644, zuletzt abgerufen am 13.3.2016 um 20:30 Uhr; zitiert als *Combe/Monnier*, The Myth of Over Enforcement nach Seiten.

Crane, Daniel A.: Compensation for Antitrust Violations: An Economic Perspective, in: The Antitrust Bulletin, Vol. 61 (2016), 357–364.

Crane, Daniel A.: The Institutional Structure of Antitrust Enforcement, 1. Auflage (2011), New York; zitiert als *Crane*, The Institutional Structure of Antitrust Enforcement nach Seiten.

Dargaud, Emilie; Mantovani, Andrea; Reggiani, Carlo: Cartel Punishment and the distortive effects on fines, in: Journal of Competition Law & Economics, Vol. 12 (2016), 375–399.

Dauner-Lieb, Barbara (Hrsg.); Hommelhoff, Peter (Hrsg.); Jacobs, Matthias (Hrsg.); Kaiser, Dagmar (Hrsg.); Weber, Christoph (Hrsg.): Festschrift für Horst Konzen zum siebzigsten Geburtstag, 1. Auflage (2006), Tübingen; zitiert als *Bearbeiter*, in: Festschrift für Konzen nach Seiten.

Dauses, Manfred A. (Begr. †); Ludwigs, Markus (Hrsg.): Handbuch des EU-Wirtschaftsrecht, Band 1, Stand August 2017 (42. Ergänzungslieferung), München; zitiert als *Bearbeiter*, in: Dauses/Ludwigs, Handbuch des EU-Wirtschaftsrecht nach Ordnungsbuchstaben, § und Rn.

Department of Trade and Industry: A World Class Competition Regime; abrufbar unter https://www.gov.uk/government/uploads/system/uploads/attachment_data/file/265534/5233.pdf, zuletzt abgerufen am 30.11.2015 um 19:00 Uhr; zitiert als *Department of Trade and Industry*: A World Class Competition Regime.

Derleder, Peter; Fauser, Florian N.: Der Regress bei gesamtschuldnerischer Haftung juristischer Personen und ihrer Organe und seine Auswirkungen auf die Organtätigkeit – Praxisfolgen des Kirch-Urteils, in: BB 2006, 949–955.

Deselaers, Wolfgang: Uferlose Geldbußen bei Kartellverstößen nach der neuen 10 % Umsatzregel des § 81 Abs. 4 GWB?, in: WuW 2006, 118–127.

Deutsch, Erwin: Allgemeines Haftungsrecht, 2. Auflage (1996), Köln, Berlin, Bonn, München; zitiert als *Deutsch*, Allgemeines Haftungsrecht nach Seiten und Rn.

Diederichsen, Uwe: Zur gesetzlichen Neuordnung des Schuldrechts, in: AcP, Bd. 182 (1982), 101–125.

Dittrich, Johannes: Kartellrecht: Spezialgebiet der Compliance-Arbeit, in: CCZ 2015, 209–212.

Dittrich, Johannes; Linsmeier, Petra: Compliance-Defence im Kartellrecht, in: NZKart 2014, 485–492.

Dreher, Maria; Zimmerer, Fabian: Effektive Compliance-Programme als Milderungsgrund bei der Geldbußenbemessung – Ein Rechtsvergleich, in: ÖZK 2017, 59–67.

Dreher, Meinrad: Die persönliche Außenhaftung von Geschäftsleitern auf Schadensersatz bei Kartellrechtsverstößen, in: WuW 2009, 133–143.

Dreher, Meinrad: Der Zugang zu Entscheidungen mit Bindungswirkung für den kartellrechtlichen Schadensersatzprozess, in: ZWeR 2008, 325–347.

Dreher, Meinrad: Kartellrechtscompliance, in: ZWeR 2004, 75–106.

Dreher, Meinrad: Die persönliche Verantwortlichkeit von Geschäftsleitern nach außen und die innergesellschaftliche Aufgabenteilung, in: ZGR 1992, 22–63.

Dreier, Thomas: Kompensation und Prävention: Rechtsfolgen unerlaubter Handlung im Bürgerlichen, Immaterialgüter- und Wettbewerbsrecht, 1. Auflage (2002), Tübingen; zitiert als *Dreier*, Kompensation und Prävention nach Seiten.

Eden, Eike: Haften Geschäftsführer persönlich gegenüber Kartellgeschädigten auf Schadensersatz?, in: WuW 2014, 792–802.

Eden, Eike: Persönliche Schadensersatzhaftung von Managern gegenüber Kartellgeschädigten, 1. Auflage (2013), Baden-Baden; zitiert als *Eden*, Persönliche Schadensersatzhaftung nach Seiten.

Eidenmüller, Horst: Effizienz als Rechtsprinzip: Möglichkeiten und Grenzen der ökonomischen Analyse des Rechts, 1. Auflage (1995), Tübingen; zitiert als *Eidenmüller*, Effizienz als Rechtsprinzip nach Seiten.

Elzinga, Kenneth G.; Breit, William: The Antitrust Penalties: A Study in Law and Economics, 1. Auflage (1976), New Haven und London; zitiert als *Elzinga/Breit*, The Antitrust Penalties nach Seiten.

Emmerich, Volker: Kartellrecht, Ein Studienbuch, 13. Auflage (2014), München; zitiert als *Emmerich*, Kartellrecht nach § und Rn.

EU-Kommission: Arbeitspapier der Kommissionsdienststellen Schadensersatzklagen wegen Verletzung des EU-Wettbewerbsrechts, nicht offizielle Übersetzung des englischen Dokuments SEC (2005) 1732; abrufbar unter http://ec.europa.eu/competition/antitrust/actionsdamages/sp_de.pdf, zuletzt aufgerufen am 8.2.2016 um 13:15 Uhr; zitiert als *EU-Kommission*, Arbeitspapier nach Rn.

EU-Kommission: EU-Kommission, Arbeitsunterlage der Kommissionsdienstellen, Begleitunterlage zum Bericht der Kommission an das Europäische Parlament, den Rat, den Europäischen Wirtschafts- und Sozialausschuss und den Ausschuss der Regionen, Bericht über die Wettbewerbspolitik 2016, COM(2017) 285 final; abrufbar unter http://ec.europa.eu/competition/publications/annual_report/2016/part2_de.pdf, zuletzt abgerufen am 11.12.2017 um 21:14 Uhr; zitiert als *EU-Kommission*, Arbeitsunterlage der Kommissionsdienstellen zum Bericht über die Wettbewerbspolitik 2016 nach Seiten.

EU-Kommission: Bekanntmachung der Kommission über informelle Beratung bei neuartigen Fragen zu den Artikeln 81 und 82 des Vertrages, die in Einzelfällen auftreten (Beratungsschreiben); abrufbar unter http://eur-lex.europa.eu/legal-content/DE/TXT/PDF/?uri=CELEX:52004XC0427(05)&from=DE, zuletzt abgerufen am 16.12.2017 um 21:37 Uhr; zitiert als *EU-Kommission*, Bekanntmachung der Kommission über informelle Beratung bei neuartigen Fragen zu den Artikeln 81 und 82 des Vertrages nach Rn.

EU-Kommission: Bekanntmachung: Zusammenarbeit mit nationalen Gerichten, ABl. EG 2004, C 101/54; abrufbar unter http://ec.europa.eu/competition/antitrust/actionsdamages/cooperation_courts_de.pdf, zuletzt abgerufen am 8.2.2016 um 13:25 Uhr; zitiert als *EU-Kommission*, Bekanntmachung: Zusammenarbeit mit nationalen Gerichten nach Rn.

EU-Kommission: Broschüre „Wettbewerbsrechtliche Compliance", November 2011; abrufbar unter http://bookshop.europa.eu/en/compliance-matters-pbKD3211985/, zuletzt abgerufen am 9.1.2017 um 16:52 Uhr; zitiert als *EU-Kommission*, Wettbewerbsrechtliche Compliance nach Seiten.

EU-Kommission: Factsheet „Fines for breaking EU Competition law"; abrufbar unter http://ec.europa.eu/competition/cartels/overview/factsheet_fines_de.pdf, zuletzt abgerufen am 23.11.2015 um 11:19 Uhr; zitiert als *EU-Kommission*, Factsheet „Fines for breaking EU Competition law".

EU-Kommission: Grünbuch Schadensersatzklagen wegen Verletzung des EU-Wettbewerbsrechts, KOM (2005) 672 endgültig; abrufbar unter http://www.stadtentwicklung.berlin.de/service/rundschreiben/de/download/rs/2008/anlagen/zu_rs_12/Rs122008_Anlage_3.pdf, zuletzt aufgerufen am 8.2.2016 um 12:43 Uhr; zitiert als *EU-Kommission*, Grünbuch nach Seiten.

EU-Kommission: Leitlinien für vertikale Beschränkungen; abrufbar unter http://eur-lex.europa.eu/legal-content/DE/TXT/PDF/?uri=CELEX:52010SC0411&from=DE, zuletzt abgerufen am 31.1.2016 um 20:26 Uhr; zitiert als *EU-Kommission*, Leitlinien für vertikale Beschränkungen nach Rn.

EU-Kommission: Making antitrust damages actions more effective in the EU: welfare impact and potential scenarios (FINAL REPORT); abrufbar unter http://ec.europa.eu/competition/antitrust/actionsdamages/files_white_paper/impact_study.pdf, zuletzt abgerufen am 11.6.2016 um 18:04 Uhr; zitiert als *EU-Kommission*, Making antitrust damages actions more effective in the EU: welfare impact and potential scenarios nach Seiten.

EU-Kommission: Pressemitteilung vom 4. Dezember 2013, Kartellrecht: Kommission verhängt Geldbußen in Höhe von 1,49 Mrd. EUR für Teilnahme an Zinskartellen in der Derivatebranche; abrufbar unter http://europa.eu/rapid/press-release_IP-13–1208_de.htm, zuletzt abgerufen am 26.11.2017 um 17:41 Uhr.

EU-Kommission: Pressemitteilung vom 19. Juli 2016, Kartellrecht: Kommission verhängt Geldbuße in Höhe von 2.93 Mrd. EUR gegen Lkw-Hersteller; abrufbar unter http://europa.eu/rapid/press-release_IP-16–2582_de.htm, zuletzt abgerufen am 26.11.2017 um 17:30 Uhr.

EU-Kommission: Pressemitteilung vom 7. Dezember 2016, Antitrust: Kommission verhängt Geldbußen gegen Crédit Agricole, HSBC und JPMorgan Chase in

Höhe von 485 Mio. EUR für Euro-Zinsderivatekartell; abrufbar unter http://europa.eu/rapid/press-release_IP-16-4304_de.htm, zuletzt abgerufen am 26.11.2017 um 17:30 Uhr.

EU-Kommission: Weißbuch Schadensersatzklagen wegen Verletzung des EG-Wettbewerbsrechts, KOM (2008) 165 endgültig; abrufbar unter http://eur-lex.europa.eu/LexUriServ/LexUriServ.do?uri=COM:2008:0165:FIN:DE:PDF, zuletzt aufgerufen am 8.2.2016 um 11:52 Uhr; zitiert als *EU-Kommission*, Weißbuch nach Seiten.

Fabra, Natalia; Motta, Massimo: Antitrust Fines in Times of Economic Crisis, Mai 2012; abrufbar unter http://webdeptos.uma.es/THEconomica/SemPapers/20120518.pdf, zuletzt abgerufen am 16.11.2017 um 10:42 Uhr; zitiert als *Fabra/Motta*, Antitrust Fines in Times of Economic Crisis nach Seiten.

Fasse, Markus: Unruhe bei Daimler, in: Handelsblatt vom 29. März 2017, Nr. 63, S. 1

Fasse, Markus: Diesel und Lkw setzen Daimler unter Strom, in: Handelsblatt vom 29. März 2017, Nr. 63, S. 6.

Fleischer, Holger: Aktienrechtliche Compliance-Pflichten im Praxistest: Das Siemens/Neubürger-Urteil des LG München I, in: NZG 2014, 321–329.

Fleischer, Holger: Kartellrechtsverstöße und Vorstandsrecht, in: BB 2008, 1070–1076.

Fleischer, Holger (Hrsg.): Handbuch des Vorstandsrechts, 1. Auflage (2006), München; zitiert als *Bearbeiter*, in: Handbuch VorstandsR nach § und Rn.

Fleischer, Holger: Aktienrechtliche Legalitätspflicht und „nützliche" Pflichtverletzungen von Vorstandsmitgliedern, in: ZIP 2005, 141–152.

Fleischer, Holger: Haftungsfreistellung, Porzesskostenersatz und Versicherung für Vorstandsmitglieder – eine rechtsvergleichende Bestandsaufnahme zur Enteftung des Managements, in: WM 2005, 909–920.

Fleischer, Holger: Erweiterte Außenhaftung der Organmitglieder im Europäischen Gesellschafts- und Kapitalmarktrecht, in: ZGR 2004, 437–479.

Fleischer, Holger (Hrsg.); Goette, Wulf (Hrsg.): Münchener Kommentar zum Gesetz betreffend die Gesellschaften mit beschränkter Haftung (GmbHG), Band 2, §§ 35–52, 3. Auflage (2016), München; zitiert als *Bearbeiter*, in: Münchener Kommentar zum GmbHG nach § und Rn.

Foerste, Ulrich: Nochmals: Persönliche Haftung der Unternehmensleitung – die zweite Spur der Produkthaftung? – Zugleich eine Erwiderung auf den Aufsatz von Wagner VersR 2001, 1057, in: VersR 2002, 1–6.

Frenz, Walter: Handbuch Europarecht, Band 2, Europäisches Kartellrecht, 2. Auflage (2015), Berlin; zitiert als *Frenz*, Handbuch Europarecht nach Seiten und Rn.

Gallo, Joseph C; Dau-Schmidt, Kenneth; Craycraft, Joseph L.; Parker, Charles J.: Department of Justice Antitrust Enforcement, 1955–1997: An Empirical Study, in: Review of Industrial Organization 17 (2000), 75–133.

van Gerven, Walter: Of Rights, Remedies and Procedures, in: Common Market Law Review, Vol. 37 (2000), 501–536.

Glassen, Helmut (Hrsg.): Frankfurter Kommentar zum Kartellrecht: mit Kommentierung des GWB, des EG-Kartellrechts und einer Darstellung ausländischer Kartellrechtsordnungen, Losebl.-Ausg., Köln; zitiert als *Bearbeiter*, in: FK-GWB nach § und Rn.

Glöckner, Jochen; Müller-Tautphaeus, Ken: Rückgriffshaftung von Organmitgliedern beim Kartellrechtsverstößen, in: AG 2001, 344–349.

Goette, Wulf (Hrsg.); Habersack, Mathias (Hrsg.); Kalss, Susanne (Hrsg.): Münchener Kommentar zum Aktiengesetz, Band 2, §§ 76–117, MitbestG, DrittelbG, 4. Auflage (2014), München; zitiert als *Bearbeiter*, in: Münchener Kommentar zum Aktiengesetz nach § und Rn.

Görner, André: Die Anspruchsberechtigung der Marktbeteiligten nach § 33 GWB, 1. Auflage (2007), Köln; zitiert als *Görner*, Die Anspruchsberechtigung der Marktbeteiligten nach § 33 GWB nach Seiten.

Graf, Jürgen-Peter (Hrsg.): Beck'scher Online-Kommentar OWiG, Stand: 15.7.2017, 16. Edition, München; zitiert als *Bearbeiter*, in: Beck'scher Onlinekommentar OWiG nach § und Rn.

Grigoleit, Hans Christoph (Hrsg.): Aktiengesetz, Kommentar, 1. Auflage (2013), München; zitiert als *Bearbeiter*, in: Grigoleit, AktG nach § und Rn.

Grunewald, Barbara: Die Haftung von Organmitgliedern nach Deliktsrecht, in: ZHR, Bd. 157 (1993), 451–463.

Grunewald, Barbara: Die Gesellschafterklage in der Personengesellschaft und der GmbH, 1. Auflage (1990), Tübingen; zitiert als *Grunewald*, Die Gesellschafterklage nach Seiten.

Grützner, Thomas; Behr, Nicolai: Die Haftung von Compliance Officer, Vorstand und Aufsichtsrat bei Rechtsverstößen von Mitarbeitern, in: DB 2013, 561–567.

Gürer, Kaan: Haften Unternehmen für Kartellverstöße von unabhängigen Dritten?, in: Compliance-Berater 2017, 42–44.

Haag, Oliver; Acikgöz, Sibel: Compliance-Management im Unternehmen – Notwendigkeit oder Rechtspflicht, in: CB 2016, 265–269.

Habersack, Mathias (Hrsg.); Hommelhoff, Peter (Hrsg.); Hüffer, Uwe (Hrsg.); Schmidt, Karsten (Hrsg.): Festschrift für Peter Ulmer zum 70. Geburtstag am 2. Januar 2003, 1. Auflage (2003), Berlin; zitiert als *Bearbeiter*, in: Festschrift für Ulmer nach Seiten.

Habetha, Joachim W.: Direktorenhaftung und gesellschaftsfinanzierte Haftpflichtversicherung: ein deutsch-englischer Rechtsvergleich vor dem Hintergrund des Binnenmarktes für Versicherungsleistungen, 1. Auflage (1995), Heidelberg; zitiert als *Habetha*, Direktorenhaftung und gesellschaftsfinanzierte Haftpflichtversicherung nach Seiten.

Hack, Frank Sebastian: Vorstandsverantwortlichkeit bei Kartellverstößen, 1. Auflage (2012), Frankfurt am Main; zitiert als *Hack*, Vorstandsverantwortlichkeit bei Kartellverstößen nach Seiten.

Hager, Johannes (Redakteur): J. von Staudingers Kommentar zum Bürgerlichen Gesetzbuch, Buch 2, Recht der Schuldverhältnisse, §§ 823 E-I, 824, 825, Unerlaubte Handlungen 1, Teilband 2, Neubearbeitung (2010), Berlin; zitiert als *Bearbeiter*, in: Staudinger, BGB nach § und Buchstaben.

Harnos, Rafael: Geschäftsleiterhaftung bei unklarer Rechtslage – Eine Untersuchung am Beispiel des Kartellrechts, 1. Auflage (2013), Berlin; zitiert als *Harnos*, Geschäftsleiterhaftung bei unklarer Rechtslage nach Seiten.

Harte-Bavendamm, Henning (Hrsg.); Henning-Bodewig, Frauke (Hrsg.): Gesetz gegen den unlauteren Wettbewerb (UWG), mit Preisangabenverordnung, Kommentar, 4. Auflage (2016), München; zitiert als *Bearbeiter*, in: Harte/Henning nach § und Rn.

Hasselbach, Kai; Seibel, Markus: Die Freistellung von Vorstandsmitgliedern und leitenden Angestellten von der Haftung für Kartellrechtsverstöße, in: AG 2008, 770–778.

Hassemer, Winfried; Dallmeyer, Jens: Gesetzliche Orientierung im deutschen Recht der Kartellgeldbußen und das Grundgesetz, 1. Auflage (2010), Baden-Baden; zitiert als *Hassemer/Dallmeyer*, Gesetzliche Orientierung im deutschen Recht der Kartellgeldbußen und das Grundgesetz nach Seiten.

Hastenrath, Katharina: Möglichkeiten und Grenzen der Pflichtendelegation an den (Chief) Compliance Officer, in: CB 2016, 6–10.

Hauschka, Christoph E. (Hrsg.); Moosmayer, Klaus (Hrsg.); Lösler, Thomas (Hrsg.): Corporate Compliance, Handbuch der Haftungsvermeidung im Unternehmen, 3. Auflage (2016), München; zitiert als *Bearbeiter*, in: Corporate Compliance nach § und Rn.

Hawkins, Keith (Hrsg.); Thomas, John M. (Hrsg.): Enforcing Regulation, 1. Auflage (1984), Boston u. a.; zitiert als *Bearbeiter*, in: Enforcing Regulation nach Seiten.

Heermann, Peter W. (Hrsg.); Schlingloff, Jochen (Hrsg.): Münchener Kommentar zum Lauterkeitsrecht, Band 2, §§ 5–20 UWG, 2. Auflage (2014), München; zitiert als *Bearbeiter*, in: Münchener Kommentar zum Lauterkeitsrecht nach § und Rn.

Hegnon, Oliver: Aufsicht als Leitungspflicht – Umfang persönlich wahrzunehmender Aufsichtspflichten von Geschäftsleitern bei vertikaler Arbeitsteilung aus gesellschafts- und strafrechtlicher Sicht, in: CCZ 2009, 57–62.

Heidinger, Andreas (Hrsg.); Leible, Stefan (Hrsg.); Schmidt, Jessica (Hrsg.): Kommentar zum Gesetz betreffend die Gesellschaften mit beschränkter Haftung (GmbH-Gesetz), Band II, §§ 35–88 GmbHG, EGGmbHG, 3. Auflage (2017), München; zitiert als *Bearbeiter*, in: Michalski, GmbHG nach § und Rn.

Heldrich, Andreas (Hrsg.); Prölss, Jürgen (Hrsg.); Koller, Ingo (Hrsg.) et altri: Festschrift für Claus-Wilhelm Canaris zum 70. Geburtstag, Band 2, 1. Auflage (2007), München; zitiert als *Bearbeiter*, in: Festschrift für Canaris nach Seiten.

Hellgardt, Alexander: Die deliktische Außenhaftung von Gesellschaftsorganen für unternehmensbezogene Pflichtverletzungen – Überlegungen vor dem Hintergrund des Kirch/Breuer-Urteils des BGH, in: WM 2006, 1514–1522.

Hempel, Rolf: Privater Rechtsschutz im Kartellrecht: eine rechtsvergleichende Analyse, 1. Auflage (2002), Baden-Baden; zitiert als *Hempel*, Privater Rechtsschutz im Kartellrecht nach Seiten.

Henssler, Martin (Hrsg.); Strohn, Lutz (Hrsg.): Gesellschaftsrecht, Kommentar, 3. Auflage (2016), München; zitiert als *Bearbeiter*, in: Henssler/Strohn, Gesellschaftsrecht nach § und Rn.

Hilgers, Benno Maria: Verantwortlichkeit von Führungskräften in Unternehmen für Handlungen ihrer Mitarbeiter, 1. Auflage (2000), Freiburg im Breisgau; zitiert als *Hilgers*, Verantwortlichkeit von Führungskräften in Unternehmen für Handlungen ihrer Mitarbeiter nach Seiten.

Hilty, Reto M. (Hrsg.); Drexl, Josef (Hrsg.); Nordemann, Wilhelm (Hrsg.): Schutz von Kreativität und Wettbewerb, Festschrift für Ulrich Loewenheim zum 75. Geburtstag, 1. Auflage (2009), München; zitiert als *Bearbeiter*, in: Festschrift für Loewenheim nach Seiten.

Holle, Philipp Maximilian: Rechtsbindung und Business Judgement Rule, in: AG 2011, 778–786.

Hölters, Wolfgang (Hrsg.): Aktiengesetz, Kommentar, 3. Auflage (2017), München; zitiert als *Bearbeiter*, in: Hölters, AktG nach § und Rn.

Hoseinian, Foad: Passing-on Damages and Community Antitrust Policy – An Economic Background, in: World Competition, Vol. 28 (2005), 3–23.

Hösch, Antonia: Der schadensrechtliche Innenausgleich zwischen Kartellrechtsverletzern, 1. Auflage (2015), Baden-Baden; zitiert als *Hösch*, Der schadensrechtliche Innenausgleich nach Seiten.

Hovenkamp, Herbert: Antitrust's Protected Classes, in: Michigan Law Review, Vol. 88 (1989), 1–48.

Hübsch, Michael: Die neueste Rechtsprechung des BAG zur Fahrlässigkeit bei der Arbeitnehmerhaftung, in: NZA-RR 1999, 393–397.

Hüffer, Uwe (Begr.); Koch, Jens (Bearb.): Aktiengesetz, 12. Auflage (2016), München; zitiert als *Bearbeiter*, in: Hüffer/Koch, AktG nach § und Rn.

Immenga, Ulrich (Hrsg.); Mestmäcker, Ernst-Joachim (Hrsg.) unter Mitwirkung von Körber, Thorsten: Wettbewerbsrecht, Band 1, EU, Kommentar zum Europäischen Kartellrecht, 5. Auflage (2012), München; zitiert als *Bearbeiter*, in: Immenga/Mestmäcker nach Art. und Rn.

Immenga, Ulrich (Hrsg.); Mestmäcker, Ernst-Joachim (Hrsg.) unter Mitwirkung von Körber, Thorsten: Wettbewerbsrecht, Band 2, GWB, Kommentar zum Deutschen Kartellrecht, 5. Auflage (2014), München; zitiert als *Bearbeiter*, in: Immenga/ Mestmäcker nach § und Rn.

Inderst, Roman; Thomas, Stefan: Schadensersatz bei Kartellverstößen, Eine Untersuchung der juristischen und ökonomischen Grundlagen, Methoden und damit verbundenen Rechtsfragen betreffend die Ermittlung des Schadens bei Verstößen gegen das Kartellverbot, 1. Auflage (2015), Düsseldorf; zitiert als *Inderst/Thomas*, Schadensersatz bei Kartellverstößen nach Seiten.

Jakobs, Günther: Strafrecht Allgemeiner Teil – Die Grundlagen und die Zurechnungslehre, 2. Auflage (1991), Berlin, New York; zitiert als *Jakobs*, Strafrecht AT nach Seiten und Rn.

Jansen, Nils: Die Struktur des Haftungsrechts: Geschichte, Theorie und Dogmatik außervertraglicher Ansprüche auf Schadensersatz, 1. Auflage (2002), Tübingen; zitiert als *Jansen*, Die Struktur des Haftungsrechts nach Seiten.

Jansen, Nils: Konturen eines europäischen Schadensrechts, in: JZ 2005, 160–173.

Janssen, Maximilian: Managerhaftung bei Kartellrechtsverstößen: Die persönliche Verantwortung natürlicher Personen für Kartellrechtsverstöße aus ordnungswidrigkeitsrechtlicher, zivilrechtlicher und strafrechtlicher Sicht, 1. Auflage (2013), Marburg; zitiert als *Janssen*, Managerhaftung bei Kartellrechtsverstößen nach Seiten.

Jescheck, Hans-Heinrich (Hrsg.): Festschrift für Eduard Dreher zum 70. Geburtstag am 29. April 1977, 1. Auflage (1977), Berlin u. a.; zitiert als *Bearbeiter*, in: Festschrift für Dreher nach Seiten.

Jost, Peter-J.: Effektivität von Recht aus ökonomischer Sicht, 1. Auflage (1998), Berlin; zitiert als *Jost*, Effektivität von Recht aus ökonomischer Sicht nach Seiten.

Jung, Marcus: Wer zahlt für das Schienenkartell?, in: Frankfurter Allgemeine Zeitung vom 29.6.2017; abrufbar unter http://www.faz.net/aktuell/wirtschaft/unternehmen/thyssen-krupp-will-kartellbusse-nicht-zahlen-15083612.html, zuletzt abgerufen am 11.7.2017 um 14:19 Uhr.

Junker, Markus (Hrsg.); Beckmann, Michael (Hrsg.); Rüßmann, Helmut (Hrsg.): juris PraxisKommentar BGB, Band 2 – Schuldrecht, 8. Auflage (2017), Saarbrücken; zitiert als *Bearbeiter*, in: jurisPK BGB nach § und Rn.

Kainer, Friedemann; Persch, Johannes: Die CDC-Entscheidung des OLG Düsseldorf: Kollektiver Rechtsschutz und europarechtliches Effektivitätsprinzip, in: WuW 2016, 2–7.

Kakouris, Constantinos: Do the Member States Possess Judicial Procedural „Autonomy“, in: Common Market Law Review, Vol. 34 (1997), 1389–1412.

Kant, Immanuel: Die Metaphysik der Sitten: in 2 Theilen; mit Erläuternde Anmerkungen zu den metaphysischen Anfangsgründen der Rechtslehre, abgefasst von Immanuel Kant. Nachdruck der Ausgabe Königsberg, Nicolovius, 1797, 1. Auflage (1990), Erlangen; zitiert als *Kant*, Die Metaphysik der Sitten nach §, Gliederungszeichen und Seiten.

Kapp, Thomas; Gärtner, Daniel: Die Haftung von Vorstand und Aufsichtsrat bei Verstößen gegen das Kartellrecht, in: CCZ 2009, 168–174.

Karbaum, Christian: Kartellrechtliche Compliance – Rechtsgrundlagen und Umsetzung, 1. Auflage (2010), Frankfurt am Main u. a.; zitiert als *Karbaum*, Kartellrechtliche Compliance – Rechtsgrundlagen und Umsetzung nach Seiten.

Keßler, Jürgen: Schadensersatzansprüche von Kartellabnehmern de lege lata und de lege ferenda, in: BB 2005, 1125–1129.

Kleindiek, Detlef: Deliktshaftung und juristische Person: zugleich zur Eigenhaftung von Unternehmensleitern, 1. Auflage (1997), Tübingen; zitiert als *Kleindiek*, Deliktshaftung und juristische Person nach Seiten.

Kling, Michael; Thomas, Stefan: Kartellrecht, 2. Auflage (2016), München; zitiert als *Kling/Thomas*, Kartellrecht nach § und Rn.

Knop, Carsten: Deutsche Manager sehen Korruption auf dem Vormarsch – und würden im eigenen Interesse lügen, in: Frankfurter Allgemeine Zeitung Blog Ad hoc vom 5. April 2017; abrufbar unter http://blogs.faz.net/adhoc/2017/04/05/deutsche-manager-sehen-korruption-auf-dem-vormarsch-und-wuerde-im-eigenen-interesse-luegen-1372/, zuletzt abgerufen am 5.4.2017 um 18:46 Uhr.

Koch, Jens: Die Konzernobergesellschaft als Unternehmensinhaber i. S. d. § 130 OWiG?, in: AG 2009, 564–574.

Koch, Robert: Ersatzfähigkeit von Kartellbußen, in: VersR 2015, 655–661.

Kocher, Dirk: Zur Reichweite der Business Judgment Rule, in: CCZ 2009, 215–221.

Kollmann, Anni; Aufdermauer, Christian: Preisschirmeffekte als Kartellschaden, in: Deutscher Anwaltspiegel 2014, 3–5.

Konrads, Sebastian: Entschärfung der Vorstandshaftung im Kontext kartellrechtlicher Kronzeugenregelungen, in: ZWeR 2016, 429–445.

Konrads, Sebastian: Entschärfung des Haftungsrisikos des verantwortlichen Vorstands einer Aktiengesellschaft zum Zwecke der Inanspruchnahme einer kartellrechtlichen Kronzeugenregelung, 1. Auflage (2012), München; zitiert als *Konrads*, Entschärfung des Haftungsrisikos des verantwortlichen Vorstands nach Seiten.

Köhler, Helmut; Bornkamm, Joachim; Feddersen, Jörn: Gesetz gegen den unlauteren Wettbewerb, Beck'scher Kurz-Kommentar, 34. Auflage (2016), München; zitiert als *Bearbeiter*, in: Köhler/Bornkamm/Feddersen nach § und Rn.

Kötz, Hein; Schäfer, Hans-Bernd: Schadensverhütung durch ökonomische Anreize: Eine empirische Untersuchung, in: AcP, Bd. 189 (1989), 501–525.

Kötz, Hein; Wagner, Gerhard: Deliktsrecht, 12. Auflage (2013), München; zitiert als *Kötz/Wagner*, Deliktsrecht nach Rn.

Krause, Rüdiger: Geklärte und ungeklärte Probleme der Arbeitnehmerhaftung, in: NZA 2003, 577–586.

Krauß, Katharina: Kurzbericht: Sanktionen gegen kartellbeteiligte Unternehmensangehörige in der Praxis des Bundeskartellamtes, in: NZKart 2017, 179–180.

Krenn, Stefan: Private Enforcement, Neueste Entwicklungen zur privaten Kartellrechtsdurchsetzung auf europäischer und österreichischer Ebene unter spezieller Betrachtung der Rolle der Verbraucher, 1. Auflage (2014), Wien; zitiert als *Krenn*, Private Enforcement nach Seiten.

Kreuzer, Karl (Hrsg.): Die Haftung der Leitungsorgane von Kapitalgesellschaften, 1. Auflage (1991), Baden-Baden; zitiert als *Bearbeiter*, in: Die Haftung der Leitungsorgane von Kapitalgesellschaften nach Seiten.

Krieger, Gerd (Hrsg.); Schneider, Uwe H. (Hrsg.): Handbuch Managerhaftung, 3. Auflage (2017), Köln; zitiert als *Bearbeiter*, in: Handbuch Managerhaftung nach § und Rn.

Kroes, Neelie: Rede vom 22.9.2005, SPEECH/05/533; abrufbar unter http://europa.eu/rapid/press-release_SPEECH-05-533_en.htm?locale=en, zuletzt abgerufen am 31.1.2016 um 20:06 Uhr; zitiert als Kommissarin *Kroes*, Rede vom 22.9.2005 nach Seiten.

Krüger, Carsten: Gesamtschuld, Gesamtschuldnerausgleich und Vergleiche im neuen Kartellschadensersatzrecht, in: WuW 2017, 229–232.

Krüger, Carsten: Kartellregress – Der Gesamtschuldnerausgleich als Instrument der privaten Kartellrechtsdurchsetzung, 1. Auflage (2010), Baden-Baden; zitiert als *Krüger*, Kartellregress nach Seiten.

Krüger, Hans-Wilhelm: Öffentliche und private Durchsetzung des Kartellverbots von Art. 81 EG, 1. Auflage (2007), Wiesbaden; zitiert als *Krüger*, Öffentliche und private Durchsetzung des Kartellverbots nach Seiten.

Kuhlen, Lothar: Zum Verhältnis von strafrechtlicher und zivilrechtlicher Haftung für Compliance-Mängel, Teil 1, in: NZWiSt 2015, 121–129.

Kuhlen, Lothar: Zum Verhältnis von strafrechtlicher und zivilrechtlicher Haftung für Compliance-Mängel, Teil 2, in: NZWiSt 2015, 161–169.

Kühn, Thomas: Rechtsfolgen rechtswidriger Weisungen, in: NZA 2015, 10–14.

Kuijpers, Matthijs; Tuinenga, Stefan; Whiteford, Elaine; Paul, Thomas B.: Actions for Damages in the Netherlands, the United Kingdom, and Germany, in: Journal of Europen Competition Law & Practice, Vol. 8 (2017), 47–65.

Kuijpers, Matthijs; Tuinenga, Stefan; Wisking, Stephen; Dietzel, Kim; Campbell, Suzy; Fritzsche, Alexander: Actions for Damages in the Netherlands, the United Kingdom, and Germany, in: Journal of Europen Competition Law & Practice, Vol. 6 (2015), 129–142.

Landes, William M.: Optimal Sanctions for Antitrust Violations, in: The University of Chicago Law Review, Vol. 50 (1983), 652–678.

Lange, Hermann; Schiemann, Gottfried: Schadensersatz, 3. Auflage (2003), Tübingen; zitiert als *Lange/Schiemann*, Schadensersatz nach Seiten.

Larenz, Karl: Lehrbuch des Schuldrechts, Erster Band, Allgemeiner Teil, 14. Auflage (1987), München; zitiert als *Larenz*, Schuldrecht AT nach Gliederungspunkten und Seiten.

Larenz, Karl (Begr.); Canaris, Claus-Wilhelm: Lehrbuch des Schuldrechts, Zweiter Band, Besonderer Teil, 2. Halbband, 13. Auflage (1994), München; zitiert als *Larenz/Canaris*, Lehrbuch des Schuldrechts nach §, Gliederungspunkten und Seiten.

Leser, Hans G. (Hrsg.); Isomura, Tamotsu (Hrsg.): Wege zum japanischen Recht, Festschrift für Zentaro Kitagawa zum 60. Geburtstag am 5. April 1992, 1. Auflage (1992), Berlin; zitiert als *Bearbeiter*, in: Festschrift für Kitagawa nach Seiten.

Lettl, Tobias: Kartellrecht, 4. Auflage (2017), München; zitiert als *Lettl*, Kartellrecht nach § und Rn.

Lindner, Julien; Otting, Nils; Thelen, Martin: Innenregresshaftung des GmbH-Geschäftsführers für Kartellverstöße, in: GmbH-StB 2015, 167–170.

Loewenheim, Ulrich: Schadensersatz in Höhe der doppelten Lizenzgebühr bei Urheberrechtsverletzungen?, in: JZ 1972, 12–15.

Loewenheim, Ulrich (Hrsg.); Meessen, Karl M. (Hrsg. †); Riesenkampff, Alexander (Hrsg.); Kersting, Christian (Hrsg.); Meyer-Lindemann, Hans Jürgen (Hrsg.): Kartellrecht, Kommentar, 3. Auflage (2016), München; zitiert als *Bearbeiter*, in: Loewenheim/Meessen/Riesenkampff/Kersting/Meyer-Lindemann nach Art. und Rn. bzw. § und Rn.

Logemann, Hans Philip: Der kartellrechtliche Schadensersatz, Die zivilrechtliche Haftung bei Verstößen gegen das deutsche und europäische Kartellrecht nach Ergehen der VO (EG) Nr. 1/2003 und der 7. GWB-Novelle, 1. Auflage (2009), Berlin; zitiert als *Logemann*, Der kartellrechtliche Schadensersatz nach Seiten.

Lotze, Andreas: Kartellrechtliche Unternehmensgeldbuße als nicht regressierbarer Schaden, in: EWS 2016, Heft 2, Die erste Seite.

Louven, Christoph: Die Entwicklung der Legalitätspflicht des Vorstands – Fortschreitende Beschränkung unternehmerischer Entscheidungsfreiheit oder notwendiges Korrektiv, in: KSzW 2016, 241–248.

Lukes, Rudolf: Der Kartellvertrag, 1. Auflage (1959), München; zitiert als *Lukes*, Der Kartellvertrag nach Seiten.

Lutter, Marcus: Zur persönlichen Haftung des Geschäftsführers aus deliktischen Schäden im Unternehmen, in: ZHR, Bd. 157 (1993), 464–482.

Lutter, Marcus: Theorie der Mitgliedschaft – Prolegomena zu einem Allgemeinen Teil des Korporationsrechts, in: AcP, Bd. 180 (1980), 84–159.

Makatsch, Tilman: Kartellschadensersatz – Vergleichen oder Prozessieren?, in: CCZ 2015, 127–132.

Manager Magazin: ThyssenKrupp scheitert mit 291-Millionen-Klage gegen Ex-Manager, in: Manager Magazin vom 20. Januar 2015; abrufbar unter http://www.manager-magazin.de/unternehmen/industrie/thyssenkrupp-scheitert-mit-291-millionen-klage-gegen-ex-manager-a-1014048.html, zuletzt abgerufen am 31.1.2016 um 19:48 Uhr.

Maritzen, Lars; Müller, Christian H.: Compliance Defense – neuer Schwung aus Karlsruhe?!, in: WuW 2017, 473.

Mäsch, Gerald: Private Ansprüche bei Verstößen gegen das europäische Kartellverbot – „Courage" und die Folgen, in: EuR 2003, 825–846.

Medicus, Dieter: Die Außenhaftung des Führungspersonals juristischer Personen im Zusammenhang mit Produktmängeln, in: GmbHR 2002, 809–821.

Meeßen, Gero: Der Anspruch auf Schadensersatz bei Verstößen gegen EU-Kartellrecht: Konturen eines Europäischen Kartelldeliktsrechts?, 1. Auflage (2011), Tübingen; zitiert als *Meeßen*, Der Anspruch auf Schadensersatz bei Verstößen gegen EU-Kartellrecht nach Seiten.

Merkelbach, Matthias; Reinartz, Ann-Kristin: Gesamtverantwortung des Vorstands: Vier-Augen-Prinzip gemäß Solvency II als neue Kategorie zwischen Leitung und Geschäftsführung?, in: KSzW 2016, 249–252.

Mertens, Hans-Joachim (Bearbeiter); Cahn, Andreas (Bearbeiter): Kölner Kommentar zum Aktiengesetz, Band 2/1, §§ 76–94 AktG, 3. Auflage (2010), Köln; zitiert als *Bearbeiter*, in: Kölner Kommentar zum Aktiengesetz nach § und Rn.

Mestmäcker. Ernst-Joachim; Schweitzer, Heike: Europäisches Wettbewerbsrecht, 3. Auflage (2014), München; zitiert als *Mestmäcker/Schweitzer*, Europäisches Wettbewerbsrecht nach § und Rn oder Seiten.

Meyer-Lindemann, Hans Jürgen: Durchsetzung des Kartellverbots durch Bußgeld und Schadenersatz, in: WuW 2011, 1235–1247.

Monopolkommission: Sondergutachten XXXII (2001); abrufbar unter http://www.monopolkommission.de/images/PDF/SG/s32_volltext.pdf, zuletzt abgerufen am 24.6.2016 um 17:45 Uhr; zitiert als *Monopolkommission*, Sondergutachten XXXII (2001) nach Seiten.

Motsch, Richard: Schadenersatz als Erziehungsmittel: Haftungsrechtliche Entwicklungen in den beiden deutschen Staaten, in: JZ 1984, 211–221.

Möller, Reinhard: Das Präventionsprinzip des Schadensrechts, 1. Auflage (2006), Berlin; zitiert als *Möller*, Das Präventionsprinzip des Schadensrechts nach Seiten.

Möschel, Wernhard: Wird die effet utile-Rechtsprechung des EuGH inutile?, in: NJW 1994, 1709–1710.

Mundt, Andreas: Die Bedeutung der Wettbewerbs-Compliance, in: Compliance Praxis Service-Guide 2014, 12–13.

Müller, Klaus (Hrsg.); Soell, Hermann: Rechtswissenschaft und Gesetzgebung, Festschrift für Eduard Wahl zum siebzigsten Geburtstag, 1. Auflage (1973), Heidelberg; zitiert als *Bearbeiter*, in: Festschrift für Wahl nach Seiten.

Müller, Peter: Punitive Damages und deutsches Schadensersatzrecht, 1. Auflage (2000), Berlin; zitiert als *Müller*, Punitive Damages und deutsches Schadensersatzrecht nach Seiten.

Müller-Laube, Hans-Martin: Der private Rechtsschutz gegen unzulässige Beschränkungen des Wettbewerbs und mißbräuchliche Ausübung von Marktmacht im deutschen Kartellrecht, 1. Auflage (1980), Berlin; zitiert als *Müller-Laube*, Der private Rechtsschutz gegen unzulässige Beschränkungen des Wettbewerbs nach Seiten.

Nietsch, Michael: Die Garantenstellung von Geschäftsleitern im Außenverhältnis, in: CCZ 2013, 192–198.

Obmann, Claudia: Schmieren, tricksen, täuschen, in: Handelsblatt vom 7.-9. November 2016, Nr. 214, S. 58–59.

Ohle, Mario Mathias; Albrecht, Stephan: Die neue Bonusregelung des Bundeskartellamtes in Kartellsachen, in: WRP 2006, 866–874.

Ohly, Ansgar; Sosnitza, Olaf: Gesetz gegen den unlauteren Wettbewerb mit Preisangabenverordnung, Kommentar, 7. Auflage (2016), München; zitiert als *Ohly/Sosnitza*, UWG nach § und Rn.

Oppenheim, Robert: Die Pflicht des Vorstands zur Einrichtung einer auf Dauer angelegten Compliance-Organisation – Zugleich Besprechung von LG München I, Urteil vom 10.12. 2013, 5 HK 1387/10 (n. rkr.), in: DStR 2014, 1063–1066.

Organisation für wirtschaftliche Zusammenarbeit und Entwicklung: *OECD*, Cartel Sanctions against Individuals; abrufbar unter http://www.oecd.org/competition/cartels/34306028.pdf, zuletzt abgerufen am 9.4.2017 um 13:31 Uhr; zitiert als *OECD*, Cartel Sanctions against Individuals nach Seiten.

Organisation für wirtschaftliche Zusammenarbeit und Entwicklung: Recommendations & Best Practices, Recommendation of the Council concerning Effective Action against Hard Core Cartels; abrufbar unter http://www.oecd.org/daf/competition/2350130.pdf, zuletzt abgerufen am 6.3.2016 um 10:55 Uhr; zitiert als *OECD*, Recommendations & Best Practices, Recommendation of the Council concerning Effective Action against Hard Core Cartels nach Seiten.

Ost, Konrad: Aufsichtspflichten im Konzern und die 8. GWB-Novelle, in: NZKart 2013, 25–27.

Oxford Economics: An analysis of the follow-on effects of cartel fines on investment and employment; abrufbar unter https://halopublications.s3.amazonaws.com/228158/2010052704, zuletzt abgerufen am 13.3.2016 um 20:45 Uhr; zitiert als *Oxford economics*, An analysis of the follow-on effects of cartel fines on investment and employment nach Seiten.

Page, William H.: Optimal Antitrust Penalties and Competitors' Injury, in: Michigan Law Review, Vol. 88 (1990), 2151–2166.

Page, William H.: The Scope of Liability for Antitrust Violations, in: Stanford Law Review, Vol. 37 (1985), 1445–1512.

Palandt, Otto (Begr. †): Bürgerliches Gesetzbuch: BGB mit Nebengesetzen insbesondere mit Einführungsgesetz, Kommentar, 76. Auflage (2017), München; zitiert als *Bearbeiter*, in: Palandt, BGB nach § und Rn.

Palzer, Christoph: Kartellbußen als Insolvenzauslöser – Oder: Was tun, wenn's brennt?, in: NZI 2012, 67–72.

Pant, Michael: Ein gefährliches Urteil – Anmerkungen zum Teilurteil des LAG Düsseldorf vom 20.1.2015, in: CCZ 2015, 224–228.

Patzina, Reinhard; Bank, Stefan; Schimmer, Dieter; Simon-Widmann, Michaele: Haftung von Unternehmensorganen, Vorstände, Aufsichtsräte, Geschäftsführer, 1. Auflage (2010), München; zitiert als *Bearbeiter*, in: Haftung von Unternehmensorganen nach Kapitel und Rn.

Petry, Jan: Kartellrechtliches Risikomanagement im System der Legalausnahme, 1. Auflage (2008), Baden-Baden; zitiert als *Petry*, Kartellrechtliches Risikomanagement im System der Legalausnahme nach Seiten.

Peyer, Sebastian: Myths and Untold Stories – Private Antitrust Enforcement in Germany, CCP Working Paper 10–12, Juli 2010; abrufbar unter http://competitionpolicy.ac.uk/documents/8158338/8256105/CCP+Working+Paper+10–12.pdf/fedbb885-d48d-4506–86e6–42dba23b8980, zuletzt abgerufen am 16.11.2017 um 7:44 Uhr; zitiert als *Peyer*, Myths and Untold Stories – Private Antitrust Enforcement in Germany (2010) nach Seiten.

Peyer, Sebastian: Myths and Untold Stories – Private Antitrust Enforcement in Germany, CCP Working Paper 10–12, Juli 2010; abrufbar unter https://lra.le.ac.uk/bitstream/2381/28243/6/Peyer-Private%20Antitrust%20Enforcement%20in%20Germany2011–11–29final.pdf, zuletzt abgerufen am 16.11.2017 um 10:47 Uhr; zitiert als *Peyer*, Myths and Untold Stories nach Seiten.

Podszun, Rupprecht: Neue Impulse für ein globalisiertes Kartellrecht, in: ZWeR 2016, 360–387.

Polinsky, A. Mitchell; Shavell, Steven: Should Employees be Subject to Fines and Imprisonement Given the Existence of Corporate Liability?, in: International Review of Law and Economics, Vol. 13 (1993), 239–257.

Posner, Richard: Antitrust Law, 2. Auflage (2001), Chicago und London; zitiert als *Posner*, Antitrust Law nach Seiten.

Posner, Richard: Optimal Sentences for White-Collar Criminals, in: American Criminal Law Review, Vol 17 (1980), 409–418.

Posner, Richard: The Rights of Creditors of Affiliated Corporations, in: The University of Chicago Law Review, Vol. 43 (1976), 499–526.

Potacs, Michael: Effet utile als Auslegungsgrundsatz, in: EuR 2009, 465–487.

Prechal, Sacha: Community Law in National Courts: The Lessons from Van Schijndel, in: Common Market Law Review, Vol. 35 (1998), 681–706.

Radtke, Henning: Untreue zu Lasten von Personenhandelsgesellschaften, in: NStZ 2016, 639–645.

Ransiek, Andreas: Zur strafrechtlichen Verantwortung des Compliance Officers, in: AG 2010, 147–153.

Ransiek, Andreas: Unternehmensstrafrecht – Strafrecht, Verfassungsrecht, Regelungsalternativen, 1. Auflage (1996), Heidelberg; zitiert als *Ransiek*, Unternehmensstrafrecht nach Seiten.

Redeke, Julian: Institutionelle Investoren und Organhaftung, in: AG 2015, 253–261.

Riley, Alan: Modernising Cartel Sanctions: Effective Sanctions for Price-fixing in the European Union, in: European Competition Law Review, Issue 11 (2011), 551–563.

Rogall, Klaus: Dogmatische und kriminalpolitische Probleme der Aufsichtspflichtverletzung in Betrieben und Unternehmen (§ 130 OWiG), in: ZStW, Bd. 98 (1986), 573–623.

Rolfs, Christian (Hrsg.); Kreikebohm, Ralf (Hrsg.); Giesen, Richard (Hrsg.); Udsching, Peter (Hrsg.): Beck'scher Onlinekommentar Arbeitsrecht, Stand: 01.09.2017, 45. Edition, München; zitiert als *Bearbeiter*, in: Beck'scher Onlinekommentar Arbeitsrecht nach § und Rn.

Rönnau, Thomas; Becker, Christian: Vorsatzvermeidung durch Unternehmensleiter bei betriebsbezogenen Straftaten, in: NStZ 2016, 569–575.

Rönnau, Thomas; Schneider, Frédéric: Der Compliance-Beauftragte als strafrechtlicher Garant, in: ZIP 2010, 53–61.

Rosochowicz, Patricia Hanh: The Appropriateness of Criminal Sanctions in the Enforcement of Competition Law, in: European Competition Law Review, Vol. 12 (2004), 752–757.

Roth, Markus: Unternehmerisches Ermessen und Haftung des Vorstands: Handlungsspielräume und Haftungsrisiken insbesondere in der wirtschaftlichen Krise; zitiert als *Roth*, Unternehmerisches Ermessen und Haftung des Vorstands nach Seiten.

Roth, Wulf-Henning: Effet utile im europäischen Kartellrecht, in: WRP 2013, 257–265.

Rust, Ulrich: Kartellverstoß und Gesamtschuld – Bestandsaufnahme und Ausblick, in: NZKart 2015, 502–511.

Rüthers, Bernd; Fischer, Christian; Birk, Axel: Rechtstheorie mit Juristischer Methodenlehre, 9. Auflage (2016), München; zitiert als *Rüthers/Fischer/Birk*, Rechtstheorie nach Seiten.

Säcker, Franz Jürgen: Gesellschaftsrechtliche Grenzen spekulativer Finanztermingeschäfte – Überlegungen aus Anlass der Garantieerklärung der Bundesregierung für die Hypo Real Estate-Group, in: NJW 2008, 3313–3317.

Säcker, Franz Jürgen (Hrsg.); Rixecker, Roland (Hrsg.); Oetker, Hartmut (Hrsg.); Limperg, Bettina (Hrsg.): Münchener Kommentar zum Bürgerlichen Gesetzbuch; zitiert als *Bearbeiter*, in: Münchener Kommentar zum BGB nach § und Rn.

- *Säcker, Franz Jürgen (Redakteur)*: Band 1, Allgemeiner Teil, §§ 1–240, 7. Auflage (2015), München;
- *Krüger, Wolfgang (Redakteur)*: Band 2, Schuldrecht – Allgemeiner Teil, 7. Auflage (2016), München;
- *Henssler, Martin (Redakteur); Krüger, Wolfgang (Redakteur)*: Band 4, Schuldrecht – Besonderer Teil II, 7. Auflage (2016), München;

Habersack, Mathias (Redakteur): Band 6, Schuldrecht – Besonderer Teil IV, §§ 705–853, 7. Auflage (2017), München;

Sailer, Kathrin: Prävention im Haftungsrecht, 1. Auflage (2005), Frankfurt am Main; zitiert als *Sailer*, Prävention im Haftungsrecht nach Seiten.

Salaschek, Reinhard Uwe: Die kartellrechtlichen Sanktionssysteme der USA und der EU vor dem Hintergrund ihrer jeweiligen Sanktionsumfelder, 1. Auflage (2016), Baden-Baden; zitiert als *Salaschek*, Die kartellrechtlichen Sanktionssysteme der USA und der EU nach Seiten.

Sandberger, Andreas: Die Außenhaftung des GmbH-Geschäftsführers, 1. Auflage (1997), Baden-Baden; zitiert als *Sandberger*, Die Außenhaftung des GmbH-Geschäftsführers nach Seiten.

Sander, Julian; Schneider, Stefan: Die Pflicht der Geschäftsleiter zur Einholung von Rat – Dogmatische Grundlagen und praktische Folgerungen, in: ZGR 2013, 725–759.

Schäfer, Carsten: Strafe und Prävention im Bürgerlichen Recht, in: AcP, Bd. 202 (2002), 397–434.

Schäfer, Hans Bernd; Ott, Claus: Lehrbuch der ökonomischen Analyse des Zivilrechts, 5. Auflage (2012), Berlin; zitiert als *Schäfer/Ott*, Ökonomische Analyse des Zivilrechts nach Seiten.

Schilken, Eberhard (Hrsg.): Festschrift für Walter Gerhardt, 1. Auflage (2004), Köln; zitiert als *Bearbeiter*, in: Festschrift für Gerhardt nach Seiten.

Schlimm, Katrin: Das Geschäftsleiterermessen des Vorstands einer Aktiengesellschaft: die Kodifikation einer „Business Judgment Rule“ deutscher Prägung in

§ 93 Abs. 1 S. 2 AktG, 1. Auflage (2009), Baden-Baden; zitiert als *Schlimm*, Das Geschäftsleiterermessen des Vorstands einer Aktiengesellschaft nach Seiten.

Schlobach, Klaus: Das Präventionsprinzip im Recht des Schadensersatzes, 1. Auflage (2004), Baden-Baden; zitiert als *Schlobach*, Das Präventionsprinzip im Recht des Schadensersatzes nach Seiten.

Schmidt, Ingo: Sind Bußgeldverfahren das adäquate Instrument bei Verstößen gegen das Kartellverbot?, in: WuW 2012, 223.

Schmidt, Karsten: Untreuestrafbarkeit bei der GmbH & Co. KG: kompliziert oder einfach?, in: JZ 2014, 878–887.

Schmidt, Karsten: Kartellprivatrecht – Zivilrechtswissenschaft und Kartellrechtswissenschaft: Herrin und Magd? Magd und Herrin?, in: ZWeR 2010, 15–34.

Schmidt, Karsten: Gesellschaftsrecht, 4. Auflage (2002), Köln, Berlin, Bonn, München; zitiert als *Schmidt*, Gesellschaftsrecht nach § und Seiten.

Schmidt, Karsten: Die Vereinsmitgliedschaft als Grundlage von Schadensersatzansprüchen – Positive „Vertragsverletzung“ und „sonstiges Recht“ im Innenrecht des Vereins, in: JZ 1991, 157–162.

Schmidt, Karsten: Kartellverfahrensrecht – Kartellverwaltungsrecht – Bürgerliches Recht, 1. Auflage (1977), Köln u. a.; zitiert als *Schmidt*, Kartellverfahrensrecht nach Seiten.

Schmitz, Rainer: Die Haftung des Vorstands gegenüber den Aktionären – Eine rechtsvergleichende Untersuchung nach deutschem und US-amerikanischem Recht, 1. Auflage (2004), Frankfurt am Main; zitiert als *Schmitz*, Die Haftung des Vorstands gegenüber den Aktionären nach Seiten.

Schneider, Uwe H.: Compliance im Konzern, in: NZG 2009, 1321–1326.

Schnieders, Ferit: Haftungsfreiräume für unternehmerische Entscheidungen in Deutschland und Italien, 1. Auflage (2009), Köln u. a.; zitiert als *Schnieders*, Haftungsfreiräume für unternehmerische Entscheidungen nach Seiten.

Scholz, Franz (Begr.): Kommentar zum GmbH-Gesetz, II. Band, §§ 35–52; Anh. § 45 Gesellschafterversammlung und Gesellschafterkompetenzen in der GmbH & Co. KG, 11. Auflage (2014), Köln; zitiert als *Bearbeiter*, in: Scholz, GmbHG nach § und Rn.

Scholz, Rupert: Wirtschaftsaufsicht und subjektiver Konkurrentenschutz, 1. Auflage (1971), Berlin; zitiert als *Scholz*, Wirtschaftsaufsicht und subjektiver Konkurrentenschutz nach Seiten.

Schröter, Helmuth (Hrsg.); Jakob, Thinam (Hrsg.); Klotz, Robert (Hrsg.); Mederer, Wolfgang (Hrsg.): Europäisches Wettbewerbsrecht, Großkommentar, 2. Auflage (2014), Baden-Baden; zitiert als *Bearbeiter*, in: Schröter/Jakob/Klotz/Mederer, Europäisches Wettbewerbsrecht nach Seiten.

Schulte, Josef L. (Hrsg.); Just, Christoph (Hrsg.): Kartellrecht, Kommentar, 2. Auflage (2016), Köln; zitiert als *Bearbeiter*, in: Schulte/Just nach § und Rn.

Schulze, Reiner (Schriftleitung): Bürgerliches Gesetzbuch, Handkommentar, 9. Auflage (2016), Baden-Baden; zitiert als *Bearbeiter*, in: Handkommentar BGB nach § und Rn.

Schulze, Reiner: Compensation of Private Losses: The Evolution of Torts in European Business Law, 1. Auflage (2011), München; zitiert als *Bearbeiter*, in: Compensation of Private Losses nach Seiten.

Schünemann, Bernd: Unternehmenskriminalität und Strafrecht, 1. Auflage (1979), Köln, Berlin, Bonn, München; zitiert als *Schünemann*, Unternehmenskriminalität nach Seiten.

Schürmann, Ralf: Aufsichtspflichtverletzungen im Spannungsfeld zwischen dem Strafrecht und dem Zivilrecht, 1. Auflage (2005), Baden-Baden; zitiert als *Schürmann*, Aufsichtspflichtverletzungen im Spannungsfeld zwischen dem Strafrecht und dem Zivilrecht nach Seiten.

Schwintowski, Hans-Peter: Gesellschaftsrechtliche Anforderungen an Vorstandshaftung und Corporate Governance durch das neue System der kartellrechtlichen Legalausnahme, in: NZG 2005, 200–203.

Seifert, Konstantin: Die Verjährung kartellrechtlicher Follow-on-Schadensersatzansprüche, in: WuW 2017, 474–482.

Senge, Lothar (Hrsg.): Karlsruher Kommentar zum Gesetz über Ordnungswidrigkeiten, 4. Auflage (2014), München; zitiert als *Bearbeiter*, in: Karlsruher Kommentar OWiG nach § und Rn.

Shavell, Steven: The Optimal Structure of Law Enforcement, in: The Journal of Law and Economics, Vol. 36 (1993), 255–287.

Soyez, Volker: Verjährung kartellrechtlicher Schadensersatzansprüche, in: WuW 2017, 240–243.

Sørensen, Karsten Engsig: Member States' Implementation of Penalties to Enforce EU Law: Balancing the Avoidance of Enforcement Deficits and the Protection of Individuals, in: European Law Review, Vol. 40 (2015), 811–831.

Spiegel Online: Meldung vom 12. März 2014, 'Fabelhafter Fab' muss hohe Geldstrafe zahlen; abrufbar unter http://www.spiegel.de/wirtschaft/unternehmen/ex-goldman-trader-fabelhafter-fab-muss-hohe-geldstrafe-zahlen-a-958333.html, zuletzt abgerufen am 26.11.2017 um 18:14 Uhr.

Spindler, Gerald: Compliance in der multinationalen Bankengruppe, in WM 2008, 905–918.

Spindler, Gerald (Hrsg.); Stilz, Eberhard (Hrsg.): Kommentar zum Aktiengesetz, Band 1, §§ 1–149, 3. Auflage (2015), München; zitiert als *Bearbeiter*, in: Spindler/Stilz, AktG nach § und Rn.

Staatsanwaltschaft Braunschweig: VW-Abgasaffäre: Verdacht der Marktmanipulation, Presseinformation der Staatsanwaltschaft Braunschweig vom 20.06.2016;

abrufbar unter https://www.staatsanwaltschaften.niedersachsen.de/startseite/staatsanwaltschaften/braunschweig/presseinformationen/vw-abgasaffaere--verdacht-der-marktmanipulation-144664.html, zuletzt abgerufen am 26.11.2017 um 17:48 Uhr.

Ständige Deputation des Deutschen Juristentages (Hrsg.): Verhandlungen des sechsundsechzigsten Deutschen Juristentages, Band I, Gutachten, 1. Auflage (2006), München; zitiert als *Bearbeiter*, in: Verhandlungen des sechsundsechzigsten Deutschen Juristentages nach Seiten.

Steindorff, Ernst: Gesetzgeberische Möglichkeiten zu verbesserter Durchsetzung des Gesetzes gegen Wettbewerbsbeschränkungen, in: ZHR, Bd. 138 (1974), 504–532.

Stigler, George J.: The Optimum Enforcement of Laws, in: Journal of Political Economy, Vol. 78 (1970), 526–536.

Stöber, Michael: Schadensersatzhaftung für Preisschirmeffekte bei Verstößen gegen deutsches oder europäisches Kartellrecht, in: EuZW 2014, 257–261.

Strohn, Lutz: Pflichtenmaßstab und Verschulden bei der Haftung von Organen einer Kapitalgesellschaft, in: CCZ 2013, 177–184.

Stürner, Rolf (Hrsg.): Jauernig, Bürgerliches Gesetzbuch, 16. Auflage (2015), München; zitiert als *Bearbeiter*, in: Jauernig, BGB nach § und Rn.

Suchy, Oliver: Schadensumfang bei Haftung von Vorständen und Geschäftsführern wegen Unternehmensgeldbußen für kartellrechtliche Verstöße, in: NZG 2015, 591–594.

Taupitz, Jochen: Ökonomische Analyse und Haftungsrecht – Eine Zwischenbilanz, in: AcP, Bd. 196 (1996), 114–167.

Tiedemann, Klaus; Engel, Marc (Mitarbeit): Wirtschaftsstrafrecht, 5. Auflage (2017), München; zitiert als *Tiedemann*, Wirtschaftsstrafrecht nach §, Seiten und Rn.

Tiedemann, Klaus: Strafrechtliche Grundprobleme im Kartellrecht, in: NJW 1979, 1849–1856.

Thiele, Dominic: Zur Verfassungswidrigkeit des § 81 IV GWB, in: WRP 2006, 999–1007.

Thole, Christoph: Managerhaftung für Gesetzesverstöße – Die Legalitätspflicht des Vorstands gegenüber seiner Aktiengesellschaft, in: ZHR, Bd. 173 (2009), 504–535.

Thomas, Stefan: Bußgeldregress, Übelzufügung und D&O-Versicherung, in: NZG 2015, 1409–1419.

Thomas, Stefan: Der Schutz des Wettbewerbs in Europa – welcher Zweck heiligt die Mittel?, in: JZ 2011, 485–495.

Thomas, Stefan: Die Haftungsfreistellung von Organmitgliedern, 1. Auflage (2010), Tübingen; zitiert als *Thomas*, Die Haftungsfreistellung von Organmitgliedern nach Seiten.

Thümmel, Roderich: Persönliche Haftung von Managern und Aufsichtsräten, 4. Auflage (2008), Stuttgart u. a.; zitiert als *Thümmel*, Persönliche Haftung von Managern nach Seiten.

Thüsing, Gregor; Traut, Johannes: Angemessener Selbstbehalt bei D&O-Versicherungen – Ein Blick auf die Neuerungen nach dem VorstAG, in: NZA 2010, 140–144.

Többens, Hans W.: Die Bekämpfung der Wirtschaftskriminalität durch die Troika der §§ 9, 130 und 30 des Gesetzes über Ordnungswidrigkeiten, in: NStZ 1999, 1–8.

Turiaux, André; Knigge, Dagmar: Vorstandshaftung ohne Grenzen? – Rechtssichere Vorstands- und Unternehmensorganisation als Instrument der Risikominimierung, in: DB 2004, 2199–2207.

Twele, Markus: Die Haftung des Vorstands für Kartellrechtsverstöße, 1. Auflage (2013), Baden-Baden; zitiert als *Twele*, Die Haftung des Vorstands für Kartellrechtsverstöße nach Seiten.

Ulmer, Peter: Die deliktische Haftung aus der Übernahme von Handlungspflichten: Zugleich ein Beitrag zum Verhältnis von Vertragsverletzung und unerlaubter Handlung, in: JZ 1969, 163–174.

von Verschuer, Nikolaus (Hrsg.); Gres, Joachim (Hrsg.): Liber Amicorum für Alexander Riesenkampff zum siebzigsten Geburtstag, 1. Auflage (2006), München; zitiert als *Bearbeiter*, in: Festschrift für Riesenkampff nach Seiten.

Verse, Dirk A.: Organwalterhaftung und Gesetzesverstoß – Überlegungen zur Außenhaftung der Organwalter bei Verletzung von Schutzgesetzen (§ 823 Abs. 2 BGB), in: ZHR, Bd. 170 (2006), 398–421.

Votsmeier, Volker: Juristisch riskant, ökonomisch falsch, in: Handelsblatt vom 22. Mai 2017, Nr. 98, S. 28.

Waelbroek, Denis; Slater, Donald; Even-Shoshan, Gil: Study on the conditions of claims for damages in case of infringement of EC competition rules, Comparative Report; abrufbar unter http://ec.europa.eu/competition/antitrust/actions-damages/comparative_report_clean_en.pdf, zuletzt abgerufen am 11.11.2017 um 18:15 Uhr; zitiert als *Waelbroek/Slater/Even-Shoshan*, Study on the conditions of claims for damages in case of infringement of EC competition rules, Comparative Report nach Seiten.

Wagner, Eckart: Die Übernahme der europäischen 10 %-Regel für Geldbußen bei Kartellverstößen schafft einen verfassungsrechtlich fragwürdigen Fremdkörper im deutschen Recht, in: EWS 2006, 251–257.

Wagner, Gerhard: Organhaftung im Interesse der Verhaltenssteuerung – Skizze eines Haftungsregimes, in: ZHR, Bd. 178 (2014), 227–281.

Wagner, Gerhard: Prävention und Verhaltenssteuerung durch Privatrecht – Anmaßung oder legitime Aufgabe?, in: AcP, Bd. 206 (2006), 352–476.

Wagner, Gerhard: Persönliche Haftung der Unternehmensleitung: die zweite Spur der Produkthaftung?, in: VersR 2001, 1057–1063.

Wagner-von Papp, Florian: Kriminalisierung von Kartellen, in: WuW 2010, 268–282.

Walter, Stefan: Die Pflichten des Geschäftsherren im Strafrecht, 1. Auflage (2000), Frankfurt am Main u. a.; zitiert als *Walter*, Die Pflichten des Geschäftsherren im Strafrecht nach Seiten.

Wank, Rolf (Hrsg.): Festschrift für Herbert Wiedemann zum 70. Geburtstag, 1. Auflage (2002), München; zitiert als *Bearbeiter*, in: Festschrift für Wiedemann nach Seiten.

Weller, Marc-Philippe: Die Anrechnung pönaler Schadensersatzleistungen gemäß § 33 GWB auf Kartellgeldbußen, in: ZWeR 2008, 170–193.

Werden, Gregory J.; Simon, Marilyn J.: An economic assessment of the Administration's detrebling proposal, in: The Antitrust Bulletin, Vol. 32 (1987), 935–954.

Westermann, Harm-Peter (Hrsg.); Grunewald, Barbara (Hrsg.); Maier-Reimer, Georg: Erman, BGB, Kommentar in 2 Bänden, 14. Auflage (2014), Köln; zitiert als *Bearbeiter*, in: Erman, BGB nach § und Rn.

Wicke, Hartmut: Gesetz betreffend die Gesellschaften mit beschränkter Haftung (GmbHG), Kommentar, 3. Auflage (2016), München; zitiert als *Wicke*, Kompakt-Kommentar GmbHG nach § und Rn.

Wiedemann, Gerhard (Hrsg.): Handbuch des Kartellrechts, 3. Auflage (2016), München; zitiert als *Bearbeiter*, in: Handbuch des Kartellrechts nach § und Rn.

Wils, Wouter P. J.: Is Criminalization of EU Competition Law the Answer?, in: World Competition, Vol. 28 (2005), 117–159.

Wils, Wouter P. J.: The Optimal Enforcement of EC Antitrust Law, Essays in Law & Economics, 1. Auflage (2002), Den Haag; zitiert als *Wils*, The Optimal Enforcement of EC Antitrust Law nach Seiten.

Wirtz, Markus M.: Die Aufsichtspflichten des Vorstandes nach OWiG und KonTraG, in: WuW 2001, 342–356.

Witthuhn, Wilfried: Die Ausgestaltung der privaten Klage im Wirtschaftsrecht, 1. Auflage (1976), Hamburg; zitiert als *Witthuhn*, Die Ausgestaltung der privaten Klage im Wirtschaftsrecht nach Seiten.

Zetzsche, Dirk: „Jedermann" ist jedermann! – Zum Schadensersatz des Aktionärs einer durch Missbrauch einer marktbeherrschenden Stellung geschädigten AG, in: WuW 2016, 65–70.

Zetzsche, Dirk: Der Einfluss des Europäischen Wirtschaftsrechts auf das Deliktsrecht, in: ZHR, Bd. 179 (2015), 490–526.

Ziemons, Hildegard (Hrsg.); Jaeger, Carsten (Hrsg.): Beck'scher Onlinekommentar GmbHG, Stand: 1.8.2017, 32. Edition, München; zitiert als *Bearbeiter*, in: Beck'scher Onlinekommentar GmbHG nach § und Rn.

Zimmer, Daniel: Kartellrecht und Marktmanipulation, in: WuW 2013, 811.

www.ingramcontent.com/pod-product-compliance
Ingram Content Group UK Ltd.
Pitfield, Milton Keynes, MK11 3LW, UK
UKHW021130041026
8980IPUK00034B/1509

9 783631 840184